Sam Harris

Das Ende des Glaubens

Sam Harris

Das Ende des Glaubens

Religion, Terror und das Licht der Vernunft

Aus dem amerikanischen Englisch
übersetzt von Oliver Fehn

Edition Spuren

2. korrigierte Auflage 2019

Edition Spuren
Bahnhofplatz 14, CH-8400 Winterthur
edition@spuren.ch www.spuren.ch

Übersetzung aus dem amerikanischen Englisch: Oliver Fehn
Lektorat: Martin Frischknecht
Umschlaggestaltung: Marco Perini
Druck: Finidr. sro, Czech Republic
ISBN 978-3-905752-06-9

INHALT

VERNUNFT IM EXIL

Der junge Mann steigt in den Bus, kurz bevor dieser den Terminal verlässt. Er trägt einen Mantel. Unter diesem Mantel trägt er eine Bombe. Die Taschen seines Mantels sind gefüllt mit Nägeln, Metallkugeln und Rattengift.

Der Bus ist voll besetzt und fährt Richtung Stadtmitte. Der junge Mann setzt sich neben ein Paar mittleren Alters. Er wird warten, bis der Bus die nächste Haltestelle erreicht. Das Paar neben ihm hat offensichtlich vor, sich einen neuen Kühlschrank zu kaufen. Die Frau hat sich bereits für ein Modell entschieden, ihr Mann jedoch befürchtet, es könne zu teuer sein. Er deutet auf ein anderes Gerät in der Broschüre, die geöffnet auf ihrem Schoß liegt. Dann kommt die nächste Haltestelle. Die Bustüren schwingen auf. Die Frau stellt fest, dass das von ihrem Mann gewählte Modell nicht in den Hohlraum unterhalb ihres Wandschranks passt. Neue Passagiere haben die letzten freien Plätze besetzt und sich im Gang zusammengeschart. Der Bus ist jetzt voll. Der junge Mann lächelt. Mit einem Knopfdruck vernichtet er sich, das Ehepaar neben ihm sowie zwanzig weitere Leute im Bus. Die Nägel, die Kugellager und das Rattengift sorgen für weitere Opfer auf der Straße und in den Autos ringsum. Es ist alles nach Plan gelaufen.

Die Eltern des jungen Mannes erfahren schon bald von seinem Schicksal. Obwohl sie betrübt darüber sind, einen Sohn verloren zu haben, verspüren sie auch gewaltigen Stolz über den gelungenen Coup. Sie wissen, dass ihr Sohn jetzt im Himmel ist und auch ihnen den Weg dorthin bereiten wird. Außerdem hat er seine Opfer für alle Zeit zur Hölle geschickt. Die Nachbarn sehen in dem Ereignis einen hervorragenden Grund zum Feiern, und sie erweisen den Eltern des jungen Mannes ihre Ehre, indem sie ihnen Geschenke in Form von Speisen und Geld bringen.

So weit die Fakten. Dies ist alles, was wir mit Bestimmtheit über den jungen Mann wissen. Gibt es noch etwas, das wir auf der Grundlage seines Verhaltens über ihn folgern können? War er beliebt in der

Schule? War er reich oder war er arm? War er von niedriger oder von hoher Intelligenz? Seine Tat liefert dazu keinerlei Aufschluss. Hatte er einen College-Abschluss? Lag eine vielversprechende Zukunft als Maschinenbau-Ingenieur vor ihm? Sein Verhalten beschert uns hinsichtlich solcher und Hunderter ähnlicher Fragen nur ein großes Schweigen.[1] Warum ist es dann so leicht, auf so banale Weise leicht, so ich-könnte-meinen-Kopf-darauf-verwetten-leicht, die Religion dieses jungen Mannes zu erraten?[2]

Ein Glaube ist ein Hebel, der, hat man ihn einmal betätigt, nahezu alles andere im Leben eines Menschen auch in Bewegung versetzt. Sind Sie ein Wissenschaftler? Ein Liberaler? Ein Rassist? All das sind nur bestimmte Ausformungen von Glauben in Aktion. Ihre Glaubenssätze bestimmen Ihre Vorstellung von dieser Welt; sie diktieren Ihr Verhalten; sie legen fest, wie Sie auf andere Menschen emotional reagieren. Falls Sie dies bezweifeln, so denken Sie darüber nach, wie völlig anders Ihre Erfahrungen plötzlich wären, würden Sie einer der folgenden Behauptungen Glauben schenken:

1. Du hast nur noch zwei Wochen zu leben.
2. Du hast soeben hundert Millionen Euro im Lotto gewonnen.
3. Außerirdische haben dir einen Empfänger in den Schädel gepflanzt und manipulieren deine Gedanken.

Dies sind nur Worte – bis man an sie glaubt. Schenkt man ihnen Glauben, werden sie Teil der Maschinerie unseres Geistes, bestimmen unsere Wünsche, Ängste und Erwartungen sowie unser daraus resultierendes Verhalten.

Mit einigen der am meisten hochgehaltenen Glaubensinhalte hinsichtlich dieser Welt scheint es jedoch ein Problem zu geben: Sie bringen uns auf unerbittliche Weise dazu, einander umzubringen. Ein Blick ins Geschichtsbuch oder auf die Seiten einer beliebigen Tageszeitung verrät, dass Vorstellungen, die eine bestimmte Menschengruppe von einer anderen trennen, nur um sie in Blutbädern wieder zusammenzuführen, ihre Wurzeln üblicherweise in der Religion haben. Sollte unsere Spezies sich jemals in einem Krieg selbst ausrotten, so vermutlich nicht, weil es in den Sternen stand, sondern weil es so in unseren Büchern stand; die Art und Weise, wie wir gegenwärtig mit Begriffen wie «Gott», «Paradies» und «Sünde» umgehen, ist es, die unsere Zukunft bestimmen wird.

Unsere Situation sieht wie folgt aus: Die meisten Menschen auf dieser Welt glauben, der Schöpfer des Universums habe ein Buch geschrieben. Das Dumme ist, dass uns eine Vielzahl solcher Bücher vorliegt, von denen jedes für sich in Anspruch nimmt, das einzige unfehlbar richtige zu sein. Weitaus mehr als auf der Basis von Sprache, Hautfarbe, Herkunft oder sonstigen Zusammengehörigkeitskriterien neigen Menschen dazu, ihre Gruppenbildung darauf zu gründen, welchen dieser unvereinbaren Ansprüche auf Wahrheit sie für sich akzeptieren. Jeder dieser Texte nötigt seine Leser dazu, sich eine Vielzahl von Glaubenssätzen und Praktiken anzueignen, von denen einige positive Wirkung haben, andere nicht. In einem grundlegenden Punkt jedoch sind sich alle auf absurde Weise einig: «Respekt» für andere Glaubensrichtungen oder für die Auffassungen Ungläubiger ist eine Haltung, die von Gott nicht gebilligt wird. Während bereits alle Glaubenssysteme hier und dort mit dem Geist der Ökumene in Berührung kamen, besteht die zentrale Lehre jedweder religiösen Tradition in der Auffassung, andere Lehren seien nichts als ein Sammelbecken von Irrlehren oder, im günstigsten Falle, auf gefährliche Weise unvollständig. Die Intoleranz wohnt somit jedem Glauben inne. Wenn jemand erst einmal glaubt – wirklich glaubt –, gewisse Vorstellungen führten zur ewigen Glückseligkeit beziehungsweise zum genauen Gegenteil, wird der Gedanke, die Menschen, die er liebt, könnten auf Grund der Einflüsterungen Ungläubiger in die Irre geführt werden, für ihn unerträglich. Die Gewissheit über ein nächstes Leben ist mit Toleranz in diesem Leben schlicht und ergreifend unvereinbar.

Solche Beobachtungen stellen uns jedoch sofort vor ein Problem, denn Kritik am Glauben anderer ist derzeit in jedem Winkel unserer Kultur ein Tabu. In dieser Frage stimmen Liberale und Konservative in seltener Einmütigkeit überein: Der religiöse Glaube befindet sich ganz einfach außerhalb der Grenzen eines rationalen Diskurses. Anderer Leute Vorstellungen von Gott oder einem Leben nach dem Tod zu kritisieren, gilt als weitaus undiplomatischer, als dasselbe mit deren Vorstellungen von Physik und Geschichte zu tun. So kommt es, dass bei einem muslimischen Selbstmordattentäter, der sich auf einer Straße in Jerusalem zusammen mit einer Reihe Unschuldiger selbst auslöscht, grundsätzlich nie nach der Rolle gefragt wird, die der Glaube bei diesen Taten spielte. Es müssen politische, wirtschaftliche oder ganz persönliche Gründe hinter der Tat stecken. Ohne ihren Glauben würden verzweifelte Menschen noch immer schreckliche

Dinge tun. Für den Glauben selbst gibt es immer und überall einen Freispruch.

Die Technologie beschert uns jedoch neue moralische Notwendigkeiten. Unser technischer Fortschritt auf dem Gebiet der Kriegsführung hat die zwischen uns bestehenden religiösen Unterschiede – und somit unsere religiösen Glaubenssysteme – zu einer Bedrohung für unseren Fortbestand werden lassen. Wir können nicht länger darüber hinwegsehen, dass Milliarden unserer Nachbarn an die Metaphysik des Märtyrertums, an die buchstabengetreue Wahrheit des Offenbarungsbuches oder irgendeine andere verstiegene Idee glauben, wie sie seit Jahrtausenden in den Köpfen der Gläubigen auf der Lauer liegen, denn unsere Nachbarn haben sich mit chemischen, biologischen und nuklearen Waffen gerüstet. Es besteht kein Zweifel, dass diese Entwicklung die Endphase unserer Leichtgläubigkeit markiert. Begriffen wie «Gott» oder «Allah» muss es ebenso ergehen wie «Apollo» oder «Baal», sonst werden sie diese Welt an den Abgrund führen.

Ein kurzer Spaziergang über den Friedhof schlechter Ideen zeigt uns, dass eine solche Revolution der Begriffe durchaus möglich ist. Nehmen wir als Beispiel die Alchimie: Mehr als tausend Jahre lang faszinierte sie die Menschen, dennoch wird heute jeder, der ernsthaft behauptet, ein praktizierender Alchimist zu sein, sich für fast jede verantwortliche Position in unserer Gesellschaft selbst disqualifizieren. Denselben Absturz in die Bedeutungslosigkeit muss auch jede Religion erleiden, die auf Glauben gründet.

Welche Alternative gibt es zur Religion, wie wir sie kennen? Wie sich zeigt, ist diese Frage falsch gestellt. Die Chemie war keine «Alternative» zur Alchimie; sie war der umfassende Ausstieg aus einer hochgradig rokokohaften Ignoranz zu wahrem Wissen.[3] Wie im Fall der Alchimie werden wir sehen, dass jemand, der von «Alternativen» zum religiösen Glauben spricht, am Kern der Sache vorbeiredet.

Natürlich kann man nicht alle gläubigen Menschen über einen Kamm scheren: Manche beziehen Trost und Inspiration aus einer bestimmten spirituellen Tradition und bleiben der Toleranz und Vielfalt dennoch in vollem Maße verpflichtet, während andere die Welt in Schutt und Asche legen würden, falls sie damit der Häresie ein Ende bereiten könnten. Anders gesagt: Es gibt religiös Gemäßigte und Extremisten, deren unterschiedliche Neigungen und Absichten man nicht verwechseln darf. Eine der zentralen Aussagen dieses Buches lautet jedoch, dass religiös Gemäßigte selbst die Träger eines schrecklichen Dogmas sind: Sie bilden sich ein, der Weg zum Frieden sei dann geebnet, wenn jeder von uns gelernt habe, den unbegründeten Glauben anderer zu respektieren. Ich hoffe, aufzeigen zu können, dass das bloße Ideal der religiösen Toleranz – geboren aus der Idee, es sei jedem Menschen freigestellt, über Gott zu glauben, was er will – eine der stärksten Triebfedern ist, die uns in den Abgrund treiben.

Nur allmählich begreifen wir, in welchem Ausmaß religiöser Glaube die Unmenschlichkeit, die zwischen Mensch und Mensch herrscht, am Leben erhält. Dies überrascht nicht, da viele von uns noch immer meinen, der Glaube sei ein wesentlicher Bestandteil des menschlichen Lebens. Zwei Mythen gibt es heute, die den Glauben vor der rückhaltlosen Untersuchung einer rationalen Kritik bewahren, und wie es scheint, fördern diese Mythen religiösen Extremismus und religiöse Mäßigung gleichermaßen: (1) Die meisten von uns glauben, dem Menschen kämen aus der Religion gute Dinge zu. Gedacht wird an starke Gemeinschaften, ethisches Verhalten, spirituelle Erfahrungen, und das kann bei anderen wohl auch nicht schlecht sein; (2) viele von uns glauben auch, die schrecklichen Dinge, die oft im Namen der Religion begangen werden, seien nicht das Ergebnis des Glaubens per se, sondern Ausdruck unserer niederen Instinkte, von Kräften wie Gier, Hass und Angst, für die der religiöse Glaube selbst das beste, wenn nicht einzige Heilmittel darstelle. Gemeinsam scheinen diese Mythen uns gegen Ansprüche der Vernunft im öffentlichen Diskurs durch und durch immunisiert zu haben.

Viele religiös Gemäßigte haben sich für den scheinbar goldenen Weg des Pluralismus entschieden, indem sie beteuern, alle Religionen seien gleichermaßen gültig. Auf diese Weise entgeht ihrer Aufmerksamkeit jedoch der unverbesserlich sektiererische Wahrheitsanspruch, an dem eine jede Religion festhält. Solange ein Christ glaubt, nur seine getauften Brüder würden am Jüngsten Tag gerettet, kann er den Glauben anderer unmöglich «respektieren», denn er weiß, dass das Höllenfeuer von exakt diesen anderen Ideen angefacht wird und das Inferno gerade jetzt auf deren Anhänger wartet. Moslems und Juden sehen ihre Unternehmungen üblicherweise unter dem gleichen selbstgerechten Blickwinkel, und sie waren über Jahrtausende hinweg damit beschäftigt, die Irrtümer anderer

Glaubensrichtungen unermüdlich hervorzukehren. Dass keines dieser rivalisierenden Glaubenssysteme sich je um irgendeine Art von Evidenz bemühte, braucht gar nicht erst betont zu werden.

Und dennoch verkündeten so unterschiedliche Denker wie H. G. Wells, Albert Einstein, Carl Jung, Max Planck, Freeman Dyson und Stephan Jay Gould, der Krieg zwischen der Vernunft und dem Glauben sei seit langem vorüber. So gesehen, wäre es nicht notwendig, dass unsere verschiedenen Anschauungen über das Universum miteinander in Einklang stünden. Jemand kann am Sonntag ein gottesfürchtiger Christ sein, und ab Montagmorgen seiner Tätigkeit als Wissenschaftler nachgehen, ohne über jene Spaltung, die sich offenkundig während des Schlafes in seinem Kopf vollzog, jemals Rechenschaft ablegen zu müssen. Er kann gewissermaßen seine Vernunft auf dem Teller behalten und den Teller dennoch leer essen. Wie die Anfangskapitel dieses Buches aufzeigen werden, kann jemand sich eine solche Denkweise nur erlauben, weil der Kirche in der westlichen Welt politisch die Hände gebunden sind. Wo aber Gelehrte noch immer zu Tode gesteinigt werden dürfen, weil sie die Wahrhaftigkeit des Korans anzweifeln, dort ist Stephan Jay Goulds Vorstellung von einem «liebevollen Konkordat» zwischen Glaube und Vernunft reine Illusion.[4]

Damit soll nicht gesagt werden, die tiefsten Belange von Gläubigen, ob gemäßigter oder extremistischer Art, seien trivial oder der Ausdruck von Verblendung. Es steht außer Frage, dass die meisten von uns emotionale und spirituelle Bedürfnisse haben, an die – wenn auch auf unredliche Weise und zu einem schrecklichen Preis – die Mainstream-Religion sich richtet. Es handelt sich dabei um Bedürfnisse, die ein bloßes Verstehen unserer Welt, mittels Wissenschaft oder anderweitig, niemals befriedigen kann. Unser Dasein verfügt zweifellos über eine nicht-weltliche Dimension, und ein gesunder Umgang mit dieser Dimension könnte leicht zum höchsten Zweck menschlichen Daseins werden. Wir werden jedoch sehen, dass es einen Glauben an unüberprüfbare Behauptungen – Jesus sei von einer Jungfrau geboren worden; der Koran sei das Wort Gottes – dazu nicht braucht.

Der Mythos von der religiösen «Mäßigung»

Die Vorstellung, eine unserer Religionen verkörpere das unfehlbare Wort des Einen Wahren Gottes, setzt ein komplettes Unwissen über unsere Geschichte, Mythologie und Kunst voraus, da die Glaubensinhalte, Rituale und die Ikonographie einer jeden Religion von einer jahrhundertelangen gegenseitigen Befruchtung zeugen. Egal, aus welcher imaginären Quelle sie schöpfen – die Lehrmeinungen heutiger Religionen sind nicht haltbarer als jene, die, weil sie nicht ausreichend Anhänger fanden, vor Jahrtausenden auf dem Schrottplatz der Mythologie landeten. So ist es beispielsweise nicht ersichtlich, wieso ein Glaube an die reale Existenz von Jahwe oder Satan gerechtfertigter sein soll als einst die Vorstellung, Zeus throne auf einem Berg oder Poseidon wühle die Meere auf.

Laut Gallup glauben 35 Prozent der Amerikaner, die Bibel sei das wortgetreue und unfehlbare Wort des Schöpfers des Universums.[5] Weitere 48 Prozent glauben, sie sei das «inspirierte» Wort desselben – immer noch unfehlbar, wobei jedoch gewisse Abschnitte symbolisch gedeutet werden müssen, um ihre Wahrheit ans Licht zu bringen. Nur die verbleibenden 17 Prozent bezweifeln, ein personifizierter Gott, in seiner unendlichen Weisheit, käme als Autor des Textes infrage, oder habe tatsächlich die Erde erschaffen mit sämtlichen 250 000 Arten von Käfern, die darauf vorkommen. Rund 46 Prozent der Amerikaner nehmen den biblischen Schöpfungsbericht wörtlich, 40 Prozent glauben, Gott habe die Schöpfung über Jahrmillionen hinweg gelenkt. Dies bedeutet, dass 120 Millionen US-Bürger glauben, der Urknall habe stattgefunden, als die Babylonier und Sumerer bereits seit 2 500 Jahren Bier brauten. Darf man den Umfragewerten trauen, glauben fast 230 Millionen Amerikaner, ein Buch, das weder über stilistische Einheit verfügt noch in sich stimmig ist, sei von einer allwissenden, allmächtigen und allgegenwärtigen Gottheit verfasst worden. Eine weltweite Erhebung unter Hindus, Moslems und Juden würde sicherlich ähnliche Ergebnisse hervorbringen und offenlegen, dass wir, als Spezies, uns fast völlig von unseren Mythen haben vergiften lassen. Wie kommt es, dass wir davon überzeugt sind, in diesem Bereich des Lebens könnten unsere Vorstellungen von der Welt bar jeglicher Vernunft und rationaler Beweise daherkommen?

Dieser reichlich verblüffenden Erkenntnislandschaft haben wir es zu verdanken, dass darüber entschieden werden muss, was im 21.

Jahrhundert ein religiös «Gemäßigter» ist. Von Gemäßigten jedweden Glaubens wird erwartet, dass sie im Interesse eines Lebens in der modernen Welt viele ihrer Regelwerke locker interpretieren oder schlichtweg ignorieren. Kein Zweifel, dass hier eine nicht weiter geklärte praktische Weisheit zur Anwendung kommt: Eine Gesellschaft lässt allem Anschein nach stark an Produktivität nach, sobald eine größere Anzahl ihrer Mitglieder in Glaubensdingen keine Mätzchen mehr macht oder darauf verfällt, Kunden und Gläubigern wegen Ketzerei an die Gurgel zu gehen. Was beim Verzicht des Gemäßigten auf eine buchstabengetreue Schriftauslegung als Erstes ins Auge fällt, ist die Tatsache, dass dieser seine Inspirationen nicht aus der Schrift bezieht, sondern aus kulturellen Entwicklungen, die es einem schwer machen, zahlreiche von Gottes Äußerungen so zu akzeptieren, wie sie geschrieben stehen. In Amerika wird die religiöse Mäßigung ferner von der Tatsache gestützt, dass die meisten Christen und Juden die Bibel nicht in ihrer Gesamtheit lesen und folglich keine Ahnung davon haben, wie entschieden der Gott Abrahams an einer Ausmerzung der Ketzerei interessiert ist. Ein Blick ins Buch Deuteronomium verrät, dass dieser Gott für einen Sohn oder eine Tochter, die von einem Yogakurs zurückkehrt, wo man sich für die Verehrung Krishnas erwärmt, etwas ganz Unmissverständliches parat hält:

> Wenn dich dein Bruder, deiner Mutter Sohn, dein Sohn oder deine Tochter oder deine Frau in deinen Armen oder dein Freund, der dir so lieb ist wie dein Leben, heimlich überreden würde und sagen: Lass uns hingehen und andern Göttern dienen, die du nicht kennst noch deine Väter, von den Göttern der Völker, die um euch her sind, sie seien dir nah oder fern, von einem Ende der Erde bis ans andere, so willige nicht ein und gehorche ihm nicht. Auch soll dein Auge ihn nicht schonen, und du sollst dich seiner nicht erbarmen und seine Schuld nicht verheimlichen, sondern sollst ihn zum Tode bringen. Deine Hand soll die erste wider ihn sein, ihn zu töten, und danach die Hand des ganzen Volks. Man soll ihn zu Tode steinigen, denn er hat dich abbringen wollen von dem *Herrn*, deinem Gott ... (Deuteronomium 13, 7–11)

Während das Steinigen von Kindern wegen Ketzerei hierzulande aus der Mode gekommen ist, wird sich kein gemäßigter Christ oder Jude finden, der sich für eine «symbolische» Deutung von Schriftstellen dieser Art stark macht. Vielmehr wird man von Gott selbst in Deuteronomium 13,1 ausdrücklich an einer solchen Auslegung gehindert – «Alles, was ich euch gebiete, das sollt ihr halten und danach tun. Ihr sollt nichts dazutun und nichts davontun.» Diese Textstellen sind genauso kanonisch wie jede andere Stelle der Bibel, und nur dem Ignorieren solcher Scheußlichkeiten ist es zu verdanken, dass das Gute Buch mit dem Leben in der modernen Welt unter einen Hut gebracht werden kann. Dies ist für die «Mäßigung» in der Religion kein geringes Problem: Sie wird von nichts anderem gestützt als von einer uneingestandenen Missachtung der Buchstaben des göttlichen Gesetzes.

Der einzige Grund, weshalb heute jemand in Glaubensfragen «gemäßigt» ist, besteht darin, dass er einige Früchte des menschlichen Denkens der letzten zweitausend Jahre (demokratische Politik[6], wissenschaftlicher Fortschritt an jeder Front, Einhaltung der Menschenrechte, das Ende der kulturellen und geografischen Isolation und so weiter) verinnerlicht hat. Die Türen, die von einer wörtlichen Auslegung wegführen, lassen sich nicht von innen öffnen. Die «Mäßigung», die wir unter Gläubigen vorfinden, die keine Fundamentalisten sind, ist kein wie auch immer geartetes Zeichen dafür, dass der Glaube sich weiterentwickelt hat; sie ist vielmehr das Resultat zahlreicher Hammerschläge der Moderne, die gewisse Glaubensinhalte dem Zweifel ausgesetzt hat. Nicht die unbedeutendste dieser Entwicklungen war das Hervortreten der Tendenz, den Wert von Beweisen zu erkennen und von einer Behauptung nur bis zu jenem Grad überzeugt zu sein, in dem diese Behauptung sich nachweisen lässt. Selbst die meisten Fundamentalisten leben so gesehen im Lichte der Vernunft; nur scheint ihr Geist sich gespalten zu haben, um darin auch den verstiegenen Wahrheitsansprüchen ihres Glaubens einen Platz einräumen zu können. Sagen Sie zu einem frommen Christen, dass seine Frau ihn betrüge oder dass man sich durch den Verzehr von gefrorenem Joghurt unsichtbar machen könne, und er wird vermutlich wie jeder andere Beweise dafür fordern und sich nur in dem Ausmaß überzeugen lassen, wie man ihm solche Beweise vorlegen kann. Sagen Sie ihm, das Buch, das er neben seinem Bett liegen hat, habe eine unsichtbare Gottheit geschrieben, die ihn mit dem ewigen Feuer bestrafen wird, falls er nicht jede ihrer unsäglichen Behauptungen über das Universum akzeptiert, und er scheint nicht den geringsten Beweis dafür einzufordern.

Religiöse Mäßigung entspringt aus der Tatsache, dass selbst der Ungebildetste von uns über gewisse Dinge mehr weiß als irgendeine Person vor zweitausend Jahren – und eine Menge dieses Wissens lässt sich mit den religiösen Schriften nicht vereinbaren. Die meisten von uns, die von den medizinischen Errungenschaften der letzten hundert Jahre mitbekommen haben, werden den Ausbruch von Krankheit nicht mehr mit Sünde oder dämonischer Besessenheit in Verbindung bringen. Die meisten von uns – tatsächlich ist es etwa die Hälfte –, die etwas über die uns bekannten Entfernungen zwischen Objekten im Universum gelernt haben, können die Vorstellung, das ganze Gefüge sei vor sechstausend Jahren erschaffen worden (wobei das Licht weit entfernter Sterne bereits unterwegs zur Erde war), unmöglich ernst nehmen. Solche Zugeständnisse an die Moderne sind mitnichten ein Beleg dafür, dass Glaube und Vernunft sich vereinbaren lassen oder dass unsere religiösen Traditionen prinzipiell für neue Erkenntnisse offen sind; es ist lediglich so, dass man aus praktischen Gründen nicht länger darum herumkommt, gewisse Glaubensartikel zu ignorieren oder sie «neu» zu interpretieren. Jeder, der schon einmal in eine ferne Stadt geflogen wurde, um sich dort einer Bypass-Operation am Herzen zu unterziehen, wird – zumindest stillschweigend – einräumen, dass wir seit Moses' Zeiten eine Menge über Physik, Geografie, Technik und Medizin hinzugelernt haben.

Es ist also nicht so, dass diese Texte sich ihre Integrität über den Lauf der Zeit hinaus bewahrt hätten. Das haben sie nicht; sie wurden lediglich dadurch, dass wir gewisse Passagen außer Acht ließen, auf zweckmäßige Weise zurechtgestutzt. Dem Übriggebliebenen, den vermeintlich guten Stellen, ist das Verfahren, die Spreu vom Weizen zu trennen, erspart geblieben, da wir noch nicht über ein wirklich modernes Verständnis unserer ethischen Instinkte und unserer Fähigkeit zu spirituellen Erfahrungen verfügen. Verstünden wir die Arbeitsweise des menschlichen Gehirns besser, könnten wir zweifellos gesetzmäßige Zusammenhänge bestimmen zwischen verschiedenen Zuständen unseres Bewusstseins, unseren Verhaltensweisen und den mannigfachen Arten, auf die wir unsere Aufmerksamkeit einsetzen. Warum ist die eine Person glücklicher als die andere? Warum ist Liebe unserem Glück zuträglicher als Hass? Warum ist uns Schönheit in der Regel lieber als Hässlichkeit, Ordnung lieber als Chaos? Warum tut es gut zu lächeln oder zu lachen, und warum kommen sich Menschen, die solches teilen, einander meist näher? Ist das Ego nur Illusion, und falls ja, was bedeutet dies für das menschliche Leben? Gibt es ein Leben nach dem Tod? Dies sind letztendlich die Fragen, die sich einer mündigen Wissenschaft vom menschlichen Geist stellen. Sollten wir je eine solche Wissenschaft hervorbringen, so werden die meisten unserer religiösen Texte für den Mystiker so nützlich sein, wie sie es jetzt für den Astronomen sind.

Während religiöse «Mäßigung» als eine vernünftige Haltung erscheinen mag, bietet sie im Lichte dessen, was wir über das Universum gelernt haben (oder auch nicht), kein Bollwerk gegen religiösen Extremismus und religiöse Gewalt. Aus Sicht derer, die ihr Leben einer wörtlichen Auslegung der Texte unterwerfen wollen, ist der religiös Gemäßigte nichts anderes als ein gescheiterter Fundamentalist. Aller Wahrscheinlichkeit nach wird er zusammen mit den anderen Ungläubigen in der Hölle landen. Das Problem, das religiöses «Gemäßigtsein» für uns alle aufwirft, besteht darin, dass es dem «Gemäßigten» nicht erlaubt ist, sich allzu kritisch über den religiösen Buchstabenglauben zu äußern. Wir können nicht sagen, Fundamentalisten seien verrückt, da sie nur die geltende Religionsfreiheit für sich in Anspruch nehmen; wir können nicht sagen, sie befänden sich in religiöser Hinsicht auf dem Irrweg, da sie in ihrer Kenntnis der heiligen Schriften meist unerreicht sind. Alles, was der religiös «Gemäßigte» sagen kann, ist, dass er den persönlichen und gesellschaftlichen Preis nicht mag, den ein lückenloses Festhalten an der Schrift dem Gläubigen abverlangt. Dies ist keine neue Form von Glauben oder gar eine neue Art der Schriftexegese; es ist lediglich die Kapitulation vor einer Vielzahl allzu menschlicher Interessen, die mit Gott im Grunde nichts zu tun haben. Religiöse Mäßigung ist das Produkt eines säkulären Wissens, gepaart mit Nicht-Wissen über die Schriften – und ihm mangelt es, religiös gesprochen, am bona fide, um mit dem Fundamentalismus auf eine Stufe gestellt werden zu können.[7] Die Texte selbst sind unzweideutig: Sie sind in allen Teilen vollkommen. Aus ihrem Blickwinkel ist religiöse Mäßigung nichts als der scheinbare Unwille, sich dem Gesetz Gottes vollständig zu unterwerfen. Indem es ihnen nicht gelingt, dem Buchstaben des Gesetzes getreu zu leben, während sie die Irrationalität jener tolerieren, die es tun, versündigen die Gemäßigten sich gleichermaßen am Glauben und an der Vernunft. Solange die Kerndogmen des Glaubens nicht in Frage gestellt werden – das heißt das Wissen, dass es einen Gott gibt oder was er von uns will –, wird religiöse Mäßigung nichts dazu beitragen, uns den Weg aus dem Dickicht zu weisen.

Die Gutmütigkeit der meisten religiös Gemäßigten ist kein Hinweis darauf, dass religiöser Glaube etwas Erhabeneres ist als eine verzweifelte Vermählung von Hoffnung und Ignoranz; noch ist sie ein Garant dafür, dass für die Beschränkung des Vernunfthorizonts im Umgang mit anderen Menschen nicht ein erschreckender Preis zu zahlen ist. Religiöse Mäßigung, sofern sie den Versuch darstellt, an dem festzuhalten, was innerhalb der orthodoxen Religion noch zweckmäßig ist, verschließt uns die Tür vor einer höher entwickelten Herangehensweise an Dinge wie Spiritualität, Ethik und die Bildung starker Gemeinschaften. Religiös Gemäßigte glauben anscheinend, was wir auf diesen Gebieten brauchen, seien nicht etwa radikales Verstehen und Innovation, sondern einfach nur eine Abmilderung von Philosophien aus der Eisenzeit. Anstatt die Kraft unserer Kreativität und Rationalität in Fragen der Ethik, des sozialen Zusammenhalts und selbst spiritueller Erfahrungen voll zu entfalten, verlangen die Gemäßigten lediglich, dass wir das Maß, in dem wir alten Tabus und Formen des Aberglaubens verhaftet sind, ein wenig lockern. Andererseits sollen wir jedoch an einem Glaubenssystem festhalten, das uns von Männern und Frauen dargebracht wurde, deren Leben durch ihr fundamentales Unwissen über die Welt schlichtweg verheert wurde. In welchem anderen Lebensbereich wäre eine solch unterwürfige Hingabe an Traditionen akzeptabel? In der Medizin? Der Technik? Nicht einmal die Politik krankt an dem Anachronismus, der noch immer unser Denken über ethische Werte und spirituelle Erfahrungen bestimmt.

Stellen wir uns vor, wir könnten einen gebildeten Christen des 14. Jahrhunderts ins Leben zurückholen. Außer in seinem Glauben würde der Mann sich in sämtlichen Bereichen als völliger Ignorant erweisen. Seine Anschauungen über Geografie, Astronomie und Medizin wären sogar einem Kind peinlich, allerdings wüsste er mehr oder minder alles, was es über Gott zu wissen gibt. Obwohl er als Narr gelten würde, weil er die Erde für den Mittelpunkt des Weltalls hielte oder glaubte, die Trepanation stelle einen sinnvollen medizinischen Eingriff dar, so wären seine religiösen Vorstellungen dennoch über jeden Vorwurf erhaben. Dafür gibt es zwei Erklärungen: Entweder wir haben unser religiöses Verständnis der Welt vor einem Jahrtausend perfektioniert – während auf allen anderen Gebieten unser Wissen noch immer hoffnungslos unvollständig war – oder die Religion ist als Instrument zur bloßen Aufrechterhaltung von Dogmen ein

Diskussionsbereich, der eine Weiterentwicklung nicht zulässt. Wie wir sehen werden, spricht vieles für letztere Auffassung.

Ist es denn so, dass mit jedem Jahr, das vergeht, unser Glaube immer neue Daten aus dem Speicher menschlicher Erfahrungen in sich aufnimmt? Wenn Religion sich an eine authentische Sphäre des Verstehens und der menschlichen Bedürfnisse richten will, dann sollte sie sich einer Weiterentwicklung gegenüber nicht verschließen; ihre Lehrmeinungen sollten nützlicher werden, nicht nutzloser. Eine Fortentwicklung in der Religion, wie auch auf anderen Gebieten, müsste sich den Fragen von heute stellen, anstatt hartnäckig die Lehrmeinungen der Vergangenheit nachzubeten. Was heute wahr ist, sollte sich auch heute entdecken und in Begriffe fassen lassen und nicht einen blanken Affront gegen alles darstellen, was wir sonst noch über die Welt wissen. Gemessen an diesen Maßstäben, erscheint das ganze Projekt Religion als rückwärts gerichtet. Es kann die Veränderungen, die wir – auf kultureller, technologischer und sogar ethischer Ebene – erfahren haben, nicht überleben. Ansonsten besteht wenig Grund zu der Annahme, dass umgekehrt wir das Projekt Religion überleben werden.

Die Gemäßigten haben zwar nicht vor, jemanden im Namen Gottes zu töten, aber sie wollen, dass wir das Wort «Gott» weiterhin benutzen, als wüssten wir, was wir damit meinen. Und sie wollen nicht, dass allzu kritische Worte über Menschen gesagt werden, die wirklich an den Gott ihrer Väter glauben, denn die Toleranz ist heilig, vielleicht mehr als alles andere. Sich ganz schlicht und wahrheitsgetreu über den Zustand unserer Welt zu äußern – etwa indem man feststellt, dass die Bibel und der Koran Unmengen von lebensfeindlichem Blabla enthalten –, stünde im Widerspruch zur Toleranz, wie die Gemäßigten sie sich derzeit vorstellen. Den Luxus einer solchen Political Correctness können wir uns aber nicht länger leisten. Wir sollten endlich erkennen, welchen Preis wir dafür entrichten, dass wir den Bilderzauber unseres Unwissens aufrechterhalten.

Der Schatten der Vergangenheit

In einem Universum, das den Anschein erweckt, als wolle es uns vernichten, entdecken wir als Individuen ebenso wie als Gesellschaften frühzeitig, dass es gut ist, die Kräfte, die sich uns entgegenstellen, zu verstehen. So kommt es, dass jeder Mensch sich nach echtem Wissen über diese Welt sehnt. Für die Religion war dies stets ein besonderes Problem, da jede Religion Behauptungen als Wahrheit verkündet, für die sie die Beweise schuldig bleibt. Mehr noch: Jede Religion verkündet Behauptungen als Wahrheit, für die Beweise nicht einmal vorstellbar sind. So kam es zum «Sprung» bei Kierkegaards Sprung in den Glauben.

Wie sähe es aus, wenn all unser Wissen über die Welt plötzlich wie weggeblasen wäre? Stellen wir uns vor, sechs Milliarden Menschen würden eines Morgens in einem Zustand völligen Unwissens und völliger Bestürzung erwachen. Die Bücher und Computer wären noch da, aber aus deren Inhalt würden wir nicht schlau. Wir hätten sogar vergessen, wie man ein Auto fährt oder sich die Zähne putzt. Welches Wissen würden wir als Erstes zurückerlangen wollen? Da wäre die Sache, wie man Nahrung anpflanzt und sich eine Behausung baut. Damit würden wir gewiss wieder vertraut werden wollen. Wir würden auch gerne wieder lernen, wie man manch eines unserer Geräte und Werkzeuge benutzt und repariert. Auch die Kenntnis, wie man gesprochene und geschriebene Worte versteht, stünde ganz oben auf der Liste, da diese Fähigkeiten zum Erwerb der meisten anderen Voraussetzung sind.

Wann jedoch wäre es in jenem Prozess zur Wiederherstellung unseres Menschseins wohl notwendig zu wissen, dass Jesus von einer Jungfrau geboren wurde? Oder dass er auferstanden ist? Und wie würden wir an jene Wahrheiten, wären sie wirklich wahr, wohl aufs Neue gelangen? Indem wir die Bibel lesen? Ein Gang durchs Bücherregal brächte ähnlich leuchtende Perlen aus vergangenen Zeiten zum Vorschein – zum Beispiel, dass Isis, die Fruchtbarkeitsgöttin, über ein imposantes Paar Kuhhörner verfügt. Stöbern wir weiter, so erfahren wir, dass Thor einen Hammer bei sich trägt und dass es sich bei Marduks heiligen Tieren um Pferde, Hunde und einen Drachen mit gespaltener Zunge handelt. Wem sollen wir in unserer neu erwachten Welt den Vorzug geben? Jahwe oder Shiva? Und wann steht uns der Sinn danach, belehrt zu werden, dass vorehelicher Geschlechtsverkehr eine Sünde ist? Oder dass Ehebrecherinnen zu Tode gesteinigt werden sollen? Oder dass die Seele im Augenblick der Empfängnis in die Eizelle eintritt? Und was werden wir erst von jenen sonderbaren Menschen halten, die plötzlich verkünden, eins unserer Bücher sei anders als alle anderen, da dieses eine Buch tatsächlich vom Schöpfer des Universums geschrieben wurde?

Zweifellos gäbe es spirituelle Wahrheiten, mit denen wir – sobald wir uns wieder selbst ernähren und kleiden können – gerne aufs Neue Bekanntschaft machen würden. Es handelt sich um Wahrheiten, die wir in unserer gegenwärtigen Verfassung nur mangelhaft erlernt haben. Zum Beispiel: Wie ist es möglich, seine Angst und seine Introvertiertheit zu überwinden und andere Menschen einfach zu lieben? Stellen wir uns kurz vor, es gäbe einen solchen Prozess der persönlichen Wandlung, und es wäre da etwas, das zu wissen sich wirklich lohnen würde; anders gesagt, es gäbe eine Fertigkeit, einen Wissenszweig oder ein Begriffsverständnis oder eine Nahrungsergänzung, wodurch sich eine Transformation ängstlicher, hasserfüllter oder gleichgültiger Menschen in liebende Menschen zuverlässig ermöglichte. Wäre dies so, würden wir bestimmt darauf brennen, diese Möglichkeit kennenzulernen. Es mag sogar ein paar Passagen in der Bibel geben, die diesbezüglich von Nutzen wären – doch für einen ganzen Haufen unüberprüfbarer Lehren gäbe es gewiss keinen vernünftigen Grund, sie wieder aufzugreifen. Die Bibel und der Koran, so viel ist gewiss, würden im Bücherregal ihren respektablen Platz neben Ovids Metamorphosen und dem Ägyptischen Totenbuch einnehmen.

Das Problem ist, dass fast alles, was uns gerade heilig ist, es allein deswegen ist, weil es gestern für heilig gehalten wurde. Könnten wir die Welt neu erschaffen, wäre es gewiss unmöglich zu rechtfertigen, sein Leben auf unüberprüfbare Behauptungen zu bauen, die uralten Schriften entstammen – geschweige denn, dass wir um dieser Behauptungen willen töten oder sterben. Was jedoch hindert uns daran, diese Zumutungen bereits jetzt als unmöglich zu betrachten?

Vielen ist aufgefallen, dass Religion, indem sie dem menschlichen Leben Bedeutung verleiht, Gemeinschaften – zumindest solchen, die unter einem Glauben vereint sind – einen Zusammenhalt bietet. In historischer Hinsicht trifft dies zu, und daher haben wir der Religion Eroberungskriege ebenso zu verdanken wie Feiertage und brüderliche Liebe. Was jedoch ihren Einfluss auf die moderne Welt betrifft – eine Welt, die zumindest potenziell aufgrund ökonomischer, umweltpolitischer, politischer und epidemiologischer Bedürfnisse bereits vereint ist –, so sind religiöse Ideologien auf gefährliche Weise rückschrittlich. Unsere Vergangenheit ist nicht heilig, nur weil sie vergangen ist, und vieles liegt hinter uns, das hinter uns zu lassen wir uns sehr bemühen und zu dem wir aus freien Stücken hoffentlich niemals zurückkehren: Das Königtum von Gottes Gnaden, der Feudalismus, das Kastensystem, Sklaverei, Hinrichtungen aus politischen Gründen, Zwangskastration, Vivisektion, die Bärenhatz, Duelle um die Ehre, Keuschheitsgürtel, Prozesse auf der Basis von Gottesurteilen, Kinderarbeit, Menschen- und Tieropfer, die Steinigung von Ketzern, Kannibalismus, die Sodomiegesetze, die Tabuisierung von Empfängnisverhütung – die Liste geht ins Endlose, und führte man sie unbegrenzt weiter, würde der Anteil an Übergriffen, für die man die Religion direkt verantwortlich machen kann, vermutlich nicht kleiner werden. Tatsächlich lässt sich fast jede der erwähnten Demütigungen auf eine unzureichende Forderung nach Evidenz und auf einen kritiklosen Glauben an das eine oder andere Dogma zurückführen. Daher ist die Vorstellung, religiöser Glaube (der aufgrund der Verstiegenheit seiner Ansprüche und seines Mangels an Beweisen ohnehin eine Sonderstellung genießt) sei so etwas wie eine heilige menschliche Gepflogenheit, einfach zu ungeheuerlich, um in all ihrer Herrlichkeit gewürdigt werden zu können. Der religiöse Glaube stellt auf so entschiedene Weise einen Missbrauch unserer Geisteskräfte dar, dass er so etwas wie ein perverses kulturelles Kuriosum verkörpert – einen Fluchtpunkt, in dessen Dunstkreis rationale Auseinandersetzungen sich als unmöglich erweisen. Wird er Generation für Generation neu auferlegt, so beraubt er uns der Fähigkeit, zu begreifen, wie sehr unsere Welt sich unnötigerweise einer dunklen und barbarischen Vergangenheit unterwirft.

Die Last des Paradieses

Wie leichtfertig erliegt unsere Welt den Umtrieben von Männern und Frauen, die für Glaubensinhalte, die nicht mal Grundschulbildung überstehen dürften, die Zukunft unserer Spezies aufs Spiel setzen würden. Dass so viele von uns nach wie vor für uralte Mythen sterben, ist ebenso befremdend wie grauenvoll, und unser eigenes Verhaftetsein an jene Mythen, ob wir nun gemäßigt sind oder extrem, lässt uns verstummen gegenüber Entwicklungen, die auf unsere endgültige Vernichtung hinauslaufen könnten. Fürwahr, die Religion ist heute ebenso ein unversieglicher Quell der Gewalt, wie sie es in vergangenen

Zeiten immer schon war. Die aktuellen Konflikte in Palästina (Juden gegen Moslems), im Balkan (orthodoxe Serben gegen katholische Kroaten; orthodoxe Serben gegen bosnische und albanische Moslems), in Nordirland (Protestanten gegen Katholiken), in Kaschmir (Moslems gegen Hindus), im Sudan (Moslems gegen Christen und Animisten), in Nigeria (Moslems gegen Christen), in Äthiopien und Eritrea (Moslems gegen Christen), auf Sri Lanka (singhalesische Buddhisten gegen tamilische Hindus), in Indonesien (Moslems gegen timorische Christen) und im Kaukasus (orthodoxe Russen gegen tschetschenische Moslems; aserbaidschanische Moslems gegen katholische und orthodoxe Armenier) sind nur einige Beispiele. In diesen Gebieten war die Religion im vergangenen Jahrzehnt ganz eindeutig Anlass für den Tod von buchstäblich Millionen von Menschen. Diese Ereignisse sollten uns vorkommen wie psychologische Experimente, die als Amoklauf endeten, denn genau das sind sie. Man verabreiche den Menschen divergierende, unvereinbare und unüberprüfbare Behauptungen über das, was nach dem Tod geschieht, und verpflichte sie dann zu einem Zusammenleben bei begrenzten Ressourcen. Das Ergebnis ist genau das, was wir vor Augen haben: eine nicht enden wollende Abfolge von Mord und Waffenruhe. Falls die Geschichte uns auch nur eine kategorische Wahrheit offenbart, so jene, dass ein unterentwickeltes Verlangen nach Evidenz das Übelste in uns zum Vorschein bringt. Man füge diesem teuflischen Mechanismus Massenvernichtungswaffen hinzu, und schon hat man ein Rezept für den Untergang der Zivilisation.

Was lässt sich über das nukleare Spiel mit dem Feuer zwischen Indien und Pakistan sagen, wenn es gilt, dass die einander widersprechenden Religionen «respektiert» werden sollen? Religiösen Pluralisten fällt dazu nichts weiter ein, als die mangelhafte Diplomatie der beiden beteiligten Länder zu beklagen – während in Wahrheit der gesamte Konflikt geboren wird aus einem irrationalen Festhalten an Mythen. Mehr als eine Million Menschen starben bei der religiösen Schlächterei, die mit der Trennung von Indien und Pakistan einherging. Die beiden Länder haben seither drei offizielle Kriege geführt, an ihrer gemeinsamen Grenze ein fortwährendes Blutvergießen erlebt, und sie sind nun bereit, sich gegenseitig mit Atomwaffen auszulöschen, nur weil sie sich über «Fakten» nicht einig sind, die in all ihren Einzelheiten so abstrus sind wie die Namen von Sankt Nikolaus' Rentieren. Der Streit dieser beiden Staaten wird dadurch charakterisiert, dass sie fähig sind, eine auch vor Selbstmord nicht zurückschreckende Begeisterung für diese unbewiesene Materie zu mobilisieren. Rein formal geht es in diesem Konflikt um den Besitz von Land, doch die unvereinbaren Ansprüche auf das Gebiet von Kaschmir sind eine unmittelbare Konsequenz von religiösen Differenzen. Es stimmt, der einzige Grund, weshalb Indien und Pakistan zwei verschiedene Länder sind, besteht darin, dass der islamische Glaube sich nicht mit dem Hinduismus verträgt. Aus islamischer Sicht ist es fast unmöglich, sich etwas auszudenken, an dem Allah Anstoß nimmt, was nicht zugleich allmorgendlich von irgendeinem gesetzestreuen Hindu begangen wird. Das «Land», um das jene Leute sich tatsächlich streiten, findet sich auf keiner Landkarte verzeichnet. Wann begreifen wir, dass die Zugeständnisse, die wir dem Glauben in unserem politischen Diskurs eingeräumt haben, uns daran hindern, über die in unserer Geschichte nachhaltigste Quelle von Gewalt auch nur zu sprechen, geschweige denn sie mitsamt ihren zahlreichen Sümpfen trockenzulegen?

> Mütter werden mit Schwertern aufgespießt, während ihre Kinder zusehen müssen. Junge Frauen werden entkleidet und am hellichten Tag vergewaltigt, dann ... verbrannt. Einer schwangeren Frau schlitzt man den Bauch auf, ihr Fötus wird auf einer Schwertspitze gen Himmel erhoben und danach in eins der Feuer geschleudert, die überall in der Stadt lodern.[8]

Dies ist kein Zeugnis aus dem Mittelalter; auch ist es keine Erzählung aus Mittelerde. Dies ist unsere Welt. Die Ursache für dieses Verhalten ist nicht ökonomischer, nicht rassistischer, nicht politischer Natur. Obige Textstelle schildert die Gewalt, die in Indien im Winter 2002 zwischen Hindus und Moslems zum Ausbruch kam. Der einzige Unterschied zwischen diesen Gruppen besteht in dem, was sie über Gott glauben. Mehr als eintausend Menschen starben in einer monatelangen Serie von Tumulten – fast halb so viele wie während des israelisch-palästinensischen Konflikts innerhalb eines guten Jahrzehnts. Und das sind noch bescheidene Zahlen, wenn wir uns vergegenwärtigen, was möglich sein könnte. Ein Atomkrieg zwischen Indien und Pakistan erscheint fast unvermeidlich, wenn man bedenkt, dass die meisten Inder und Pakistanis an ein Leben nach dem Tod glauben. Die indische Schriftstellerin Arundhati Roy sagt, die westliche Besorgnis über diese Situation sei nur das Spiel weißer Imperialisten, die glauben, man könne «Schwarzen keine Bombe in die Hand geben.[9]» Dies ist eine groteske Anklage. Man könnte einwenden, es gebe überhaupt keine Gruppe von Menschen, denen man «eine Bombe in die Hand geben» könne, doch die destabilisierende Rolle, die die Religion auf dem Subkontinent spielt, einfach zu ignorieren, ist ebenso leichtsinnig wie unaufrichtig. Man kann nur hoffen, dass weltliche und rationale Kräfte dafür sorgen werden, dass die Raketen noch so lange auf ihren unterirdischen Abschussrampen verbleiben, bis die tiefer liegenden Gründe für diesen Konflikt endlich beim Namen genannt werden dürfen.

Während ich der islamischen Doktrin keineswegs eine Ausnahmestellung für besondere Misshandlungen einräumen will, steht doch außer Frage, dass sie zum gegenwärtigen Zeitpunkt eine einzigartige Gefahr für uns alle darstellt, ob wir Moslems sind oder nicht. Unnötig zu sagen, dass viele Moslems im Grunde vernünftig und tolerant mit anderen umgehen. Wie wir jedoch sehen werden, sind diese modernen Tugenden eher nicht das Produkt ihres Glaubens. In Kapitel vier werde ich beweisen, dass jede Person, die der islamischen Doktrin gehorcht – das heißt, wirklich an sie glaubt –, ein Problem für uns darstellt. Es ist in der Tat ziemlich deutlich geworden, dass die Direktiven, die der muslimische Glaube mit sich bringt, sich keineswegs auf den Glauben muslimischer «Extremisten» beschränken. Die Antwort der muslimischen Welt auf die Ereignisse des 11. September 2001 lässt keinen Zweifel daran, dass eine beachtliche Anzahl von Menschen des 21. Jahrhunderts an die Möglichkeit glaubt, sie könnten zum Märtyrer werden. Als Reaktion auf jenes unerwartete Faktum haben wir den Krieg gegen den «Terrorismus» ausgerufen. Dies ist etwa so, als würde man einen Krieg gegen den «Mord» ausrufen; es ist ein kategorischer Irrtum, der die wahre Ursache unserer Schwierigkeiten verschleiert. Der Terrorismus ist keine Quelle menschlichen Leidens, sondern nur eine seiner Ausprägungen. Wäre Osama bin Laden der Führer einer Nation und das World Trade Center wäre mit Raketen zum Einsturz gebracht worden, dann wären die Gräueltaten des 11. September ein kriegerischer Akt gewesen. Es versteht sich von selbst, dass wir der Versuchung widerstanden hätten, als Folge davon einen Krieg gegen den «Krieg» auszurufen.

Um zu erkennen, dass wir ein Problem mit dem Islam an sich haben, und nicht nur mit dem «Terrorismus», müssen wir uns nur fragen, warum muslimische Terroristen tun, was sie tun. Warum hätte jemand, der auf so augenfällige Weise frei von persönlichen

Sorgen oder psychischen Störungen war wie Osama bin Laden – der weder arm war, noch ungebildet noch verblendet noch ein früheres Opfer westlicher Aggression –, sich zu einer in unterirdischen Kellern geschmiedeten Intrige bekennen sollen, deren Ziel es ist, unzählige Männer, Frauen und Kinder zu töten, die er nicht einmal kennengelernt hat? Die Antwort liegt auf der Hand – wenn auch nur, da bin Laden sie bis zum Erbrechen selbst ausgesprochen hat. Sie lautet: Weil Menschen wie bin Laden tatsächlich glauben, was zu glauben sie vorgeben. Sie glauben, der Koran sei die reine Wahrheit. Warum tauschten 19 gebildete Männer aus der Mittelschicht ihr Leben auf dieser Welt gegen das Vorrecht, Tausende unserer Mitmenschen töten zu dürfen? Weil sie glaubten, dass sie dafür geradewegs ins Paradies kommen würden. Nur selten lässt sich menschliches Verhalten auf so umfassende und zufriedenstellende Weise erklären. Warum akzeptieren wir diese Erklärung nur widerstrebend?

Wie wir gesehen haben, gibt es etwas, das die meisten Amerikaner mit Osama bin Laden, den 19 Flugzeugentführern und einem Großteil der muslimischen Welt gemein haben. Auch sie halten an der Vorstellung fest, man könne gewissen absurden Behauptungen Glauben schenken, ohne dass Beweise vorliegen. Solche heroischen Akte der Leichtgläubigkeit gelten nicht nur als akzeptabel, sondern als erlösend – ja als notwendig. Dies ist ein Problem, das beträchtlich tiefer und beunruhigender ist als das der anthrax-verseuchten Briefe. Die Zugeständnisse, die wir dem religiösen Glauben eingeräumt haben – bis hin zu der Vorstellung, Glaube sei durch etwas anderes zu rechtfertigen als durch Beweise –, sie haben uns unfähig gemacht dazu, eine der verbreitetsten Konfliktursachen unserer Welt beim Namen zu nennen, geschweige denn sich damit auseinanderzusetzen.

Muslimischer Extremismus

Es ist wichtig, die Dimension, in der muslimische «Extremisten» wirklich extrem sind, genauer zu bestimmen. Sie sind extrem in ihrem Glauben. Sie sind extrem in ihrer Ergebenheit der buchstabengetreuen Auslegung des Koran und des Hadith (der Literatur, in der die Worte und Taten des Propheten verzeichnet sind) gegenüber, und dies macht sie in einem Ausmaß extrem, dass sie glauben, Modernität und weltliche Kultur seien mit Moral und spiritueller Gesundheit unvereinbar.

Muslimische Extremisten zweifeln nicht daran, dass die Exporte der westlichen Kultur ihre Frauen und Kinder von Gott entfernen. Auch betrachten sie unseren Unglauben als eine so gravierende Sünde, dass sie mit dem Tod bestraft werden muss, sobald sie ein Hindernis für die Ausbreitung des Islam darstellt. Diese ununterschiedenen Gemütswallungen lassen sich keineswegs auf den Begriff «Hass» in seiner herkömmlichen Bedeutung reduzieren. Die meisten muslimischen Extremisten waren nie in Amerika, noch sind sie je einem Amerikaner begegnet. Und der westliche Imperialismus bereitet ihnen weitaus weniger Kummer als dem Rest dieses Erdenrunds.[10] Vielmehr leiden sie anscheinend an der Angst, sich anzustecken. Häufig wurde beobachtet, dass sie zudem von Gefühlen der «Erniedrigung» aufgezehrt werden – Erniedrigung angesichts der Tatsache, dass sie, während ihre Zivilisation im Untergang begriffen ist, zusehen mussten, wie ein gottloses, die Sünde liebendes Volk zum Herren von allem wird, womit sie in Berührung kommen. Dieses Gefühl ist auch ein Produkt ihres Glaubens. Moslems verspüren nicht einfach nur die Schmach der Armen, denen die notwendigen Dinge des Lebens versagt bleiben. Ihre Schmach ist die eines auserwählten Volkes, das von Barbaren unterjocht wurde. Osama bin Laden fehlte es an nichts. Was aber wollte er dann? Er hatte nicht nach einer gerechten Verteilung des Wohlstands auf dieser Welt gerufen. Selbst seine Forderung eines souveränen Palästina erscheint als nachträglicher Einfall, dessen Ursprung ebenso von seinem Antisemitismus herrührt wie von der Solidarität, die er für die Palästinenser empfand (wobei sich die Anmerkung erübrigt, dass besagter Antisemitismus und besagte Solidarität ebenfalls Produkte seines Glaubens waren). Allem Anschein nach war er zutiefst beunruhigt über die Anwesenheit von Ungläubigen (amerikanischen Truppen und Juden) im heiligen Land der Muslime sowie über das, was er für Gebietsansprüche der Zionisten hielt. All dies sind rein theologische Kümmernisse. Verglichen damit, wäre es für alle Betroffenen weit besser gewesen, wenn er uns einfach nur gehasst haben würde.

Natürlich, Hass ist eine durch und durch menschliche Emotion, und es ist klar erkennbar, dass viele Moslems ihn empfinden. Doch der Glaube ist hier nach wie vor die Mutter des Hasses, wie überall, wo Menschen ihre moralische Identität in religiöse Begriffe kleiden. Der einzige augenfällige Unterschied zwischen Moslems und Nicht-Moslems besteht darin, dass Letztere nicht verkünden, sie glaubten an Allah und Mohammed als dessen Propheten. Der Islam ist eine missionarische Religion; dass sich dahinter eine rassistische oder sogar nationalistische Doktrin verbirgt, welche die militante islamische Welt antreibt, ist unwahrscheinlich. Moslems können zwar sowohl Rassisten als auch Nationalisten sein, doch ist es so gut wie sicher, dass im Falle einer umfassenden Bekehrung der westlichen Welt zum Islam – und somit zwangsläufig einer Nichtanerkennung jüdischer Interessen im Heiligen Land – die Grundlage für den muslimischen Hass ganz einfach zum Verschwinden käme.[11]

Die meisten der Moslems, die Gräueltaten verüben, machen kein Hehl aus ihrem Wunsch, ins Paradies zu kommen. Ein gescheiterter palästinensischer Selbstmordattentäter sprach davon, er sei «aus Liebe zum Märtyrertum» dazu «getrieben» worden, Israelis anzugreifen. «Ich wollte mich nicht für irgendetwas rächen», fügte er hinzu. «Ich wollte nur ein Märtyrer sein.» Herr Zaydan, der Möchtegern-Märtyrer, räumte ein, die Juden, die ihn gefangen genommen hatten, seien «besser gewesen als viele, viele Araber». Hinsichtlich des Leids, das sein Tod über seine Familie gebracht hätte, erinnerte er den Interviewer daran, dass ein Märtyrer siebzig Menschen auswählen dürfe, die ihm ins Paradies folgen würden. Er sei sich sicher, unter den Eingeladenen befände sich auch seine Familie.[12]

Wie schon erwähnt, neigen gläubige Menschen zu dem Einwand, es sei nicht der Glaube an sich, sondern die niedere Natur des Menschen, die zu solcherlei Gewalttaten inspiriere. Für mich jedoch ist es ausgeschlossen, dass man einen normalen Menschen dazu bewegen kann, liebenswürdige alte Gelehrte bei lebendigem Leib zu verbrennen, nur weil sie gegen den Koran gelästert haben,[13] oder den gewaltsamen Tod von Kindern zu feiern, falls jene nicht an eine Reihe unwahrscheinlicher Dinge über das Wesen des Universums glaubten. Da die meisten Religionen keinen wirksamen Mechanismus anbieten, mit dessen Hilfe die Kernaussagen ihres Glaubens sich überprüfen und revidieren ließen, ist jede neue Generation von Gläubigen dazu verurteilt, den Aberglauben und angestammten Hass ihrer Vorläufer als Erbe zu übernehmen. Bei einer Erörterung der Unzulänglichkeiten unseres Wesens gehört unsere Bereitschaft, für Thesen, die durch keinerlei Beweise gestützt sind, zu leben, zu töten und zu sterben, ganz oben auf die Themenliste.

Fast alle, die in unserem Land eine führende Position einnehmen, werden sagen, es gebe keine direkte Verbindung zwischen muslimischem Glauben und «Terrorismus». Es steht jedoch außer

Frage, dass Moslems den Westen gerade aufgrund ihres Glaubens hassen und dass ihnen der Koran den Auftrag zu diesem Hass erteilt. Immer wieder behaupten «gemäßigte» Moslems, der Koran rufe zu keinerlei Taten dieser Art auf, und der Islam sei eine «Religion des Friedens». Um zu erkennen, dass dies unwahr ist, braucht man den Koran nur zu lesen:

> «O Prophet, erkläre den Ungläubigen und Heuchlern den Krieg und verfahre hart mit ihnen. Die Hölle soll ihr Zuhause sein: ein böses Schicksal.» (Koran 9: 73)
>
> «O ihr Gläubigen, erkläret den Ungläubigen, die in eurer Mitte leben, den Krieg. Verfahret streng mit ihnen. Wisset, dass Gott der Gerechte ist.» (Koran 9: 123)

Religiösen Moslems bleibt gar nichts anderes übrig, als eine Kultur zu verachten, die, was ihren säkularen Anteil betrifft, eine Kultur von Ungläubigen ist. Was ihren religiösen Anteil betrifft, so ist unsere Kultur das Produkt einer unvollständigen Offenbarung (der christlichen und jüdischen), die der Offenbarung des Islam in jeder Hinsicht unterlegen ist. Die Tatsache, dass der Westen im Augenblick über weitaus mehr Wohlstand und weltliche Macht verfügt als jede Nation unter dem Islam, betrachten ergebene Moslems als teuflische Pervertiertheit, und diese Situation wird stets so etwas sein wie eine offene Einladung zum Dschihad. Sofern jemand ein Moslem ist – das heißt, sofern er glaubt, der Islam stelle den einzig gangbaren Pfad zu Gott dar und der Koran bringe dies auf vollkommene Weise zum Ausdruck –, wird er für jeden Mann und jede Frau, die die Wahrhaftigkeit seines Glaubens anzweifeln, Verachtung empfinden. Mehr noch, er wird das Gefühl haben, die ewige Glückseligkeit seiner Kinder sei durch die bloße Anwesenheit solcher Ungläubigen auf dieser Welt gefährdet. Wenn es solchen Leuten in die Hand fällt, die Richtlinien zu bestimmen, unter denen sie und ihre Kinder zu leben haben, so hat das vom Glauben auferlegte Gewaltpotenzial wenig Chancen, sich abzubauen. Aus diesem Grund sind wirtschaftliche Verbesserungen und ein Ausbau des Bildungswesens, in sich und aus sich heraus, nur unzureichende Heilmittel gegen die Ursachen religiöser Gewalt. Es steht außer Frage, dass viele gebildete, der Mittelschicht entstammende Fundamentalisten bereit sind, zu töten und für Gott zu sterben. Wie Samuel Huntington[14] und andere beobachtet haben, ist religiöser Fundamentalismus in Entwicklungsländern nicht zwangsläufig eine Bewegung der Armen und Ungebildeten.

Um die Rolle zu erkennen, die der Glaube beim Propagieren moslemischer Gewalt spielt, müssen wir uns nur fragen, weshalb in unseren Tagen so viele Moslems derart darauf erpicht sind, sich in lebende Bomben zu verwandeln. Nichts in der Geschichte des westlichen Kolonialismus kann ein solches Verhalten erklären (wobei sicher eingeräumt werden muss, dass diese Geschichte uns viel Anlass zur Wiedergutmachung bietet). Man denke sich den moslemischen Glauben ohne Märtyrertum und Dschihad, und die Aktionen von Selbstmordbombern werden völlig unverständlich, ebenso wie das Schauspiel der öffentlichen Bejubelung, das ihrem Tod ausnahmslos folgt; fügt man jene speziellen Glaubensinhalte wieder hinzu, kann man sich nur wundern, dass Selbstmordattentate nicht öfter vorkommen. Jeder, der behauptet, die Lehren des Islam hätten «nichts mit Terrorismus zu tun» – und unsere Fluglinien sind inzwischen gut besetzt mit islamischen Apologeten, die dies behaupten –, spielt nur mit Worten.

> Die Gläubigen, die zu Hause bleiben – abgesehen von jenen, die an einer schweren Behinderung leiden –, sind jenen nicht gleichzusetzen, die für die Sache Gottes mit all ihrer Habe und ihren Leibern in den Kampf ziehen. Gott hat jenen, die mit ihrer Habe und ihren Leibern in den Kampf ziehen, eine höhere Stellung eingeräumt als denen, die zu Hause bleiben. Gott hat allen einen guten Lohn versprochen; doch um vieles reicher ist die Belohnung für die, die für Ihn kämpfen ... Wer seine Behausung verlässt, um für Gott und Seinen Apostel zu kämpfen, und dann vom Tod ereilt wird, den wird Gott belohnen ... Die Ungläubigen sind eure Feinde durch und durch. (Koran 4: 95–101)

Eine unverblümte Taschenspielerei mit den Glaubensartikeln führt regelmäßig zu Stellungnahmen wie dieser: «Der Islam ist eine Religion des Friedens. Schließlich bedeutet schon das Wort Islam Frieden. Und Selbstmord ist laut Koran untersagt. Somit bietet die Schrift gar keine Grundlage für die Aktionen dieser Terroristen.» Solchem Illusionistenjargon könnte man hinzufügen, dass der Begriff «Schmutzige Bombe» im Koran nirgendwo auftaucht. Und, ja, da steht etwas im Koran, das man als Ächtung von Suizid auffassen könnte – «Zerstört euch nicht selbst» (4: 29), doch das lässt viele Hintertürchen offen, die groß genug sind, um mit einer Boeing 767 hindurchzufliegen.

> Lasst jene, die ihr Leben auf dieser Welt für das Jenseits hingeben würden, für Gottes Sache in den Kampf ziehen; wer für die Sache

> Gottes kämpft, ob er nun stirbt oder triumphiert, wird von Uns reich belohnt werden ... Die wahren Gläubigen kämpfen für die Sache Gottes, die Ungläubigen aber kämpfen für den Teufel. Kämpfet also gegen die Freunde Satans ... Sagt: «Eitel sind die Freuden des Lebens. Das Jenseits ist besser für jene, die dem Bösen fernbleiben wollen ...» (Koran 4: 74–78)

Betrachtet man diese Aufforderungen zum Märtyrertum im Licht der Tatsache, dass der Islam zwischen religiösen und weltlichen Autoritäten nicht unterscheidet,[15] springt sofort der doppelte Schrecken einer koranischen Buchstabenauslegung ins Auge: Auf staatlicher Ebene wird das moslemische Bestreben, die Welt zu beherrschen, von Gott ausdrücklich vorgeschrieben; auf individueller Ebene liefert die Metaphysik des Märtyrertums eine rationale Erklärung für die ultimative Selbstopferung zu solchen Zwecken. Wie Bernard Lewis beobachten konnte, wird der Islam seit den Tagen des Propheten «in den Köpfen und im Gedächtnis der Moslems mit der Ausübung politischer und militärischer Gewalt assoziiert».[16] Besonders unheilvoll ist die Metaphysik des Islam, wenn es um Toleranz und Religionsvielfalt geht, denn das Märtyrertum ist für einen Moslem die einzige Möglichkeit, dem peinigenden Tribunal, das uns am Jüngsten Tag alle erwartet, zu entgehen und auf direktem Weg ins Paradies zu gelangen. Anstatt jahrhundertelang im Erdreich vor sich hinzumodern und auf seine Auferstehung zu warten, um danach von zornerfüllten Engeln verhört zu werden, wird der Märtyrer unverzüglich in Allahs Garten verfrachtet, wo eine Schar «dunkeläugiger» Jungfrauen seiner harrt.

Da man sie für nichts Geringeres hält als die wörtliche Mitschrift von Gottes Worten, müssen Texte wie der Koran und die Bibel gewürdigt und auch kritisiert werden, und sie müssen jeder nur möglichen zulässigen Interpretation offenstehen, der sie, mit Variationen hinsichtlich Kernstellen und Auslassungen, in der gesamten religiösen Welt unterzogen werden. Das Problem besteht nicht darin, dass manche Moslems die wenigen Hinweise auf Nicht-Aggression, die sich im Koran finden, übersehen und durch ihre Unaufmerksamkeit dazu verleitet werden, schreckliche Taten an schuldlosen Ungläubigen zu verüben; das Problem ist, dass die meisten Moslems glauben, der Koran sei das buchstäbliche Wort Gottes. Der Weltanschauung eines Osama bin Laden ist nicht abzuhelfen, indem man auf jene einzige Zeile im Koran verweist, die Selbstmord verurteilt, da diese zweideutige Aussage inmitten eines Dickichts anderer Passagen steht, die sich nicht anders verstehen lassen denn als direkte Aufforderung zum Krieg gegen die «Freunde Satans». Die angemessene Antwort auf die bin Ladens dieser Welt besteht darin, die Rezeption dieser Texte insofern zu korrigieren, als man in religiösen Belangen die gleichen Ansprüche stellt wie auf anderen Gebieten auch. Gelingt es uns nicht, in eine Zeit vorzudringen, in der die meisten von uns wenigstens zuzugeben bereit sind, dass wir nicht mit Sicherheit sagen können, ob Gott einige unserer Bücher geschrieben hat oder nicht, dürfen wir getrost damit beginnen, die Tage bis Armageddon zu zählen – denn Gott hat uns weitaus mehr Gründe beschert, einander umzubringen, als die andere Wange hinzuhalten.

Wir leben in einer Ära, in der die meisten glauben, bloße Worte wie «Jesus», «Allah», «Ram» trügen in sich den Unterschied zwischen ewigen Qualen und immerwährender Seligkeit. Bedenkt man, was dabei auf dem Spiel steht, so darf es uns nicht überraschen, dass viele von uns es gelegentlich für nötig halten, andere Menschen zu töten, weil diese die falschen Zauberworte beziehungsweise die richtigen aus den falschen Gründen benutzt haben. Wie kann einer auch nur behaupten, er wisse, dass das Universum auf diese Weise funktioniert? Nur weil es gerade so in einem der heiligen Bücher steht. Woher wissen wir, dass unsere heiligen Bücher frei von Irrtümern sind? Weil es in den Büchern selbst steht. Solche schwarzen Löcher der Erkenntnistheorie sind dabei, unserer Welt das Licht rapide zu entziehen.

Natürlich enthalten unsere religiösen Schriften viel Weises, Trostreiches und Schönes. Doch Worte der Weisheit, des Trostes und der Schönheit finden sich en masse auch in den Texten von Shakespeare, Vergil und Homer, und nicht ein Leser hat aufgrund der Inspiration, die er in diesen Büchern fand, Tausende fremder Menschen getötet. Der Glaube, gewisse Bücher seien von Gott verfasst (der aus unergründlichen Motiven Shakespeare zu einem besseren Schriftsteller machte als sich selbst), beraubt uns der Möglichkeit, uns mit der mächtigsten Quelle menschlicher Konflikte sowohl der Vergangenheit als auch der Gegenwart auseinanderzusetzen.[17] Wie kommt es, dass die Absurdität dieses Gedanken uns nicht stündlich in die Knie zwingt? Man könnte einwenden, nur wenige von uns hätten erwartet, dass so viele Menschen an so etwas glauben würden, sofern sie nicht tatsächlich daran glauben. Man denke sich eine

Welt, in der ganze Generationen von Menschen zu der Überzeugung gelangen, gewisse Filme seien von Gott beziehungsweise einer von ihm kodierten speziellen Software hergestellt worden. Man denke sich eine Zukunft, in der Millionen unserer Nachkommen aufgrund rivalisierender Interpretationen von Star Wars oder Windows 10 einander abschlachteten. Gäbe es etwas, auch nur etwas, das lächerlicher wäre? Und dennoch: Lächerlicher als die Welt, in der wir leben, wäre es nicht.

Der Tod als Born der Illusionen

Wir leben in einer Welt, in der alle Dinge, ob gut oder böse, letztendlich durch den Wandel zerstört werden. Die Welt, so scheint es, hält uns am Leben, nur um uns, wenn es ihr gerade passt, zu verschlingen. Eltern verlieren ihre Kinder, und Kinder ihre Eltern. Männer und Frauen trennen sich von einem Tag auf den anderen, um einander nie mehr zu begegnen. Freunde sitzen zusammen, ohne zu wissen, dass es das letzte Mal ist. Das Leben, im großen Ganzen betrachtet, bietet uns wenig mehr als ein unablässiges Schauspiel an Verlusten.

Doch gegen all dies scheint es ein Heilmittel zu geben. Wenn wir ein rechtschaffenes Leben führen – das nicht zwangsläufig ethisch sein muss, sich jedoch im Rahmen gewisser alter Überzeugungen und stereotyper Verhaltensmuster zu bewegen hat –, werden wir alles, was wir wollen, nach unserem Tod bekommen. Wenn unser Körper schließlich seinen Dienst versagt, werfen wir lediglich unseren stofflichen Ballast ab und reisen in ein Land, in dem wir mit allen, die wir zu Lebzeiten liebten, wieder vereint sein werden. Natürlich, allzu rationale Menschen und sonstiges Geschmeiß werden von jener Stätte des Glücks ferngehalten, doch alle, die ihrem Unglauben noch zu Lebzeiten abschworen, werden sich dort bis in alle Ewigkeit amüsieren dürfen.

Wir leben in einer Welt von unvorstellbaren Überraschungen – von der Fusionsenergie, die die Sonne am Leuchten hält, bis hin zu den genetischen und evolutionären Konsequenzen, die jenes Licht, auf der Erde tanzend, im Laufe von Äonen hervorrief –, und dennoch entspricht das Paradies unseren oberflächlichsten Wünschen und ist detailgetreu das Abbild einer Karibik-Kreuzfahrt. Dies ist in höchstem Maße verwunderlich. Wüsste man es nicht besser, so könnte man meinen, der Mensch habe in seiner Angst, alles zu verlieren, was er liebt, den Himmel mitsamt dem Türsteher namens Gott nach seinem eigenen Bild erschaffen.

Stellen Sie sich vor, Sie lassen beim Arzt eine Generaluntersuchung machen, und dieser verkündet Ihnen schlechte Neuigkeiten: Sie haben sich ein Virus eingefangen, das sämtliche Menschen, die sich damit infizieren, tötet. Das Virus mutiert so häufig, dass der Krankheitsverlauf völlig unvorhersehbar ist. Vielleicht werden Sie jahre- oder gar jahrzehntelang dahinsiechen; vielleicht tötet das Virus Sie innerhalb der nächsten Stunde. Es kann Herzinfarkt hervorrufen, Schlaganfall, unzählige Formen von Krebs, Demenz und sogar Suizid; tatsächlich scheinen im Endstadium fast alle Krankheiten möglich zu sein. Keinerlei Prävention, keine Diät, kein Gesundheitsplan und keine strenge Bettruhe werden Ihnen helfen. Sie müssen davon ausgehen, dass selbst wenn Sie Ihr Leben auf keinen anderen Zweck mehr ausrichten, als das Virus in Schach zu halten, Sie dennoch sterben werden, denn eine Therapie ist nicht absehbar, und der körperliche Verfall hat bei Ihnen bereits eingesetzt.

Sicher, die meisten empfingen eine solche Diagnose tatsächlich als schlechte Neuigkeit – aber wäre es denn tatsächlich eine Neuigkeit? Entspricht die Unvermeidbarkeit des Todes nicht genau dieser Prognose? Haften dem Leben als solchem nicht sämtliche Merkmale unseres hypothetischen Virus an?

Sie können jeden Augenblick sterben, sogar, bevor Sie diesen Absatz zu Ende gelesen haben. Nicht nur, dass Sie ganz gewiss zu einem unbestimmten künftigen Zeitpunkt sterben werden. Wenn auf den Tod vorbereitet zu sein, bedeutet, den Ort und den Zeitpunkt seines Todes zu kennen, dann sieht es fast so aus, als wären Sie unvorbereitet. Nicht nur, dass Sie sterben und von dieser Welt scheiden müssen; es wird auch auf so plötzliche Weise geschehen, dass die Bedeutung, die Sie den Dingen – Ihrer Beziehung zu anderen, Ihren Zukunftsplänen, Ihren Hobbys, Ihren Besitztümern – im Moment beimessen, Ihnen völlig trügerisch vorkommen wird. Während all das, auf eine unbefristete Zukunft projiziert, uns gewissermaßen als Gewinn erscheint, beweist doch der Tod, dass es nichts dergleichen ist. Wenn der Stöpsel dieses Lebens von unbekannter Hand herausgezogen wird, dann wird sich an diesem großen Zahltag nichts als Gewinn erweisen.

Und als wäre dies der Kränkung nicht genug, leiden viele von uns unter der stillen Fassungslosigkeit, um nicht zu sagen unter dem unverhohlenen Elend unserer Neurosen. Wir lieben unsere Familie und unsere Freunde, wir haben schreckliche Angst, sie zu verlieren, und dennoch steht es uns nicht im Geringsten frei, sie einfach nur zu lieben, während wir unser kurzes Leben mit ihnen teilen. Wir müssen uns schließlich um uns selbst sorgen. Wie Freud und seine Nachfolger unentwegt betonten, werden wir alle von gegensätzlichen Trieben geschoben und zerrissen: mit der Welt zu verschmelzen und sich darin aufzulösen oder sich in die Fluchtburg seiner scheinbaren Isolation zurückzuziehen. Jeder der beiden Impulse, ins Extrem getrieben, scheint uns zum Unglück zu verdammen. Wir haben schreckliche Angst vor unserer Bedeutungslosigkeit als Kreatur, und viel von dem, was wir mit unserem Leben anstellen, ist das ziemlich durchsichtige Unterfangen, diese Angst zu bannen. Während wir versuchen, nicht daran zu denken, ist das Einzige im Leben, worauf wir uns wirklich verlassen können, die Tatsache, dass wir eines Tages sterben und alles hinter uns lassen werden; dennoch erscheint es uns paradoxerweise fast unmöglich zu glauben, dass dem so ist. Unser subjektives Empfinden für das, was real ist, scheint unseren Tod nicht mit einzubeziehen. Wir bezweifeln das Einzige, was wirklich keinerlei Zweifel zulässt.

Die Vorstellung von dem, was nach dem Tod geschieht, bestimmt in hohem Maße die Vorstellung, die wir vom Leben haben. Dies ist der Grund, weshalb eine auf Glauben gegründete Religion, indem sie die Leerstellen in unserem Wissen über das Jenseits ausfüllt, eine so schwere Last für alle bedeutet, die in ihren Bann geraten. Eine einzige Behauptung – ihr werdet nicht sterben – führt, sobald sie zum Glaubenssatz geworden ist, zu einer Reaktion aufs Leben, die ansonsten undenkbar wäre.

Wie würden Sie sich fühlen, wenn Ihr einziges Kind plötzlich an einer Lungenentzündung stürbe? Ihre Reaktion auf diese Tragödie würde weitgehend davon bestimmt, was Ihrer Ansicht nach mit Menschen nach ihrem Tod geschieht. Es wäre zweifellos trostreich, an Dinge zu glauben wie: «Er war Gottes kleiner Engel, und Gott nahm ihn früh wieder zu sich, weil er wollte, dass er nah bei Jesus ist. Er wird uns erwarten, wenn wir in den Himmel kommen.» Ist Ihr Glaube der eines Anhängers der Christian Science, der Sie dazu verpflichtet, jegliche medizinische Maßnahme abzulehnen, waren Sie

Gott womöglich bereits behilflich, indem Sie sich weigerten, Ihrem Kind Antibiotika zu geben.

Oder, wie würden Sie sich fühlen, wenn man Ihnen erzählte, zwischen Israel und seinen Nachbarstaaten sei ein Atomkrieg ausgebrochen, bei dem es um die Besitzrechte am Tempelberg geht? Als Christ, der an das Tausendjährige Reich glaubt, würden Sie darin zweifellos ein Zeichen der bevorstehenden Wiederkehr Christi erblicken. Das wären überaus gute Neuigkeiten, egal wie hoch die Zahl der Todesopfer ausfiele. Es steht außer Frage, dass die Jenseitsvorstellungen eines Menschen sich unmittelbar auf dessen Weltsicht auswirken.

Natürlich zeigt sich religiöses Gemäßigtsein darin, dass man sich über das, was nach dem Tod geschieht, nicht allzu sicher ist. Dies ist, wenn man den Mangel an Beweisen zu diesem Thema berücksichtigt, eine vernünftige Haltung. Nach wie vor erweisen sich religiös Gemäßigte jedoch als unfähig, die unvernünftige (und gefährliche) Gewissheit anderer Gläubiger zu kritisieren. Als Konsequenz dieses Schweigens über solche Dinge lebe ich als Amerikaner in einem Land, in dem jemand nicht zum Präsidenten gewählt werden kann, wenn er öffentlich die Existenz von Himmel und Hölle bezweifelt. Dies ist wahrlich bemerkenswert, wenn man bedenkt, dass unseren politischen Führern darüber hinausreichende Kenntnisse nicht abverlangt werden. Sogar von einem Frisör wird verlangt, dass er eine Sachkundeprüfung ablegt, ehe er in den Vereinigten Staaten sein Gewerbe ausüben darf; dennoch erwartet man von jenen, denen die Macht verliehen wird, Kriege zu führen und die Geschicke eines ganzen Landes zu bestimmen, das heißt, deren Entscheidungen unweigerlich das Leben vieler Menschen über Generationen hinweg beeinflussen werden, keinerlei spezielle Kenntnisse, bevor sie ihre Arbeit antreten. Sie brauchen keine Politikwissenschaftler, Ökonomen oder auch nur Anwälte zu sein; sie müssen sich mit internationalen Beziehungen, Militärgeschichte, Ressourcenmanagement, Tiefbau oder irgendeinem anderen Wissensgebiet nicht beschäftigt haben, lauter Gebieten, die beim Regieren einer modernen Supermacht womöglich von Nutzen wären; sie müssen nur wissen, wie man Kapital beschafft und sich gut im Fernsehen verkauft, und außerdem müssen sie gewissen Mythen zugeneigt sein. Bei unserer nächsten Präsidentenwahl würde ein Schauspieler, der seine Bibel liest, einen Raketenexperten, der dies nicht tut, so gut wie sicher ausstechen.

Gibt es einen deutlicheren Hinweis darauf, dass wir es zulassen, dass Torheit und Weltfremdheit unsere Angelegenheiten regieren?

Ohne das Faktum des Todes wäre die Macht von Religion, die sich auf Glauben stützt, undenkbar. Offensichtlich ertragen wir es nicht, dass es den Tod gibt; und der Glaube ist wenig mehr als ein Schatten, den unsere Hoffnung auf ein besseres Leben jenseits des Grabes wirft.

Die Welt jenseits der Vernunft

Wie wir im letzten Kapitel dieses Buches sehen werden, bestehen kaum Zweifel, dass ein gewisser Bereich menschlicher Erfahrung zu Recht als «spirituell» oder «mystisch» eingestuft wird – Erfahrungen, die mit Sinnhaftigkeit, Selbstlosigkeit und einem gesteigerten Empfinden zu tun haben, die unsere beschränkte Identität als «Selbst» übersteigen und sich unserem gegenwärtigen Verständnis von Geist und Gehirn entziehen. Nichts an diesen Erfahrungen berechtigt uns jedoch zu arroganten Ausschließlichkeitsansprüchen hinsichtlich der einzigartigen Heiligkeit irgendeines Textes. Es besteht kein Grund, wieso unsere Fähigkeit, uns in emotionaler und spiritueller Hinsicht selber voranzubringen, sich nicht gemeinsam mit Technologie, Politik und der restlichen Kultur weiterentwickeln kann. Diese Fähigkeit muss sich sogar weiterentwickeln, wenn wir eine Zukunft haben wollen.

Mit Sicherheit besteht die Grundlage unserer Spiritualität aus diesen Einsichten: Die Skala menschlichen Erfahrens reicht weit über die normalen Grenzen unserer Subjektivität hinaus. Zweifellos können gewisse Erfahrungen das Weltbild einer Person grundlegend verändern. Jede spirituelle Tradition beruht auf der Erkenntnis, dass die Art und Weise, wie wir unsere Aufmerksamkeit von Augenblick zu Augenblick benutzen, weitgehend unsere Lebensqualität bestimmt. Viele Resultate spiritueller Praktiken sind in der Tat wünschenswert, und wir sind es uns selbst schuldig, diese Praktiken für uns zu entdecken. Wichtig ist der Hinweis, dass es sich dabei nicht um rein emotionale, sondern auch um kognitive und konzeptuelle Veränderungen handelt. So wie es uns möglich ist, Gebiete wie Mathematik oder Biologie zu verstehen, so ist es uns auch möglich, das eigentliche Wesen unserer eigenen Subjektivität zu verstehen. Eine Vielzahl von Techniken, von der Meditationspraxis bis hin zum Gebrauch psychedelischer Drogen, zeugt von der Bandbreite und der Formbarkeit menschlicher Erfahrung. Seit Jahrtausenden wissen Kontemplative, dass ganz gewöhnliche Menschen sich von der Empfindung, die sie «Ich» nennen, frei machen können und sie sich somit des Gefühls entledigen, vom Rest des Universums abgetrennt zu sein. Dieses Phänomen, von dem Praktizierende zahlreicher spiritueller Traditionen berichten, lässt sich durch eine Fülle von Beweisen – sowohl neurowissenschaftlicher, philosophischer als auch introspektiver Art – untermauern. Solche Erfahrungen nennt man mangels einer besseren Bezeichnung «spirituell» oder «mystisch», weil sie (unnötigerweise) relativ selten sind, dazu bedeutungsvoll (da sie echte Fakten über die Welt enthüllen) und eine persönliche Transformation bewirken. Diese Erfahrungen lassen auch eine weitaus tiefere Verbindung zwischen einem selbst und dem übrigen Universum erkennen, als die vertrauten Grenzen unserer Subjektivität es uns glauben machen wollen. Es besteht kein Zweifel daran, dass solche Erfahrungen es wert sind, entdeckt zu werden, ebenso wie kein Zweifel daran besteht, dass die gängigen religiösen Vorstellungen, die sich vor allem in der westlichen Welt um diese Erfahrungen herum gebildet haben, ebenso gefährlich wie unglaubhaft sind. Eine wirklich rationale Herangehensweise an diese Dimension unseres Lebens würde es uns ermöglichen, die Höhen unserer Existenz unvoreingenommen zu erforschen und dabei die Provinzialität und den Dogmatismus unserer religiösen Traditionen zugunsten einer ungehinderten und strikten Prüfung von uns zu werfen.

Es scheint auch Tatsachenmaterial zu geben, das die Realität solch psychischer Phänomene bestätigt, wie sie von der Schulwissenschaft weitgehend ignoriert werden.[18] Der Slogan «Für außergewöhnliche Behauptungen bedarf es außergewöhnlicher Beweise» bleibt in diesen Bereichen eine vernünftige Richtschnur, was jedoch nicht bedeutet, das Universum könne nicht weitaus seltsamer sein, als viele von uns annehmen. Es ist wichtig zu erkennen, dass eine gesunde, wissenschaftliche Skepsis sich mit einer grundlegenden Unvoreingenommenheit durchaus vereinbaren lässt.

Die Behauptungen, die von Mystikern aufgestellt werden, machen aus neurologischer Sicht durchaus Sinn. Kein Mensch hat jemals die Erfahrung einer objektiven Welt oder überhaupt einer Welt gemacht. Sie bilden sich, jetzt während Sie dies lesen, nur ein, eine Erfahrung zu machen. Die Welt, wie Sie sie sehen und hören, ist nichts weiter als eine Abwandlung Ihres Bewusstseins, dessen physischer Ort ein Geheimnis bleibt. Ihr Nervensystem teilt das undifferenzierte Rauschen des Universums in einzelne Kanäle auf und verarbeitet sie als Bild, Geräusch, Geruch, Geschmack und Berührung; dasselbe geschieht bei anderen, weniger populären Sinnesleistungen wie der Eigenwahrnehmung des Körpers, der Kinästhesie, der Enterozeption und sogar der Echo-Ortung.[19] Die optischen Eindrücke, die Geräusche und Schwingungen, die Sie jetzt gerade wahrnehmen, sind wie unterschiedliche Lichtspektren, die das Prisma des Gehirns durchstoßen. Wir bestehen in der Tat aus dem Stoff, aus dem auch Träume sind. Unser wachendes und unser träumendes Gehirn gehen im Wesentlichen der gleichen Tätigkeit nach; nur mit dem Unterschied, dass unser Gehirn im Traumzustand weitaus weniger von sensorischen Informationen oder jenen Instanzen der «Fakten-Prüfung» bedrängt wird, die vermutlich irgendwo in unserem Frontallappen stecken. Das soll nicht heißen, dass unsere Sinneseindrücke uns die Realität als solche nicht richtig anzeigen; es ist nur so, dass erfahrungsgemäß in unserem Bewusstsein nichts entsteht, was nicht zuvor vom Nervensystem strukturiert, bearbeitet oder erweitert wurde. Während dies ein paar philosophische Probleme hinsichtlich der Grundlagen unseres Wissens aufwirft, eröffnet es uns auch die bemerkenswerte Chance, die Beschaffenheit unserer Erfahrung bewusst zu transformieren.

Auf jede Nervenzelle, die ihren Input von der Außenwelt erhält, kommen zehn bis hundert andere, bei denen dies nicht der Fall ist. Das Gehirn spricht somit größtenteils mit sich selbst, und mit der Ausnahme von Gerüchen strömt keine Information aus der Umwelt direkt von einem sensorischen Rezeptor zur Hirnrinde, wo der Inhalt des Bewusstseins vermutlich abgesondert wird. Es kommt bei diesem Kreislauf stets zu ein oder zwei Unterbrechungen, zu den Synapsen, die es den betreffenden Neuronen ermöglichen, Feedback-Informationen beziehungsweise Informationen aus anderen Hirnregionen einzuarbeiten. Diese Art von Integration und Verunreinigung von Signalen erklärt, mit welcher Bestimmtheit Drogen, emotionale Zustände oder sogar begriffliche Erkenntnisse den Charakter unseres Erlebens verändern können. Unser Gehirn ist so abgestimmt, dass es uns diejenige Vision der Welt liefert, auf die wir im Moment gerade eingestellt sind. Im Kern der meisten spirituellen Traditionen versteckt sich die völlig berechtigte Behauptung, dass man das Gehirn auch anders abstimmen kann.

Es stimmt jedoch auch, dass manche Menschen Erlebnisse haben, die zu Recht als psychotisch charakterisiert werden. Wie sich zeigt, gibt es viele Arten, das Selbst zu analysieren, (scheinbar) Bedeutungsvolles aus dem zu ziehen, was unsere Sinne uns verkünden, und zu glauben, man wisse, wie die Welt beschaffen sei. Nicht alle visionären Erlebnisse sind aus dem gleichen Holz geschnitzt, ganz zu schweigen von den Weltanschauungen, die aus ihnen erwachsen. Wie bei allen Dingen machen auch hier einige Unterschiede den Gesamtunterschied aus; über diese Unterschiede lässt sich zudem vernunftmäßig diskutieren.

Wie wir sehen werden, besteht eine enge Verbindung zwischen Spiritualität, Ethik und positiven Gefühlsregungen. Obgleich ein wissenschaftlicher Ansatz zu diesen Themen noch immer in den Geburtswehen liegt, ist vermutlich die Tatsache, dass die meisten von uns die Liebe der Angst vorziehen oder Grausamkeit als falsch empfinden, nicht mysteriöser als unser übereinstimmendes Urteil über die relative Größe eines Gegenstands oder welchem Geschlecht ein Gesicht zuzuordnen ist. Auf Gehirnebene ist es eher unwahrscheinlich, dass die Gesetze, die für menschliches Glück stehen, von Person zu Person allzu weit variieren. In späteren Kapiteln werden wir sehen, dass mit dieser Tatsache, auch lange, bevor uns darüber wissenschaftliche Details zur Verfügung stehen, bereits viel anzufangen ist.

Nach eingehender Untersuchung der dem Glauben immanenten Probleme sowie der Bedrohung, die selbst ein «gemäßigter» religiöser Glaube, wenn auch ungewollt, für unser Überleben darstellt, können wir damit beginnen, unseren ethischen Intuitionen und unserer Fähigkeit, spirituelle Erfahrungen im Kontext eines rationalen Weltbilds zu machen, ihren Platz einzuräumen. Dazu ist es erforderlich, dass wir die Erkenntnisse eines wachsenden Wissens über das menschliche Gehirn sowie unsere genetische Verknüpfung mit dem Rest allen Lebens und die Geschichte unserer religiösen Vorstellungen in eine Ordnung bringen. In den folgenden Kapiteln werde ich versuchen, das verwirrende Nebeneinander zweier Fakten zur Aussöhnung zu bringen: (1) Unsere religiösen Traditionen zeugen von einer Reihe spiritueller Erfahrungen, die real und aussagekräftig sind und die einer näheren Untersuchung, sowohl in persönlicher als auch wissenschaftlicher Hinsicht, auf jeden Fall würdig sind. (2) Viele der Glaubenssätze, die sich um diese Erfahrungen herum gebildet haben, drohen uns mittlerweile zu zerstören.

Rein vernünftig können wir nicht leben. Dies ist der Grund, wieso kein noch so hohes Maß an Vernunft es mit dem Balsam des Glaubens aufnehmen kann, wenn die Schrecken dieser Welt unser Leben bedrängen.[20] Ihr Kind ist gestorben, oder Ihre Frau ist an einem furchtbaren Leiden erkrankt, das kein Arzt heilen kann, oder Ihr eigener Körper beginnt rasch zu verfallen – und schon riecht die Vernunft, wie groß ihre Reichweite auch sein mag, ganz eindeutig nach Formaldehyd. Dies hat viele von uns fälschlich zur Schlussfolgerung verleitet, die Menschen hätten Bedürfnisse, die nur der Glaube an gewisse abwegige Vorstellungen abdecken könne. Nirgendwo jedoch steht geschrieben, der Mensch müsse irrational sein oder sich permanent gegen außen abschotten, um eine dauerhafte Empfindung des Heiligen genießen zu können. Im Gegenteil, ich hoffe, aufzeigen zu können, dass Spiritualität, so gut, wie sie die Grenzen der Vernunft erhellt, zutiefst rational sein kann, ja sogar sein muss. Sowie wir dies erkannt haben, können wir damit beginnen, uns einer Menge von Gründen zu entledigen, deretwegen wir uns im Moment gegenseitig umbringen.

Die Wissenschaft wird ihr Schweigen zu spirituellen und ethischen Fragen nicht mehr lange aufrechterhalten. Schon jetzt sind unter Psychologen und Neurowissenschaftlern erste Regungen auszumachen von dem, was eines Tages eine echt rationale Herangehensweise an diese Gebiete sein könnte – eine, die jedes noch so feinstoffliche mystische Erlebnis einer ungehinderten wissenschaftlichen Untersuchung öffnen wird. Wir sollten endlich begreifen, dass wir nicht gegen die Vernunft verstoßen müssen, um unser Leben mit Liebe, Mitgefühl, Ekstase und Ehrfurcht zu erfüllen; ebenso wenig müssen wir jeglicher Art von Spiritualität oder Mystik abschwören, um der Vernunft Genüge zu tun. In den folgenden Kapiteln werde ich versuchen, sowohl die begrifflichen als auch die empirischen Grundlagen für diese Behauptungen zu erläutern.

Sich mit dem Glauben arrangieren

Wir sollten endlich begreifen, dass Glaube keine Privatsache ist; er war nie etwas rein Privates. In der Tat ist Glauben kaum privater als Handeln, da jeder Glaube eine potenzielle Ursache von Handeln ist. Der Glaube, es werde regnen, lässt jedermann nach einem Regenschirm greifen, sofern er einen hat. Es dürfte leichtfallen zu erkennen, dass zum Beispiel der Glaube in seiner vollen Wirkungskraft als Gebet in dem Augenblick, wo er in die Tat umgesetzt wird, zu einer ausgesprochen öffentlichen Angelegenheit wird: In dem Moment, in dem ein Chirurg seine weltlichen Instrumente zur Seite legt und versucht, die Wunde seines Patienten mit Hilfe eines Gebets zu nähen, oder ein Pilot versucht, ein Passagierflugzeug mit nichts als einem pausenlos an die Flugleitzentrale gerichteten «Halleluja» zu landen, verschlägt es uns aus den Sphären des Glaubens rasch in die eines weltlichen Strafgerichts.

Wie der Mensch glaubt, so handelt er. Man glaube nur daran, einem auserwählten Volk anzugehören, das von schlüpfrigen Exportgütern einer bösartigen Kultur überflutet wird, was die eigenen Kinder Gott entfremdet; oder man glaube daran, bis in alle Ewigkeit mit unvorstellbaren Freuden belohnt zu werden, falls man jene Ungläubigen in den Tod schickt – und schon reicht es aus, wenn einem die Gelegenheit dazu geboten wird, mit einem Flugzeug in ein Gebäude zu rasen. Daraus folgt doch, dass so mancher Glaube in sich gefährlich ist. Wir alle wissen, dass der Mensch zu unglaublicher Brutalität fähig ist, aber wir tun gut daran zu fragen, welche Art von Ideologie uns dazu am ehesten befähigt. Und wie sind wir bloß darauf verfallen, solchen Glaubenssystemen einen Status einzuräumen, der sie von einer normalen Debatte ausschließt, sodass es ihnen gelingt, jahrtausendelang zu überleben, ohne vom Lauf der Geschichte oder durch einen Ansturm der Vernunft erschüttert zu werden? Dies sind Probleme sowohl kultureller als auch psychologischer Art. Seit Langem liegt es auf der Hand, dass Glaubensdogmen – namentlich bei Modellen, die dem Gläubigen ewiges Heil versprechen und den Zweifler verdammen – nichts anderes verkörpern als die perfekte Lösung solcher Probleme.

Wir sollten – vom König oder Präsidenten an abwärts – endlich zugeben, dass sich die Behauptung, irgendeins unserer Bücher sei vom Schöpfer des Universums verfasst worden, durch nichts belegen lässt. Die Bibel, das ist so gut wie sicher, war das Werk von mit Wüstensand verstaubten Männern und Frauen, die glaubten, die Erde sei flach, und für die eine Schubkarre ein atemberaubendes Beispiel für den Siegeszug der Technik gewesen sein muss. Sich auf ein solches Dokument – wie erhaben die Bemühungen der Redaktoren auch immer sein mochten – als Basis seiner Weltanschauung zu verlassen, heißt, die Erkenntnis aus zweitausend Jahren Zivilisation zu ignorieren, die der menschliche Geist erst jetzt aufgrund von säkularer Politik und Wissenschaftskultur in sein Denken zu integrieren beginnt. Wie wir sehen werden, ist das größte Problem, das sich der Zivilisation stellt, nicht einfach der religiöse Extremismus: Es ist vielmehr die weitaus umfangreichere Palette kultureller und intellektueller Gefälligkeiten, die wir dem Glauben entgegenbringen. Religiös Gemäßigte sind in weiten Teilen für den religiösen Konflikt auf dieser Welt verantwortlich, da ihr Glaube das Milieu bestimmt, in welchem dem Fundamentalismus und der religiösen Gewalt nie auf angemessene Weise entgegengetreten werden kann.

Jeder Bereich, in dem eine ernsthafte Debatte geführt werden soll, muss so etwas wie ein Gespräch überhaupt erst einmal zulassen – und somit auch die Möglichkeit, dass es Außenstehenden gelingt, die Tatsachen zu begreifen, die zu artikulieren man sich dabei bemüht. Dies ist der Grund, weshalb der anhaltende Gebrauch von Vernunft über nationale, religiöse und ethnische Grenzen hinausreichen muss. Schließlich gibt es ja nicht so etwas wie eine speziell amerikanische oder christliche oder kaukasische Physik.[21] Selbst für die Bereiche Spiritualität und Ethik gilt jenes Universalitätskriterium, da Menschen, ungeachtet ihrer Herkunft, bei ähnlichen spirituellen Erfahrungen und ethischen Einsichten sich anscheinend sehr nahekommen, sofern dieselben Untersuchungsmethoden zum Einsatz kommen. Auf religiöse «Wahrheiten» trifft dies jedoch nicht zu. Nichts, was ein Christ und ein Moslem einander sagen können, wird ihren Glauben beziehungsweise den des jeweils anderen für ein Gespräch sensibilisieren, da allein schon die Grundsätze ihrer Religion sie gegen die Macht des Dialogs immunisiert haben. In ihrem starken, durch keinerlei Beweise gestützten Glauben haben sie sich von der Welt losgetreten. Es liegt daher in der grundsätzlichen Natur des Glaubens, dass er jedes Hinterfragen verhindert. Und dennoch – die Tatsache, dass wir in der westlichen Welt niemanden mehr wegen Ketzerei umbringen, lässt vermuten, dass schlechte Ideen, auch wenn sie heilig sind, die Gesellschaft guter Ideen nicht für alle Zeit überleben können.

Angesichts der Verknüpfung von Glauben und Handeln liegt es auf der Hand, dass wir einer Vielfalt religiöser Anschauungen nicht mehr Toleranz entgegenbringen können als einer Vielfalt von Anschauungen über Epidemiologie und Grundhygiene. Noch immer gibt es eine Reihe von Kulturen, bei denen die Keimtheorie erst noch Einzug halten muss, wo die meisten Menschen an einer lähmenden Unwissenheit über alles leiden, was für ihr körperliches Wohl erforderlich ist. «Tolerieren» wir einen solchen Glauben? Nicht, wenn er unsere eigene Gesundheit gefährdet.[22]

Selbst scheinbar harmlose Glaubensinhalte können, wenn sie ungerechtfertigt sind, zu inakzeptablen Konsequenzen führen. Viele Moslems zum Beispiel sind davon überzeugt, Gott habe ein reges Interesse an der Kleidung von Frauen. Während dies relativ harmlos erscheinen mag, so ist das Ausmaß des Leidens, das aufgrund dieser unsäglichen Vorstellung entstanden ist, geradezu erstaunlich. Die Unruhen, die im Jahre 2002 den Miss-World-Schönheitswettbewerb in Nigeria begleiteten, forderten mehr als zweihundert Menschenleben; unschuldige Männer und Frauen wurden mit Macheten niedergemetzelt oder bei lebendigem Leib verbrannt, nur um einen konfliktgeschüttelten Ort von Frauen im Bikini freizuhalten. Im selben Jahr, nur früher, hinderte die religiöse Polizei Sanitäter und Feuerwehrleute daran, eine größere Schar von Mädchen zu retten, die in einem brennenden Gebäude festsaßen.[23] Und warum? Weil die Mädchen nicht die traditionelle Kopfbedeckung trugen, wie sie vom koranischen Gesetz verlangt wird. Vierzehn Mädchen starben in den Flammen; fünfzig wurden verletzt. Sollten Moslems wirklich die Freiheit haben zu glauben, der Schöpfer des Universums mache sich Gedanken über die Saumlänge von Kleidern?

Den Verstand zusammennehmen

Die jüngsten Vorkommnisse zeigen mehr als deutlich, wie schutzlos wir der militanten Unzufriedenheit auf dieser Welt ausgesetzt sind; in unserem Diskurs ist bereits ein finsterer Strom der Unvernunft zu Tage getreten. Um zu erkennen, in welchem Ausmaß unsere Kultur derzeit die Irrationalität ihrer Feinde teilt, brauchen Sie bloß den Namen «Gott», wo immer er im öffentlichen Diskurs auftaucht, zu ersetzen durch den Namen Ihrer Lieblingsgestalt aus dem griechischen Götterhimmel. Stellen wir uns vor, Präsident Bush hätte bei seinem nationalen Gebetsfrühstück folgende Worte gewählt: «Hinter allem Leben und der ganzen Geschichte steht ein Streben und steht ein Ziel, gelenkt von der Hand des gerechten und getreuen Zeus.» Oder stellen wir uns vor, in Bushs Rede an den Kongress vom 20. September 2001 wäre folgender Satz vorgekommen: «Freiheit und Angst, Gerechtigkeit und Grausamkeit stehen seit je gegeneinander im Krieg, und wir wissen, dass Apollo in diesem Krieg keine neutrale Position einnimmt.» Zweifellos lassen sich viele Plattitüden und Absonderlichkeiten des Glaubens hinter sprachlichen Allgemeinplätzen verbergen. Dieser Präsident griff regelmäßig auf Phrasen zurück, die eher dem vierzehnten Jahrhundert angemessen wären, und vermutlich hielt niemand es für nötig, herauszufinden, was Worte wie «Gott» und «Kreuzzug» und «wundertätige Kraft» für ihn bedeuteten. Nicht nur, dass wir uns immer noch mit dem geistigen Unrat der Antike herumschlagen; wir brüsten uns regelrecht damit. Gary Wills hat beobachtet, dass das Weiße Haus unter Bush «derzeit mit Gebetsgruppen und Zellen fürs Bibelstudium durchsetzt ist, wie ein weiß gestrichenes Kloster.[24]» Dies sollte uns ebenso beunruhigen, wie es die Fanatiker der muslimischen Welt beunruhigt. Demütig machen – möglicherweise bis hin zum spontanen Kniefall – sollte uns die Tatsache, dass die alten Griechen es fertigbrachten, ihre Mythen vom Olymp einige Jahrhunderte vor der Geburt Christi zu Grabe zu tragen, während wir Leute wie Bill Moyers haben, die ernst gemeinte Zusammenkünfte von Gelehrten abhalten, mit dem hehren Ziel, herauszufinden, wie sich das Buch Genesis mit dem Leben in der modernen Welt vereinbaren lassen könnte. Da wir uns kühnen Schrittes ins Mittelalter begeben, scheint es nicht unangebracht, sich zu fragen, ob die Mythen, die nunmehr unseren Diskurs durchsetzen, zu guter Letzt viele von uns umbringen werden, so wie es die Mythen anderer bereits getan haben.

In zweihundert Jahren, wenn wir als eine blühende globale Zivilisation mit der Kolonialisierung des Weltraums beginnen werden, muss sich bei uns irgendetwas geändert haben: Anders geht es nicht; ansonsten haben wir uns längst zehnmal hintereinander umgebracht, ehe dieser Tag je heraufdämmern wird. Wir nähern uns mit Riesenschritten einer Zeit, in der die Herstellung von Massenvernichtungswaffen ein Kinderspiel sein wird; die dazu notwendigen Informationen und Technologien sickern derzeit gerade in jeden Winkel der Welt. Wie der Physiker Martin Rees betont: «Wir sind auf dem Weg in eine Zeit, in der ein Einzelner, aufgrund einer still und leise ausgeführten Tat, Millionen von Menschenleben auslöschen oder eine Stadt auf Dauer unbewohnbar machen kann …»[25] Angesichts der Macht unserer Technologie erkennen wir auf einen Blick, dass angehende Märtyrer in der Zukunft keine guten Nachbarn abgeben werden. Wir haben das Recht auf unsere Mythen und auf unsere mythischen Identitäten schlichtweg eingebüßt.

Es ist an der Zeit zu erkennen, dass das Einzige, was es Menschen ermöglicht, auf wahrlich unbefristete Weise miteinander zu kooperieren, die Bereitschaft ist, ihren Glauben mit Hilfe neuer Fakten zu modifizieren. Nur die Aufgeschlossenheit für Beweise und Argumente kann uns eine Welt der Gemeinschaft sichern. Natürlich kann nichts uns garantieren, dass vernünftige Menschen sich in allem einig sind; die Unvernünftigen jedoch werden ganz bestimmt durch ihre Dogmen gespalten werden. Der Geist des wechselseitigen Erforschens ist die eigentliche Gegenposition zum religiösen Glauben.

Während wir mit der Untersuchung der Welt vermutlich nie an ein Ende kommen werden, ist es ausgesprochen wahrscheinlich, dass unseren Nachkommen ein guter Teil unserer Glaubensinhalte sowohl unglaublich drollig als auch auf selbstmörderische Weise dämlich vorkommen wird. Eine grundlegende Zielsetzung des wechselseitigen Diskurses sollte darin bestehen, jene Glaubensinhalte zu erkennen, die mit der geringsten Wahrscheinlichkeit die nächsten tausend Jahre menschlichen Forschens überleben oder sie mit der größten Wahrscheinlichkeit behindern werden, und diese Auffassungen einer andauernden Kritik auszusetzen. Welche unserer heutigen Praktiken wird aus der Sicht kommender Generationen wohl am lächerlichsten erscheinen und womöglich trotzdem die gegenwärtige Torheit überleben? Schwer vorstellbar, dass unsere religiösen Machenschaften da nicht ganz oben auf der Liste stehen.[26] Es ist völlig normal für uns zu hoffen, dass unsere Nachkommen dereinst mit Dankbarkeit auf uns blicken werden. Ebenso aber sollten wir hoffen, dass diese Generationen voller Mitleid und Abscheu auf uns blicken, so wie wir es mit den Sklavenhaltern einer nicht allzu fernen Vergangenheit tun. Anstatt uns selbst auf den Stand unserer Zivilisation viel einzubilden, sollten wir bedenken, dass wir zur gegebenen Zeit den Eindruck erwecken werden, hoffnungslos rückwärts gerichtet gewesen zu sein, und wir sollten daran arbeiten, in der Gegenwart ein Fundament für Verbesserungen zu legen. Wir müssen den Weg freilegen in eine Zeit, in der Glaube ohne Beweise jedem Schande bereitet, der ihn einfordert. Angesichts des gegenwärtigen Zustands unserer Welt scheint es eine andere Zukunft, die man sich wünschen möchte, nicht zu geben.

Wir müssen damit beginnen, freimütig über die Absurdität der meisten unserer Religionen zu sprechen. Darum kommen wir nicht herum. Ich fürchte jedoch, die Zeit dafür ist noch nicht reif. Insofern wurde alles, was auf den folgenden Seiten steht, im Sinne eines Gebets geschrieben. Ich bete dafür, dass wir eines Tages mit klarem Verstand über diese Angelegenheiten sprechen, um unsere Kinder davor zu bewahren, sich wegen Büchern umzubringen. Wenn unsere Kinder es nicht schaffen, so vermute ich, könnte es wirklich zu spät für uns sein. Es war nie allzu schwer, vor seinen Schöpfer zu treten, doch in fünfzig Jahren wird es ganz einfach zu leicht sein, jeden anderen gleich mit sich zu reißen.[27]

DAS WESEN DES GLAUBENS

Es wird oft behauptet, religiöser Glaube unterscheide sich irgendwie von anderen Ansprüchen des Wissens über diese Welt. Außer Frage steht, dass wir Glauben anders behandeln – vor allem, was das Ausmaß betrifft, in dem wir üblicherweise von den Menschen eine Rechtfertigung ihres Glaubens einfordern. Dies ist aber kein Hinweis darauf, dass religiöser Glaube in wesentlicher Hinsicht etwas Besonderes wäre. Was meinen wir eigentlich, wenn wir sagen, eine Person glaube an eine bestimmte Behauptung über die Welt? Wie bei allen Fragen, die mit vertrauten geistigen Vorgängen zu tun haben, müssen wir darauf achten, dass die Vertrautheit der Begriffe uns nicht in die Irre führt. Die Tatsache, dass wir nur ein Wort für «Glauben» haben, ist kein Garant dafür, dass Glauben selbst ein einheitliches Phänomen darstellt. Eine Analogie lässt sich zum Bereich des Gedächtnisses herstellen: Während die Leute gemeinhin von ihren «Gedächtnis»-Mängeln sprechen, haben Dutzende von Experimenten bewiesen, dass es zahlreiche Formen des menschlichen Gedächtnisses gibt. Nicht nur, dass unser Langzeit- und Kurzzeit-Gedächtnis das Ergebnis von Vorgängen in ganz bestimmten und unterschiedlichen Schaltkreisen des Nervensystems sind; diese lassen sich wiederum unterteilen in mannigfaltige untergeordnete Systeme.[1] Einfach nur von «Gedächtnis» zu sprechen ist daher ungefähr so, als würde man von «Erfahrung» sprechen. Wir müssen hinsichtlich unserer Terminologie des Geistes auf jeden Fall präziser werden, bevor wir versuchen können, sie auf der Ebene des Gehirns zu verstehen.[2]

Selbst von Hunden und Katzen, sofern sie Assoziationen zwischen Menschen, Orten und Ereignissen herstellen, lässt sich sagen, dass sie viele Dinge über diese Welt «glauben». Doch das ist nicht die Art von Glauben, um die es hier geht. Wenn wir über Glauben sprechen, der von Menschen ganz bewusst gebilligt wird – «Das Haus ist mit Termiten verseucht», «Tofu ist kein Dessert», «Mohammed fuhr auf einem geflügelten Pferd gen Himmel» –, dann sprechen wir über Glaubensinhalte, die auf sprachlichem Wege mitgeteilt – und aufgenommen – werden. Ob man eine bestimmte Behauptung glaubt, hängt davon ab, ob man der Meinung ist, diese Behauptung gebe einen bestimmten Zustand der Welt wahrheitsgetreu wieder, und diese Tatsache liefert uns sofort Erkenntnisse hinsichtlich der Maßstäbe, nach denen unser Glaube eigentlich funktionieren sollte.[3] Insbesondere verrät sie uns, weshalb wir gar nicht anders können, als Beweise für wertvoll zu halten und zu verlangen, dass Behauptungen über die Welt logisch hergeleitet werden. Diese Bedingungen gelten ebenso in religiösen Angelegenheiten. «Glaubensfreiheit» (außer im rechtlichen Sinne) ist ein Mythos. Wir werden sehen, dass es uns ebenso wenig freisteht, über Gott zu glauben, was wir wollen, wie es uns freisteht, ungerechtfertigte Ansichten über Wissenschaft oder Geschichte zu übernehmen, oder wie es uns freisteht, selbst zu entscheiden, wovon wir reden, wenn wir Worte wie «Gift», «Norden» oder «Null» verwenden. Jeder, der ein solches Recht für sich in Anspruch nähme, dürfte sich nicht wundern, wenn ihm eines Tages kein Mensch mehr zuhören würde.

Glaubensinhalte als Grundsätze des Handelns

Das menschliche Gehirn ist höchst produktiv im Erzeugen von Dingen, die wir über diese Welt glauben. Tatsächlich besteht das eigentlich Menschliche eines jeden Gehirns in dessen Fähigkeit, neue, als Wahrheiten angebotene Behauptungen im Lichte unzähliger anderer zu bewerten, die bereits akzeptiert worden sind. Mit Hilfe seines intuitiven Gespürs für Wahrheit und Unwahrheit, für logische Notwendigkeit und für Widersprüchliches ist der Mensch in der Lage, persönliche Ansichten über diese Welt in einer Weise zu verknüpfen, dass ein weitgehend harmonisches Ganzes entsteht. Welches neurale Geschehen liegt diesem Prozess zugrunde? Was muss ein Gehirn tun, um zu glauben, dass eine vorgegebene Behauptung entweder wahr oder falsch ist? Davon haben wir im Augenblick keine Ahnung. Die Verarbeitung von Sprache wird in diesem Prozess selbstverständlich eine wichtige Rolle spielen; die eigentliche Herausforderung jedoch bestünde in der Entdeckung, auf welche Weise das Gehirn die Inhalte von Wahrnehmung, Erinnerung und logischem Denken dazu bringt, auf individuelle Aussagen einzuwirken, und wie das Gehirn daraus auf magische Weise jenen Stoff herausbildet, der unser Leben ausmacht.

Vermutlich war es die Bewegung, eine Fähigkeit, der sich gewisse primitive Organismen erfreuten, welche die Entwicklung unserer sensorischen und kognitiven Gaben vorantrieb. Dies ergibt sich aus der Tatsache, dass, wenn kein Geschöpf mit den Informationen, die es von der Welt empfängt, etwas anfangen könnte, die Natur nicht in der Lage gewesen wäre, innerhalb der physischen Strukturen, die solche Informationen sammeln, speichern und verarbeiten, durch Selektion für Verbesserungen zu sorgen. Selbst ein so früher Sinn wie das Sehvermögen basiert auf der Existenz eines motorischen Systems. Wenn du keine Nahrung jagen kannst, vermeide es, selbst zur Nahrung zu werden, und wer es nicht vermeidet, über den Rand einer Klippe zu treten, für den scheint es wenig Sinn zu geben, die Welt überhaupt sehen zu können. Verfeinerungen des Gesichtssinns, wie wir sie überall im Tierreich vorfinden, hätten ohne diese Notwendigkeiten gar nicht erst stattgefunden.

Somit scheinen wir bedenkenlos behaupten zu dürfen, dass sämtliche kognitiven Zustände höherer Art (für die der Glaube ein Beispiel darstellt) gleichsam als natürliche Folgen unserer Fähigkeit zum Handeln entstanden sind. Im Hinblick auf unsere Anpassungsfähigkeit war der Glaube stets außergewöhnlich nützlich. Immerhin können wir aufgrund dessen, dass wir gewisse Dinge über diese Welt glauben, Ereignisse vorhersagen und mögliche Konsequenzen in unser Handelns miteinbeziehen. Glaubensinhalte sind Handlungsgrundlagen: Egal was sie auf der Ebene des Gehirns verkörpern, handelt es sich doch auf jeden Fall um Prozesse, die unser Verstehen und Missverstehen der Welt repräsentieren und uns die Steuerung unseres Verhaltens ermöglichen.[4]

Die Macht, die der Glaube über unser Gefühlsleben ausübt, scheint allumfassend zu sein. Zu jeder Emotion, die zu empfinden man fähig ist, gibt es gewiss einen Glaubensinhalt, der sie im gegebenen Moment hervorruft. Sehen Sie sich folgende Aussage an: Ihre Tochter wird in einem englischen Gefängnis langsam gefoltert. Was ist es, das zwischen Ihnen und dem umfassenden Schrecken steht, den eine solche Aussage im Geist und Körper einer Person auslösen würde, die daran glaubt? Vielleicht haben Sie gar keine Tochter, oder Sie wissen, dass Ihre Tochter zu Hause in Sicherheit ist, oder Sie glauben, englische Gefängniswärter seien bekannt für ihre Freundlichkeit. Aus welchem Grund auch immer hat sich das Tor zum Glauben noch nicht aufgetan.

Wenn sich Glauben und Verhalten verbinden, erhöht sich das Risiko beträchtlich. Gewisse Annahmen sind derart gefährlich, dass es vielleicht sogar ethisch wäre, diejenigen umzubringen, die an sie glauben. Eine solche Forderung mag ungeheuerlich klingen, sie bringt jedoch nur eine normale Tatsache über unsere Welt zum Ausdruck. Gewisse Glaubensinhalte immunisieren ihre Anhänger gegen sämtliche friedlichen Methoden der Überzeugung und inspirieren die Gläubigen gleichzeitig dazu, an anderen außergewöhnlich brutale Taten zu verüben. Mit manchen Menschen kann man in der Tat nicht reden. Wenn die sich nicht gefangen nehmen lassen, und oftmals ist das nicht möglich, scheinen anderweitig tolerante Menschen das Recht zu bekommen, in Notwehr zu töten. Das ist es, was die Vereinigten Staaten in Afghanistan versucht haben, und um weitere solche Versuche scheinen wir und andere westliche Mächte, bei wachsendem Schaden für uns und für unschuldige Menschen in anderen Ländern, in weiteren Teilen der muslimischen Welt nicht herumzukommen. Wir werden weiterhin Blut vergießen in einem Krieg, der letztlich ein Krieg der Überzeugungen ist.[5]

Von der Notwendigkeit logischer Zusammenhänge

Das Erste, was sich über Glaubensinhalte feststellen lässt, ist, dass sie die Gesellschaft von Nachbarn aushalten müssen. Glaubensinhalte stehen sowohl in logischer als auch in semantischer Hinsicht zueinander in Bezug. Jeder Glaube schränkt eine Menge anderer Glauben ein, und er wird im Gegenzug von diesen anderen selber eingeschränkt. Ein Glaubenssatz wie «Die Boeing 747 ist das beste Flugzeug der Welt» schließt logischerweise viele andere Glaubenssätze ein, sowohl solche von eher elementarer Art wie zum Beispiel: «Flugzeuge existieren», als auch solche von eher sekundärer Art wie zum Beispiel: «Die 747 ist besser als die 757». Der Glaube, dass einige Männer Ehemänner sind, erzwingt auch ein Ja zu der Aussage, dass manche Frauen Ehefrauen sind, da schon die Begriffe «Ehemann» und «Ehefrau» sich wechselseitig definieren.[6] In der Tat scheinen logische und semantische Einschränkungen zwei Seiten ein und derselben Münze zu sein, da unser Bedürfnis, zu verstehen, was Worte in jedem neuen Kontext bedeuten, es erforderlich macht, dass es in unseren Glaubensinhalten (zumindest örtlich) keine Widersprüche gibt. Wenn ich mit dem Wort «Mutter» von einem Augenblick zum nächsten die gleiche Sache bezeichne, so kann ich nicht einerseits glauben, meine Mutter ist in Rom geboren, andererseits aber, meine Mutter ist in Nevada geboren. Selbst wenn meine Mutter in einem Flugzeug geboren wäre, das mit Überschallgeschwindigkeit flog, könnten nicht beide Behauptungen zutreffen. Man könnte natürlich tricksen: Vielleicht gibt es irgendwo im US-Staat Nevada eine Stadt namens Rom; oder vielleicht ist im einen Satz die «biologische Mutter», im anderen die «Adoptivmutter» gemeint. Doch solche Ausnahmen bestätigen nur die Regel: Um zu wissen, wovon ein bestehender Glaubensinhalt handelt, muss ich wissen, was meine Worte bedeuten; und um zu wissen, was meine Worte bedeuten, müssen meine Glaubensinhalte weitgehend stimmig sein.[7] Man kann der Tatsache nicht ausweichen, dass zwischen den Worten, die wir gebrauchen, der Art von Gedanken, die wir denken, und dem, was wir auf dieser Welt für wahr halten, eine enge Beziehung besteht.

Daraus ergeben sich zwingend Einschränkungen des Verhaltens. Wenn ich bei einem Freund zum Essen eingeladen bin, kann ich nicht glauben, er wohne sowohl südlich der Hauptstraße als auch nördlich der Hauptstraße, und dann auf der Basis von dem, was ich glaube, handeln. Ein normales Maß an psychologischer und körperlicher Vernetzung macht es mir unmöglich, in zwei verschiedene Richtungen gleichzeitig gehen zu wollen.

Auch die Identität als Person erfordert jene Folgerichtigkeit: Falls die Glaubensinhalte einer Person nicht in hohem Maße stimmig sind, wird sie so viele Identitäten aufweisen, wie in ihrem Geist unvereinbare Glaubensinhalte aufeinandertreffen. Sollten Sie diese Aussage bezweifeln, so versuchen Sie bitte, sich die Subjektivität eines Menschen vorzustellen, der glaubt, den ganzen Tag mit Grippe im Bett verbracht, an diesem Tag aber auch eine Runde Golf gespielt zu haben; der glaubt, dass er Jim heißt und dass er Tom heißt; dass er einen kleinen Sohn hat und kinderlos ist. Setzen Sie die Zahl jener unvereinbaren Glaubensinhalte unbegrenzt fort, und der Eindruck, es handle sich beim Träger dieser vielen Glaubensinhalte um ein einziges Subjekt, schwindet dahin. Es gibt ein Ausmaß an logischer Widersprüchlichkeit, das mit unserem Begriff von Identität unvereinbar ist.

So scheint es weder fehl am Platze noch irgendwie mysteriös zu sein, dass wir der logischen Folgerichtigkeit einen hohen Wert beimessen. Damit mein Reden für andere – und in der Tat, auch für mich – nachvollziehbar wird, müssen die Dinge, die ich über diese Welt glaube, in sich größtenteils stimmig sein. Damit mein Verhalten sich auf das stützen kann, woran ich glaube, muss ich an Dinge glauben, die mir ein Verhalten gestatten, das zumindest möglich ist. Immerhin scheint die Struktur unserer Welt tief geprägt zu sein von gewissen logischen Zusammenhängen.[8] Das Telefon klingelt ... entweder ist es mein Bruder, der anruft, oder nicht. Ich kann an die eine Möglichkeit glauben oder an die andere – oder ich kann auch glauben, dass ich es nicht weiß. Auf keinen Fall jedoch ist es für mich zulässig, beides zu glauben.

Abweichungen vom Konsens, insbesondere Gesetze des logischen Folgerns, die uns dazu führen, neue Glaubensinhalte auf der Basis von alten zu errichten, waren Gegenstand zahlreicher Untersuchungen und Debatten.[9] Egal, für welche Interpretation dieser Dinge man sich entscheidet: Niemand glaubt, der Mensch sei ein gut geölter Automat von Schlussfolgerungen. Unsere unvermeidlichen Fehlleistungen in puncto Denkvermögen können viele unterschiedliche Formen annehmen, angefangen von logischen Ungereimtheiten bis hin zu tief greifenden Brüchen in der Subjektivität an sich. Ein Großteil der Literatur zum Thema «Selbsttäuschung» geht zum Beispiel davon aus, dass jemand unterschwellig an eine Behauptung glauben und sich zugleich erfolgreich deren Gegenteil einreden kann (zum Beispiel: Meine Frau hat eine Affäre; meine Frau ist treu), obgleich hinsichtlich der Frage, wie (und ob) solche kognitiven Verzerrungen tatsächlich stattfinden, noch immer große Uneinigkeit herrscht.[10] Andere Fehlleistungen in puncto psychologischer Einheitlichkeit – angefangen von Lobotomie-Patienten bis hin zu Fällen von multipler Persönlichkeit – lassen sich wenigstens ein Stück weit erklären durch die Tatsache, dass es bestimmte, für Glaubensinhalte zuständige Gehirnpartien gibt, die sowohl strukturell als auch funktionell voneinander getrennt sind.

Die amerikanische Botschaft

Ein typisches Beispiel: Während wir in Frankreich unterwegs waren, erlebten meine Verlobte und ich eine bizarre Spaltung unserer Vorstellungen über die amerikanische Botschaft in Paris:

Glaubens-System 1: Da die Ereignisse vom 11. September 2001 noch immer die Welt überschatteten, hatten wir beschlossen, mögliche Zielpunkte von Terroristen auf unserer Reise zu meiden. Ganz oben auf unserer Liste solcher Orte stand die amerikanische Botschaft in Paris. Paris ist die größte Ansammlung von Menschen muslimischen Glaubens in der gesamten westlichen Welt, und besagte Botschaft war bereits vorher das Ziel eines vereitelten Selbstmordanschlags gewesen. Die amerikanische Botschaft war der letzte Ort, den wir während unseres Frankreich-Aufenthalts freiwillig besucht hätten.

Glaubens-System 2: Vor unserer Ankunft in Paris hatten wir große Probleme, ein Hotelzimmer zu finden. Jedes Hotel, bei dem wir es versuchten, war belegt, bis auf eines am rechten Seineufer, wo es noch sehr viele freie Zimmer gab. Die Dame vom Buchungsservice bot uns sogar ohne zusätzliche Kosten eine Suite an. Auch was die Aussicht betraf, durften wir wählen – entweder Innenhof oder Straße mit Blick auf die amerikanische Botschaft. «Was würden Sie nehmen?», fragte ich. «Den Blick auf die Botschaft», erwiderte sie. «Das ist viel friedlicher.» Ich stellte mir einen großen Garten um das Botschaftsgebäude vor. «Prima», sagte ich. «Das nehmen wir.»

Am nächsten Tag fuhren wir zum Hotel. Dort mussten wir feststellen, dass man uns ein Zimmer mit Blick auf den Innenhof gegeben hatte. Sowohl meine Verlobte als auch ich waren enttäuscht. Schließlich hatte man uns ein Zimmer mit Blick auf die amerikanische Botschaft versprochen. Wir riefen eine in Paris lebende Freundin an, um sie über unseren Aufenthaltsort zu informieren. Unsere Freundin, die in weltlichen Dingen sehr beschlagen ist, teilte uns mit: «Das Hotel befindet sich direkt neben der amerikanischen Botschaft. Deshalb musstet ihr keinen Aufschlag zahlen. Seid ihr denn wahnsinnig? Wisst ihr nicht, was heute für ein Tag ist? Heute ist der 4. Juli, der amerikanische Nationalfeiertag.»

Dass es in unserem Leben zu einem solchen Maß an Folgewidrigkeit kam, erstaunte uns. Den Großteil dieses Tages hatten wir damit verbracht, einen bestimmten Punkt im Raum zu meiden sowie uns ihm zu nähern. Angesichts dessen hätten wir nicht verblüffter sein können, wären uns mit einem Mal Geweihe gewachsen.

Was in psychologischer Hinsicht so geheimnisvoll anmutet, könnte neurologisch gesehen eine triviale Sache sein. Vermutlich aktivierte der in zwei verschiedenen Kontexten verwendete Begriff «amerikanische Botschaft» in unserem Gehirn jeweils unterschiedliche Assoziationsgeflechte. Demzufolge hatte dieser Begriff zwei verschiedene Bedeutungen erlangt. Im ersten Fall stand er für ein vorrangiges Ziel von Terroristen; im zweiten Fall verhieß er eine reizvolle Aussicht aus einem Hotelfenster. Die Bedeutung des Begriffs in der Welt jedoch ist eindeutig und unteilbar, da er in Paris nur auf ein einziges Gebäude zutrifft. Die Kommunikation zwischen diesen Neuronengeflechten schien nicht der Rede wert zu sein; unsere Gehirne waren tatsächlich gespalten. Die Feinheit dieser Spaltung zeigte sich darin, wie mühelos sie zum Erliegen kam. Um die Einstellung meiner Verlobten zu diesem Thema wieder zu vereinheitlichen, brauchte ich nur das Wort an sie zu richten (die für sich noch immer von der Aussicht auf die amerikanische Botschaft träumte) und mit unverhohlener Alarmiertheit sagen: «Dieses Hotel ist nur 300 Meter von der amerikanischen Botschaft entfernt!» Die Abspaltung kam zum Erliegen, und sie war genauso verblüfft wie ich.

Und dennoch stellen sich die psychologisch unvereinbaren Fakten wie folgt dar: An besagtem Tag hätten wir uns zu keinem Zeitpunkt freiwillig in der Nähe der amerikanischen Botschaft aufgehalten; zugleich versuchten wir die ganze Zeit über, in ein Zimmer mit Aussicht auf die amerikanische Botschaft zu ziehen.

Während es aus verhaltenstechnischen und linguistischen Gründen für uns notwendig ist, nach einer weitgehenden Folgerichtigkeit zwischen unseren Glaubensinhalten zu streben, wissen wir dennoch, dass totale Folgerichtigkeit selbst in einem Gehirn mit maximal einheitlicher Ausrichtung unmöglich zu erreichen ist. Dies leuchtet ein, sowie wir uns die Glaubensinhalte einer Person als eine Liste von Aussagen vorstellen wie zum Beispiel «Ich gehe im Park spazieren»; «In Parks gibt es für gewöhnlich Tiere»; «Löwen sind Tiere»; und so weiter – wovon jede ein eigenständiger Glaubensinhalt ist, aber auch eine mögliche Grundlage zum Entstehen neuer Schlussfolgerungen (sowohl positiver Art: Ich werde bald einem Tier begegnen; als auch negativer Art: Ich werde bald einem Löwen begegnen) und somit neuer Glaubensinhalte in Bezug auf diese Welt. Ließe sich eine umfassende Kohärenz herstellen, müsste jeder neue Glaubensinhalt zwecks Vermeidung logischer Widersprüche an allen anderen und deren Kombinationen gemessen werden.[11] Hier jedoch stoßen wir auf ein nicht geringes verarbeitungstechnisches Problem: Die Anzahl notwendiger Vergleiche wächst exponenziell mit jeder neuen Aussage, die der Liste hinzugefügt wird. Wie viele Glaubensinhalte könnte ein perfektes Gehirn nach logischen Widersprüchen absuchen? Die Antwort verblüfft: Selbst ein Computer, so groß wie das uns bekannte Universum, aus Bauteilen bestehend, die nicht größer als Protonen sind, dessen Schaltungen mit Lichtgeschwindigkeit zustande kämen und seit dem Urknall bis in die Jetztzeit parallel zueinander abliefen, würde noch immer darum ringen, einer solchen Liste einen 300. Glaubensinhalt hinzuzufügen.[12] Was sagt dies über die Wahrscheinlichkeit aus, mit der wir jemals garantieren können, dass unsere Weltsicht völlig frei von Widersprüchen ist? Es ist abwegiger als ein Traum, in dem einer träumt, dass er träumt.[13] Dennoch bleibt angesichts der Ansprüche von Sprache und Verhalten die Forderung bestehen, dass wir nach Folgerichtigkeit streben, wo immer Zweifel sich melden, denn ein diesbezügliches Versagen ist entweder gleichbedeutend mit einem Versagen unseres Sprachsinns oder der Möglichkeiten des Verhaltens.[14]

Glaubensinhalte als Repräsentationen der Welt

Um uns nur schon das grundlegendste Wissen über die Welt zu ermöglichen, müssen die Abläufe des Nervensystems ständig Abläufe der Umwelt wiedergeben. Würde jedes Mal, wenn ich das Gesicht einer Person sehe, eine andere Neuronenverbindung in meinem Gehirn feuern, hätte ich keine Chance, eine Erinnerung an diese Person herzustellen und sie zu erkennen. Ihr Gesicht könnte zunächst wie ein Gesicht aussehen, im nächsten Moment wie ein Toaster, und ich hätte nicht einmal Grund, mich über diese Unbeständigkeit zu wundern, denn es gäbe ja nichts, was einem bestehenden Muster neuraler Aktivierung entsprechen würde. Wie Stephen Pinker betont, ist es lediglich die ordnungsgemäße Spiegelsymmetrie zwischen einem System, das Informationen verarbeitet (einem Gehirn oder einem Computer), und den Gesetzen der Logik oder der Wahrscheinlichkeit, woraus sich erklären lässt, dass «aus einem unbeseelten physikalischen Vorgang» so etwas wie Denkprozesse überhaupt entstehen können.[15] Wörter werden auf systematische und geregelte Weise angeordnet (Syntax), und für Glaubensinhalte gilt dasselbe, insofern diese einen logischen Zusammenhang haben, da sowohl unser Körper als auch die Welt so aufgebaut sind. Nehmen wir die Aussage: «In Jacks Lunchpaket befinden sich ein Apfel und eine Orange.» Die syntaktische und somit logische Bedeutung des Wortes «und» gewährleistet, dass jeder, der dieser Behauptung Glauben schenkt, auch an folgende Behauptungen glaubt: «In Jacks Lunchpaket befindet sich ein Apfel» und «In Jacks Lunchpaket befindet sich eine Orange.» Dies hat nichts mit einer allenfalls magischen Macht zu tun, welche die Syntax über unsere Welt ausübt; es liegt vielmehr an der simplen Tatsache, dass wir Wörter wie «und» benutzen, um das ordnungsgemäße Verhalten von Objekten widerzuspiegeln. Wer die Verbindung zweier Behauptungen als wahr akzeptiert, während er sie einzeln in Frage stellt, hat entweder die Bedeutung des Wörtchens «und» nicht verstanden, oder er versteht nichts von Dingen wie Äpfeln, Orangen und Lunchpaketen.[16] Wir leben nun mal in einem Universum, in dem man, wenn man in Jacks Lunchpaket einen Apfel und eine Orange steckt, nachher entweder einen Apfel, eine Orange oder beides hervorziehen kann. Von einem bestimmten Punkt an sind die Bedeutung von Wörtern, deren syntaktische Beziehung zueinander sowie die Vernunft an sich vom regulären Verhalten von Objekten in dieser Welt nicht mehr zu trennen.[17]

Was Glaubensinhalte auch immer sein mögen, es bringt keiner von uns fertig, in sich unendlich viele aufrechtzuerhalten.[18] Während Philosophen herumrätseln mögen, ob Glaubensinhalte etwas sind, das sich zählen lässt, steht doch außer Frage, dass der Speicherplatz in unserem Gehirn beschränkt ist,[19] dass unser Gehirn eine begrenzte Anzahl einzelner Erinnerungen enthält sowie ein begrenztes Vokabular von rund 100 000 Wörtern umfasst. Es muss daher unterschieden werden zwischen ursächlich aktiven Glaubensinhalten[20] (also solchen, die in unseren Köpfen bereits vorhanden sind) und anderen Glaubensinhalten, die bei Bedarf konstruiert werden können. Ist Glauben so etwas wie Wahrnehmen, dann liegt es auf der Hand, dass unsere Einschätzung davon, wie viele unserer Glaubensinhalte zu einem bestimmten Moment in uns gegenwärtig sind, wohl unzuverlässig ist. Studien zum Thema «Veränderungsblindheit» etwa haben ergeben, dass wir nicht annähernd so viel von der Welt wahrnehmen, wie wir meinen: Ein großer Teil einer im Prinzip sichtbaren Szenerie kann plötzlich verändert werden, ohne dass wir davon etwas bemerken.[21] Hier scheint auch ein Vergleich zur Welt der Computerspiele angebracht zu sein:

Eine neuere Generation von Computerspielen aktiviert bestimmte Teile ihrer virtuellen Welt so lange nicht, bis der Teilnehmer einen Spielzug tätigt, der ihre Existenz notwendig macht.[22] Womöglich ist es bei vielen unserer kognitiven Bindungen ebenso.[23]

Ob nun ein Großteil dessen, was wir glauben, in unserem Geist stets gegenwärtig ist oder ob es ständig neu rekonstruiert werden muss – es sieht jedenfalls so aus, als müssten viele Glaubensinhalte frisch überprüft werden, bevor sie unser Verhalten bestimmen können. Dies lässt sich stets dann demonstrieren, wenn wir eine Aussage anzweifeln, an die wir zuvor geglaubt haben. Überlegen Sie einmal, wie es ist, wenn man beim Einmaleins die Lösung für 12 x 7 = ? vergessen hat. Wir haben alle schon einmal erlebt, dass 84 sich nicht ganz richtig anhörte. In solchen Momenten sind wir vielleicht dazu gezwungen, eine Reihe zusätzlicher Kalkulationen anzustellen, bevor wir erneut behaupten können, wir würden glauben, 12 x 7 sei 84. Oder denken Sie darüber nach, wie es ist, wenn man sich über den Namen einer Person im Zweifel ist: «Heißt der wirklich Jeff? Nenne ich den echt so?» Es ist klar, dass es gelegentlich sogar recht ausgetretenen Glaubenssätzen nicht gelingt, uns von ihrer Glaubwürdigkeit zu überzeugen. Ein solches Versagen der Wahrheitsprüfung hat weitreichende Folgen, denen wir uns nun zuwenden wollen.

Eine Frage von wahr oder unwahr

Stellen Sie sich vor, Sie dinieren mit ein paar alten Bekannten in einem Restaurant. Sie stehen kurz auf, um zur Toilette zu gehen, und als Sie zurückkommen, hören Sie einen Ihrer Freunde flüstern: «Pst, seid leise. Er weiß von alledem nichts.»

Was sollen Sie mit dieser Bemerkung anfangen? Alles hängt davon ab, ob Sie glauben, jener «Er», von dem die Rede ist, seien Sie. Sind Sie eine Frau und scheiden durch das gewählte Pronomen aus, würden Sie vermutlich nichts verspüren außer Neugier. Sie würden sich wieder setzen und vielleicht sogar fragen: «Um wen geht's denn, Leute?» Sind Sie jedoch ein Mann, wird die Sache erst interessant. Welches Geheimnis könnten Ihre Freunde vor Ihnen haben? Falls Sie in ein paar Wochen Geburtstag haben, vermuten Sie vielleicht, dass zu Ihren Ehren eine Überraschungsparty stattfinden soll. Falls kein

Geburtstag ansteht, warten einige Shakespeare'sche Möglichkeiten darauf, von Ihnen durchgespielt zu werden.

Gemäß Ihrer vorherigen kognitiven Bindungen sowie der kontextuellen Stichworte, in deren Zusammenhang die Bemerkung fiel, wird in Ihrem Gehirn ein Glauben-schenken-oder-nicht-Schaltkreis damit beginnen, eine Vielzahl von Möglichkeiten durchzuspielen. Sie werden versuchen, in den Gesichtern Ihrer Freunde zu lesen. Passt ihr Gesichtsausdruck zu den eher schmachvollen Deutungen der Bemerkung, die Ihnen jetzt in den Kopf kommen? Hat vielleicht soeben einer Ihrer Freunde zugegeben, mit Ihrer Frau ein Verhältnis zu haben? Wann könnte das passiert sein? Irgendwie war zwischen den beiden ja immer etwas Besonderes ... Es genügt wohl, festzustellen, dass – egal, welche Interpretation der Bemerkung für Sie zum Glaubensinhalt wird – möglicherweise einschneidende persönliche und gesellschaftliche Konsequenzen die Folge sein werden.

Wir verstehen derzeit noch nicht, was es auf Gehirnebene bedeutet, wenn man sagt, jemand glaube oder glaube nicht an eine bestimmte Aussage – und dennoch ist es gerade dieser eine Unterschied, von dem sämtliche darauf folgenden kognitiven und verhaltensmäßigen Bindungen abhängen. Um einer Behauptung Glauben zu schenken, müssen wir dem von ihr repräsentierten Inhalt beipflichten und dabei hinsichtlich unseres Verhaltens empfänglich für ihn werden. Vieles deutet darauf hin, dass dieser Prozess völlig automatisch abläuft – und dass das bloße Begreifen eines Gedankengangs tatsächlich gleichbedeutend damit sein kann, an ihn – wenn auch nur für einen Augenblick – zu glauben. Der niederländische Philosoph Baruch Spinoza ging davon aus, dass Glauben und Begreifen identisch seien, während Nicht-Glauben einen anschließenden Akt der Ablehnung erforderlich mache. Einige hochinteressante Studienresultate aus der Psychologie bestätigen diese Annahme.[24] Es ist ziemlich wahrscheinlich, dass das Verstehen einer Aussage mit der Wahrnehmung eines Objekts im physikalischen Raum verglichen werden kann. Unsere Standardeinstellung würde Erscheinungen demnach so lange als Realität akzeptieren, bis das Gegenteil sich als wahr herausstellt. Daraus ließe sich erklären, wieso allein schon der Gedanke an die Möglichkeit, ein Freund könne Sie hintergehen, vor Kurzem Ihr Herz zur Raserei gebracht hat.

Ob das Herausbilden eines Glaubens nun ein passiver oder ein aktiver Vorgang ist – fest steht, dass wir fortwährend gesprochene

Äußerungen (sowohl unsere eigenen als auch die anderer) auf logische und sachliche Fehler hin abklopfen. Das Unvermögen, solche Fehler zu entdecken, gestattet es uns, unser Leben auf die Logik von dem zu gründen, was auf einer anderen Ebene nichts als leere Phrasen wären. Natürlich kann bereits die Äußerung eines einzigen Wortes den Unterschied zwischen einer Gefälligkeit und einer todesmutigen Heldentat bedeuten. Wenn Ihr Kind mitten in der Nacht zu Ihnen kommt und sagt: «Vati, im Flur steht ein Elefant», dann geleiten Sie es wahrscheinlich zurück ins Bett und zücken dabei eine imaginäre Pistole; sagt das Kind aber: «Vati, im Flur steht ein Mann», würden Sie wohl eher dazu neigen, eine echte Pistole mitzunehmen.

Glaube und Beweise

Man braucht über keinerlei psychologisches oder neurowissenschaftliches Spezialwissen zu verfügen, um zu erkennen, dass Menschen sich normalerweise dagegen sträuben, ihre Meinung zu ändern. Wie bei zahlreichen Autoren erwähnt, sind wir in unseren Glaubensinhalten insofern konservativ, als wir ihrem Bestand ohne guten Grund weder etwas hinzufügen noch etwas abziehen. Glaube im erkenntnistheoretischen Sinne – also Glaube, der darauf abzielt, unser Wissen über die Welt zu repräsentieren – setzt voraus, dass wir eine bestimmte Behauptung für wahr halten, und nicht nur, dass wir uns wünschen, es wäre so. Eine solche Einschränkung unseres Denkens ist zweifellos eine gute Sache, da uneingeschränktes Wunschdenken unsere Glaubensinhalte von den Gesetzmäßigkeiten jener Welt loslösen würde, die sie angeblich repräsentieren. Warum ist es falsch, eine Behauptung nur deshalb für wahr zu halten, weil uns der Glaube daran angenehme Gefühle vermittelt? Man braucht sich nur mit dem englischen Wort für «weil» (because, mittelengl. «by» [durch] und «cause» [Ursache]) zu beschäftigen, um das Problem zu erkennen. «Because», also eben «durch Ursache», suggeriert einen kausalen Zusammenhang zwischen der Tatsache, dass etwas wahr ist, sowie der Tatsache, dass jemand glaubt, es sei so. Dies erklärt, wieso wir in der Regel so großen Wert auf Beweise legen; denn ein Beweis ist einfach nur die Begründung für die kausale Verbindung zwischen Gegebenheiten dieser Welt und dem, was wir darüber glauben. («Ich glaube, dass Oswald Kennedy erschossen hat, weil ich seine Fingerabdrücke auf dem Revolver gefunden habe und weil mein Cousin gesehen hat, wie er es tat, und weil mein Cousin nicht lügt.») Wir können an die Wahrheit einer Behauptung nur glauben, weil (because) etwas in unserem Erfahrungsschatz oder in unseren Denkprozessen über die Welt tatsächlich dafür spricht, dass die in Frage stehende Behauptung der Wahrheit entspricht.[25]

Stellen wir uns vor, ich glaubte daran, dass Gott existiert, und eine impertinente Person würde mich fragen, warum. Diese Frage erfordert – ja, erzwingt – eine Antwort von der Art «Ich glaube, dass Gott existiert, weil ...». Ich kann jedoch nicht sagen: «Ich glaube, dass Gott existiert, weil es klug ist, dies zu glauben» (wie Blaise Pascal es von uns erwarten würde). Natürlich kann ich es sagen, doch kann ich mit dem Begriff «glauben» nicht das meinen, was ich meine, wenn ich sage: «Ich glaube, dass Wasser tatsächlich aus zwei Teilen Wasserstoff und einem Teil Sauerstoff besteht, weil physikalische Experimente dies seit zwei Jahrhunderten bestätigen» oder «Ich glaube, dass in meinem Garten eine Eiche steht, weil ich sie sehen kann.» Auch kann ich nicht etwas sagen wie «Ich glaube an Gott, weil es mir ein gutes Gefühl gibt». Die Tatsache, dass die Existenz eines Gottes mir ein gutes Gefühl gibt, rechtfertigt nicht im Geringsten den Glauben daran, dass ein solcher Gott existiert. Dies ist leicht zu verstehen, wenn wir hier die Existenz Gottes durch die einer anderen tröstlichen Behauptung ersetzen. Sagen wir, ich möchte daran glauben, dass irgendwo in meinem Garten ein Diamant von der Größe eines Kühlschranks vergraben liegt. Sicher, dieser Glaube würde mir ein außergewöhnlich gutes Gefühl verleihen. Gibt es jedoch einen Grund dafür, zu glauben, dass sich in meinem Garten ein Diamant befindet, der tausendmal größer ist als jeder bis dahin bekannte Diamant? Nein. Hier zeigt sich, wieso Pascals Wette, Kierkegaards Sprung in den Glauben und weitere erkenntnistheoretische Schneeball-Systeme nichts bringen. Zu glauben, dass Gott existiert, heißt zu glauben, ich stünde zu seiner Existenz in irgendeiner Beziehung, so dass seine Existenz selbst der Grund für meinen Glauben ist. Es muss ein kausaler Zusammenhang beziehungsweise der Anschein eines solchen bestehen zwischen der in Frage stehenden Tatsache und meiner Akzeptanz derselben. Auf diese Weise gelingt es uns, zu erkennen, dass religiöser Glaube, um zu einem Glauben über den Ist-Zustand der Welt zu werden, ebenso durch Beweise gestützt sein muss wie jede andere Art von Glaube.

Sobald wir zugeben, dass unser Glaube der Versuch ist, Gegebenheiten der Welt zu repräsentieren, erkennen wir, dass Glaube, um eine Berechtigung zu erlangen, zur Welt in der richtigen Relation stehen muss. Es sollte einleuchten, dass einer, der an Gott glaubt, weil er irgendwelche spirituellen Erlebnisse hatte oder weil ihm die Bibel eine derart sinnvolle Lektüre bietet oder weil er auf die Autorität der Kirche vertraut, das gleiche Rechtfertigungsspielchen spielt wie wir alle, wenn wir behaupten, über die gewöhnlichsten Fakten Bescheid zu wissen. Dies ist vermutlich eine Schlussfolgerung, gegen die viele religiös Gläubige versuchen würden, Widerstand zu leisten; Widerstand ist hier jedoch nicht nur zwecklos, sondern auch folgewidrig. Es gibt hinsichtlich unseres Glaubens über die Welt im Bereich der Logik einfach keinen weiteren Platz zu besetzen. Solange religiöse Behauptungen sich anmaßen, die Welt so widerzuspiegeln, wie sie ist – Gott kann eure Gebete wirklich hören; wenn ihr seinen Namen unnütz gebraucht, werden euch schlimme Dinge zustoßen und dergleichen mehr –, müssen sie zur Welt und allem, was wir sonst noch darüber glauben, in einer gewissen Relation stehen. Und nur wenn sie diese Voraussetzung erfüllen, können Behauptungen dieser Art unser daraus entstehendes Denken oder Verhalten beeinflussen. Solange jemand behauptet, sein Glaube repräsentiere einen tatsächlichen Zustand dieser sichtbaren oder unsichtbaren, irdischen oder überirdischen Welt, muss er glauben, sein Glaube sei eine Konsequenz dessen, wie die Welt beschaffen ist. Dies macht ihn definitionsgemäß empfänglich für neue Beweise. Fürwahr, gäbe es auf dieser Welt keine irgendwie denkbare Veränderung, die jemand dazu bewegen könnte, seinen religiösen Glauben in Frage zu stellen, wäre dies der Beweis dafür, dass sein Glaube nicht auf den Gegebenheiten dieser Welt gründet und diese außer Acht lässt. Er könnte daher mitnichten behaupten, sein Glaube repräsentiere die Welt.[26]

Obgleich sich noch viele weitere kritische Anmerkungen zum Thema religiöser Glaube machen ließen, steht dessen Macht außer Frage. Millionen von Menschen wären auch heute noch bereit, für einen abstrusen Glauben zu sterben, und weitere Millionen, so scheint es, sind auch bereit, dafür zu töten. Menschen, deren Schicksal es ist, ein Leben lang furchtbare Qualen ausstehen zu müssen, oder dies an der Schwelle zum Tod tun, finden oftmals Trost in der einen oder anderen unbegründeten Behauptung. Der Glaube befähigt viele von uns, die Widrigkeiten des Lebens mit einer Gelassenheit zu ertragen, wie sie in einer rein vom Licht der Vernunft beschienenen Welt kaum vorstellbar wäre. Es scheint auch, als zeitige der Glaube in Fällen, wo bloße Erwartungen, positiver wie negativer Art, dem Körper neue Gesundheit oder einen vorzeitigen Tod bescheren können, unmittelbare physische Auswirkungen.[27] Die Tatsache jedoch, dass religiöser Glaube einen starken Einfluss auf das menschliche Leben ausübt, sagt noch nichts aus über dessen Berechtigung. Auf einen Menschen, der an Verfolgungswahn leidet, übt vermutlich auch dessen panische Angst vor der CIA einen großen Einfluss aus; was aber nicht bedeutet, dass der Telefonanschluss dieses Menschen tatsächlich abgehört wird.

Was also ist religiöser Glaube? Ist es etwas anderes, als einfach etwas zu glauben? Das hebräische Wort «emûnâ» (geschrieben 'mn) wird abwechselnd übersetzt mit «Glaube haben», «glauben» oder «Vertrauen haben». Die Septuaginta, die griechische Übersetzung der hebräischen Bibel, drückt den gleichen Bedeutungsinhalt mit dem Begriff «pisteuein» aus, und an dieses griechische Äquivalent hält sich auch das Neue Testament. Im Hebräerbrief 11, 1 wird Glaube definiert als «die Gewissheit dessen, worauf man hofft, und das Überzeugtsein von dem, was man nicht sieht». Liest man das vorschriftsgemäß, so scheint diese Bibelstelle aus Glaube etwas zu machen, das völlig aus sich selbst gerechtfertigt wird: Die bloße Tatsache womöglich, dass man an etwas glaubt, das noch nicht geschehen ist («worauf man hofft») oder für das es keine Beweise gibt («was man nicht sieht»), gilt schon als Beweis für das reale Vorhandensein dieses Etwas («Gewissheit»).

Sehen wir uns an, wie das funktioniert: Ich verspüre eine gewisse, recht prickelnde «Überzeugung», dass die Schauspielerin Nicole Kidman in mich verliebt ist. Da wir uns nie begegnet sind, sind meine Gefühle der einzige Beweis dafür, dass Nicole auf mich steht. Ich argumentiere wie folgt: Meine Gefühle deuten darauf hin, dass zwischen Nicole und mir eine spezielle, ja metaphysische Verbindung bestehen muss – wie sonst sollte ich solche Gefühle haben? Ich beschließe also, mein Lager vor Nicole Kidmans Haus aufzuschlagen, damit die Dinge sich entwickeln können. Offensichtlich ist diese Art von Glauben eine heikle Angelegenheit.

Immer wieder werde ich in diesem Buch den Glauben in seinem üblichen, buchstäblichen Sinn kritisieren – das heißt, im Sinne von an gewisse historische und metaphysische Behauptungen zu glauben und sein Leben danach auszurichten. Die Bedeutung des Wortes, sowohl in der Bibel als auch auf den Lippen der Gläubigen, erscheint völlig unzweifelhaft. Es stimmt, dass gewisse Theologen und Grübler versucht haben, den Glauben neu zu definieren als spirituelles Prinzip, das über die Begeisterung von Leichtgläubigen hinausreicht. Paul Tillich verfeinerte in seinem Werk *Wesen und Wandel des Glaubens* (1957) die ursprüngliche Bedeutung des Begriffs bis zur Unkenntlichkeit, indem er verwarf, was er als «Götzenglaube» bezeichnete, und sich in der Tat auch gegen jegliche Gleichsetzung von Glaube und «glauben» stellte. Sicherlich sind weitere Theologen nach Tillich in gleicher Weise verfahren. Natürlich steht es jedem frei, den Begriff «Glaube» so umzudeuten, wie auch immer es ihm passt, wodurch religiöser Glaube in Übereinstimmung mit irgendeinem rationalen oder mystischen Ideal gebracht werden soll. Dies ist jedoch nicht der «Glaube», der die Gläubigen seit Jahrtausenden umtreibt. Der Glaube, den ich in Frage stelle, ist exakt jene Geste, die Tillich selbst als «einen Akt des Wissens mit niedrigem Beweisgrad» abtut. Meine Auseinandersetzung bezieht sich schließlich auf die Mehrzahl der Gläubigen in jedweder religiösen Tradition, und nicht auf Tillichs gewiss untadelige Gemeinde, die vielleicht nicht mehr als ein einziges Mitglied zählt.

Trotz beträchtlicher Anstrengungen von Leuten wie Tillich, die sich darum bemühten, die vor einem jeden Altar lauernde Schlange zu kaschieren, lautet die Wahrheit dennoch, dass religiöser Glaube ganz einfach das ungerechtfertigte Glauben an Dinge von höchster Wichtigkeit ist – speziell an Behauptungen, die irgendeinen Mechanismus in Aussicht stellen, mit dessen Hilfe dem menschlichen Leben die verheerenden Auswirkungen von Zeit und Tod erspart werden sollen. Glaube ist das, was aus Leichtgläubigkeit wird, wenn es dieser gelingt, sich mit Fluchtgeschwindigkeit den Zwängen eines irdischen Diskurses zu entziehen, und man sich um Auflagen wie Vernunft, innere Logik, Höflichkeit und Aufrichtigkeit nicht mehr zu kümmern braucht. Und selbst wenn Sie sich fernab der Gemeinde der Gläubigen wähnen – auch wenn Sie soeben den Spiegel am Hubble-Raumteleskop justiert haben –, werden Sie wahrscheinlich dennoch das Produkt einer Kultur sein, die dem Glauben, bar jeglicher Beweise, den höchsten Rang in der Hierarchie menschlicher Tugenden eingeräumt hat. Unwissenheit ist das wahre Siegel jenes

Reiches – «Selig sind, die nicht sehen und doch glauben» (Joh. 20, 29) – und jedem Kind wird beigebracht, dass es zumindest eine Option, wenn nicht gar eine heilige Pflicht ist, die Fakten dieser Welt aus Achtung für einen Gott zu ignorieren, der in der Fantasie von Mutter und Vater umhergeistert.

Doch der Glaube geht um als Betrüger. Dies lässt sich leicht an der Tatsache erkennen, dass alle außergewöhnlichen Phänomene des religiösen Lebens – weinende Marienstatuen und Kinder, die ihre Krücken von sich werfen – von den Gläubigen als Bestätigung ihres Glaubens herangezogen werden. In solchen Momenten agieren religiös Gläubige wie Menschen, die in der Wüste der Ungewissheit unterwegs sind und denen ein erfrischendes Getränk aus Fakten gereicht wird. Wir kommen nicht um die Tatsache herum, dass wir uns verzehren nach einer Bestätigung für unsere innersten Glaubensinhalte und dass wir nur deshalb an sie glauben, weil wir meinen, eine solche Bestätigung liege zumindest im Bereich des Möglichen und Erreichbaren. Gibt es im Westen auch nur einen praktizierenden Christen, der dem Auftauchen eines unanfechtbaren, greifbaren Beweises für die buchstäbliche Wahrheit der Evangelien gleichgültig gegenüberstünde? Stellen wir uns vor, eine mittels Radiokarbonmethode durchgeführte Datierung des Turiner Grabtuchs[28] würde ergeben, dass dieses vom Ostersonntag des Jahres 29 nach unserer Zeitrechnung stammt: Zweifelt jemand ernstlich daran, dass eine solche Enthüllung ein Spektakel aus Ehrfurcht, Frohlocken und begeistertem Sündenerlass innerhalb der gesamten Christenheit nach sich zöge?

Und das ist derselbe Glaube, der sich der Vernunft nicht beugen wird, wenn er zum Glauben keinen guten Grund findet. Taucht jedoch ein kleiner hilfreicher Beweis auf, erweist der Gläubige sich als ebenso empfänglich für Fakten wie der Verdammte. Dies beweist, dass Glaube nicht mehr ist als die Bereitschaft, auf den Beweis zu warten – sei es der Jüngste Tag oder irgendein anderer Platzregen der Bestätigung. Glaube ist die Suche nach einem sicheren Wert im Budget: Glaube jetzt, lebe bis zu deinem Todestag gemäß einer unüberprüfbaren Hypothese, und du wirst sehen, dass du recht behalten wirst.

In jedem anderen Lebensbereich jedoch ist ein Glaube ein Scheck, bei dem jeder darauf besteht, diesen Scheck noch vor der Grablegung einzulösen: Der Ingenieur sagt, die Brücke wird halten; der Doktor sagt, gegen diese Infektion hilft Penizillin – diese Leute haben anfechtbare Gründe für ihre Behauptungen über die Abläufe der Welt. Der Mullah, der Priester und der Rabbi nicht. Keinerlei Veränderung dieser Welt beziehungsweise der Welt ihrer Erfahrung hat es bis dahin fertiggebracht, ihnen die Falschheit vieler ihrer innersten Glaubensinhalte plausibel zu machen. Dies bestätigt, dass solche Glaubensinhalte nicht das Ergebnis irgendeiner Erforschung der Welt beziehungsweise der Welt ihrer Erfahrungen sind. (Sie sind, im Sinne von Karl Popper, «unwiderlegbar».) Es scheint, als hätte nicht einmal der Holocaust die meisten Juden dazu gebracht, die Existenz eines allmächtigen und ihnen wohlgesonnenen Gottes in Zweifel zu ziehen. Wenn aber nicht einmal die Tatsache, dass ein halbes Volk systematisch vernichtet und verbrannt wurde, als Beweis gegen die Ansicht gelten kann, ein allmächtiger Gott sorge sich um unsere Interessen, dann erscheint die Annahme vernünftig, dass dies durch gar nichts zu bewerkstelligen ist. Woher weiß der Mullah, dass der Koran das buchstabengetreue Wort Gottes ist? Die einzige Antwort, die sich in welcher Sprache auch immer geben lässt, ohne dem Wort «Wissen» Hohn zu sprechen, lautet – er weiß es nicht.

Der religiöse Glaube eines Menschen ist lediglich eine Teilmenge all seiner Glaubensinhalte über diese Welt: Beim religiösen Glauben handelt es sich um Glaubensinhalte über Dinge von größtem Belang, zu denen in unserer Kultur aber vermittelt wird, sie brauchten im Moment nicht gerechtfertigt zu werden. Es ist Zeit, dass wir erkennen, wie unangemessen diese Balkanisierung unserer Kultur geworden ist. Die Fülle der theologischen Erkenntnisse sollte nunmehr aus der Perspektive eines Menschen betrachtet werden, dessen Tag am Morgen des 11. September 2001 im 100. Stockwerk des World Trade Center begann und dessen umherschweifende Gedanken – Gedanken über seine Familie und Freunde, über erledigte und unerledigte Besorgungen, über Süßstoff für den Kaffee – auf unerklärliche Weise von einer furchtbaren Sachlichkeit und Schlichtheit übermannt wurden: Es hieß, entweder bei lebendigem Leib zu verbrennen oder aus 300 Metern Höhe hinab auf den Beton zu springen. In der Tat, wir sollten die Perspektive von Tausenden solcher Männer, Frauen und Kinder einnehmen, die, weitaus früher als sie es jemals für möglich gehalten hätten, in schrecklicher Furcht und Bestürzung ihr Leben lassen mussten. Die Männer, die jene Gräueltaten vom 11. September verübten, waren sicherlich keine «Feiglinge», wie sie von westlichen

Medien wiederholt bezeichnet wurden; es waren auch keine Verrückten im landläufigen Sinne. Es waren Männer des Glaubens – eines vollendeten Glaubens, wie sich zeigt – und so etwas zu sein ist, wie letztlich eingestanden werden muss, etwas Furchtbares.

Ich bin mir sicher, dass eine solch kategorische Zurückweisung religiösen Glaubens vielen Lesern unsensibel vorkommen wird, namentlich solchen, welche die Tröstungen des Glaubens aus eigener Erfahrung kennen. Die Tatsache jedoch, dass unbewiesene Glaubensinhalte sich tröstlich auf den menschlichen Geist auswirken können, darf nicht als Argument zu deren Gunsten gewertet werden. Würde ein Arzt seinen unheilbar kranken Patienten versprechen, sie würden auf jeden Fall wieder völlig gesund, so brächte dies ebenfalls vielen der Patienten Erleichterung, allerdings auf Kosten der Wahrheit. Warum sollten wir uns um die Wahrheit bemühen? Diese Frage wartet auf ihren Sokrates. Für unsere Zwecke reicht es, zu beobachten, dass die Wahrheit für die Gläubigen selbst von überragender Wichtigkeit ist, denn tatsächlich ist die Wahrheit einer bestimmten Doktrin das eigentliche Objekt des Glaubens. Die Suche nach Trost auf Kosten der Wahrheit war noch nie ein Motiv für religiösen Glauben, da sämtliche Glaubenssysteme zum Bersten voll sind mit furchtbaren Aussagen, die keinem zum Trost gereichen und an welche die Gläubigen trotz des Leidens, das der Glaube an diese Aussagen bei ihnen verursacht, glauben, um nicht irgendeinen dunklen Winkel der Realität außer Acht zu lassen.

Gläubige halten die Wahrheit tatsächlich für ein hohes Gut. In dieser Hinsicht gleichen sie den meisten Philosophen und Wissenschaftlern. Gläubige Menschen behaupten nichts Geringeres, als über heilige, erlösende und metaphysische Wahrheiten Bescheid zu wissen: Christus starb für eure Sünden; er ist der Sohn Gottes; alle Menschen haben Seelen, die nach dem Tod vor ein himmlisches Gericht treten. Dies sind konkrete Behauptungen über die Beschaffenheit der Welt. Lediglich die Meinung, eine Doktrin entspreche der Wahrheit, ist es, die aus dem Glauben eines Menschen etwas Nützliches, Erlösendes oder in der Tat auch logisch Mögliches macht, denn an eine Doktrin zu glauben, bedeutet zu glauben, dass diese Doktrin wahr ist. Was sonst als die Wahrheit einer bestehenden Lehre könnte ihre Anhänger davon überzeugen, dass alle anderen Lehren nicht rechtens sind? Ketzerische Lehrmeinungen gelten nur deshalb als ketzerisch und werden folglich mit dem gebührenden Maß an Verachtung bedacht, weil man sie für falsch erachtet. Würde ein Christ nicht den stillschweigenden Anspruch erheben, seine heilige Schrift enthalte die buchstabengetreue Wahrheit, wäre er gleichermaßen Moslem oder Jude – oder auch Atheist – als auch Anhänger Christi. Sollte er durch einen Beweis, den er als unbestreitbar akzeptieren würde, erfahren, dass Jesus tatsächlich aus der Sünde geboren wurde und wie ein Tier verendete, würden solche Offenbarungen seinem Glauben gewiss den Todesstoß versetzen. Die Gläubigen standen der Wahrheit niemals gleichgültig gegenüber; und dennoch berauben die Prinzipien des Glaubens sie des Rüstzeugs zur Unterscheidung von Wahrheit und Unwahrheit in Belangen, die für sie von größter Bedeutung sind.

Man kann davon ausgehen, dass Gläubige sich in weltlichen Dingen in etwa so verhalten wie ihre ungläubigen Mitmenschen, also mehr oder minder rational. Wenn es darum geht, wichtige Entscheidungen zu treffen, neigen sie zu einer ebenso großen Offenheit für Beweise und deren Bestätigung wie jeder Nicht-Gläubige. Dass die Zeugen Jehovas Bluttransfusionen ablehnen oder dass Anhänger von Christian Science gänzlich auf die Angebote der modernen Medizin verzichten, mag uns als Ausnahme erscheinen, doch so ist es nicht. Solche Leute halten sich lediglich an die Vorgaben ihres religiösen Glaubens und handeln diesem Rahmen gemäß vernünftig. Keine Mutter, die aus religiösen Gründen ihrem Kind medizinische Hilfe verweigert, wird glauben, Beten sei lediglich ein kultureller Brauch mit trostreicher Wirkung. Vielmehr glaubt eine solche Mutter, ihre letztendliche Errettung verlange von ihr einige Demonstrationen ihres Vertrauens auf die Macht und den Beistand Gottes, und dies ist ein Ziel, für dessen Erreichen sie sogar bereit ist, das Leben ihres Kindes aufs Spiel zu setzen. Auch solch scheinbar unvernünftiges Verhalten steht oftmals im Dienste einer Vernunft, die auf die empirische Bestätigung einer religiösen Doktrin abzielt. Tatsächlich sind selbst die extremsten Ausdrucksformen von Glauben oft durch und durch vernünftig – sofern man sie im Licht des zugrunde liegenden Glaubens betrachtet. Nehmen wir als leuchtendstes Beispiel die Anhänger der amerikanischen Pfingstbewegung und deren Ritual, mit gefährlichen Schlangen zu tanzen: In ihrem Bemühen, sowohl ihren Glauben an die Wortbedeutung der Bibel (in diesem Falle Markus 16, 18) als auch deren Wahrheit zu demonstrieren, heben sie «Schlangen mit den Händen hoch» (verschiedene Arten von Klapperschlangen), «trinken etwas Tödliches» (üblicherweise Strychnin) und stellen das Prophetenwort («Es wird ihnen nicht schaden.») nach Herzenslust auf die Probe. Manch einer dieser Gläubigen ist dabei natürlich schon gestorben, so zum Beispiel der Gründer dieser Bewegung, George Hensley, der 1955 einem Schlangenbiss erlag, was von diesen Leuten als Beweis verstanden wird, dessen können wir sicher sein, nicht etwa für eine Schwäche ihres Glaubens, sondern dafür, dass Schlangengift und Strychnin gelegentlich eben tatsächlich tödlich sind.

Die Glaubensinhalte, die ein Mensch für grundlegend richtig hält, legen fest, was ihm zu einem bestimmten Zeitpunkt als vernünftig erscheint. Als es den Mitgliedern der «Heaven's Gate»-Sekte nicht gelang, das Raumschiff zu sichten, welches ihren Erkenntnissen gemäß im Schlepptau des Kometen Hale-Bopp hätte auftauchen sollen, gaben sie das 4 000 Dollar teure, eigens zu diesem Zweck erworbene Teleskop zurück und waren der Meinung, das Instrument sei defekt gewesen.

Wirklich bezahlt macht Glaube sich jedoch dann, wenn er von der Überzeugung ausgeht, die Zukunft werde besser sein als die Vergangenheit, oder jedenfalls nicht schlechter. Man denke an die hochgelobte Auffassung der Juliana von Norwich (ca. 1342–1413), welche die Botschaft der Evangelien auf den denkwürdigen Ausspruch reduzierte: «Alles wird gut sein, und alles wird gut sein, und alles, was da ist, wird gut sein.» Der Reiz, den die meisten religiösen Doktrinen ausüben, beruht auf nichts Erhabenerem oder Unergründlicherem als dem Satz: Am Ende wird alles gut ausgehen. Der Glaube wird als Hilfsmittel gereicht, um die Wahrheit dieser Behauptung in der Gegenwart auskosten und für die Zukunft garantieren zu können. Es ist, so glaube ich, unbestreitbar, dass die eigentliche Existenz eines solchen Mechanismus für den Gläubigen das Einzige ist, das zählt, also die Tatsache, dass das Aussprechen einiger Worte und das Verspeisen einer hauchdünnen Scheibe Brot eine wirksame Methode der Erlösung darstellt oder die Gewissheit, dass Gott zusieht, zuhört und darauf wartet, seine Segnungen jedem Einzelnen zukommen zu lassen – kurz gesagt, die eigentliche Übereinstimmung der Doktrin mit der Realität selbst.

> Die unglaubliche Pestilenz erreichte Paris in jenem Juni [1348], und suchte die Stadt für die Dauer von anderthalb Jahren heim. König Philipp [V] bat die medizinische Fakultät an der Universität von Paris um eine Erklärung für das Unheil. Die Professoren

> versicherten, aufgrund von Turbulenzen am Himmel seien die Meere bei Indien von der Sonne überhitzt worden, und jenen Gewässern würden schädliche Dämpfe entsteigen. Die medizinische Fakultät bot eine Reihe von Heilmitteln an. Fleischbrühe zum Beispiel würde helfen, sofern man sie mit gemahlenem Pfeffer, Ingwer und Nelken würze. Das Fleisch von Federvieh, Wasservögeln, Ferkeln sowie fettes Fleisch im Allgemeinen sollten gemieden werden. Olivenöl könne sogar tödlich sein. Baden sei gefährlich, Klistiere jedoch könnten nützen. «Die Männer müssen ihre Keuschheit bewahren, wenn ihnen ihr Leben lieb ist», warnten die Doktoren.
>
> Dem König bereitete der göttliche Zorn noch immer Sorgen. Er erließ ein Edikt gegen Blasphemie. Für das erste Vergehen sollte dem Lästerer die Lippe abgeschnitten werden; ein weiteres Vergehen würde er mit seiner zweiten Lippe bezahlen, ein drittes mit seiner Zunge ...
>
> Die städtischen Behörden reagierten mit einer Reihe von strikten Maßnahmen, um der sich ausbreitenden Panik Einhalt zu gebieten. Sie ordneten an, jegliches Glockengeläut einzustellen. Sie stellten das Tragen schwarzer Kleidung unter Strafe. Sie verboten die Zusammenkunft von mehr als zwei Personen bei einer Beerdigung sowie jegliche öffentliche Zurschaustellung von Kummer. Und um den zornigen Gott, der diese Heimsuchung herbeigeführt hatte, versöhnlich zu stimmen, verboten die Behörden an Samstagen nach der Mittagszeit jedwede Art von Arbeit, die Ausübung von Glücksspielen sowie das Fluchen, und sie verlangten, dass alle, die in Sünde lebten, unverzüglich heirateten. Li Muisis [ein Abt von Tournai] gab frohgemut zu Papier, dass die Hochzeitsrate beträchtlich stieg, dass Flüche nicht mehr vernommen wurden und dass das Glücksspiel derart aus der Mode kam, dass die Würfelmacher ihre Tätigkeit auf die Herstellung von Rosenkränzen verlagerten. Weiterhin vermerkte der Abt, dass im neuen Hort der Tugend 25 000 Bewohner an der Seuche starben und in großen Erdlöchern am Stadtrand beigesetzt wurden.[29]

Von welchem Punkt an ließen jene Leute ihren religiösen Glauben hinter sich, um Platz zu machen für ihren weltlichen Glauben? Besteht ein Zweifel daran, dass die von der Heimsuchung betroffenen Christen des 14. Jahrhunderts sich nach Wissen (d. h. nach Glaubensinhalten, die sowohl wahr als auch begründet sind) sehnten, das ihnen erklärte, wo die Pest herrührte und wie sie übertragen wurde, und dass diese Menschen hofften, auf eine wirksame Methode zur Bekämpfung der Pest zu stoßen? Stützte ihr Vertrauen auf die Glaubenslehre sich auf mehr als krasseste Unwissenheit? Hätte man zum Beispiel gewusst, dass die Pest von Handelsschiffen eingeschleppt wurde, dass aus jedem Laderaum Ratten an Land kamen, auf denen wiederum unzählige Flöhe saßen, die Träger des Pesterregers waren – hätten die Gläubigen dann noch immer so viel Energie darauf verschwendet, Gotteslästerern die Zunge abzuschneiden, die Glocken verstummen zu lassen, helle Kleider zu tragen und großzügigen Gebrauch von Klistieren zu machen? Die sichere Methode, jene unglückseligen Menschen zu überzeugen, hätte im Einsatz von Penizillin bestanden, das jedoch nicht von einem Land geliefert wurde, in dem andere «kulturelle Sichtweisen» vorherrschten, sondern von weiter oben über die Böschung der Realität.

Glaube und Wahnsinn

Wir haben festgestellt, dass unsere Glaubensinhalte dicht an sprachliche Strukturen sowie an die scheinbare Struktur der Welt gekoppelt sind. Unsere «Glaubensfreiheit», falls es sie überhaupt gibt, ist minimal. Steht es jemandem wirklich frei, an eine Behauptung zu glauben, für die ihm keine Beweise vorliegen? Nein. Ein Beweis (ob über die Sinne oder über das logische Denken) ist das Einzige, woraus sich ableiten lässt, dass ein bestimmter Glaube überhaupt von der Welt handelt. Wir wissen, als was wir einen Menschen bezeichnen sollen, der an vieles glaubt, für das es keine rationale Berechtigung gibt. Sind die Inhalte eines solchen Glaubens ungewöhnlich weit verbreitet, bezeichnen wir solche Menschen als «religiös»; ansonsten sprechen wir vermutlich von «Verrückten», «Psychotikern» oder «an Wahnvorstellungen Leidenden». Die meisten Gläubigen sind geistig natürlich völlig gesund, selbst jene, die aufgrund ihres Glaubens Gräueltaten verüben. Wo jedoch liegt der Unterschied zwischen jemandem, der glaubt, Gott werde ihn mit 72 Jungfrauen belohnen, falls er eine gewisse Anzahl jüdischer Teenager tötet, und jemandem, der glaubt, Kreaturen von Alpha Centauri würden ihm über seinen Haartrockner Botschaften zur Erlangung des Weltfriedens einflüstern? Selbstverständlich gibt es zwischen diesen beiden Ausprägungen von Glauben einen Unterschied; jedoch keinen, der den religiösen Glauben in schmeichelhaftem Licht erscheinen ließe.

Man muss eine bestimmte Art Mensch sein, um zu glauben, woran sonst niemand glaubt. Sich von Ideen leiten zu lassen, für die man keine Beweise hat (und die deshalb im Gespräch mit anderen Menschen nicht gerechtfertigt werden können), ist grundsätzlich ein Zeichen dafür, dass bei jemandem geistig etwas schwer im Argen liegt. Klar gibt es das Argument, dass wenn viele etwas glauben, diese vielen nicht verrückt sein können. Und dennoch ist es lediglich ein historischer Unfall, dass es in unserer Gesellschaft als normal gilt, zu glauben, es gebe einen Schöpfer des Universums und dieser könne unsere Gedanken hören, während es von geistiger Krankheit zeugt, zu glauben, dieser Schöpfer verständige sich mit dir, indem er seine Botschaften mit Hilfe von Regentropfen an dein Schlafzimmerfenster morst. Während religiöse Menschen also keineswegs ganz allgemein verrückt sind, so sind es ihre wesentlichen Glaubensinhalte auf jeden Fall. Dies überrascht nicht, da die meisten Religionen nicht viel mehr als ein paar Zeugnisse uralter Ignoranz und Geisteskrankheit kanonisiert haben, um sie an kommende Generationen weiterzureichen, als handle es sich um altes Urwissen. So kommt es, dass Milliarden von uns an Dinge glauben, an die ein gesunder Mensch von sich aus nie glauben würde. Tatsächlich ist es schwer, sich einen Glaubenskanon vorzustellen, der mehr von geistiger Umnachtung zeugt als jener, der den meisten unserer religiösen Traditionen zugrunde liegt. Betrachten wir dazu einen der Grundpfeiler des katholischen Glaubens:

> Gleichermaßen versichere ich, dass Gott in der Messe ein wahrhaftiges, angemessenes und versöhnendes Opfer dargebracht wird zugunsten der Lebenden und der Toten, und dass der Leib und das Blut, zusammen mit der Seele und der Göttlichkeit unseres Herrn Jesus Christus, wahrhaftig und wahr ist, und dem Wesen nach gegenwärtig im heiligsten Sakrament der Eucharistie, und dass eine Wandlung der ganzen Substanz des Brotes in den Leib stattfindet, und eine Wandlung der ganzen Substanz des Weines in Blut; und diese Wandlung heißt in der katholischen Kirche Transsubstantiation. Ich versichere auch, dass der ganze und vollständige Christus und ein wahrhaftiges Sakrament empfangen wird unter jeder einzelnen Gestalt.[30]

Jesus Christus – der, wie sich herausstellt, von einer Jungfrau geboren wurde, den Tod überlistete und leiblich gen Himmel fuhr – kann nun in Gestalt eines Kekses verspeist werden. Ein paar lateinische Worte, gesprochen über deinem Lieblingsburgunder, und du kannst auch sein Blut trinken. Müsste einer, der als einziger Mensch an so etwas glaubt, nicht zwangsläufig als wahnsinnig gelten? Mehr noch, ließe sich bezweifeln, dass diese Person wahnsinnig wäre? Die Gefahr des religiösen Glaubens besteht darin, dass er es ansonsten völlig normalen Menschen erlaubt, Früchte des Wahnsinns zu ernten und diese als heilig zu betrachten. Da jeder neuen Generation von Kindern beigebracht wird, dass religiöse Behauptungen im Gegensatz zu allen anderen Behauptungen keiner Rechtfertigung bedürfen, sieht sich unsere Zivilisation nach wie vor von Armeen des Abstrusen belagert. Und weiterhin bringen wir einander um, weil es in uralten Schriften so steht. Wer hätte gedacht, dass es je zu einer solch tragischen Absurdität kommen könnte?

Woran sollten wir glauben?

Das meiste von dem, was wir über die Welt glauben, glauben wir deshalb, weil andere es so wollen. Das Vertrauen auf die Autorität von Experten sowie das Zeugnis ganz normaler Menschen bilden den Stoff, aus dem Weltanschauungen gemacht werden. In der Tat ist es so, dass je gebildeter wir sind, wir desto stärker unsere Glaubensinhalte aus zweiter Hand erhalten. Jemand, der nur solchen Aussagen Glauben schenkt, für die er eine umfassende sensorische oder theoretische Rechtfertigung finden kann, wird so gut wie nichts über diese Welt wissen; das heißt, falls er nicht schlagartig Opfer der eigenen Unwissenheit wird. Woher soll man wissen, dass ein Sturz aus großer Höhe der Gesundheit schadet? Falls man nicht zufällig Zeuge war, wie jemand auf diese Weise ums Leben kam, hat man diesen Glauben auf der Grundlage der Autorität anderer übernommen.[31] Das ist nichts Schlimmes. Unser aller Leben ist zu kurz und die Welt zu kompliziert, um erkenntnistheoretische Anforderungen im Alleingang anzugehen. Stets vertrauen wir der Intelligenz und Präzision, wenn nicht sogar den Gefälligkeiten von Fremden.

Dies ist jedoch kein Beleg dafür, dass jedwede Autorität Gültigkeit hat; es ist auch kein Beleg dafür, dass selbst die fähigsten Autoritäten sich immerzu als verlässlich erweisen. Es gibt gute, und es gibt schlechte Argumente, es gibt genaue Beobachtungen, und ungenaue;

und jeder von uns ist hinsichtlich der Frage, was vernünftig ist oder nicht, ob er einen bestimmten Glauben über diese Welt übernehmen will oder nicht, die letzte Instanz.

Betrachten wir folgende Informationsquellen:

1. Der Nachrichtensprecher der Tagesschau sagt, im US-Staat Colorado sei ein riesiges Feuer ausgebrochen. 50 000 Hektar Land seien bereits abgebrannt, und das Feuer sei noch immer nicht unter Kontrolle.
2. Biologen behaupten, die DNA sei die molekulare Basis der sexuellen Fortpflanzung. Wir alle ähnelten unseren Eltern, da diese ihre DNA vollständig an uns weitervererbt hätten. Wir alle hätten Arme und Beine, weil unsere DNA in codierter Form die Proteine aufweise, aus denen unsere Glieder in einer frühen Entwicklungsphase entstanden seien.
3. Der Papst behauptet, Jesus sei von einer Jungfrau geboren und nach seinem Tode leiblich auferstanden. Jesus sei Gottes Sohn, welcher das Universum in sechs Tagen erschaffen habe. Wer das glaube, werde nach seinem Tod in den Himmel kommen; wer es nicht glaube, werde zur Hölle fahren und ewige Qualen erleiden.

Worin besteht der Unterschied zwischen diesen drei Aussagen? Warum hat nicht jede dieser «Expertenmeinungen» unseren Respekt verdient? Nach unserer bisherigen Analyse sollte es nicht schwerfallen, den Nummern 1 und 2 Autorität einzuräumen, Nummer 3 jedoch auszuklammern.

Aussage 1: Warum halten wir die Meldung über das Feuer in Colorado für überzeugend? Sie könnte eine Ente sein. Doch was ist dann mit den Live-Bildern von flammenübersäten Berghängen und Flugzeugen, die brandhemmende Mittel versprühen? Vielleicht brennt es ja tatsächlich irgendwo, aber das könnte auch in einem anderen Staat sein. Vielleicht brennt es in Wahrheit im Staate Texas. Ist es vernünftig, solche Möglichkeiten zu erwägen? Nein. Warum nicht? An dieser Stelle kommt der Begriff «gesunder Menschenverstand» zu seinem Recht. Gemessen an dem, was wir über den menschlichen Geist glauben, sowie am Erfolg unserer weitreichenden Kooperation mit anderen Menschen und dem Ausmaß, in dem wir uns alle auf die Nachrichten verlassen, ist es kaum vorstellbar, dass ein angesehener Fernsehsender und ein gut bezahlter Nachrichtensprecher uns einen Bären aufbinden, oder dass Tausende von

Feuerwehrleuten, Reportern und entsetzten Hauseigentümern Texas fälschlich für Colorado halten. Solche auf gesundem Menschenverstand gründende Urteile bergen stets ein Verständnis der kausalen Zusammenhänge zwischen bestimmten Vorgängen auf der Welt, der Wahrscheinlichkeit verschiedener Entwicklungen sowie dem Vorhanden- oder Nichtvorhandensein begründeter Interessen seitens derer, mit deren Zeugnis wir es zu tun haben. Welchen Nutzen hätte ein professioneller Nachrichtensprecher von der Verbreitung einer Lüge über ein Feuer in Colorado? Wir brauchen hier gar nicht ins Detail zu gehen; wenn der Tagesschau-Sprecher sagt, in Colorado sei ein Feuer ausgebrochen, um uns anschließend Bilder von brennenden Wäldern zu präsentieren, können wir getrost davon ausgehen, dass es in Colorado auch tatsächlich brennt.

Aussage 2: Wie steht es nun mit wissenschaftlichen «Wahrheiten»? Sind diese wahr? Über die notorische Vorläufigkeit wissenschaftlicher Theorien ist viel geschrieben worden. Karl Popper erklärte, wir würden nie die Richtigkeit einer Theorie beweisen, sondern lediglich versäumen, sie zu widerlegen.[32] Thomas Kuhn erklärte, wissenschaftliche Theorien würden mit jeder neuen Generation einer umfassenden Revision unterworfen und somit der Wahrheit nie völlig entsprechen.[33] Niemand kann sagen, welche unserer gegenwärtigen Theorien sich morgen als falsch erweisen wird. Wie viel Vertrauen können wir wissenschaftlichen Theorien demnach entgegenbringen? Manch einer, der sich solche Theorien unhinterfragt aneignete, gelangte zum Schluss, die Wissenschaft sei nichts als eine von vielen Domänen des menschlichen Diskurses, und sie sei den Fakten dieser Welt nicht tiefer verpflichtet als es etwa die schöngeistige Literatur ist oder eben die Religion. Alle Wahrheiten stünden in gleicher Weise zur freien Disposition.

Doch nicht alle Sphären des Diskurses stehen auf dem gleichen Fundament, und zwar aus dem einfachen Grund, dass nicht alle Sphären des Diskurses nach dem gleichen Fundament (oder überhaupt nach einem Fundament) streben. Wissenschaft ist deshalb Wissenschaft, weil sie unser intensivstes Bemühen darstellt, fortwährend zu überprüfen, ob unsere Aussagen über diese Welt wahr (oder wenigstens nicht falsch) sind.[34] Dies geschieht mittels Beobachtung und Experiment im Rahmen einer Theorie. Wer sagt, eine bestimmte wissenschaftliche Theorie könne falsch sein, sagt nicht automatisch, diese Theorie sei in sämtlichen Einzelheiten falsch oder dass eine andere Theorie die gleichen Chancen hat, richtig zu sein. Wie hoch sind die Chancen, dass die DNA nicht die Grundlage der genetischen Vererbung bildet? Nun, falls dem nicht so wäre, geriete Mutter Natur in eine ziemliche Erklärungsnot. Sie müsste dann für die Ergebnisse aus fünfzig Jahren des Experimentierens geradestehen, durch die eine verlässliche Wechselbeziehung zwischen Genotyp und Phänotyp (einschließlich der reproduzierbaren Folgen bestimmter genetischer Mutationen) nachgewiesen wurde. Jedwede Darstellung der Vererbungslehre, die die gegenwärtigen Annahmen der Molekularbiologie zu ersetzen trachtet, wird sich mit einem Meer aus Versuchsergebnissen auseinandersetzen müssen, die diese Annahmen stützen. Wie hoch sind die Chancen, eines Tages zu entdecken, dass die DNA mit Vererbung rein gar nichts zu tun hat? Sie stehen eindeutig bei null.

Aussage 3: Können wir der Autorität des Papstes vertrauen? Millionen Katholiken tun es, keine Frage. Und tatsächlich ist der Papst in Angelegenheiten des Glaubens und der Sittlichkeit unfehlbar. Können wir unter solchen Vorzeichen denn sagen, dass Katholiken sich irren, wenn sie glauben, der Papst wisse, wovon er spricht? Gewiss können wir das.

Wir wissen, dass es keinen Beweis gibt, der ausreichen würde, die Richtigkeit zahlreicher Kernaussagen des Papstes zu bestätigen. Wie soll eine im 20. Jahrhundert geborene Person je herausfinden, ob Jesus tatsächlich von einer Jungfrau geboren wurde? Welcher logisch nachvollziehbare Denkprozess (ob mystischer Art oder nicht) könnte uns die notwendigen Fakten zum sexuellen Verhalten einer Frau aus Galiläa liefern (Fakten, die den wohl bekannten Tatsachen über die Biologie des Menschen völlig zuwiderlaufen)? Einen solchen Denkprozess gibt es nicht. Nicht mal eine Zeitmaschine könnte uns weiterhelfen, außer wir wären bereit, in den Monaten, die für Jesu Empfängnis in Frage kommen, Maria für 24 Stunden am Tag nicht aus den Augen zu lassen.

Visionäre Erfahrungen können ihrem Wesen nach niemals ausreichen, die Frage nach historischen Gegebenheiten zu beantworten. Stellen wir uns vor, der Papst hätte einen Traum von Jesus, der in diesem Traum aussähe, wie frisch von da Vincis Pinsel gemalt. Der Papst könnte in diesem Fall nicht einmal behaupten, sein Traum-Jesus habe ausgesehen wie der echte Jesus. Die Unfehlbarkeit des Papstes, egal wie viele Träume und Visionen er möglicherweise hatte, reicht nicht einmal so weit, um ein Urteil darüber fällen zu können, ob der historische Jesus einen Bart trug, geschweige denn, ob dieser Mann wirklich Gottes Sohn war, ob er von einer Jungfrau geboren wurde oder ob er die Fähigkeit besaß, Tote zu erwecken. Gerade solche Behauptungen lassen sich durch spirituelle Erfahrungen eben nicht bestätigen.

Natürlich wäre ein Szenario denkbar, in dem wir den Visionen des Papstes beziehungsweise unseren eigenen Visionen Glauben schenken würden. Würde Jesus auftreten, und er würde so etwas sagen wie «Die Vatikanische Bibliothek umfasst exakt 37 226 Bände», und die Aussage würde sich als wahr herausstellen, hätten wir sicher das Gefühl, zumindest im Dialog mit jemandem zu sein, der über den Zustand dieser Welt etwas zu sagen hat. Eine ausreichende Anzahl nachprüfbarer, der päpstlichen Vision entnommener Aussagen vorausgesetzt, und wir könnten damit beginnen, uns ernsthaft mit weiteren Ansprüchen Jesu auseinanderzusetzen. Die Sache wäre dann die, dass seine Autorität auf die einzige Weise zustande käme, auf die eine solche Autorität überhaupt entstehen kann: indem jemand Behauptungen über die Welt aufstellt, die sich durch weitere Beobachtungen untermauern lassen. Was nun Aussage Nr. 3 anbelangt, so steht dem Papst zu deren Bestätigung außer der Bibel selbst nichts zur Verfügung. Dieses Dokument jedoch, zieht man die Maßstäbe der Beweisführung zur Zeit seiner Entstehung in Betracht, reicht als Beweisquelle für die Ansichten des Papstes nicht aus.

Wie steht es nun mit unserer viel gepriesenen religiösen Glaubensfreiheit? Sie unterscheidet sich nicht von unserer Glaubensfreiheit in journalistischer und biologischer Hinsicht – und jeder, der glaubt, in den Medien sei eine Großbrand-Verschwörung im Gange oder die Erkenntnisse der Molekularbiologie seien nichts weiter als eine Theorie, die sich als falsch herausstellen könnte, macht lediglich Gebrauch von seiner Freiheit, für einen Narren gehalten zu werden. Bedenkt man, dass religiöse Unvernunft in unserer Welt nach wie vor eine der Hauptursachen kriegerischer Konflikte darstellt, sollte sie in unserem Diskurs sogar noch stärker stigmatisiert werden. Noch bevor Sie diesen Absatz zu Ende gelesen haben, stirbt vermutlich irgendwo jemand aufgrund dessen, was ein anderer über Gott glaubt. Es ist wohl höchste Zeit, zu fordern, unsere Mitmenschen mögen für ihr Beharren auf ihren religiösen Differenzen bessere Gründe vorweisen können, falls es solche Gründe überhaupt gibt.

Wir müssen endlich frei darüber sprechen, was in unseren heiligen Büchern wirklich steht, weit über die zögerlichen Abweichungen im Glauben der Moderne hinaus, jener schwulen und lesbischen Würdenträger; der muslimischen Kleriker, denen der Geschmack an öffentlichen Amputationen vergangen ist; oder der sonntäglichen Kirchgänger, die ihre Bibel nie ganz gelesen haben. Ein gründliches Studium dieser Bücher und der Geschichte reicht aus, um zu erkennen, dass keine noch so erschreckende Grausamkeit sich nicht durch das, was in ihnen geschrieben steht, rechtfertigen oder gar als Pflicht deuten lässt. Nur ein akrobatischer Slalom um Passagen herum, deren offizielle Berechtigung nie angezweifelt wurde, hält uns davon ab, zum Lobpreis Gottes einander unverzüglich umzubringen. Bertrand Russell lag völlig richtig, als er folgende Anmerkung machte:

> Die spanischen Eroberer Mexikos und Perus pflegten Indio-Säuglinge erst zu taufen und ihnen unmittelbar danach den Schädel einzuschlagen: Auf diese Art stellten sie sicher, dass diese Kinder in den Himmel kamen. Keinem glaubensfesten Christen gelingt es, einen nachvollziehbaren Grund zur Missbilligung dieses Verhaltens vorzutragen, obwohl heutzutage alle so tun. In unzähligen Fällen hatte die Lehre von der Unsterblichkeit der Person in ihrer christlichen Variante verheerende Auswirkungen auf die Moral ...[35]

Natürlich gibt es Millionen von Menschen, deren Glaube sie zu außergewöhnlichen Taten zum Wohle anderer anspornt. Die Hilfe, die armen Menschen in Entwicklungsländern durch christliche Missionare zuteil wird, beweist, dass religiöse Ideen zu einem Handeln führen können, das so schön wie nützlich ist. Für die Selbstaufopferung jedoch gibt es weitaus bessere Gründe als jene, die sich aus der Religion herleiten lassen. Aus der Tatsache, dass der Glaube viele Menschen zu guten Taten motiviert, lässt sich nicht ableiten, dass der Glaube als solcher ein nützliches (oder auch nur gutes) Motiv für menschliche Güte abgibt. Es ist durchaus möglich, ja oft sogar vernünftig, das eigene Leben zur Rettung anderer zu riskieren, ohne sich dabei auf irgendwelche abstrusen Ideen über die Natur des Universums zu stützen.

Im Gegensatz dazu waren die ungeheuerlichsten Verbrechen gegen Menschen ausnahmslos durch abstruse Glaubensinhalte inspiriert. Dies ist fast schon eine Binsenweisheit. Völkermord ist im Allgemeinen nicht der Ausdruck von Vernunft derer, die ihn ausüben, denn es gibt keinen guten Grund dafür, friedliche Menschen wahllos umzubringen. Selbst wo hinter solchen Verbrechen profane Motive standen, bedurften sie, um verübt werden zu können, der ausgesprochenen Leichtgläubigkeit einer ganzen Gesellschaft. Man denke an die Millionen von Menschen, die unter Stalin und Mao getötet wurden: Obgleich jene Tyrannen in Lippenbekenntnissen der Ratio huldigten, war der Kommunismus nicht viel mehr als eine politische Religion.[36] Im Kern seines Unterdrückungs- und Terrorapparates verbarg sich eine starre Ideologie, der ganze Generationen von Männern und Frauen geopfert wurden. Obgleich die kommunistischen Überzeugungen die Grenzen der irdischen Welt nicht überschritten, hatten sie doch Kultcharakter und waren irrational. Um nur ein Beispiel zu nennen: Das dogmatische Festhalten an Lysenkos «sozialistischer» Biologie – im Gegensatz zur «kapitalistischen» Biologie Mendels und Darwins – ebnete zu Beginn des 20. Jahrhunderts mit den Weg zu zehn Millionen Hungertoten in der Sowjetunion und in China.

Im nächsten Kapitel wollen wir zwei der dunkelsten Abschnitte der Glaubensgeschichte untersuchen: die Inquisition und den Holocaust. Erstere habe ich deshalb als Fallstudie gewählt, weil in keinem anderen Fall so viele normale Männer und Frauen aufgrund ihres Glaubens an Gott den Verstand verloren; nirgendwo sonst wurde die Aushöhlung der Vernunft rigoroser betrieben und waren die Konsequenzen umso schrecklicher. Der Holocaust hingegen ist relevant, weil er für gewöhnlich als durchweg weltliches Phänomen betrachtet wird. Das war er aber nicht. Der Antisemitismus, der die Krematorien Stein für Stein errichtete – und der auch heute noch gedeiht –, gelangte über die christliche Theologie in unsere Kultur. Ob wissentlich oder nicht, handelten die Nazis im Auftrag einer Religion.

IM SCHATTEN GOTTES

Ohne Vorwarnung werden Sie festgenommen und vor einen Richter geführt. Haben Sie ein Unwetter herbeibeschworen oder die Ernte des Dorfes vernichtet? Haben Sie Ihren Nachbarn mit dem bösen Blick getötet? Haben Sie angezweifelt, dass Christus in der Eucharistie leiblich gegenwärtig ist? Sie werden bald sehen, dass es für Sie auf solche Vorwürfe keine entlastenden Antworten gibt.

Die Namen Ihrer Ankläger verrät man Ihnen nicht. Wer gegen Sie klagt, spielt kaum eine Rolle, denn selbst wenn es Ihnen zu so später Stunde gelänge, die gegen Sie erhobenen Anschuldigungen zu widerlegen, würde man Sie allenfalls der Falschaussage bezichtigen und bestrafen, während die ursprünglichen Anklagepunkte weiterhin voll als Schuldbeweis gegen Sie gewertet würden. Die Mühlen der Justiz sind vom Glauben so gut geschmiert, dass es gegen deren Funktionieren keinen Einfluss mehr geben kann.

Eine Art Wahl haben Sie dennoch: Sie können Ihre Schuld einräumen und die Namen Ihrer Komplizen nennen. Ja, Komplizen hatten Sie auf jeden Fall. Kein Geständnis wird akzeptiert, wenn dadurch nicht weitere Personen in Ihre Verbrechen hineingezogen werden können. Vielleicht haben ja Sie und drei Bekannte Ihrer Wahl sich in Hasen verwandelt und mit dem leibhaftigen Teufel verkehrt. Der Anblick von Eisenstiefeln, allzeit bereit, Ihnen die Füße zu zerquetschen, scheint Ihrer Erinnerung auf die Sprünge zu helfen. Ja, Friedrich, Arthur und Otto sind ebenfalls Hexenmeister. Und ihre Frauen? Alles Hexen.

Sie erfahren nun Gerechtigkeit gemäß der Schwere Ihrer Verbrechen: Prügel, eine Pilgerreise zu Fuß ins Heilige Land, Enteignung oder, wahrscheinlicher noch, eine lange Haftstrafe, vermutlich lebenslänglich. Ihre «Komplizen» werden in Kürze verhaftet und der Folter zugeführt werden.

Sie können auch weiter Ihre Unschuld beteuern, deren Richtigkeit so gut wie feststeht (schließlich sind Personen, denen es möglich ist, Unwetter herbeizubeschwören, doch eher die Ausnahme). Wenn Sie darauf beharren, werden Ihre Wärter sich freuen, Sie an die äußersten Grenzen menschlichen Leidens zu führen, bevor man Sie auf dem Scheiterhaufen verbrennt. Vielleicht landen Sie für Monate oder Jahre in einem dunklen Kerker, wo man Sie immer wieder schlägt und hungern lässt, oder man legt Sie auf die Streckbank. Vielleicht kommen Daumenschrauben zur Anwendung oder Zehenschrauben, oder man führt einen birnenförmigen Schraubstock in Ihren Mund, in Ihre Vagina oder in den Anus ein, um diese Körperöffnungen aufzubrechen, bis eine Steigerung Ihres Elends kaum mehr denkbar ist. Vielleicht werden Sie mit Hilfe eines Strappado (mit hinter dem Rücken gefesselten Armen an einem Flaschenzug, mit Gewichten an den Füßen) zur Zimmerdecke gehievt, wodurch Ihnen die Schultern ausgerenkt werden. Zu dieser Art von Folter gesellt sich eventuell noch das Pfahlhängen, das oft ausreicht, um den Tod herbeizuführen, was Ihnen immerhin die Qualen des Scheiterhaufens erspart.[1] Falls Sie das Pech haben, in Spanien zu sein, wo die gerichtliche Folter jedes Maß an Grausamkeit übersteigt, setzt man Sie vielleicht auf den «Spanischen Stuhl»: auf einen eisernen Thron inklusive eiserner Gurte zur Fixierung von Hals und Gliedmaßen. Im Auftrag zur Rettung Ihrer Seele platziert man eine Kohlenpfanne unter ihren nackten Füßen, wodurch Ihre Füße langsam geröstet werden. Da das Schandmal der Häresie tief sitzt, wird Ihr Fleisch immer wieder mit Schmalz eingefettet, damit es nicht so rasch zu brennen beginnt. Oder man fesselt Sie auf eine Bank und stellt einen mit Mäusen gefüllten Kessel mit der Öffnung nach unten auf Ihren nackten Unterleib. Auf Grund der Erhitzung des Eisens werden die Mäuse sich auf der Suche nach einem Fluchtweg bald schon in Ihren Bauch hineinfressen.[2]

Sollten Sie, angesichts Ihrer extremen Lage, Ihren Peinigern tatsächlich gestehen, dass Sie ein Ketzer sind, ein Hexenmeister oder eine Hexe, so werden Sie Ihre Geschichte vor einem Richter bestätigen müssen – und jeglicher Versuch, zu widerrufen und zu behaupten, Ihr Geständnis sei durch Folter erzwungen worden, wird Sie den Folterknechten entweder erneut ausliefern oder unmittelbar zum Scheiterhaufen führen. Und falls Sie nach Ihrer Verurteilung Ihre Sünden bereuen, werden jene gelehrten Männer, deren Besorgnis um das Schicksal Ihrer unsterblichen Seele wahrhaft keine Grenzen kennt, voll der Anteilnahme Sie freundlicherweise erwürgen lassen, bevor sie den Scheiterhaufen für Sie entfachen.[3]

Die mittelalterliche Kirche erkannte rasch: das «Gute Buch» ist so gut, dass sich darin Empfehlungen für eine Vielzahl an Methoden zur Ausrottung der Häresie finden lassen, angefangen bei der gemeinschaftlichen Steinigung bis hin zum Verbrennen bei lebendigem Leib.[4] Ein wörtliches Verständnis des Alten Testaments erlaubt es nicht nur, Häretiker in den Tod zu schicken, sondern fordert das sogar. Wie sich zeigt, war es niemals schwer, einen Mob aufzutreiben, der bereit war, diese heilige Pflicht zu übernehmen und sich dabei ausschließlich auf die Autorität der Kirche zu stützen – denn noch immer galt es als kapitales Vergehen, eine Bibel in einer der europäischen Landessprachen zu besitzen.[5] Tatsächlich wurde dem Durchschnittsbürger die Schrift erst im 16. Jahrhundert zugänglich gemacht. Wie schon erwähnt, stand das Buch Deuteronomium im Kanon eines jeden Inquisitors an oberster Stelle, denn es ermahnt die Gläubigen ausdrücklich, jeden aus ihrer Mitte, selbst wenn es eigene Familienmitglieder sind, zu ermorden, falls er Sympathie für andere Götter bekundet. Mit einem Hang zum Totalitarismus, wie nur wenige Sterbliche ihn jemals an den Tag legten, fordert der Autor jenes Dokumentes, dass jeder, der sich für die Teilnahme an solchen religiösen Tötungen als zu zimperlich erweist, ebenfalls getötet werden möge (Deuteronomium 17, 12–13).[6] Wer der Meinung ist, im Schrifttum sei für die Inquisition keine Rechtfertigung zu finden, braucht nur die Bibel aufzuschlagen, um seine Sicht der Dinge zu überdenken:

> Wenn du von irgendeiner Stadt, die dir der *Herr*, dein Gott, gegeben hat, darin zu wohnen, sagen hörst: Es sind etlich heillose Leute aufgetreten aus deiner Mitte und haben die Bürger ihrer Stadt verführt und gesagt: Lasst uns hingehen und anderen Göttern dienen, die ihr nicht kennt, so sollst du gründlich suchen, forschen und fragen. Und wenn sich findet, dass es gewiss ist, dass solch ein Gräuel unter euch geschehen ist, so sollst du die Bürger dieser Stadt erschlagen mit der Schärfe des Schwerts und an ihr den Bann vollstrecken, an allem, was darin ist, auch an ihrem Vieh, mit der Schärfe des Schwerts. (Deuteronomium 13, 12–16)

Aus naheliegenden Gründen ließ die Kirche das letzte Edikt – die Vernichtung von Erbgütern – gern außer Acht.

Nicht nur, dass Jesus forderte, jedes «Jota» und «Tüpfelchen» des alttestamentlichen Gesetzes[7] müssten erfüllt werden; in Johannes

15, 6 scheint er der Praxis zur Tötung von Ketzern und Ungläubigen noch ein paar Vorschläge zur Verfeinerung hinzuzufügen: «Wer nicht in mir bleibt, der wird weggeworfen wie eine Rebe und verdorrt, und man sammelt sie und wirft sie ins Feuer, und sie müssen brennen.» Ob wir Jesu Worte auf metaphorische Weise deuten wollen, bleibt selbstverständlich uns überlassen. Das Problem mit der Schrift jedoch besteht darin, dass viele ihrer denkbaren Interpretationen (einschließlich eines Großteils der wortgetreuen Deutungen) zur Rechtfertigung von Gräueltaten bei der Verteidigung des Glaubens herangezogen werden können.

Die Heilige Inquisition begann offiziell im Jahre 1184 unter Papst Lucius III. zwecks Ausrottung des damals populären Katharertums. Die Katharer (vom griechischen «katharoi», «die Reinen») hatten ihre eigene Art von Manichäismus kreiert (der Religionsstifter Mani selbst war im Jahre 276 n. Chr. auf Geheiß zoroastrischer Priester bei lebendigem Leib gehäutet worden), die davon ausging, die materielle Welt sei von Satan erschaffen und daher von Grund auf böse. Die Katharer wurden durch ihr eigenes und in jeder ihrer Sekten sichtbares Schisma gespalten, und zwar durch die Unterscheidung zwischen den Verzicht übenden Perfekti sowie den weltlichen Credentes («Gläubigen»), die jene verehrten. Die Perfekti verzichteten auf Fleisch, Eier, Käse oder Fett, sie fasteten tagelang am Stück, lebten streng zölibatär und enthielten sich jeglichen persönlichen Wohlstands. Das Leben der Perfekti war so karg, dass die meisten Credentes sich ihren Reihen erst anschlossen, wenn sie ohne Aussicht auf Besserung auf dem Sterbebett lagen, sodass sie – nach einem Leben, wie es ihnen zusagte – nun als Heilige zu Gott eingehen konnten. Der heilige Bernhard, der vergeblich versucht hatte, diese strikte Lehre mit der kirchlichen Lehre zu bekämpfen, notierte als Gründe für sein Scheitern: «Was nun die Rede [der Katharer] anbelangt, so gibt es wohl nichts weniger Tadelnswertes ... und was sie sagen, belegen sie durch Taten. Was die Moral des Häretikers anbelangt, so betrügt er niemanden, unterdrückt niemanden, schlägt niemanden; seine Wangen sind bleich vor Fasten ... seine Hände arbeiten für seinen Lebensunterhalt.»[8]

Tatsächlich schien es nichts zu geben, das mit diesen Leuten nicht in Ordnung war, außer ihrem Festhalten an gewissen unorthodoxen Vorstellungen über die Erschaffung der Welt. Doch Häresie bleibt Häresie. Jeder, der glaubt, die Bibel enthalte das unfehlbare Wort

Gottes, wird verstehen, weshalb diese Leute zu Tode gebracht werden mussten.

Die Inquisition befleißigte sich zunächst einer gewissen Zurückhaltung (der Einsatz von Folter zur Erzwingung von Geständnissen wurde «offiziell» erst im Jahre 1215, beim vierten Laterankonzil, rechtens), holte aufgrund zweier Entwicklungen jedoch bald zu größeren Schritten aus. Die erste dieser Maßnahmen fällt ins Jahr 1199, als Papst Innozenz III. verfügte, jeglicher Besitz, der einem verurteilten Häretiker gehörte, möge an die Kirche übergehen, welche sich die Güter dann mit örtlichen Beamten sowie den Anklägern des Opfers als Belohnung für ihre Aufrichtigkeit teilte. Die zweite Maßnahme war das Entstehen des Dominikanerordens.[9] Der heilige Dominik selbst, der die Überzeugung eines jeden guten Katholiken jener Tage zum Ausdruck brachte, verkündete den Katharern: «Viele Jahre lang habe ich euch umsonst ermahnt, mit Freundlichkeit, Predigten, Gebet und Tränen. Doch wie besagt schon ein Sprichwort meines Vaterlandes – ‹Wo das Segnen nichts bewirkt, dort werden Schläge nützen.› Prinzen und Prälaten werden wir gegen euch aufhetzen, und sie werden – ach! – ganze Nationen und Königreiche gegen euch zum Kampfe rüsten ...»[10] Wie sich zeigte, kann Heiligkeit in vielen Geschmacksrichtungen daherkommen. Durch die Gründung von Dominiks heiligem Orden der Bettelmönche wurde die Inquisition bereit dazu, ernst zu machen. Um sich von der damals ohnehin verbreiteten Barbarei über das Schreckensausmaß jener geschichtlichen Zeugnisse nicht täuschen zu lassen, sollten wir uns daran erinnern, dass es sich bei den Drahtziehern der Inquisition um Kirchenleute von einem gewissen Rang handelte. Es waren lauter Gottesmänner, Päpste, Bischöfe, Mönche und Priester, und es waren Männer, die ihr Leben, wenn nicht in Taten, so doch in Worten, jenem Christus geweiht hatten, dem wir im Neuen Testament begegnen, wie er Kranke heilt und jene, die ohne Sünde sind, auffordert, den ersten Stein zu werfen.

> Im Jahre 1234 fand in Toulouse die Heiligsprechung von Sankt Dominikus statt, und Bischof Raymond du Fauga wusch sich vor der Einnahme des Mittagsmahls soeben die Hände, als er das Gerücht vernahm, ein vom Fieber geplagtes altes Weib in einem Nachbarhaus schicke sich soeben an, das Ritual der Katharer auszuführen. Der Bischof eilte an das Bett der Sterbenden und schaffte es, sie davon zu überzeugen, dass er ein Freund sei. Er

> fragte sie über ihren Glauben aus und denunzierte sie daraufhin als Ketzerin. Dann forderte er sie auf, zu widerrufen. Sie weigerte sich. Daraufhin ließ der Bischof ihr Bett hinaus auf ein Feld tragen, wo man sie verbrannte. «Und als der Bischof, die Bettelmönche und ihre Begleiter sahen, dass die Angelegenheit vollbracht war», berichtet Bruder Guillaume, «kehrten sie ins Refektorium zurück, dankten sowohl Gott als auch dem heiligen Dominikus, und verspeisten genüsslich das Mahl, das man für sie zubereitet hatte.»[11]

Die Frage, wie die Kirche es fertigbrachte, Jesu Kernbotschaft von der Nächstenliebe und dem Hinhalten der anderen Wange in eine Doktrin des Mordens und Raubens umzuwandeln, erscheint uns wie ein grausames Geheimnis; es ist jedoch ganz und gar kein Geheimnis. Abgesehen von der Heterogenität und völligen Widersprüchlichkeit der Bibel, die sich zur Rechtfertigung der unterschiedlichsten und unvereinbarsten Anliegen heranziehen lässt[12], liegt die Schuld eindeutig bei der Glaubenslehre selbst. Sobald jemand davon ausgeht, er müsse lediglich, bar aller Beweise, an die Wahrheit einer Aussage glauben – dass Ungläubige in die Hölle kommen, dass Juden das Blut von Säuglingen trinken –, wird er zu allem fähig.

Die Praxis, die den schlechten Ruf der Inquisition zu Recht begründete, beziehungsweise die Innovation, die ihr eine stetige Flut von Verdächtigungen und Schuldsprüchen garantierte, war der Einsatz von Folter, um Angeklagte zu Geständnissen zu bewegen, Zeugen zu einer Aussage zu zwingen und geständige Ketzer dazu zu bringen, die Namen jener zu nennen, die ihnen bei ihren Sünden behilflich waren. Die Rechtfertigung dieses Verhaltens kam direkt vom heiligen Augustinus, der argumentierte, wenn die Folter schon bei denen angebracht sei, die das Gesetz der Menschen brächen, eigne sie sich erst recht für jene, die das Gesetz Gottes brächen.[13] So wie mittelalterliche Christen sie handhabten, war die Folter nur eine letzte, wütende Ausprägung ihres Glaubens. Wie jemand davon ausgehen konnte, durch eine solch irrsinnige Prozedur je zu Fakten gelangen zu können, erscheint als ein Wunder für sich. Schon Voltaire bemerkte dazu im Jahre 1764: «Hier ist etwas Göttliches zugegen, denn es ist unbegreiflich, dass Menschen dieses Joch voller Langmut ertragen haben.»[14] Der Bericht eines Zeitgenossen über das spanische Auto-da-fé (das öffentliche Schauspiel, bei dem Häretiker schuldig gesprochen und häufig verbrannt wurden) vervollständigt unser Bild.

Die spanische Inquisition stellte die Verfolgung von Ketzern erst 1834 ein, das tatsächlich letzte Auto-da-fé fand 1850 in Mexiko statt, etwa zur gleichen Zeit, als Charles Darwin auf der Beagle in See stach und Michael Faraday die Beziehungen zwischen Elektrizität und Magnetismus entdeckte.

> Die Verurteilten werden dann sofort zur Riberia gebracht, einer Hinrichtungsstätte, wo so viele Scheiterhaufen errichtet wurden, wie Gefangene verbrannt werden sollen. Die Leugner und rückfällig Gewordenen werden zuerst erwürgt und dann verbrannt; die Bekenner besteigen ihren Scheiterhaufen mittels einer Leiter, und die Jesuiten liefern sie, nach mehrfach wiederholten Ermahnungen, sich mit der Kirche auszusöhnen, der ewigen Vernichtung aus, und überlassen sie dann dem Widersacher, der, wie sie ihnen erklären, dicht an ihrer Seite steht, um sie mit sich zu nehmen an den Ort der Qualen. Daraufhin erhebt sich ein lauter Schrei, und der Schrei lautet «Jetzt geht den Hunden an den Bart!», was geschieht, indem man den Verurteilten an langen Stangen befestigte, brennende Sträuße aus Stechginster gegen den Bart stößt, bis ihre Gesichter verkohlt sind und der ringsum stehende Pöbel die Luft mit jubelndem Beifall zerreißt. Zuletzt wird der Stechginster am Fuß des Scheiterhaufens in Brand gesteckt, über dem die Gefangenen in solcher Höhe angekettet sind, dass die Flamme selten höher reicht als bis zur Sitzfläche, auf der sie sich befinden, so dass sie eher geröstet als verbrannt werden. Obwohl es kein beklagenswerteres Schauspiel gibt und die Gepeinigten, so lange sie noch können, immer wieder «Erbarmen um der Liebe Gottes willen!» schreien, sehen sich das Spektakel Personen aller Altersstufen und beiderlei Geschlechts an, die dabei vor Freude und Genugtuung außer sich geraten.[15]

Und während protestantische Reformer sich wegen einer Vielzahl von kritischen Fragen mit Rom überwarfen, war die Behandlung, die sie ihren Mitmenschen zukommen ließen, nicht weniger schändlich. Öffentliche Hinrichtungen waren zu Zeiten der Reformation beliebter denn je: Ketzer wurden noch immer zu Asche verbrannt, Gelehrte wurden für ihre schamlose Zurschaustellung von Vernunft gefoltert und getötet, und wer herumhurte, wurde ohne jegliche Gewissensbisse ermordet.[16] Die fundamentale Lehre, die aus all dem zu ziehen war, hat der Historiker Will Durant hervorragend auf den Punkt gebracht: «Intoleranz ist die natürliche Begleiterscheinung eines starken Glaubens; Toleranz gedeiht nur, wenn der Glaube an Gewissheit einbüßt; die Gewissheit ist mörderisch.»[17]

Besonders zu verblüffen vermag uns das alles nicht. Menschen zu verbrennen, die nach ihrem Tod dazu verdammt sind, bis in alle Ewigkeit zu brennen, erscheint ein geringer Preis zu sein, sofern man jene Menschen, die man liebt, damit vor dem gleichen Schicksal bewahren kann. Natürlich, diese nicht im Himmel beschlossene Ehe zwischen Vernunft und Glauben, zu der sich anderweitig rationale Männer und Frauen durch irrationale Glaubensinhalte hinreißen lassen, führt die Gesellschaft an den holprigen Abhang eines Berges: Auf dem Gipfel dieses Berges stehen Verwirrung und Heuchelei, am Fuß warten die Peinigungen des Inquisitors.

Hexe und Jude

Historisch gesehen standen zwei Gruppen im Visier der Kirche, die eine spezielle Erwähnung verdienen. Hexen sind in unserem Zusammenhang von besonderem Interesse, da deren Verfolgung, um überhaupt in Betracht zu kommen, ein außerordentliches Maß an Leichtgläubigkeit erforderte, und zwar aus einem simplen Grund: Es gab ihn wohl nicht, diesen geheimen Zusammenschluss von Hexen im mittelalterlichen Europa. Es gab keine Coven aus heidnischen Dissidentinnen, die heimlich zusammentrafen, sich mit Satan verlobten und den Freuden von Gruppensex und Kannibalismus ebenso frönten wie der Verfluchung von Nachbarn, Feldfrüchten und Vieh. Vermutlich waren solche Vorstellungen ein Produkt aus Volksglauben, lebhaften Träumen und reiner Fantasterei – untermauert durch Geständnisse, die anderen beim Erdulden grausamer Folterungen entlockt wurden. Der Antisemitismus ist für uns interessant sowohl aufgrund der großen Bandbreite an Ungerechtigkeiten, die er hervorbrachte, als auch wegen seiner unverkennbar theologischen Wurzeln. Vom Standpunkt der christlichen Lehre aus betrachtet, sind Juden schlimmer als gemeine Feld-, Wald- und Wiesen-Ketzer; Juden sind Ketzer, welche die Göttlichkeit Jesu Christi ausdrücklich ablehnen.

Während die Stigmatisierungen, die man Hexen und Juden in der gesamten christlichen Welt zufügte, seltsame Gemeinsamkeiten aufweisen – beide wurden oftmals des fantastischen und unwahrscheinlichen Vergehens bezichtigt, christliche Säuglinge zu ermorden und deren Blut zu trinken[18] –, unterscheiden sich ihre Fälle doch sehr. Hexen hat es höchstwahrscheinlich nicht einmal gegeben, und die Zahl jener Frauen, die man an ihrer Stelle umbrachte, betrug im Laufe von 300 Jahren Verfolgung wohl an die 40- bis 50 000;[19] Juden hingegen lebten fast zwei Jahrtausende lang mit den Christen Seite an Seite; sie waren die Väter der christlichen Religion und wurden aus keinem triftigeren Grund als ihrer Haltung zum Auferstehungsglauben seit den ersten Jahrhunderten nach Christus zur Zielscheibe mörderischer Intoleranz.

Schilderungen von Hexenjagden ähneln in den meisten Punkten denen von ausgedehnteren Ketzerverfolgungen zu Zeiten der Inquisition: Haftstrafen auf der alleinigen Grundlage von Anschuldigungen; Folter zur Entlockung von Geständnissen; Geständnisse, die nicht akzeptiert wurden, bis die Namen von Komplizen fielen; Tod durch langsames Verbrennen; und die Festnahme der frisch Beschuldigten. Folgender kurzer Bericht ist bezeichnend:

> Im Jahre 1595 hörte jemand, wie eine alte Frau, die in einem Dorf bei Konstanz lebte und sich darüber ärgerte, dass man sie an einem Tag der öffentlichen Zerstreuungen nicht zur Teilnahme an einer Lustbarkeit des Landvolkes eingeladen hatte, etwas vor sich hinmurmelte. Danach sah man sie durch die Felder in Richtung eines Berges ziehen, wo sie dem Blickfeld entschwand. Etwa zwei Stunden später zog ein fürchterliches Unwetter auf, das alle Tänzer bis auf die Haut nass werden ließ und große Schäden an den Feldern verursachte. Die Frau, die bereits zuvor der Hexenkunst verdächtigt worden war, wurde festgenommen und eingesperrt; man beschuldigte sie, den Sturm heraufbeschworen zu haben, indem sie Wein in ein Loch gefüllt und mit einem Stab umgerührt habe. Die Angeklagte wurde gefoltert, bis sie gestand, und am nächsten Abend wurde sie bei lebendigem Leib verbrannt.[20]

Obgleich es schwer ist, die vielen Faktoren, die dazu führten, dass Dorfbewohner sich gegen Nachbarinnen erhoben, unter einen Hut zu bringen, so ist doch klar ersichtlich, dass der Glaube an die Existenz von Hexen das Sine qua non dieses Phänomens ist. Doch woran genau glaubten diese Leute? Anscheinend glaubten sie, ihre Nachbarinnen hätten Sex mit dem Teufel, sie fänden Spaß daran, nachts auf Besenstielen umherzufliegen, könnten sich in Katzen und Hasen verwandeln, und würden das Fleisch anderer Menschen verzehren. Wichtiger noch, sie glaubten fest an das Maleficium, das heißt an die Fähigkeit, anderen auf okkultem Wege zu schaden. Unter den zahlreichen Arten von Ungemach, die im Laufe eines kurzen und mühsamen Lebens über jemanden hereinbrechen können, beunruhigten die Christen des Mittelalters sich am meisten darüber, ein Nachbar könne einen Fluch über sie verhängen und sie somit ihrer Gesundheit oder ihres Glücks berauben. Erst der aufkommenden Wissenschaft gelang es, solche Vorstellungen samt der absurden Erscheinungsformen von Grausamkeit, die sie zeitigten, erfolgreich zu untergraben. Vergessen wir nicht, dass sich in der Medizin erst Mitte des 19. Jahrhunderts die Erreger-Theorie durchsetzte, was einer Menge Aberglauben über die Ursache von Krankheiten den Garaus machte.

Okkulte Vorstellungen dieser Art sind eindeutig das Vermächtnis unserer einfach gestrickten, magisch denkenden Vorfahren. Die Leute vom Stamm der Fore auf Neu-Guinea zum Beispiel sind nicht nur mit Leib und Seele Kannibalen; sie nehmen auch schreckliche Rache an allen, die der Zauberei verdächtigt werden.

> Die Fore hielten nicht nur öffentliche Beratungen ab, sondern brachten auch Männer zur Strecke, die sie für Zauberer hielten, und töteten sie in einem Akt der Vergeltung. Die Jäger bedienten sich im Kampf gegen die Zauberer einer speziellen Angriffsmethode, die sie Tukabu nannten: Sie zerfetzten ihnen die Nieren, zerquetschten ihre Genitalien und brachen ihnen die Oberschenkelknochen mit Steinäxten, bissen ihnen in den Nacken und zerrten die Luftröhre ans Licht, pressten ihnen Bambussplitter in die Venen, um sie zu schröpfen.[21]

Zweifellos war jede dieser Gesten von metaphysischer Bedeutung. Anscheinend waren diese Gepflogenheiten bei den Fore mindestens bis in die sechziger Jahre des 20. Jahrhunderts verbreitet. Die schreckliche Komödie der menschlichen Unwissenheit erreicht hier einen seltenen Moment der Transparenz: Die Fore reagierten lediglich auf eine Epidemie von Kuru (einer tödlichen spongiformen Infektion des Gehirns), einer Krankheit, die jedoch nicht von Zauberern in ihrer Mitte herrührte, sondern von ihrem eigenen religiösen Brauch, den Körper und das Gehirn ihrer Toten zu verzehren.[22]

Während des gesamten Mittelalters und der Renaissance stand völlig außer Frage, dass Krankheiten durch Dämonen und schwarze

Magie hervorgerufen werden. Da gibt es Berichte von gebrechlichen alten Frauen, die man bezichtigte, kräftig gebaute Männer getötet und Pferden das Genick gebrochen zu haben – Taten, zu deren Geständnis man sie mittels Folter zwang –, und nur wenige Leute, so scheint es, fanden solche Anschuldigungen unglaubhaft. Selbst für die gnadenlosen Folterungen der Angeklagten lieferte man eine perverse Begründung: Der Teufel, so hieß es, mache seine Schützlinge schmerzunempfindlich, ungeachtet ihrer Schreie nach Erbarmen. Und so kam es, dass jahrhundertelang Männer und Frauen, deren einzige Schuld darin bestand, hässlich, alt, verwitwet oder geistig umnachtet zu sein, unmöglicher Verbrechen bezichtigt und dann im Namen Gottes umgebracht wurden.

Nach fast vierhundert Jahren begannen einige Kirchenmänner einzusehen, welch ein Irrsinn all das war. Man betrachte das Offenbarungserlebnis eines Friedrich von Spee: «Wenn ich mir das, was ich von der Folter gesehen, gehört und gelesen habe, in der Erinnerung hin und her überlege, dann kann ich nicht anders urteilen, als dass sie nach allen Gründen der Wahrscheinlichkeit auch Unschuldige oft in Gefahr bringt und unser deutsches Land mit Hexen und unerhörten Verbrechen anfüllt. Und nicht nur Deutschland, sondern so geschieht es mit jedem anderen Land, das sich anschickt, sie auszuprobieren.»[23] Doch von Spee gelangte erst zu dieser Ahnung, nachdem ein skeptischer Freund, der Herzog von Braunschweig, in seiner Gegenwart eine der Hexerei verdächtige Frau nach allen Regeln der Kunst hatte foltern und verhören lassen. Diese arme Frau sagte aus, sie habe von Spee selbst auf dem Brocken gesehen, wie er sich in einen Wolf, einen Ziegenbock und in weitere Kreaturen verwandelt und mit den versammelten Hexen zahlreiche Kinder gezeugt habe, die mit Krötenköpfen und Spinnenbeinen zur Welt kamen. Von Spee, der von Glück reden konnte, dass er in Begleitung eines Freundes war, der an seiner eigenen Unschuld keinerlei Zweifel hatte, begann sofort an seiner Cautio Criminalis (1631) zu arbeiten, in der auf die Ungerechtigkeit von Hexenprozessen ausführlich eingegangen wird.[24]

Bertrand Russell bemerkte dazu jedoch, dass nicht alle vernünftigen Männer so viel Glück hatten wie von Spee:

> Selbst auf dem Höhepunkt der Verfolgungen gab es eine Hand voll kühner Rationalisten, die es wagten, daran zu zweifeln, dass Unwetter, Hagelschauer, Donner und Blitz tatsächlich durch die

> Einwirkung von Frauen zustande kamen. Solchen Männern erwies man keine Gnade. So kam gegen Ende des 16. Jahrhunderts ein gewisser Mann namens Flade, der Rektor an der Universität zu Trier war und als Oberster Richter am Wahlgericht wirkte, nachdem er zahllose Hexen abgeurteilt hatte, auf die Idee, die Geständnisse dieser Frauen könnten einzig dem Wunsch entsprungen sein, den Qualen der Folterbank zu entgehen, was dazu führte, dass dieser Mann nurmehr widerwillig Schuldsprüche verkündete. Er wurde daraufhin bezichtigt, sich dem Satan veräußert zu haben, und er wurde zu den gleichen Qualen verurteilt, die er einst anderen auferlegt hatte. Gleich ihnen bekannte er sich schuldig und wurde im Jahre 1589 erst erwürgt und dann verbrannt.[25]

Auch im Jahre 1718, als in England die Pockenimpfung eingeführt wurde und der englische Mathematiker Brook Taylor die Integralrechnung weiterentwickelte, stellt der Wahnsinn der Hexenverfolgung noch immer eine mächtige gesellschaftliche Kraft dar. Charles Mackay schildert einen Vorfall aus Caithness (im Nordosten Schottlands).

> Ein einfältiger Kerl namens William Montgomery, seines Zeichens Tischler, hatte eine bittere Abneigung gegen Katzen; und aus irgendeinem Grund erwählten diese Tiere mit Vorliebe seinen Hinterhof zum Aufführungsort ihrer nächtlichen Konzerte. Lange Zeit zermarterte er sich den Kopf darüber, wieso er, mehr als all seine Nachbarn, so geplagt werde. Schließlich gelangte er zu dem weisen Schluss, bei seinen Peinigern handle es sich wohl nicht um Katzen, sondern um Hexen. In dieser Ansicht wurde Montgomery von seiner Dienstmagd bestärkt, die glatt einen Eid darauf schwor, sie habe des Öfteren gehört, wie besagte Katzen sich mit Menschenstimmen unterhalten hätten. Als die unglückseligen Miezen sich das nächste Mal in seinem Hinterhof versammelten, war der brave Tischler auf der Hut. Bewaffnet mit einer Axt, einem Dolch und einem Pallasch eilte er zu ihnen hinaus. Die eine davon verletzte er am Rücken, eine zweite an der Hüfte, und einer dritten schlug er mit seiner Axt das Bein lahm; es gelang ihm jedoch nicht, auch nur eine von ihnen zu fangen. Ein paar Tage später starben in der Gemeinde zwei alte Frauen; und es hieß, beim Aufbahren ihrer Leichen habe man auf dem Rücken der einen ein noch frisches Wundmal entdeckt, bei der anderen eine ganz ähnliche

> Verletzung an der Hüfte. Der Tischler und seine Magd waren überzeugt, es handle sich um ebenjene Katzen, und überall im Land erzählte man sich das Gleiche. Jedermann hielt Ausschau nach einem handfesten Beweis, und schon bald stieß man auf einen doch recht beachtlichen: Nancy Gilbert, eine scheußliche alte Kreatur jenseits der siebzig, wurde mit einem gebrochenen Bein in ihrem Bett gefunden. Da sie hässlich genug für eine Hexe war, behauptete man, auch bei ihr handle es sich um eine jener Katzen, denen es durch die Hand des Tischlers so schlecht ergangen war. Als diesem vom Verdacht erzählt wurde, behauptete er, er könne sich genau daran erinnern, einer der Katzen einen Schlag mit der Rückseite seines Pallaschs versetzt zu haben, wodurch diese sich wohl das Bein gebrochen habe. Nancy wurde sofort aus dem Bett gezerrt und ins Gefängnis geworfen. Bevor man sie der Folter aussetzte, erklärte sie auf sehr einleuchtende und nachvollziehbare Weise, wie sie sich das Bein gebrochen hatte; doch mit dieser Auskunft gab man sich nicht zufrieden. Die professionellen Überredungskünste des Folterknechts veranlassten sie zum Erzählen einer anderen Geschichte, und sie gestand, tatsächlich eine Hexe zu sein, die Montgomery in besagter Nacht verwundet habe; auch, dass die beiden kürzlich Verstorbenen ebenfalls Hexen gewesen seien, neben einer Reihe weiterer Frauen, die sie gleichermaßen beim Namen nannte. Das arme Wesen litt so sehr darunter, nicht mehr bei sich zu Hause zu sein, und die Folterungen waren eine derartige Belastung für die betagte Frau, dass diese am nächsten Tag im Gefängnis starb.[26]

Abgesehen davon, dass wir auch hier wieder zu Zeugen der erstaunlichen Folgen gewisser Glaubensinhalte werden, sollten wir auch auf die logische Vorgehensweise achten, mit der die Hexenjäger ihre Verdachtsmomente zu erhärten versuchten: Nicht jede alte Frau schien als Hexe geeignet; es musste schon eine mit einer Verletzung sein, die jener der Katze zugefügten ähnlich war. Sobald die Prämisse, dass alte Frauen sich in Katzen und wieder zurückverwandeln können, akzeptiert wird, ist alles Weitere gleichsam Wissenschaft.

Die Kirche verurteilte den Einsatz von Folter offiziell erst 1816 in der Bulle von Papst Pius VII.

Antisemitismus[27] gehört ebenso zum Inventar der kirchlichen Lehre, wie Strebebögen zu einer gotischen Kathedrale gehören, und diese schreckliche Wahrheit wird seit den ersten Jahrhunderten unserer Ära mit jüdischem Blut geschrieben. Wie die Geschichte der Inquisition kann auch die des Antisemitismus im Rahmen dieses Buches kaum erschöpfend behandelt werden. Ich schneide das Thema, wenn auch in gedrängter Form, nur deshalb an, weil der irrationale Hass gegen Juden ein weites Spektrum von Folgen zeitigte, die in unserer Zeit am deutlichsten sichtbar wurden. Der Antisemitismus ist sowohl dem Christentum als auch dem Islam immanent; beide Traditionen betrachten die Juden als Gescheiterte von Gottes erster Offenbarung. Christen glauben üblicherweise auch, die Juden hätten Christus getötet und dass sie als Juden weiter existierten, stelle eine perverse Leugnung des Heilands dar. Unabhängig vom Kontext, bleibt der Hass gegen Juden ein Produkt des Glaubens – sei er christlicher, muslimischer oder jüdischer Provenienz.

Der muslimische Antisemitismus unserer Tage schuldet seinem christlichen Pendant eine Menge. *Die Protokolle der Weisen von Zion*, eine antisemitische Fälschung russischer Herkunft, sind der Ursprung der meisten, gegen Juden gerichteten Verschwörungstheorien. Das fiktive Machwerk gilt in der arabischsprachigen Welt inzwischen als Grundlagentext.[28] Ein vor kurzem in der Al-Akhbar, einer der größten Zeitungen Kairos, erschienener Beitrag deutet darauf hin, dass der muslimische Antisemitismus inzwischen tiefer sitzt, als es ein Händedruck im Rosengarten des Weißen Hauses je zu heilen vermag: «Dank sei Hitler, gesegnet sei sein Angedenken, denn er war es, der im Namen Palästinas zeitig Rache an den schändlichsten Verbrechern nahm, die auf dem Erdkreis wandeln ... Obwohl wir auch eine Beschwerde gegen ihn vorzubringen haben, denn seine Rache war nicht ausreichend.»[29] Dies stammt aus dem «gemäßigten» Kairo, wo Moslems Alkohol trinken, ins Kino gehen und Bauchtänzerinnen zusehen – und wo die Regierung den Fundamentalismus auf aktive Weise in Schranken hält. Keine Frage, der Hass der muslimischen Welt gegen die Juden schwärt.

Das Ausmaß des über Generationen hinweg dauernden jüdischen Leidens mit dem Höhepunkt des Holocaust verbietet geradezu die Vermutung, die Juden könnten sich ihre Probleme selbst eingehandelt haben. Dies jedoch entspricht, im engeren Sinne, der Wahrheit. Was die Juden vor dem Aufstieg der Kirche zu Objekten des Argwohns und gelegentlicher Verfolgungen machte, war ihre Weigerung, sich anzupassen, waren ihre Absonderung sowie die vorgebliche Überlegenheit ihrer religiösen Kultur – sprich, die Inhalte ihres vernunftwidrigen, sektiererischen Glaubens. Die Lehre vom «auserwählten Volk», die in den meisten Religionen höchstens stumme Überzeugung bleibt, verdichtete sich im Judentum zu einer in der Welt des Altertums unbekannten Schärfe. Umgeben von Kulturen, die eine Vielzahl von Göttern verehrten, erwies der spätere Monotheismus der Juden sich als unverdaulich. Und während zur ausdrücklichen Dämonisierung der Juden als Volk das Wahnsinnswerk der christlichen Kirche nötig war, bleibt die Ideologie des Judentums bis auf den heutigen Tag ein Blitzableiter für Intoleranz. Unter allen Glaubenssystemen gehört es zu jenen, die am wenigsten dazu geeignet zu sein scheinen, in ihrer theologischen Substanz unbelassen zu überleben. Sowohl Christentum als auch Islam anerkennen die Heiligkeit des Alten Testaments und machen eine Konversion zu ihrem Glauben einfach. Der Islam ehrt Abraham, Moses und Jesus als Vorläufer Mohammeds. Der Hinduismus mit seinen mannigfaltigen Strömungen verleibt sich nahezu alles ein, was ihm begegnet (zum Beispiel betrachten viele Hindus Jesus als einen Avatar Vishnus). Allein das Judentum sieht sich umstellt von lauter Irrlehren. Es kann somit kaum verwundern, dass es so viel sektiererisches Feuer auf sich zog. Juden, sofern sie ihre Religion ausüben, glauben, sie hätten einen einzigartigen Bund mit Gott geschlossen. In der Folge kollaborierten sie während der letzten zweitausend Jahre mit jenen, die sich selber als Besondere wähnen, was ihrem eigenem unheilbaren Selbstbild entspricht. Das Judentum ist in sich derart polarisierend, in seiner Buchstabengläubigkeit derart lächerlich, und derart konträr zu den zivilisatorischen Erkenntnissen der Moderne – wie jede andere Religion es ist. Indem sie für sich ihre «Glaubensfreiheit» auf umkämpftem Land wahrnehmen, bilden jüdische Siedler eines der Haupthindernisse für den Frieden im Nahen Osten. Sie werden die direkte Ursache für einen Krieg zwischen dem Islam und dem Westen sein, falls auf Grund des israelisch-palästinensischen Konflikts ein solcher Krieg je ausbrechen wird.[30]

Das Problem der Christen in ihrer Anfangszeit war einfach: Sie gehörten einer jüdischen Sekte an, die in Jesus ihren Messias (griech. «christos») erkannte, was auf die Mehrzahl ihrer jüdischen Glaubensbrüder nicht zutraf. Jesus war natürlich ein Jude, und seine Mutter war eine Jüdin. Abgesehen von den tendenziösen Schriften der späteren Kirche gibt es keinerlei Beweise dafür, dass Jesus je ein anderes Bild von sich hegte als das eines Juden inmitten von Juden, der nach der Erfüllung des jüdischen Gesetzes strebte – und, wahrscheinlich, nach der Rückeroberung jüdischer Unabhängigkeit in einer römischen Welt. Wie bei vielen Autoren vermerkt, belegen die zahlreichen Stränge hebräischer Prophetie, die für Jesu Amtsanspruch in Beschlag genommen wurden, den kümmerlichen Stand der christlichen Apologetik und die oftmals karge Gelehrsamkeit der Evangelienschreiber.

Um das Leben Jesu in Einklang mit den alttestamentlichen Prophezeiungen zu bringen, halten die Verfasser der Evangelien nach Lukas und Matthäus zum Beispiel eisern daran fest, Maria sei im Zustand einer Jungfrau (griech. «parthenos») schwanger geworden, wobei sie sich auf die griechische Version von Jesaja 7, 14 berufen. Zum Leidwesen der Verehrer von Marias Jungfräulichkeit bedeutet das hebräische Wort «alma» (für das «parthenos» eine Fehlübersetzung darstellt) jedoch einfach nur «junge Frau», ohne irgendeinen Verweis auf Jungfräulichkeit. So scheint fast sicher, dass das christliche Dogma von der Jungfrauengeburt sowie ein Großteil der daraus resultierenden Scheu der Kirche vor Geschlechtsverkehr nur die Folge eines Übersetzungsfehlers aus dem Hebräischen waren.[31]

Ein weiterer Schlag gegen die Lehre von der Jungfrauengeburt besteht darin, dass die anderen Evangelisten, Markus und Johannes, davon nichts zu wissen scheinen – obwohl beide Autoren darüber aufgebracht scheinen, wenn Jesus bezichtigt wird, unehelicher Sohn zu sein.[32] Paulus hält Jesus vermutlich für den Sohn von Josef und Maria. Er bezieht sich auf Jesus als «geboren aus dem Geschlecht Davids nach dem Fleisch» (Römer 1, 3), was bedeutet, Josef war der Vater, sowie «geboren von einer Frau» (Galater 4, 4), was bedeutet, dass Jesus tatsächlich Mensch war, ohne jegliche Anspielung auf Marias Jungfräulichkeit.[33]

Marias Jungfräulichkeit war stets ein Hinweis auf Gottes Einstellung zum Sex: Sex ist eine Sünde an sich, da er der Mechanismus ist, durch den die Erbsünde an die auf Adam folgenden Generationen weitergegeben wurde. Es sieht so aus, als hätte die westliche Zivilisation zwei von einer heilig gehaltenen Sexualneurose geprägte Jahrtausende über sich ergehen lassen müssen, nur weil die Verfasser von Matthäus und Lukas kein Hebräisch verstanden. Für die Verfolgung der Juden, der eigentlichen Nachkommen Jesu und der

Apostel, wurde das Dogma von der Jungfrauengeburt als ständige Rechtfertigung verwendet, da es eines der gewichtigsten «Beweisstücke» zur Demonstration von Jesu Göttlichkeit war.

Man beachte, dass sowohl der Nachdruck, den das Neue Testament auf Wundertaten legt, als auch die Versuche, das Leben Jesu der alttestamentlichen Prophetie anzugleichen, das – wenn auch unstete – Engagement der ersten Christen erkennbar machen, ihrem Glauben ein rationales Gesicht zu verleihen. Angesichts der offenkundigen Bedeutung jedweder Wundertat sowie der weit verbreiteten Akzeptanz von Prophetie schien es nur vernünftig, diese angeblichen Geschehnisse als Beweis für die Göttlichkeit Christi anzuführen. Was Augustinus betrifft, so bekannte er sich und sagte: «Ich wäre kein Christ, wären da nicht die Wundertaten.» Ein Jahrtausend später zeigte sich Blaise Pascal, ein mathematisches Wunderkind, Philosoph und Physiker, von der Bestätigung Christi durch die Propheten so beeindruckt, dass er die letzten Jahre seines kurzen Lebens der Verteidigung der christlichen Lehre widmete und schrieb:

> Durch Jesus kennen wir Gott. Alle, die behauptet haben, Gott zu kennen, und versuchten, seine Existenz ohne Jesus Christus zu beweisen, hatten nur nutzlose Beweise vorzubringen. Um Christus zu beweisen jedoch, haben wir die Prophetenworte, bei denen es sich um solide und greifbare Beweise handelt. Indem sie sich durch das Geschehene erfüllt und für richtig erwiesen haben, zeigen diese Prophetenworte, dass diese Wahrheiten gewiss sind und somit beweisen, dass Jesus göttlich ist.[34]

«Solide und greifbar»? Wie ein reger Geist dazu gebracht werden konnte, sich einem derartigen Dogma zu unterwerfen, zählt sicherlich zu den größeren Wundern jener Zeit.[35] Auch heute noch wird die scheinbar detailgetreue Bestätigung der Propheten im Neuen Testament als Hauptgrund angeführt, um Jesus als Messias anzuerkennen. Der «Sprung in den Glauben» ist fürwahr eine Fiktion. Niemals, auch im ersten Jahrhundert nicht, begnügten Christen sich damit, einfach nur zu springen.

Während Gott seinen Bund mit Israel geschlossen und seinen Sohn in Gestalt eines Juden geschickt hatte, waren die ersten Christen in wachsender Zahl heidnischer Herkunft, und als die christliche Lehre sich ausbreitete, begannen die Konvertiten die Leugnung der

Göttlichkeit Jesu seitens der Juden als die Verkörperung allen Übels zu betrachten. Diese eigentümliche Überzeugung gehörte bereits zur Zeit des Paulus zum festen Bestand.

> Denn, liebe Brüder, ihr seid den Gemeinden Gottes in Judäa nachgefolgt, die in Christus Jesus sind; denn ihr habt dasselbe erlitten von euren Landsleuten, was jene von den Juden erlitten haben. Die haben den Herrn Jesus getötet und die Propheten und haben uns verfolgt und gefallen Gott nicht und sind allen Menschen feind. Und um das Maß ihrer Sünden allewege voll zu machen, wehren sie uns, den Heiden zu predigen zu ihrem Heil. Aber der Zorn Gottes ist schon in vollem Maß über sie gekommen. (Thessalonicher 2, 14–16)

Einer ausdrücklichen Dämonisierung der Juden begegnen wir im Johannesevangelium.

> Jesus sprach zu ihnen: Wäre Gott euer Vater, so liebtet ihr mich; denn ich bin von Gott ausgegangen und komme von ihm; denn ich bin nicht von selbst gekommen, sondern er hat mich gesandt. Warum versteht ihr denn meine Sprache nicht? Weil ihr mein Wort nicht hören könnt! Ihr habt den Teufel zum Vater, und nach eures Vaters Gelüsten wollt ihr tun. Der ist ein Mörder von Anfang an und steht nicht in der Wahrheit; denn die Wahrheit ist nicht in ihm. Wenn er Lügen redet, so spricht er aus dem Eigenen; denn er ist ein Lügner und der Vater der Lüge. Weil ich aber die Wahrheit sage, glaubt ihr mir nicht. (Johannes 8, 42–45)

Bei der Zerstörung des Tempels im Jahre 70 glaubten Christen heidnischer wie jüdischer Provenienz, sie seien Zeugen der Erfüllung von Prophetie, und sie bildeten sich ein, die römischen Legionen wirkten als Vollstrecker der Strafe Gottes gegenüber den Verrätern Christi. Bald schon spiegelte der Antisemitismus die Blasiertheit des Siegers, und mit dem Aufstieg des Christentums zur Staatsreligion im Jahre 312 und der Bekehrung des römischen Kaisers Konstantin kamen Christen schon bald auf den Geschmack, das Weltjudentum unverhohlen zu erniedrigen.[36] Gesetze wurden erlassen, die viele der vormaligen bürgerlichen Privilegien der Juden wieder rückgängig machten. Die Juden wurden vom Militär ausgeschlossen, ihnen standen keine hohen Ämter zu, und andere zu bekehren oder sexuelle Beziehungen zu Christenfrauen zu unterhalten, wurde ihnen (beides bei Todesstrafe) verboten. Der Codex Justinianus im sechsten Jahrhundert erklärte den Rechtsstatus der Juden praktisch für null und nichtig: Er verbot die Mischna (den mündlich überlieferten Gesetzeskodex der Juden), und Zweifel an der Auferstehung oder dem Jüngsten Gericht galten als Kapitalverbrechen.[36] Augustinus, der stets zu allem bereite Sektierer, fand Freude an der Unterjochung der Juden, und besonderes Vergnügen bereitete ihm die Erkenntnis, die Juden seien dazu verdammt, ruhelos umherzuziehen und dadurch Zeugnis abzulegen für die Wahrhaftigkeit der Schrift und die Errettung der Heiden. Das Leiden und die Knechtschaft der Juden galten als Beweis dafür, dass Jesus eben doch der Messias gewesen sei.[38]

Wie schon die Hexen wurden die europäischen Juden oftmals der ungeheuerlichsten Verbrechen bezichtigt, allen voran einer Tat, die als Blutanklage bekannt wurde und dem Glauben entsprang, Juden benötigten das Blut von (meist neugeborenen) Christen, um es bei einer Vielzahl von Ritualen einzusetzen. Während des gesamten Mittelalters wurden Juden regelmäßig beschuldigt, christliche Säuglinge zu töten, ein Verbrechen, für das sie natürlich verabscheut wurden. Dass sämtliche Juden, ob männlich oder weiblich, menstruierten, und sie das Blut von Christen brauchten, um ihre erschöpften Vorräte wieder aufzustocken, galt als eine wohlbekannte Tatsache. Auch litten Juden an furchtbaren Hämorrhoiden und schwärenden Wunden als Strafe für den Mord an Christus – sowie als Antwort auf ihr unglaubliches Geprahle vor dem «unschuldigen» Pontius Pilatus (Matthäus 27, 25): «Sein Blut komme über uns und unsere Kinder.» Da konnte es kaum überraschen, dass Juden gewohnheitsmäßig christliches Blut als Balsam gegen solche Verletzungen verwendeten. Auch hieß es, Christenblut lindere die Geburtswehen einer jeden Jüdin, die das Glück hatte, während der Geburt solches Blut, auf Pergamentfetzen verteilt, in ihren geballten Fäusten halten zu können. Allgemein bekannt war auch, dass Juden blind geboren wurden und dass christliches Blut, auf die Augen gestrichen, ihnen erst die Sehkraft verlieh. Bei neugeborenen jüdischen Knaben waren die Finger oft mit der Stirn verwachsen, und nur das Blut eines Christen war geeignet, jene Denkerpose zu beseitigen, ohne dem Kind Schaden zuzufügen.

Schon nach der Geburt war das Verlangen eines Juden nach christlichem Blut kaum zu stillen. Beim Beschneidungsritus nahm es die Stelle von geweihtem Öl (Chrisam, einem exklusiv christlichen Requisit) ein, und im späteren Leben wurden die Genitalien jüdischer Kinder beiderlei Geschlechts zwecks Fruchtbarmachung mit dem Blut eines armen, frommen Mannes eingerieben, dem man unterwegs aufgelauert hatte, um ihn im Straßengraben zu erwürgen. Mittelalterliche Christen glaubten, die Juden würden ihr Blut für alles Mögliche benutzen, vom Wangenrouge über den Liebestrank bis hin zum Lepra-Prophylaktikum. Wen wunderte es da noch, dass Juden aller Generationen mit Vorliebe kleinen Christenkindern das Blut «mittels Federkielen und kleinen Schilfrohren» aus dem Leib saugten, um es später durch Gemeindevorsteher während des Hochzeitsmahls zum Einsatz zu bringen? Letztendlich, um sich nach allen Seiten hin abzusichern, schmierten Juden ihre sterbenden Brüder mit dem Blut eines unschuldigen (kurz zuvor getauften und dann erstickten) Christenbabys ein, wozu sie sprachen: «Wenn der von den Propheten verhießene Messias wahrlich gekommen ist, und wenn er Jesus ist, dann möge dieses unschuldige Blut dir das ewige Leben gewähren!»[39]

Die gegen Juden vorgebrachte Blutanklage hat ihren wackligen Platz auf den Schultern von weiteren gigantischen Glaubenskonstruktionen, namentlich der damals weit verbreiteten Ansicht, den verschiedenen Bestandteilen des menschlichen Körpers würden magische und medizinische Kräfte innewohnen. Dies erklärt die Akzeptanz verschiedener, gegen Hexen gerichteter Anschuldigungen, wie etwa der Auffassung, aus Menschenfett bereitete Kerzen könnten eine Person unsichtbar machen und zugleich deren Umgebung ausleuchten.[40] Man fragt sich, wie viele Diebe damals ertappt wurden, die auf der Suche nach Beute durch die Häuser ihrer Nachbarn schritten und dabei vertrauensvoll eine übel riechende Kerze emporhielten, bevor dieses wundertätige Täuschungswerkzeug aus der Mode kam.

Keine noch so vorsintflutliche Absurdität jedoch übertrifft die im Mittelalter verbreitete Besorgnis über Hostienentweihungen, mit deren Bestrafung sich die fromme Christenheit jahrhundertelang bei Laune hielt. Die Lehre von der Transsubstantiation wurde offiziell im Jahre 1215 beim 4. Laterankonzil eingesetzt (demselben Konzil, das Inquisitoren den Gebrauch von Folter gestattete und Juden jeglichen Landbesitz sowie das Einschlagen einer staatlichen und militärischen Laufbahn untersagte) und wurde daraufhin zum Herzstück des christlichen (nunmehr katholischen) Glaubens. (Die entsprechende Passage aus dem Glaubensbekenntnis der römisch-katholischen Kirche wurde im 2. Kapitel zitiert.) Von da an galt es als unumstrittene Tatsache, dass bei der Messe die Kommunionshostie sich ganz real in den lebendigen Leib Jesu Christi verwandle. Nachdem dieses unglaubliche Dogma aufgrund fortwährender Wiederholung und zur Befriedigung aller in Kraft getreten war, begannen Christen, sich Sorgen darüber zu machen, ob die lebenden Waffeln – der Leib Christi – nicht allen möglichen Formen von Missbrauch oder sogar körperlicher Gewalt seitens Häretikern und Juden ausgesetzt waren. (Man fragt sich natürlich, wieso dem Gläubigen das Verspeisen des Leibes Jesu nicht ebensolche Qualen bereitete.) Bestand denn ein Zweifel daran, dass die Juden dem Sohn Gottes erneut Schaden zufügen würden, wenn sie erfuhren, dass sein Leib in Form eines wehrlosen Kekses nun jedermann ausgesetzt war? Historische Berichte legen nahe, dass nicht weniger als dreitausend Juden aufgrund einer einzigen Bezichtigung dieses imaginären Verbrechens ermordet wurden. Der Tatbestand der Hostienentweihung stand in Europa jahrhundertelang unter Strafe.[41]

Die lange Geschichte theologisch motivierter Verfolgungen ist es, die den weltlichen Antisemitismus hervorbrachte. Selbst ausdrücklich antichristlichen Bewegungen wie dem deutsche Nazitum und dem russischen Sozialismus gelang es, sich die doktrinäre Intoleranz der Kirche anzueignen und sie in die Tat umzusetzen. Erstaunlicherweise sind uns abstruse Konstrukte wie das der Blutanklage erhalten geblieben, und sie zählen in der muslimischen Welt eine große Schar gläubiger Anhänger.[42]

Der Holocaust

> Einer bleibt von aller Kritik stets ausgeschlossen – das ist der Führer. Das kommt daher, dass jeder fühlt und weiß: Er hatte immer recht, und er wird immer recht haben. In der kritiklosen Treue, in der Hingabe an den Führer, die nach dem Warum im Einzelfalle nicht fragt, in der stillschweigenden Ausführung seiner Befehle liegt unser aller Nationalsozialismus verankert. Wir glauben daran, daß der Führer einer höheren Berufung zur Gestaltung deutschen Schicksals folgt! An diesem Glauben gibt es keine Kritik.[43]
>
> *Rudolf Hess in einer Rede 1934*

Der Aufstieg des Nationalsozialismus in Deutschland erforderte eine Menge von dem, was man «kritiklose Gefolgschaft» nennt. Nicht nur aus einer bedingungslosen (und religiösen) Gefolgschaft zu Hitler erwuchs der Holocaust, sondern auch aus der Billigung einer Reihe jeder Vernunft widersprechender Ideen.

> Heinrich Himmler empfahl, man solle der SS zum Frühstück Lauch und Mineralwasser servieren. Er glaubte, man könne Leute mittels Telepathie zu Geständnissen zwingen. Nach dem Vorbild von König Artus und seiner Tafelrunde lud er stets nur zwölf Personen zum Essen ein. Er glaubte, Arier würden nicht wie andere Rassen von Affen oder Menschenaffen abstammen, sondern seien vom Himmel auf die Erde herabgekommen, wo sie seit Anbeginn der Zeit in Eis konserviert lagen. Er bildete eine meteorologische Division, deren Auftrag es war, diese kosmische Eistheorie zu beweisen. Er glaubte auch, eine Reinkarnation Heinrichs I. zu sein. Himmler war ein Extremfall: Es mag das Bild eines völlig Irren entstehen. Einen seiner Charakterzüge jedoch teilte er mit weitaus mehr Menschen – sein Geist war nicht zum Wachstum angeregt worden. Er steckte voller Informationen und Meinungen, an Kritikvermögen jedoch mangelte es ihm völlig.[44]

Im Herzen einer jeden totalitären Organisation stoßen wir auf sonderbare Dogmen, mangelhaft in ihrer Ausgestaltung, doch unermüdlich am Werk wie die Zahnräder im Getriebe eines grotesken Todesinstruments. Natürlich entstand der Nationalsozialismus aus einer Vielzahl ökonomischer und politischer Faktoren; zusammengehalten jedoch wurde er durch den Glauben an die rassische Reinheit und Überlegenheit des germanischen Volkes. Die Kehrseite einer vom Rassenwahn geprägten Begeisterung war die Überzeugung, dass alle unreinen Elemente – Homosexuelle, Invaliden, Zigeuner und vor allem Juden – eine Bedrohung für das Vaterland darstellten. Und auch wenn der Judenhass in Deutschland sich in vorwiegend weltlicher Form manifestierte, so war er doch das direkte Erbe des mittelalterlichen Christentums. Jahrhundertelang hatten religiöse Deutsche die Juden als die schlimmste Art von Ketzern betrachtet und jedes gesellschaftliche Übel auf die fortwährende Präsenz der Juden unter den Gläubigen zurückgeführt. Daniel Goldhagen ist den Wurzeln der deutschen Auffassung vom Judentum als einer «Rasse» und «Nation» nachgegangen, die in einer explizit nationalistischen Darstellung dieses alten christlichen Animus gipfelte.[45] Natürlich war die religiöse Dämonisierung der Juden auch ein Phänomen der damaligen Zeit. (Tatsächlich bestärkte der Vatikan noch 1914 die Blutanklage in seinen Zeitungen)[46] Ironischerweise war es gerade die Tatsache, dass Juden in Deutschland (und auch anderswo) seit undenklichen Zeiten misshandelt wurden – indem man sie in Ghettos sperrte und sie ihrer bürgerlichen Rechte enthob -, die dem modernen, weltlich geprägten Antisemitismus zu seiner Entstehung verhalf, denn erst im Laufe der Emanzipationsbemühungen zu Beginn des 19. Jahrhunderts machte der Judenhass eine deutliche Wendung hin zum Rassischen. Sogar die selbst ernannten «Freunde der Juden», die sich um eine Eingliederung der Juden in die deutsche Gesellschaft mitsamt den Privilegien einer Staatsangehörigkeit mühten, taten dies nur auffrund der Annahme, die Juden könnten auf solche Weise gebessert und mittels dauerhaften Umgangs mit der deutschen Rasse reingewaschen werden.[47] So gesehen waren die Befürworter einer liberalen Toleranz innerhalb Deutschlands oft ebenso antisemitisch wie ihre konservativen Gegner, von denen sie sich nur aufgrund des Glaubens unterschieden, Juden seien fähig zu moralischer Erneuerung. Gegen Ende des 19. Jahrhunderts, nach Misslingen des liberalen Experiments zur Auflösung des Judentums im unverdorbenen Lösungsmittel deutscher Toleranz, begannen die vormaligen «Freunde der Juden» diese Fremdlinge in ihrer Mitte mit dem gleichen Ekel zu betrachten, wie ihn ihre weniger idealistisch gestimmten Zeitgenossen fortwährend genährt hatten. Eine Analyse bekannter antisemitischer Autoren und Publikationen von 1861 bis 1895 zeigt, welch mordlustige Neigungen die deutschen Antisemiten umtrieben: Ganze zwei Drittel jener Autoren, die behaupteten, «Lösungen» für das «Judenproblem» anbieten zu können, sprachen sich offen für eine physische Vernichtung der Juden aus – und dies, wie Goldhagen betont, Jahrzehnte vor Hitlers Aufstieg. In der Tat, die Möglichkeit der Ausrottung eines ganzen Volkes wurde erwogen, bevor «Völkermord» als eigenständiger Begriff überhaupt bekannt war und lange bevor Tötungen in solch einem gewaltigem Umfang sich während des Ersten und Zweiten Weltkrieges als machbar erwiesen.

Während Goldhagens umstrittene Anklage, die Deutschen seien Hitlers «willige Vollstrecker» gewesen, weithin angemessen erscheint, stimmt es jedoch auch, dass die Angehörigen anderer Nationen gleichermaßen willig waren. Ein von Gedanken an Völkermord geprägter Antisemitismus lag schon seit längerem in der Luft, vor allem in Osteuropa. Im Jahre 1919 wurden zum Beispiel allein in der Ukraine 60 000 Juden ermordet.[48] Als dann im Dritten Reich die offene Judenverfolgung einsetzte, brachen sich antisemitische Pogrome in Polen, Rumänien, Ungarn, Österreich, der Tschechoslowakei, Kroatien und anderswo ihre Bahn.[49]

Nach Inkrafttreten der Nürnberger Rassengesetze im Jahre 1935 war die Wandlung des deutschen Antisemitismus vollbracht. Die Juden sollten als eine Rasse betrachtet werden; eine Rasse, die ihrem Wesen nach für ein gesundes Deutschland schädlich sei. Juden als solche waren im Grunde unrettbar, denn während man seine religiöse Ideologie ablegen und sich sogar zum Kirchenmitglied taufen lassen kann, ist es nicht möglich, den abzustreifen, der man ist. An diesem Punkt stoßen wir auf die offene Komplizenschaft der Kirche bei der versuchten Ausrottung eines ganzen Volkes. Die deutschen Katholiken zeigten sich erstaunlich fügsam gegenüber einem rassistischen Credo, das mindestens zu einem zentralen Inhalt ihres Glaubens in krassem Widerspruch stand: Falls nämlich der Taufe tatsächlich die Kraft der Erlösung innewohnte, hätten jüdische Konvertiten aus Sicht der Kirche ausnahmslos als Gerettete gelten müssen. Wie wir jedoch gesehen haben, verfügt kein Glaubenssystem über so etwas wie eine lückenlose Kohärenz. Die deutschen Kirchen fühlten sich, um die Ordnung während ihrer Gottesdienste aufrechtzuerhalten, schließlich genötigt, Flugblätter zu drucken, in denen sie ihre Herde ermahnten, Angriffe gegen jüdische Konvertiten während der Gebetszeiten zu unterlassen. Dass die Rassenzugehörigkeit einer Person durch Konversion nicht aufgehoben werden kann, wurde bereits 1880 in einer vom Vatikan genehmigten Abhandlung unterstrichen: «Oh, wie falsch und verblendet sind jene, die meinen, das Judentum wäre nur eine Religion, wie der Katholizismus, das Heidentum, der Protestantismus, und nicht vielmehr eine Rasse, ein Volk, eine Nation! ... Denn die Juden sind nicht nur Juden auf Grund ihrer Religion ... sie sind Juden auch und insbesondere auf Grund ihrer Rasse.»[50] Das deutsche katholische Episkopat veröffentlichte 1936 seine eigenen Richtlinien: «Rasse, Boden, Blut und Volk sind kostbare natürliche Werte, die Gott, der Herr, geschaffen und deren Pflege er uns deutschen Menschen anvertraut hat.»[51]

Die wahrhaft schändliche Komplizenschaft der Kirche zeigte sich in deren Bereitschaft, den Nazis ihre Ahnentafeln offenzulegen, wodurch sich feststellen ließ, inwieweit Gläubige jüdischer

Herkunft waren. Ein Historiker der katholischen Kirche, Günther Lewy, schrieb:

> Die Frage an sich, ob die katholische Kirche dem Nazistaat ihre Hilfe anbieten solle, um Menschen jüdischen Ursprungs auszusondern, wurde nie diskutiert. Im Gegenteil. «Wir haben stets auf selbstlose Weise für die Menschen gearbeitet, ohne auf Dankbarkeit oder Undankbarkeit zu achten», schrieb im September 1934 ein Priester im Klerusblatt. «Wir werden auch unser Bestes tun, in diesem Dienst am Menschen zu helfen.» Und die Kooperation der Kirche in diesen Belangen setzte sich in die Kriegsjahre hinein fort, als der Preis dafür, ein Jude zu sein, nicht mehr darin bestand, einen Regierungsposten oder seinen Lebensunterhalt zu verlieren, sondern in der Deportation und rückhaltlosen körperlichen Vernichtung.[52]

Und all dies trotz der Tatsache, dass die katholische Kirche zum Parteiprogramm der Nazis, deren Bestreben es ja war, die Macht der Kirche zu beschneiden, in deutlicher Opposition stand. Goldhagen erinnert daran, dass nicht ein einziger deutscher Katholik vor, während oder nach dem Krieg exkommuniziert wurde, «nach der Verübung von Verbrechen, die in der menschlichen Geschichte ihresgleichen suchen». Dies ist in der Tat ein außergewöhnliches Faktum. Während dieser gesamten Zeit fuhr die Kirche damit fort, scharenweise Theologen und Gelehrte aufgrund ihrer unorthodoxen Ansichten zu exkommunizieren und Hunderte von Büchern zu verbieten; dennoch gelang es nicht einem einzigen der Gläubigen, die sich des Völkermords schuldig gemacht hatten – wofür es zahllose Beispiele gibt –, ein Kräuseln in Papst Pius' XII. zensurfreudige Brauen zu zaubern.

Diese erstaunliche Situation verdient einen kleinen Exkurs. Ende des 19. Jahrhunderts versuchte der Vatikan, den unorthodoxen Forschungsergebnissen moderner Bibelkommentatoren mithilfe einer eigenen strengen Gelehrsamkeit entgegenzutreten. Katholische Gelehrte wurden dazu gedrängt, sich der Techniken des modernen Kritizismus zu bedienen, um zu zeigen, dass die Ergebnisse eines sorgfältigen und sachlichen Bibelstudiums mit der kirchlichen Lehre durchaus vereinbar seien. Diese Bewegung wurde unter dem Namen «Modernismus» bekannt und brachte die Kirche bald in eine höchst peinliche Lage. Als viele der trefflichsten katholischen Gelehrten feststellen mussten, dass auch in ihnen allmählich Skepsis gegenüber der wortwörtlichen Wahrheit der Schrift aufkeimte, verkündete Papst Leo XIII. im Jahre 1893:

> Alle Bücher, die die Kirche als heilig und kanonisch anerkennt, sind vollständig mit allen ihren Teilen unter Eingebung des Heiligen Geistes verfasst. Der göttlichen Eingebung jedoch kann kein Irrtum unterlaufen. Sie schließt ihrem Wesen nach jeden Irrtum aus. Mit derselben Notwendigkeit schließt sie ihn vollkommen aus, mit der Gott, die höchste Wahrheit, nicht Urheber eines Irrtums sein kann.[53]

Im Jahre 1907 erklärte Papst Pius X. den Modernismus zur Häresie, ließ dessen innerkirchliche Befürworter exkommunizieren und setzte sämtliche kritischen Bibelabhandlungen auf den Index verbotener Bücher. Zu dieser Ehre gelangten auch Autoren wie Descartes (Ausgewählte Werke), Montaigne (Essais), Locke (Versuch über den menschlichen Verstand), Swift (Ein Tonnenmärchen), Swedenborg (Principia), Voltaire (Philosophische Briefe), Diderot (Enzyklopädie), Rousseau (Vom Gesellschaftsvertrag), Gibbon (Verfall und Untergang des Römischen Reichs), Paine (Die Menschenrechte), Sterne (Eine empfindsame Reise), Kant (Kritik der reinen Vernunft), Flaubert (Madame Bovary) und Darwin (Die Entstehung der Arten). Als später Einfall der Zensur wurde der Index im Jahre 1948 noch um Descartes' Meditationen bereichert. Angesichts dessen, was in einem früheren Abschnitt jenes Jahrzehnts geschehen war, hätte man meinen können, der Heilige Stuhl hätte gegen gewichtigere Anfechtungen zu kämpfen gehabt. Obwohl nicht eine führende Persönlichkeit des Dritten Reichs – nicht einmal Hitler selbst – je exkommuniziert wurde, sprach man Galileo erst 1992 vom Vorwurf der Häresie frei.

Die Worte des 2005 verstorbenen Papstes, Johannes Paul II., verraten, wie es wohl immer noch um die Dinge steht: «Diese Offenbarung ist endgültig. Man kann sie nur annehmen oder ablehnen. Man kann sie annehmen und damit seinen Glauben bekunden an Gott, den allmächtigen Vater, Schöpfer des Himmels und der Erde, und an Jesus Christus, den Sohn, von gleichem Wesen wie der Vater, und an den Heiligen Geist, der Herr ist und lebendig macht. Oder man kann all dieses ablehnen.»[54] Während der Aufstieg und Fall des Modernismus in der Kirche nur schwerlich als ein Sieg der rationalen Fraktion verstanden werden kann, veranschaulicht die Sache dennoch einen wichtigen Punkt: Wer wissen will, wie die Welt beschaffen ist, wird aufgeschlossen für neue Beweise. Es ist kein Zufall, dass religiöse Doktrin und aufrichtige Forschung in unserer Welt so selten Hand in Hand gehen.

Bedenkt man, dass erst wenige Generationen vergangen sind, seit die Kirche darauf verzichtet, unschuldige Menschen vor den Augen ihrer Familien auszuweiden, alte Frauen auf öffentlichen Plätzen bei lebendigem Leib zu verbrennen und Gelehrte bis an die Grenzen des Wahnsinns zu foltern, nur weil sie Vermutungen über die Beschaffenheit der Sterne angestellt haben, nimmt es kaum Wunder, dass die Kirche den Gedanken, in Deutschland sei während der Kriegsjahre etwas gehörig schiefgelaufen, gar nicht erst aufkommen ließ. Daneben ist es eine wohlbekannte Tatsache, dass Vertreter des Vatikans (am berüchtigtsten war Bischof Alois Hudal) SS-Mitgliedern wie Adolf Eichmann, Martin Bormann, Heinrich Müller, Franz Stangl und Hunderten anderen dabei halfen, sich in der Nachkriegszeit nach Südamerika und in den Nahen Osten abzusetzen.[55] In diesem Zusammenhang wird oft daran erinnert, dass es im Vatikan auch Leute gab, die den Juden halfen. Das stimmt. Richtig ist jedoch auch, dass der Vatikan seine Hilfsbereitschaft oft davon abhängig machte, ob die betreffenden Juden sich zuvor hatten taufen lassen.[56]

Zweifellos gab es zahlreiche europäische Christen, die ihr Leben riskierten, um die in ihrer Mitte lebenden Juden zu schützen, und dies aufgrund ihres christlichen Glaubens taten.[57] Sie waren jedoch nicht zahlreich genug. Die Tatsache, dass Menschen aufgrund der Lehre Christi mitunter zu heldenhaften Taten der Nächstenliebe angespornt werden, sagt nichts aus über die Klugheit oder die Notwendigkeit des Glaubens, Jesus Christus sei der eingeborene Sohn Gottes. Tatsächlich werden wir sehen, dass wir an nichts glauben müssen, wofür uns keine ausreichenden Beweise vorliegen, um Mitgefühl für das Leiden anderer zu empfinden. Das Menschsein, das wir mit anderen teilen, reicht aus, um diese vor Schaden bewahren zu wollen. Andererseits muss Intoleranz bis hin zum Völkermord durch irgendetwas inspiriert sein. Wann immer man erfährt, dass Menschen dazu übergehen, Unbeteiligte absichtlich und wahllos zu töten, stelle man sich die Frage, welches Dogma dahintersteht. Was ist es, woran die frisch gebackenen Mörder glauben? Es wird sich zeigen, dass es stets – wirklich stets – etwas Widersinniges ist.

Mein Anliegen in diesem Kapitel bestand darin, so knapp wie möglich auf einige der schrecklichen Folgen hinzuweisen, die folgerichtig und notgedrungen aus dem christlichen Glauben hervorgegangen sind. Bedauerlicherweise könnte man diese Auflistung von Gräueln bis ins Unendliche weiterführen. Auschwitz, die Häresie der Katharer, die Hexenverfolgungen – all das sind nichts weiter als Symbolbegriffe für Abgründe an menschlicher Schlechtigkeit und an menschlichem Leiden, die sich letztlich jeder Darstellung entziehen müssten, selbst wenn sich ein Autor keiner anderen Aufgabe verschriebe. Da ich im vorliegenden Kapitel ein sehr weites Netz ausgeworfen habe, kann ich den Leser, der das Gefühl hat, soeben mit Vollgas an der Stätte eines Unfalls vorbeigerast zu sein, nur dazu ermuntern, sich mit der einschlägigen Literatur zu beschäftigen. Solche außerplanmäßigen Studien werden verdeutlichen, dass die Geschichte des Christentums hauptsächlich eine Geschichte des menschlichen Elends und der menschlichen Unwissenheit ist, und nicht etwa eine Liebesgeschichte mit Gott.

Während das Christentum unserer Tage nur noch wenige lebende Inquisitoren vorzuweisen hat, gibt es im Islam deren viele. Das nächste Kapitel wird uns zeigen, dass wir uns bei der Kritik der islamischen Weltanschauung einer Zivilisation gegenübersehen, deren Geschichte stehen geblieben ist. Es ist, als wäre ein Tor in eine andere Zeit aufgegangen, durch das Horden aus dem 14. Jahrhundert unsere Welt stürmen. Unglücklicherweise sind diese Horden inzwischen mit den Waffen des 21. Jahrhunderts ausgestattet.

DAS PROBLEM MIT DEM ISLAM

Meine Kritik in diesem Buch richtet sich zwar gegen den Glauben an sich, doch die Unterschiede zwischen einzelnen Glaubenssystemen sind beträchtlich und unverkennbar. Schließlich muss es einen Grund dafür geben, wieso wir uns heute in jedem Winkel der Welt mit muslimischen Terroristen auseinanderzusetzen haben und nicht mit jainistischen Terroristen. Die Jainas glauben an nichts, was nur im Entferntesten darauf schließen lässt, sie könnten sich zu Selbstmordanschlägen auf Andersgläubige inspirieren lassen. Egal, welchen Maßstab für Normalität (einen ethischen, praktischen, erkenntnistheoretischen, wirtschaftlichen und so weiter) wir anlegen, gibt es Gutes in Religionen, und gibt es Schlechtes in Religionen; und nunmehr sollte jedem klar sein, dass die Moslems an Letzterem einen übermäßigen Anteil haben.[1]

Natürlich hatte der Islam wie jede Religion seine lichten Momente. Moslemische Gelehrte erfanden die Algebra, sie übersetzten die Schriften von Platon und Aristoteles, und sie leisteten manch wichtigen Beitrag zu einer Vielzahl im Entstehen begriffener Wissenschaften, zu einer Zeit, als die europäische Christenheit noch in bodenloser Ignoranz dümpelte. Nur die muslimische Eroberung Spaniens ermöglichte es, dass klassische griechische Texte in lateinischer Übersetzung erscheinen konnten, was der Renaissance in Westeuropa den Boden bereitete. Mit solchen Fakten zugunsten einer Religion ließen sich Tausende von Seiten füllen, doch wozu sollte das gut sein? Wäre das für uns ein Hinweis, dass religiöser Glaube gut, ja sogar zuträglich ist? Es ist eine Binsenweisheit, dass es gläubige Menschen waren, die nahezu alles Wertvolle in dieser Welt erschaffen haben, da fast jede Person, die jemals einen Hammer geschwungen oder ein Segel getrimmt hat, ein ergebener Anhänger der einen oder anderen religiösen Kultur war. Andere waren einfach nicht da, um die Sache zu erledigen. Ebenso könnten wir feststellen, dass jede menschliche Errungenschaft vor dem 20. Jahrhundert auf Menschen zurückgeht, die von der molekularen Grundlage des Lebens nicht die geringste Ahnung hatten. Heißt das jedoch, es wäre besser, den Wissensstand der Biologie des 19. Jahrhunderts beizubehalten? Wer sagt uns, wie die Welt jetzt aussehen würde, wäre es in den Tagen der Kreuzzüge zur Bildung eines Reichs der Vernunft gekommen, um die leichtgläubigen Massen Europas und des Nahen Ostens zu beschwichtigen? So hätte es vielleicht schon im Jahre 1600 eine moderne Demokratie und das Internet gegeben. Die Tatsache, dass die Religion jedem Bestandteil unserer Zivilisation ihren Stempel aufgedrückt hat, lässt sich ebenso wenig als Argument zu ihren Gunsten verwenden, wie auch keine bestimmte Religion entlastet werden kann, bloß weil einige ihrer Anhänger einen grundlegenden Beitrag zur menschlichen Kultur geleistet haben.

Angesichts der Wechselfälle der muslimischen Entwicklung vermute ich jedoch, dass die Ausgangssituation, die ich für dieses Buch gewählt habe – die eines einzelnen Selbstmordbombers, dessen Handeln die Folge seines religiösen Glaubens ist –, viele Leser verärgern wird, da meine Beschreibung vieles von dem, was Nahost-Kommentatoren über die Wurzeln muslimischer Gewalt sagen, ausklammert. Sie klammert die leidvolle Geschichte der Besetzung des Westjordanlands und Gaza-Streifens durch die Israelis aus. Sie klammert die Kungeleien der Westmächte mit korrupten Diktaturen aus. Sie klammert die endemische Armut und den Mangel an wirtschaftlichen Möglichkeiten aus, welche die arabische Welt heute heimsuchen. Ich werde mich jedoch dafür starkmachen, dass wir all das wirklich ausklammern können – oder es nur der Ordnung halber ansprechen sollten. Denn die Welt ist voll von armen, ungebildeten und ausgebeuteten Völkern, die trotzdem niemals Terror jener Art verüben würden, wie er unter den Moslems gang und gäbe ist; und der muslimischen Welt mangelt es keineswegs an gebildeten und wohlhabenden Menschen. Deren einziges Manko besteht in ihrer Begeisterung für die koranische Eschatologie und ihrem Verlangen, Ungläubige im Namen Gottes umzubringen.[2]

Wir befinden uns im Krieg mit dem Islam. Den unmittelbaren Zielen unserer Außenpolitik mag es nicht dienlich sein, wenn unsere politischen Führer diese Tatsache offen eingestehen würden, doch es gibt daran keinen Zweifel. Und das heißt nicht, dass wir uns im Krieg mit einer ansonsten friedliebenden Religion befinden, die lediglich von Extremisten «übernommen» wurde. Wir befinden uns im Krieg mit genau jener Sichtweise des Lebens, wie sie Moslems dem Koran entnehmen und wie sie im Hadith, der Sammlung von Sprüchen und

Taten des Propheten, weiter ausgeführt wird. Eine Zukunft, in der Islam und westliche Welt nicht knapp vor der gegenseitigen Auslöschung stehen, muss eine Zukunft sein, in der die meisten Moslems gelernt haben, einen Großteil ihrer heiligen Schriften zu ignorieren. Das Gleiche gilt für die Christen. Angesichts der islamischen Lehre ist ein solcher Wandel allerdings keineswegs zu gewärtigen.

Randbezirk ohne Zentrum

Manch ein Autor betont, es sei problematisch, von einem muslimischen «Fundamentalismus» zu sprechen, da dies den Eindruck erwecke, es bestünden gewaltige Differenzen zwischen den Lehren fundamentalistischer Moslems und denen der breiten Masse. Zutreffend ist jedoch vielmehr, dass wohl die meisten Moslems in der westlichen Bedeutung des Wortes «fundamentalistisch» sind, denn selbst ein «gemäßigter» Umgang mit dem Islam impliziert für gewöhnlich die Ansicht, der Koran sei das buchstabengetreue und unfehlbare Wort des einen wahren Gottes. Der Unterschied zwischen Fundamentalisten und Gemäßigten – und gewiss auch der Unterschied zwischen sämtlichen «Extremisten» und Gemäßigten – besteht in dem Ausmaß, in dem sie politisches und militärisches Handeln als wesentlichen Bestandteil der Praxis ihres Glaubens betrachten. Auf jeden Fall werden Personen, die glauben, der Islam müsse auf alle Dimensionen des menschlichen Daseins, inklusive Politik und Gesetzgebung, einwirken, nun üblicherweise nicht mehr als «Fundamentalisten» oder «Extremisten», sondern als «Islamisten» bezeichnet.

Aus islamischer Sicht unterteilt sich die Welt in ein «Haus des Islam» sowie ein «Haus des Krieges». Letztere Bezeichnung sollte erkennbar machen, wie viele Moslems es sind, die daran glauben, ihre Differenzen mit jenen, die ihren Glauben nicht teilen, würden sich letztlich beilegen lassen. Während es zweifellos ein paar «gemäßigte» Moslems gibt, die beschlossen haben, die unheilbare Militanz ihrer Religion außer Acht zu lassen, handelt es sich beim Islam unbestreitbar um eine Religion der Eroberung. Die einzige Zukunft, die ein frommer Moslem sich – als Moslem – vorstellen kann, ist eine Zukunft, in der alle Ungläubigen entweder zum Islam übergetreten sind oder unterjocht beziehungsweise vernichtet wurden. Mehr als eine nur vorübergehende Machtteilung mit den «Feinden Gottes» gestattet die islamische Lehre ganz einfach nicht.

Wie die meisten anderen Religionen musste auch der Islam eine Vielzahl von Schismen durchstehen. Seit dem 7. Jahrhundert betrachten die Sunniten (die Mehrheit) die Schiiten als irrgläubig, und die Schiiten geben dieses Kompliment an die Sunniten zurück. Doch auch innerhalb dieser Religionsgemeinschaften kam es zu Spaltungen; selbst in den Reihen derer, die ohne jeden Zweifel als Islamisten gelten müssen. Wir brauchen bei dieser Konfessions-Algebra nicht jedes Detail zu beachten; es reicht die Feststellung, dass diese Schismen die heilsame Wirkung hatten, das Haus Islam in sich selbst zu spalten. Während dies die Bedrohung mindert, die der Islam derzeit für den Westen darstellt, bleiben Islam und westlicher Liberalismus dennoch unvereinbar. Einen gemäßigten – wirklich gemäßigten, der muslimischen Unsinnigkeit wirklich kritisch gegenüberstehenden – Islam scheint es kaum zu geben. Falls doch, verschanzen sich die Anhänger dieser Richtung derart gekonnt (und aus ähnlichen Gründen), wie es im 14. Jahrhundert die Anhänger eines gemäßigten Christentums taten.

Jenes Element des Islam, das Nicht-Moslems am meisten Sorgen bereitet und das Islam-Apologeten eifrig zu verschleiern suchen, ist das Prinzip des Dschihad. Wörtlich lässt sich dieser Begriff als «Kampf» oder «Bestreben» übersetzen; meist jedoch wird Dschihad im Deutschen als «heiliger Krieg» wiedergegeben, und das ist kein Zufall. Während Moslems stets die Antwort parat haben, es gebe einen inneren (oder «Großen») Dschihad, bei dem es darum gehe, Krieg gegen die eigene Sündhaftigkeit zu führen, lässt sich auch mit noch so viel Spitzfindigkeit nicht verhehlen, dass der äußere (oder «Kleine») Dschihad, nämlich der Krieg gegen Ungläubige und Abtrünnige, zu den Kernelementen ihrer Religion zählt. Die bewaffnete Auseinandersetzung «zur Verteidigung des Islam» stellt für einen jeden muslimischen Mann eine religiöse Verpflichtung dar. Wir lassen uns täuschen, wenn wir glauben, der Begriff «zur Verteidigung des Islam» deute darauf hin, dass der gesamte muslimische Kampf lediglich der «Selbstverteidigung» diene. Im Gegenteil, die Pflicht zum Dschihad ist ein unzweideutiger Aufruf zur Eroberung der Welt. Wie Bernard Lewis schreibt, «wird davon ausgegangen, dass die Pflicht zum Dschihad weiter bestehen wird, nur gelegentlich durch eine Art Burgfrieden unterbrochen, bis alle Welt entweder zum muslimischen Glauben übergetreten sein oder sich dem muslimischen Gesetz unterworfen haben wird».[3] Es lässt sich einfach nicht leugnen, dass Moslems nicht nur von ihrem Sieg in der kommenden, sondern auch von einem Sieg in dieser Welt ausgehen. Wie Malise Ruthven betont: «Der Prophet war sein eigener Cäsar. ... Wenn Imitatio Christi bedeutet, weltlichem Streben zu entsagen und sein Heil in Taten persönlicher Tugend zu suchen, so bedeutet Imitatio Muhammadi, früher oder später die Waffen gegen jene Mächte zu erheben, die den Islam von innen oder außen scheinbar bedrohen.»[4] Es genügt vollauf, in diesem Zusammenhang den Koran zu lesen, doch in der Hadith-Literatur wird das Thema noch vertieft:

> Der Dschihad ist eure Pflicht unter jedem Herrscher, sei er gottesfürchtig oder gottlos.
>
> Eine einzige Bemühung (im Kampf) für die Sache Allahs am Vormittag oder am Nachmittag ist besser als die Welt und alles, was in ihr ist.
>
> Einen Tag und eine Nacht lang an der Front zu kämpfen ist besser, als einen Monat lang zu fasten und zu beten.
>
> Keiner, der stirbt und (im Jenseits) Allahs Güte erfährt, würde je in diese Welt zurückkommen wollen, selbst wenn ihm die ganze Welt gehören würde und alles, was in ihr ist, außer dem Märtyrer, der angesichts der Erhabenheit des Märtyrertums gern auf diese Welt zurückkehren würde, um sich aufs Neue (für die Sache Allahs) töten zu lassen.
>
> Wer stirbt, ohne je an einem Feldzug teilgenommen zu haben, stirbt in einer Art Unglauben.
>
> Das Paradies ruht im Schatten von Schwertern.[5]

Von solchen und ähnlichen Hadithen lassen sich viele weitere entdecken, und regelmäßig berufen Islamisten sich auf diese Propheten-Worte, um ihre Angriffe auf Ungläubige und Abtrünnige zu rechtfertigen.

Jene, die nach Mitteln suchen, die dem Islam eigene Militanz weich zu spülen, beteuern, es fänden sich ein paar Zeilen im Koran, die sich unmittelbar gegen willkürliche Gewalt aussprächen. Die ihrer Dschihad-Pflicht nachgehen, werden ermahnt, nicht als Erste anzugreifen (Koran 2: 190), denn «Gott mag keine Aggressoren». Diese Unterlassungsklausel jedoch hält niemanden zurück. Angesichts der langen Geschichte des Konflikts zwischen dem Islam und dem Westen, lässt sich mittlerweile fast jeder gewaltsame Übergriff auf Ungläubige auf nachvollziehbare Weise als Akt zur Verteidigung des Glaubens darstellen. Die jüngsten US-Abenteuer im Irak bieten jeden möglichen Grund, den ein aufstrebender Märtyrer braucht, um in den kommenden Jahrzehnten den Dschihad gegen «die Freunde Satans» aufzunehmen. Lewis merkt an, dass jemand, der für Gott kämpft, ermahnt wird, keine Frauen, Kinder oder Greise zu töten, außer in Notwehr, doch ein paar kleine Winkelzüge im Umgang mit dem Begriff Notwehr erlauben es militanten Moslems, auch diese Einschränkung zu umgehen. Das Entscheidende ist, dass ein frommer Moslem an der Realität des Paradieses sowie an der Wirksamkeit des Märtyrertums als Weg dorthin keinerlei Zweifel haben kann. Ebenso wenig stellt der fromme Muslim in Frage, dass es weise und einsichtig ist, andere wegen etwas zu töten, das in Wirklichkeit nichts weiter als theologische Kümmernisse sind. Im Islam bleiben die Haarspaltereien den «Gemäßigten» überlassen, denn die Grundrichtung der Doktrin ist nicht zu leugnen: Ungläubige sollt ihr bekehren, unterjochen oder töten; Abtrünnige sollt ihr töten; die Welt sollt ihr erobern.

Der Aufruf zur Eroberung der Welt ist bezeichnend, wenn man bedenkt, dass eine der Hauptsünden, die Moslems dem Westen vorwerfen, der «Imperialismus» ist:

> Der Imperialismus nimmt im Nahen Osten und vor allem unter den von Moslems gegen den Westen erhobenen Anklagen eine besonders wichtige Stellung ein. Für sie hat das Wort Imperialismus eine spezielle Bedeutung. Von den Moslems der großen muslimischen Reiche – deren erstes von den Arabern gegründet wurde, die späteren von den Türken, die sich riesige Territorien samt deren Einwohnerschaft unterwarfen, um sie dem Haus des Islam einzuverleiben – wurde dieser Begriff nie verwendet. Die Moslems hielten es für völlig legitim, Europa und die Europäer zu erobern und zu regieren und ihnen so zu ermöglichen (nicht sie zu zwingen), den neuen Glauben anzunehmen. Bei den Europäern galt es als Verbrechen und Sünde, die muslimische Welt zu erobern, sie zu regieren oder, schlimmer noch, sie vom Weg abbringen zu wollen. Nach muslimischer Auffassung ist die Bekehrung zum Islam ein Segen für den Bekehrten und ein Verdienst für den, der ihn bekehrt. Nach islamischem Gesetz gilt die Abwendung vom Islam als Abtrünnigkeit – ein Kapitaldelikt sowohl für den, der sich irreleiten lässt, als auch für den, der ihn irreleitet. In diesem

> Punkt ist das Gesetz klar und unzweideutig. Für einen Moslem, der dem Islam den Rücken kehrt, auch wenn es sich um einen frisch Bekehrten handelt, der zu seinem früheren Glauben zurückkehrt, kommt nur die Todesstrafe in Betracht.[6]

Wir werden gleich zum Thema Abtrünnigkeit zurückkommen. Zuvor jedoch sollten wir festhalten, dass Lewis' Anmerkung über die Abwesenheit eines Zwanges für Besiegte, den neuen Glauben anzunehmen, irreführend ist. Es stimmt, dass der Koran eine Art Handbremse für muslimische «Gemäßigte» bereithält: «Es soll keinen Zwang in der Religion geben.» (Koran 2: 256) Doch ein kurzer Blick auf den restlichen Koran und in die muslimische Geschichte verrät, dass wir davon keinen allzu häufigen Gebrauch erwarten dürfen. Wie es aussieht, bietet diese Textzeile eine dürftige Basis für muslimische Toleranz. Zunächst einmal gilt die muslimische Auffassung von Toleranz nur für Juden und Christen, Anhänger der «Buchreligionen» also, während die Praktiken von Buddhisten, Hindus und weiterer «Götzendiener» als spirituell so verkommen betrachtet werden, dass sie die Grenzen alles Akzeptablen bei weitem überschreiten.[7] Selbst die Buchreligionen müssen Zurückhaltung üben und ihren muslimischen Herrschern «demütig» den Zehnten abgeben (die Dschizya bezahlen). Wie viele andere weist auch Fareed Zakaria darauf hin,[8] dass Juden jahrhundertelang unter muslimischer Herrschaft lebten und sie es während dieser Zeit relativ gut hatten – dies aber nur im Vergleich zu den Gräueln des Lebens unter christlicher Theokratie. Die Wahrheit lautet, dass das Leben der Juden im Haus des Islam gekennzeichnet war von endlosen Demütigungen und regelmäßigen Pogromen. Ein Zustand von Apartheid war die Norm, wobei es den Juden untersagt war, Waffen zu tragen, vor Gericht als Zeugen aufzutreten und Pferde zu reiten. Man zwang sie zum Tragen besonderer Kleidung (der Judenstern hat seinen Ursprung in Bagdad, nicht in Nazideutschland), und gewisse Straßen und Gebäude durften von Juden nicht betreten werden. Juden wurden, unter Androhung von Gewalt und sogar der Todesstrafe, dazu verpflichtet, an einem Moslem nur an dessen linker (unreiner) Seite vorbeizugehen und dabei den Blick gesenkt zu halten. In Teilen der arabischen Welt war es Sitte, dass muslimische Kinder mit Steinen nach Juden warfen und sie bespuckten.[9] Solche und andere Demütigungen wurden regelmäßig durch organisierte Blutbäder und Pogrome ergänzt: in Marokko (1728, 1790, 1875, 1884, 1890, 1903, 1912, 1948, 1952 und 1955), in Algerien (1805 und 1934), in Tunesien (1864, 1869, 1932 und 1967), in Persien (1839, 1867 und 1910), im Irak (1828, 1936, 1937, 1941, 1946, 1948, 1967 und 1969), in Libyen (1785, 1860, 1897, 1945, 1948 und 1967), in Ägypten (1882, 1919, 1921, 1924, 1938–39, 1945, 1948, 1956 und 1967), in Palästina (1929 und 1936), in Syrien (1840, 1945, 1947, 1948, 1949 und 1967), im Jemen (1947), und so weiter.[10] Das Leben von Christen unter dem Islam war wohl kaum erfreulicher.

Als Gegenstand der Doktrin ist die muslimische Auffassung von Toleranz eine Auffassung, bei der Nicht-Moslems politisch und wirtschaftlich unterdrückt, bekehrt oder mit dem Schwert gerichtet werden. Die Tatsache, dass die muslimische Welt in ihrer Geschichte nur selten unter einer einzigen Herrschaft vereint war und es wohl auch nie wieder sein wird, ist für dieses Hegemoniestreben unerheblich. Für jede politische Gemeinschaft innerhalb des Islam «ist es Aufgabe des islamischen Staates, für Gehorsam gegenüber dem geoffenbarten Gesetz zu sorgen».[11]

Zakaria stellt fest, dass im Westen lebende Moslems für gewöhnlich tolerant gegenüber dem Glauben anderer erscheinen. Nehmen wir mal an, dem sei so – obgleich diese Annahme die unbequeme Wahrheit ignoriert, dass viele westliche Länder inzwischen wie «Brutstätten islamischer Militanz»[12] wirken. Ehe wir dies jedoch der muslimischen Toleranz ankreiden wollen, sollten wir uns fragen, wie muslimische Intoleranz sich im Westen üblicherweise darstellt. Gibt es denn irgendwo eine – selbst eine radikalisierte – Minderheit, die sich nicht schon aus Karrieregründen der Mehrheit gegenüber weitgehend «tolerant» verhält? Selbst bekennende Terroristen und Revolutionäre verbringen die meiste Zeit ihres Lebens damit, auf den richtigen Moment zu warten. Wir sollten eine auf politischer, wirtschaftlicher und zahlenmäßiger Schwäche gründende «Toleranz» nicht als authentischen Liberalismus missdeuten.

Lewis stellt fest, dass «Moslems auf keinen Landstrich, der einst dem islamischen Reich hinzugefügt wurde, je endgültig verzichten würden».[13] Man könnte also ergänzen, dass ebenso auf keine Seele, die jemals dem Reich hinzugefügt wurde, je endgültig verzichtet werden kann – da, wie Lewis ebenfalls anmerkt, auf Abtrünnigkeit die Todesstrafe steht. Es empfiehlt sich, über diese Tatsache einen Moment lang nachzudenken, da sie die schwarze Perle der Intoleranz darstellt, die keine liberale Schriftauslegung je wird völlig verdauen können. Im Haus Islam wird jeder, der zu viel über diese Welt lernt, sodass er die Glaubenslehre in Frage stellt, mit dem Tod bestraft. Wenn ein Moslem des 21. Jahrhunderts seinen Glauben verliert, selbst wenn er zuvor auch nur eine Stunde lang Moslem war, besteht überall, wo der Islam regiert, die verbreitete Reaktion darin, den Abtrünnigen zu töten.

Während der Koran lediglich jene Strafen schildert, die den Abtrünnigen in der nächsten Welt erwarten (Koran 3: 86–91), konzentriert sich der Hadith auf die Urteile, die in dieser Welt zu sprechen sind. «Wer seine Religion wechselt, den sollt ihr töten.» In diesem Gebot verbirgt sich keine Metapher, und man könnte meinen, dass kein Eingriff liberaler Interpreten eine solche Aussage zu verharmlosen vermag. Man mag versucht sein, der Tatsache, dass diese Anweisung nicht im Koran selbst enthalten ist, große Bedeutung beizumessen; in der Praxis jedoch erweist sich die Hadith-Literatur als um keinen Deut unverbindlicher für die muslimische Weltanschauung. Angesichts der Tatsache, dass der Hadith oft als Brille benutzt wird, durch die der Koran zu interpretieren ist, messen viele muslimische Juristen ihm hinsichtlich der islamischen Praxis sogar die noch höhere Autorität zu.[14] Zwar fordern gewisse liberale Juristen, ein Abtrünniger müsse sich schon gegen den Islam aussprechen, bevor man seiner Tötung zustimmt; die Strafe selbst jedoch wird im allgemeinen nicht als «extrem» betrachtet. Die Tötung Abtrünniger per Gesetz wird von der breiten Masse akzeptiert, wenn nicht sogar praktiziert. Dies erklärt auch, wie der Eindruck entstehen konnte, auf dieser Welt gebe es nicht einen vernünftigen Moslem, als Ayatollah Khomeini eine Prämie auf den Kopf von Salman Rushdie aussetzte. Viele im Westen fragten sich, wieso nicht Millionen «gemäßigter» Moslems sich öffentlich von dieser Fatwa distanzierten. Die Antwort lässt sich direkt aus der islamischen Lehre ableiten, die dafür sorgte, dass nicht einmal der aus dem Westen stammende Folksänger Cat Stevens (er nennt sich inzwischen Yusuf Islam) an der Gerechtigkeit der Todesforderung zweifeln mochte.[15]

Wie wir gesehen haben, lässt sich dieselbe intolerante Note auch aus Christentum und Judentum vernehmen – bei beiden jedoch nur aus dem, was sie vor etlichen Jahrhunderten waren. Beim Islam hingegen ist es aktuelle Realität, dass die eigenen Glaubensbrüder, falls man bei einer uneingeschränkten Erforschung der Welt die falsche Tür öffnet, der Meinung sind, dafür müsse man sterben. Fragt sich bloß, was Moslems meinen, wenn sie glauben, in der Religion dürfe es «keinen Zwang» geben.

In einer Rezension von Bernard W. Lewis' neuestem Buch über den Islam bedient Kenneth Pollack sich einer Art von Kritik, die sich noch zutreffender auch auf meine Darstellung anwenden ließe:

> Lewis hat sich für seine Leser noch immer nicht mit den tieferen Fragen auseinander gesetzt. Noch immer bietet er keine Erklärung dafür an, wieso der islamische Nahe Osten stagnierte, wieso seine Reformbestrebungen scheiterten, wieso es ihm sichtlich nicht gelingt, sich auf sinnvolle Weise in die globale Wirtschaft einzubringen, und wieso diese Misserfolge nicht (wie in den letzten 50 Jahren in Ostasien, und heute nachweislich auch in Indien, Lateinamerika und sogar in Teilen von Afrika südlich der Sahara) zu einer neuen Entschlossenheit führten, es dennoch zu schaffen, sondern gegenüber dem Westen zu einem Zorn und einer Frustration von so tief sitzender und beißender Art, dass trotz sämtlicher islamischer Verbote eines solchen Verhaltens daraus ein mörderischer und selbstmörderischer Terrorismus entstand.[16]

All das sind gute Fragen, und Zakaria weiß darauf plausible Antworten zu geben – doch die «tieferen Fragen» sind es nicht. Glaubt man alles, was man laut Koran zu glauben hat, um den Qualen der Hölle zu entgehen, wird man für die Aktionen eines Osama bin Laden zumindest Sympathie empfinden. Die Verbote von Terrorismus durch Selbstmordattentate sind nicht annähernd so zahlreich, wie Pollack es nahelegt. Im Koran findet sich dazu eine einzige mehrdeutige Zeile: «Zerstört euch nicht selbst.» (4: 29) Wie die meisten Kommentatoren solcher Themen erscheint Pollack unfähig, sich in die Lage einer Person zu versetzen, die an die im Koran stehenden Behauptungen tatsächlich glaubt – dass das Paradies auf sie wartet, dass unsere Sinne uns nichts bescheren als den Beweis für eine gefallene Welt, die zu Ehren Gottes dringend der Eroberung bedarf. Man schlage den Koran auf, der bis in die kleinste Silbe vollkommen ist, und lese darin einfach mit den Augen eines Gläubigen. Man wird erfahren, wie wenig Mitgefühl auf jene zu verschwenden ist, die von Gott selbst «verspottet», «verflucht», «der Schmach anheim gegeben», «bestraft», «gegeißelt», «gerichtet», «verbrannt» oder «vertilgt» werden, denen er «nicht vergibt» und «keine Gnade erweist». Gott, in seiner unendlichen Weisheit, hat die Ungläubigen samt ihrer Zweifel verflucht. Er verlängert ihr Leben und mehrt ihren Reichtum, sodass sie weiterhin Sünde auf Sünde häufen mögen und sich der Qualen, die jenseits des Grabes auf sie warten, als umso würdiger erweisen. Aus diesem Blickwinkel waren die Menschen, die am 11. September 2001 ums Leben kamen, nichts als Brennstoff für das ewige Feuer von Gottes Gerechtigkeit. Um ein Bild von der Gnadenlosigkeit zu vermitteln, mit der Ungläubige herabgesetzt werden, folgt nun eine lange Sammlung von Koran-Zitaten, und zwar in der Reihenfolge ihres Erscheinens im Text. Hier erfahren wir, was der Schöpfer des Universums allem Anschein nach im Sinn hat (wenn er nicht gerade dabei ist, mit Gravitationskonstanten und Atomgewichten zu hadern):

> «Ob ihr sie [die Ungläubigen] vorwarnen mögt oder nicht, sie werden ohne Glauben bleiben.» (2: 6) «Gott wird ihrer spotten und sie lang in der Sünde verharren lassen, blind umhertappend.» (2: 15) Ein Feuer, «genährt aus Menschen und Steinen», wartet auf sie. (2: 24) Sie werden «mit Schmach belohnt in dieser Welt und mit bitteren Strafen am Tag der Auferstehung». (2: 85) «Gottes Fluch laste auf den Ungläubigen!» (2: 89) «Sie haben Gottes unerbittlichsten Zorn auf sich gelenkt. Ein schändliches Strafgericht harret ihrer». (2: 90) «Gott ist der Feind aller Ungläubigen» (2:98) «Die unter den Buchvölkern [Christen und Juden] ungläubig sind, sowie auch die Heiden, sind dir gram um jede Segnung, die von unserem Herrn über dich gekommen ist.» (2: 105) «In dieser Welt soll Schmach sie treffen, und im Jenseits schwere Strafen.» (2: 114) «Denen Wir [Gott] das Buch gegeben haben und die es lesen, wie zu lesen es sich ziemt, werden wahrhaftig daran glauben; die es leugnen, werden gewiss verloren sein.» (2:122) «[Wir] werden sie eine Weile leben lassen und sie dann ins peinigende Feuer stoßen. Das Übel soll ihr Los sein.» (2: 126) «Der Osten und der Westen gehören Gott. Wen er will, den führt er auf einen rechten Weg.» (2: 142) «Sagt nicht, jene, die um der Sache Gottes willen getötet wurden, seien tot. Sie sind am Leben, nur könnt ihr sie nicht wahrnehmen.» (2: 154) «Die Ungläubigen aber, die ohne Glauben sterben, die wird treffen der Zorn Gottes, der Engel und aller Menschen. Unter ihresgleichen sollen sie verweilen für alle Zeit; ihre Strafe wird ihnen keiner erleichtern, auch wird ihnen keine Gnade erwiesen.» (2: 162) «Ihr schlechtes Gewissen wird sie seufzen lassen, doch niemals

können sie dem Feuer entrinnen.» (2: 168) «Die Ungläubigen sind wie Tiere. Wenn man sie ruft nach Menschenart, hören sie nichts als Gebrüll und Geschrei. Taub sind sie, stumm und blind, und verstehen nichts.» (2: 172) «Auf sie wartet ein jämmerliches Strafgericht.» (2: 175) «Wie unermüdlich sie nach dem Feuer suchen! Dies geschieht, weil Gott das Buch der Wahrheit offenbart hat; alle, die ihm widersprechen, stehen jenseits einer tiefen Kluft.» (2: 176) «Tötet sie, wo immer ihr sie findet. Verjagt sie von den Orten, von denen sie euch verjagten. Götzendienst ist schlimmer als ein Blutbad. ... Wenn sie euch angreifen, richtet sie mit dem Schwert. Das soll der Lohn sein für die Ungläubigen; wenn sie aber umkehren, wird Gott ihnen Gnade und Vergebung schenken. Kämpft gegen sie, bis es keinen Götzendienst mehr gibt, und die Religion Gottes die Alleinherrschaft innehat. Wenn sie aber umkehren, bekämpft sie nicht, außer die Übeltäter.» (2:190–193) «Der Kampf ist eine Verpflichtung für dich, so sehr er dir missfallen mag. Man kann hassen, was gut für einen ist, und lieben, was einem schadet. Gott ist wissend, du aber bist unwissend.» (2: 216) «Sie werden nicht aufhören, gegen dich zu kämpfen, bis sie dich zwingen, deinem Glauben abzuschwören – wenn sie können. Alle unter euch jedoch, die ihrem Glauben entsagen und als Ungläubige sterben, deren Werk soll keine Frucht bringen in dieser und in der kommenden Welt. Solche werden die Pächter der Hölle sein, worin sie für immer bleiben werden. Jene, die den Glauben angenommen haben, und haben ihr Land verlassen und für die Sache Gottes gekämpft, dürfen auf Gottes Erbarmen hoffen.» (2: 217-18) «Gott gewährt den Übeltätern keine Führung.» (2: 264) «Für die Übeltäter wird niemand da sein, der ihnen hilft.» (2: 270) «Gott gewährt Führung, wem Er will.» (2: 272)

«Die Gottes Offenbarungen leugnen, auf die warten schwere Strafen; Gott ist mächtig und zur Rache fähig.» (3: 5) «Was die Ungläubigen betrifft, so werden weder ihr Reichtum noch ihre Kinder sie auch nur im Geringsten vor Gottes Gericht bewahren. Sie sollen Brennstoff sein für das Feuer.» (3: 10) «Sagt zu den Ungläubigen: ‹Ihr sollt niedergeworfen und zur Hölle gejagt werden – die ist eine schlimme Ruhestätte!›» (3: 12) «Der einzig wahre Glaube in Gottes Augen ist der Islam ... Wer Gottes Offenbarungen leugnet, der wisse, dass Gott geschwind mit ihm abrechnen wird.»

(3: 19) «Die Gläubigen sollen sich keine Freunde suchen unter den Ungläubigen, sondern sich Gläubige erwählen. Wer dagegen verstößt, außer in Notwehr, hat von Gott nichts zu erhoffen.» (3: 28) «Ihr Gläubigen, erwählt euch zu Freunden nur solche von eurer Art. Die anderen werden keine Mühe scheuen, euch zu verderben. Sie wünschen nichts als euren Untergang. Ihr Hass wird offenbar durch das, was ihre Lippen sprechen; noch größer jedoch ist der Hass, den sie in ihrer Brust verbergen.» (3: 118) «Hast du eine Niederlage erlitten, so gilt das auch für den Feind. Wir sorgen für einen Wechsel bei solchen Schicksalsschlägen unter den Menschen, auf dass Gott die wahren Gläubigen erkenne und Märtyrer aus euch erwähle (Gott liebt die Übeltäter nicht); auf dass Gott die Gläubigen prüfen und die Ungläubigen vertilgen kann.» (3: 140) «Ihr Gläubigen, wenn ihr euch den Ungläubigen beugt, werden sie euch zurückschleppen zum Unglauben, und ihr werdet Hals über Kopf ins Verderben stürzen ... Wir werden die Herzen der Ungläubigen mit Grauen erfüllen ... Das Feuer soll ihre Heimat sein.» (3: 149-51) «Ihr Gläubigen, folgt nicht dem Beispiel der Ungläubigen, die von ihren Brüdern sagen, wenn sie draußen oder im Krieg der Tod ereilt: ‹Wären sie bei uns geblieben, wären sie nicht gestorben, auch hätte man sie nicht getötet.› Gott sorgt dafür, dass sie ihre Worte bereuen werden ... Solltest du sterben oder getötet werden um der Sache Gottes willen, dann werden Gottes Gnade und Vergebung sich gewiss für besser erweisen als all die Reichtümer, die sie anhäufen.» (3: 156) «Glaubt niemals, jene, die um der Sache Gottes willen getötet wurden, seien tot. Sie sind am Leben, und ihr Herr sorgt gut für sie; Er erfreut sie mit seinen Gaben, und sie frohlocken darüber, dass ihre Hinterbliebenen, die den Weg noch nicht mit ihnen gegangen sind, nichts zu befürchten und zu bereuen haben; sie erfreuen sich an Gottes Gnade und Großzügigkeit. Gott wird den Gläubigen ihren Lohn nicht verweigern.» (3: 169) «Es mögen die Ungläubigen nicht denken, Wir würden ihre Lebenszeit ihnen zuliebe verlängern. Wir gewähren ihnen Aufschub nur, damit sie noch mehr schwere Sünden begehen. Eine schmachvolle Strafe harret ihrer.» (3: 178) «Die um Meinetwillen Verfolgung litten und kämpften und wurden ermordet: Ich will ihnen ihre Sünden vergeben und sie zu den Gärten führen, die von fließenden Bächen genährt werden, als Lohn Gottes; Gott hält die üppigste Belohnung für sie bereit.

Lasst euch nicht täuschen vom Glück der Ungläubigen im Lande. Ihr Reichtum ist von kurzer Dauer. Die Hölle wird ihre Heimat sein, eine trostlose Ruhestätte.» (3: 195-96)

«Gott hat sie in ihrem Unglauben verflucht.» (4: 46) «Gott wird denen nicht vergeben, die anderen Göttern neben Ihm dienen; Er wird aber andere Sünden vergeben, wem Er will. Wer neben Gott noch anderen Göttern dient, begeht eine abscheuliche Sünde ... Seht euch die an, denen ein Teil der Schrift gegeben wurde. Sie glauben an Götzen und falsche Götter und sagen von den Ungläubigen: ‹Diese haben bessere Führung als die Gläubigen.›» (4:50-51) «Die Unsere Offenbarung leugnen, werden Wir im Feuer verbrennen. Nicht wird ihre Haut verzehrt werden, bis Wir ihnen eine neue Haut geben, auf dass sie die Geißelungen wahrhaft auskosten dürfen. Gott ist mächtig und weise.» (4: 55-56)

«Ihr Gläubigen, strebt nicht nach der Freundschaft von Ungläubigen noch derer, denen das Buch vor euch gegeben wurde und die aus eurer Religion ein Spottbild und eine Zerstreuung gemacht haben.» (5: 57) «Was euch offenbart wurde von eurem Herrn, wird gewiss auch die Boshaftigkeit und den Unglauben vieler von ihnen mehren. Wir haben Feindschaft und Hass in ihre Herzen gesät, die dort verbleiben werden bis zum Tag der Auferstehung.» (5: 65) «Gott gewährt den Ungläubigen keine Führung.» (5: 67) «Was euch von eurem Herrn offenbart wurde, wird gewiss auch die Boshaftigkeit und den Unglauben vieler von ihnen mehren. Doch grämt euch nicht wegen der Ungläubigen.» (5: 69) «Ihr seht, viele von ihnen schließen Freundschaft mit den Ungläubigen. Das Böse ist es, zu dem ihre Seele sie treibt. Sie haben den Zorn Gottes erregt und sollen ewige Qualen leiden ... Ihr werdet erkennen: Die am unversöhnlichsten sind in ihrem Hass gegen die Gläubigen, das sind die Juden und die Heiden. In ihrer Zuneigung am nächsten aber sind jene, die von sich sagen: ‹Wir sind Christen.›» (5: 80-82) «Die nicht glauben und Unsere Offenbarung leugnen, werden zu Bewohnern der Hölle werden.» (5: 86)

«Sie leugnen die Wahrheit, wenn man sie ihnen erklärt; doch sie sollen die Folgen ihrer Verachtung spüren.» (6: 5) «Wir haben ihnen mehr Macht im Lande verliehen als euch (den Mekkanern), schickten ihnen vom Himmel Ströme überfließenden Wassers und gaben ihnen Flüsse, die sich zu ihren Füßen wanden. Weil sie aber sündigten, haben Wir sie alle vertilgt und zogen nach ihnen andere Generationen groß. Würden Wir euch ein Buch herabsenden, auf echtes Pergament geschrieben, und sie könnten es mit eigenen Händen berühren, so würden die Ungläubigen dennoch beteuern: ‹Dies ist nichts als reine Hexerei.› Sie fragen: ‹Warum wurde kein Engel herab zu ihm [Mohammed] gesandt?› Hätten wir aber einen Engel geschickt, so wäre ihr Schicksal besiegelt gewesen, und sie hätten keine Gnade gefunden.» (6: 5-8) «Wer ist verderbter als der Mensch, der Unwahrheiten erfindet, um Gott zu schaden, und Seine Offenbarungen leugnet?» (6: 21) «Manche von ihnen schenken euch Gehör. Wir aber haben ihre Herzen mit Schleiern verhüllt und sie schwerhörig gemacht, damit sie eure Worte nicht verstehen. Sie werden an keines Unserer Zeichen glauben, auch wenn sie sie alle miteinander sehen. Wenn sie kommen, um mit euch zu streiten, sagen die Ungläubigen: ‹Das sind nichts als alte, erfundene Geschichten.› Sie verbieten es, verwahren sich dagegen. Sie richten nichts zu Grunde als sich selbst, obgleich sie es nicht merken. Könntet ihr sie nur sehen, wenn sie vor dem Feuer stehen! Dann werden sie sagen: ‹Ach, könnten wir nur umkehren! Wir würden kein zweites Mal die Offenbarungen des Herrn leugnen, sondern wahre Gläubige sein.›» (6: 23-27) «Würde man sie aber zurückschicken, würden sie erneut tun, was ihnen verboten ist. Sie sind allesamt Lügner.» (6: 29) «Hätte es Gott gefallen, so hätte er ihnen Führung gewährt, einem jeden von ihnen.» (6: 35) «Taub und stumm sind jene, die Unsere Offenbarungen leugnen: Sie irren umher in Finsternis. Gott führt in die Irre, wen er will, und geleitet auf einen rechten Pfad, wer Ihm beliebt. (6: 39) «Ihre Herzen wurden verhärtet, und Satan machte, dass ihnen ihr Tun gerecht erschien. Und hatten sie Unsere Ermahnungen vollends vergessen, so gewährten wir ihnen alles, was sie sich wünschten; doch noch während sie sich an dem erfreuten, was ihnen zuteil wurde, suchten Wir sie heim und stürzten sie in tiefste Verzweiflung. So wurden die Übeltäter ausgemerzt. Lob sei Gott, dem Herrn des Universums!» (6: 43-45) «Die Unsere Offenbarungen leugnen, sollen für ihre Missetaten bestraft werden.» (6: 49) «Solche sind es, die von ihren eigenen Sünden verdammt werden. Siedendes Wasser sollen sie trinken und schwer für ihren Unglauben bestraft werden.» (6: 70) «Ach, könntet ihr nur die Übeltäter sehen, wenn der Tod über sie kommt! Mit ausgestreckten Hän-

> den werden die Engel sagen: ‹Gebt eure Seelen hin! Heute sollt ihr belohnt werden mit der Geißel der Schmach, denn ihr habt von Gott gesagt, was nicht wahr ist, und Seiner Offenbarungen gespottet.›» (6:93) «Haltet euch fern von den Heiden. Hätte Gott es gefallen, so hätten sie nie ihren Götzen gehuldigt. ... Wir wollen ihre Herzen und Augen von der Wahrheit abwenden, weil sie sich zunächst weigerten, daran zu glauben. Wir wollen sie herumstolpern lassen in ihren Missetaten. Schickten Wir Engel zu ihnen herab und ließen Tote zu ihnen sprechen ... und würden alles sichtbar machen vor ihren Augen, so blieben sie dennoch ungläubig, außer Gott wäre dagegen ... Deshalb haben Wir jedem Propheten einen Feind bestimmt: die Teufel und Dschinns nämlich unter den Menschen, die sich nichtige und schöngefärbte Lügen zuflüstern. Doch hätte es eurem Herrn gefallen, so wäre dies nicht so gekommen. Deshalb lasst sie allein mit ihren Märchen, auf dass die Herzen jener, die an ein kommendes Leben nicht glauben, ihren Reden gewogen sein, sich ihrer erfreuen und auf dem Pfad der Sünde verharren werden.» (6: 107-12) «Die Teufel werden ihre Jünger lehren, wie man mit euch streitet. Gehorcht ihr ihnen, werdet ihr selbst zu Götzendienern ... Gott wird die Missetäter erniedrigen und sie wegen ihrer Ränke einem bitteren Strafgericht zuführen.» (6: 121-25) «Wen Gott auf den rechten Weg führen will, dessen Busen öffnet Er für den Islam. Wen Er aber in die Irre führen will, dessen Busen macht er schmal und verengt ihn, als wolle jener aufsteigen zum Himmel. So wird Gott die Ungläubigen ihrer Züchtigung zuführen.» (6: 125)

Das alles ist natürlich furchtbar ermüdend.[17] Aber zur direkten Konfrontation mit dem Text gibt es keine Alternative. Ich kann die Qualität des Arabischen nicht beurteilen; womöglich ist sie grandios. Für den Inhalt des Buches gilt dies jedoch nicht. Auf nahezu jeder Seite ermahnt der Koran den ergebenen Moslem, Ungläubige zu verabscheuen. Auf nahezu jeder Seite bereitet er den Boden für religiöse Konflikte. Jeder, der solche Textpassagen zu lesen in der Lage ist und noch immer keinen Zusammenhang zwischen muslimischem Glauben und muslimischer Gewalt sieht, sollte besser einen Neurologen aufsuchen.

Mehr als alle anderen von Menschen kreierten Religionen verfügt der Islam über sämtliche Zutaten eines kompromisslosen Todeskultes. Sayyid Qutb, einer der einflussreichsten Denker der islamischen Welt, der unter Sunniten als Vater des modernen Islamismus gilt, schrieb: «Der Koran macht einen weiteren verachtenswerten Charakterzug der Juden deutlich: ihre feige Sehnsucht nach dem Leben nämlich, egal um welchen Preis und ohne Sinn für Qualität, Ehre und Würde.»[18] Dieses Statement ist wahrhaft ein Wunder an Prägnanz. Erscheint es auf den ersten Blick nur als flapsige Stichelei gegen die Juden, so ist es in Wahrheit ein aussagekräftiges Resümee der muslimischen Weltanschauung. Widmen Sie dieser Aussage ein paar Augenblicke, und ein ganzes Räderwerk aus Intoleranz und selbstmörderischem Pomp setzt sich vor Ihren Augen in Bewegung. Das zweideutige Selbstmordverbot scheint überhaupt kein Thema zu sein. Gewiss gibt es muslimische Rechtsgelehrte, die womöglich sagen, Selbstmordattentate stünden im Widerspruch zu den Lehren des Islam (nebenbei bemerkt: wo sind sie eigentlich, diese Rechtsgelehrten?), und dass Selbstmordbomber daher keine Märtyrer sind, sondern Neuankömmlinge in der Hölle. Eine solche Minderheitenmeinung, falls es sie denn gibt, ändert jedoch nichts an der Tatsache, dass Selbstmordanschläge von zahlreichen Vertretern der muslimischen Welt, wo man sie als «heilige Explosionen» bezeichnet, rationalisiert wurden. In der Tat, eine solche Rationalisierung ist angesichts der Lehren des Islam ein Kinderspiel. Im Lichte dessen, was fromme Moslems über den Dschihad, das Märtyrertum, das Paradies und die Ungläubigen glauben, können Selbstmordanschläge nur schwerlich als Fehltritte des Glaubens betrachtet werden. Und es überrascht ganz und gar nicht, dass alle, die auf solche Weise sterben, bei vielen ihrer Glaubensbrüder als Märtyrer gelten. Eine Militäraktion, die mit einem hohen Todesrisiko verbunden ist, wird jedenfalls als «Selbstmordkommando» bezeichnet, was für jemanden, der «für die Sache Gottes» kämpft, die Unterscheidung zwischen Selbstmord und Tod im Dienst am Vaterland zur Streitfrage macht. Das Entscheidende für den angehenden Märtyrer ist wohl: Solange du Ungläubige oder Abtrünnige «zur Verteidigung des Islam» tötest, ist es Allah egal, ob du dich bei dieser Prozedur selbst tötest oder nicht.

Mehr als 38 000 Menschen beteiligten sich kürzlich an einer weltweiten Umfrage im Auftrag des «Pew-Forschungszentrums für Menschen und Medien». Die Ergebnisse wurden in der ersten Veröffentlichung des «Global Attitudes Project» unter dem Titel «Was die Welt im Jahre 2002 denkt»[19] zusammengefasst. Teil der Erhebung war auch folgende Frage, die ausschließlich Moslems gestellt wurde:

Manche Menschen glauben, Selbstmordanschläge und weitere Formen von Gewalt gegen Zivilisten als Zielscheibe ließen sich aus dem Gebot rechtfertigen, den Islam gegen seine Feinde zu verteidigen. Andere glauben, eine solche Form von Gewalt lasse sich, ungeachtet der Gründe, niemals rechtfertigen. Glauben Sie persönlich, diese Form von Gewalt zur Verteidigung des Islam sei häufig gerechtfertigt, manchmal gerechtfertigt, selten gerechtfertigt oder nie gerechtfertigt?

Bevor wir uns den Ergebnissen dieser Studie zuwenden, sollten wir versuchen, uns die Bedeutung der nebeneinanderstehenden Begriffe «Selbstmordanschläge» und «Zivilisten als Zielscheibe» zu vergegenwärtigen. Wir leben also in einer Welt, in der eine wissenschaftliche Erhebung uns (bei einem Toleranzspielraum von 2 bis 4 Prozent) Auskunft darüber gibt, ob Moslems die vorsätzliche Ermordung und Verstümmelung unbeteiligter Männer, Frauen und Kinder zur Verteidigung des Islam («oft», «manchmal», «selten» oder «niemals») befürworten. Hier einige Ergebnisse der Pew-Studie (nicht alle Prozentangaben ergeben zusammen 100):

Selbstmordanschläge zur Verteidigung des Islam
Lassen sie sich rechtfertigen?

	Ja	Nein	Weiß nicht / K. A.
Libanon	73	21	6
Elfenbeinküste	56	44	0
Nigeria	47	45	8
Bangladesch	44	37	19
Jordanien	43	48	8
Pakistan	33	43	23
Mali	32	57	11
Ghana	30	57	12
Uganda	29	63	8
Senegal	28	69	3
Indonesien	27	70	3
Türkei	13	73	14

Wen diese Zahlen nicht zu alarmieren vermögen, der bedenke, dass Länder wie Saudi-Arabien, der Jemen, Ägypten, der Iran, der Sudan, der Irak und die palästinensischen Hoheitsgebiete in der Umfrage fehlen. Hätte man sie einbezogen, ließe sich mit Gewissheit sagen, dass die Libanesen von ihrer Spitzenposition mehrere Plätze nach unten gerutscht wären. Ein Selbstmordanschlag jedoch ist, wie der Name schon sagt, mit Selbstmord verbunden, was nach Ansicht vieler Moslems von Gott ausdrücklich verboten wird. Hätte die Frage also gelautet, «Ist es gerechtfertigt, zur Verteidigung des Islam Anschläge auf Zivilisten zu verüben?», so müssten wir mit einer noch größeren moslemischen Zustimmung zum Terrorismus rechnen.

Im Grunde jedoch sind die Pew-Resultate noch trostloser, als obige Tabelle erkennen lässt. Ein näherer Blick auf die Umfrageergebnisse verrät, dass die Demoskopen ihre Resultate schönten, indem sie die Antworten «selten gerechtfertigt» und «niemals gerechtfertigt» in einer Rubrik zusammenfassten und somit zu einer Fehleinschätzung des muslimischen Pazifismus verleiten. Werfen wir einen Blick auf die Daten aus Jordanien: Scheinbar befürworten 43 Prozent der befragten Jordanier den Terrorismus, während 48 Prozent dagegen sind. Das Problem jedoch ist, dass 22 Prozent der befragten Jordanier in Wirklichkeit mit «selten gerechtfertigt» antworteten, was nahezu die Hälfte der «Nein»-Antworten ausmacht. «Selten gerechtfertigt» bedeutet nach wie vor, jene Befragten würden unter bestimmten Umständen die willkürliche Ermordung Unbeteiligter (bei Selbstmord) gutheißen, und dies nicht als zufälliges Nebenprodukt eines militärischen Einsatzes, sondern in Form einer zielgerichteten Aktion.

Ein genaueres Bild der muslimischen Toleranz gegenüber Terrorismus bietet sich, wenn wir uns jenem Prozentsatz der Befragten zuwenden, die es nicht übers Herz brachten, mit «niemals gerechtfertigt» zu antworten (ganz zu schweigen von den vielen, die noch immer im Schattenreich des «Weiß nicht / Keine Antwort» auf der Lauer liegen). Splitten wir die Daten derart auf, sehen wir in der muslimischen Welt die Sonne der Moderne noch tiefer am Horizont versinken:

Selbstmordanschläge zur Verteidigung des Islam
Lassen sie sich überhaupt je rechtfertigen?

	Ja	Nein	Weiß nicht / K. A.
Libanon	82	12	6
Elfenbeinküste	73	27	0
Nigeria	66	26	8
Jordanien	65	26	8
Bangladesch	58	23	19
Mali	54	35	11
Senegal	47	50	3
Ghana	44	43	12
Indonesien	43	54	3
Uganda	40	52	8
Pakistan	38	38	23
Türkei	20	64	14

Das sind abscheuliche Zahlen. Selbst wenn alle Moslems geantwortet hätten wie in der Türkei (wo lediglich 4 Prozent glauben, Selbstmordanschläge seien «oft» gerechtfertigt, 9 Prozent «manchmal» und 7 Prozent «selten»), wäre dies für uns noch immer ein Problem, über das nachzudenken sich lohnt; denn insgesamt ergäbe das noch immer 200 Millionen eingeschworene Terrorismus-Befürworter. Die Türkei jedoch ist im Vergleich zur restlichen muslimischen Welt eine Oase diplomatischer Verständigungsbereitschaft.

Stellen wir uns vor, im Nahen Osten kehre eines Tages Frieden ein. Was würden die Moslems dann zu den Selbstmordanschlägen sagen, denen so viele von ihnen beigepflichtet hatten? Würden sie sagen: «Die israelische Belagerung hatte uns in den Wahnsinn getrieben»? Würden Sie sagen: «Wir waren eine Generation von Soziopathen»? Welche Erklärung hätten sie für den Freudentaumel, der jeweils auf eine «heilige Explosion» folgte? Ein junger Mann, in recht privilegierte Verhältnisse geboren, stopft seine Kleider mit Sprengstoff und Metallkugeln voll, um in einer Diskothek sich selbst und einer Reihe Kinder den Garaus zu machen, und prompt strömen Hunderte von Nachbarn zusammen, um der Mutter des Attentäters zu gratulieren. Was werden die Palästinenser über ein solches Verhalten denken, wenn erst Frieden herrscht? Falls sie noch immer fromme Moslems sind, dann werden sie Folgendes denken müssen: «Unsere Jungs sind im Paradies, und sie haben uns den Weg bereitet, ihnen nachzufolgen. Den Ungläubigen wurde die Hölle bereitet.» Es erscheint mir fast eine axiomatische Wahrheit über das Wesen des Menschen zu sein, dass ein Friede, sollte er jemals einkehren, einen Glauben dieser Art nicht allzu lang überstehen wird.

Wir dürfen nicht übersehen, dass ein erheblicher Prozentsatz der Moslems in der Welt glaubt, die Männer, die das World Trade Center zerstörten, säßen jetzt zur Rechten Gottes, inmitten von «Flüssen aus reinstem Wasser, und Flüssen aus Milch, die niemals säuert; Flüssen aus Wein, aus denen es köstlich ist zu trinken, und Flüssen aus feinstem Honig» (47: 15). Diese Männer – die Stewardessen die Kehle aufschlitzten und bei Tempo 800 junge Paare mit ihren Kindern in den Tod schickten – sind soeben dabei, die Aufwartung von «Knaben, mit ewiger Jugend gesegnet» zu genießen, in einem «Königreich der Herrlichkeit und Wonne». Sie sind «gehüllt in Kleider aus feiner grüner Seide und üppigem Brokat, und geschmückt mit Armreifen aus Silber» (76: 15). Die Liste ihrer Privilegien ist lang. Was aber bringt einen Märtyrer an seinem letzten Tag unter den Lebenden frühmorgens dazu, das Bett zu verlassen? Eilte denn auch nur einer der neunzehn Luftpiraten in Allahs Garten, um sich seinen Anteil an Seide zu schnappen? Wohl kaum. Die hiermit verbundene Ironie grenzt für sich nahezu an ein Wunder: Die sexuell verklemmtesten Menschen, die derzeit auf der Welt zu finden sind – Menschen, die bei jeder Baywatch-Wiederholung in Mordlust geraten –, lassen sich zum Märtyrertum verlocken auf Grund der Vorstellung von einem Paradies, das sich mit nichts anderem vergleichen lässt als mit einem Freiluftbordell.[20]

Abgesehen von den furchtbaren ethischen Konsequenzen, welche diese Art von Weltfremdheit zeitigt, sollten wir auch beachten, wie wenig stimmig das Bild vom koranischen Paradies ist. Wenn ein Prophet des 7. Jahrhunderts das Paradies schildert als einen Garten mit Flüssen aus Milch und Honig, so müsste ein Prophet des 21. Jahrhunderts, wollte er mithalten, sagen, das Paradies sei eine funkelnde Großstadt, in der jede Seele einen neuen Lexus fährt. Ein kurzes Nachdenken sollte verdeutlichen, dass solche Äußerungen wenig über ein Leben im Jenseits aussagen, umso mehr jedoch über die Grenzen menschlicher Vorstellungskraft.

Der Dschihad und die Kraft des Atoms

Für fromme Moslems scheint die religiöse Identität alle weiteren Formen der Identität in den Schatten zu stellen. Trotz eines gelegentlichen Einflusses des Pan-Arabismus vermochte die Vorstellung von einer ethnischen oder nationalen Identität in der moslemischen Welt nie Wurzeln zu schlagen wie im Westen. Die bei Moslems als Folge des amerikanischen Irak-Angriffs weit verbreitete Parteinahme für Saddam Hussein eignet sich als Testfall moslemischer Reflexhaftigkeit so gut wie jede andere Reaktion. Vor der amerikanischen Invasion war Saddam Hussein als Säkularist und Tyrann in weiten Teilen der moslemischen Welt verhasst; dennoch verriet die Reaktion der meisten Moslems, dass – ungeachtet der Verbrechen am irakischen Volk, an den Kuwaitis, an den Iranern – der Gedanke an die Präsenz einer Armee von Ungläubigen, die Bagdad besetzen, einfach nicht gebilligt werden konnte, egal welchem humanitären Zweck dies auch dienen mochte. Auch wenn Saddam mehr Moslems foltern und hinrichten ließ als jede andere Person seit Menschengedenken – sind die Amerikaner nun mal «Feinde Gottes» und bleiben es.

Es ist wichtig, das Gesamtbild vor Augen zu behalten, denn die Details, deren Absurdität oft geradezu kristallklar vor uns liegt, sind wahrhaft bedeutungslos. Im Dialog mit der muslimischen Welt haben wir es mit Menschen zu tun, deren Glauben keine rationale Grundlage aufweist, und über den folglich auch nicht diskutiert werden kann. Dennoch ist es vermutlich jener Glaube, der zahlreichen Forderungen zugrunde liegt, die an uns erhoben werden.

Von großem Interesse sollte für uns sein, dass der Glaube der Moslems in der Frage der nuklearen Abschreckung ein besonderes Problem darstellt. Die Möglichkeit, einen Kalten Krieg gegen ein islamistisches Regime zu führen, das über nukleare Langstreckenwaffen verfügt, ist gering. Zu einem Kalten Krieg gehört, dass die Beteiligten sich von den Todesdrohungen der Gegenpartei abschrecken lassen. Vorstellungen von Märtyrertum und Dschihad jedoch sind ein Schlag ins Gesicht jener Logik des Schreckens, die es den Amerikanern und der Sowjetunion erlaubte, über ein halbes Jahrhundert, mehr oder weniger stabil, am Rande von Armageddon zu verweilen. Was werden wir tun, wenn ein islamistisches Regime, das bei der bloßen Erwähnung des Paradieses leuchtende Augen bekommt, je an nukleare Langstreckenwaffen kommt? Falls es hierzu eine Lektion aus der Geschichte zu lernen gibt, so ist es die, dass wir nie werden richtig einschätzen können, wo die Sprengköpfe des Gegners stecken und auf welcher Bereitschaftsstufe sie sich befinden, und somit werden solche Waffen mit konventionellen, zielgerichteten Waffen nicht zerstörbar sein. In einer solchen Situation lässt ein Überleben sich vermutlich nur sichern, indem man selbst den ersten nuklearen Vernichtungsschlag ausführt.

Überflüssig zu sagen, dass dies ein unvorstellbares Verbrechen wäre – da es zig Millionen unschuldiger Zivilisten an einem Tag töten würde –, in Anbetracht dessen jedoch, woran Islamisten glauben, wäre es für unsere Seite vielleicht der einzig denkbare Schritt. Wie würde die restliche muslimische Welt auf einen derart skrupellosen Akt der Selbstverteidigung reagieren? Wahrscheinlich würden moslemische Länder diesen Schlag als ersten Schritt eines völkervernichtenden Kreuzzugs deuten. Die schreckliche Ironie besteht darin, dass aus jener Deutung Wahrheit werden könnte: Diese bloße Einschätzung könnte uns in einen Zustand des heißen Krieges mit jedem muslimischen Staat führen, der über die Mittel verfügt, um selbst zur nuklearen Bedrohung zu werden.

All das ist natürlich völlig verrückt: Ich habe einfach nur ein glaubwürdiges Szenario beschrieben, bei dem ein Großteil der Weltbevölkerung ausgelöscht werden könnte, und zwar auf Grund religiöser Ansichten, die in die gleiche Kategorie fallen wie Batman, der Stein der Weisen und das Einhorn. Dass es für so viele von uns eine grauenvolle Absurdität wäre, wegen irgendwelcher Mythen den Kopf hinzuhalten, bedeutet jedoch nicht, dass dies nicht passieren könnte. Angesichts der Immunität gegen alle vernünftigen Einwände, die der Glaube in der öffentlichen Auseinandersetzung genießt, erscheint eine derartige Katastrophe immer wahrscheinlicher. Wir müssen uns mit der Möglichkeit abfinden, dass Männern, die um kein Jota weniger versessen sind, den Märtyrertod zu sterben, als die 19 Flugzeugentführer, eines Tages nukleare Langstreckenwaffen in die Hände fallen könnten. Vor allem die muslimische Welt muss diese Möglichkeit erwägen und nach Wegen zu ihrer Verhinderung suchen. Angesichts der ständigen Ausbreitung der Kriegstechnik kann man ohne Übertreibung feststellen, dass die Zeit diesmal nicht auf unserer Seite steht.

Der Zusammenprall

Samuel Huntington hat den Konflikt zwischen dem Islam und dem Westen treffend als «Zusammenprall der Zivilisationen» beschrieben. Huntington fiel auf, dass überall, wo Moslems und Nicht-Moslems sich eine Grenze teilen, eine hohe Wahrscheinlichkeit für bewaffnete Konflikte besteht. In Verwendung einer glücklichen Metapher für eine unglückliche Tatsache, stellte er fest, der Islam habe «blutige Grenzen».[21] Von vielen Experten jedoch wurden Huntingtons Thesen heftig kritisiert. Edward Said schrieb, es zeuge «von einem hohen Maß an Demagogie und unverhohlener Ignoranz, wenn jemand sich erdreistet, für eine ganze Religion oder Zivilisation zu sprechen».[22] Said für seinen Teil behauptete, die Mitglieder der Al Quaida seien nicht viel mehr als «wild gewordene Fanatiker», die man – weit davon entfernt, Huntingtons Thesen Glauben zu schenken – der gleichen Kategorie zuordnen sollte wie die Davidianer in Waco, die Jünger von Reverend Jim Jones in Guayana und die Anhänger der Sekte Aum Shinrikyo. «Huntington schreibt, die rund eine Milliarde Moslems dieser Welt sei ‹überzeugt von der Überlegenheit ihrer Kultur und wie besessen wegen ihrer machtmäßigen Unterlegenheit›. Hat er das an 100 Indonesiern, 200 Marokkanern, 500 Ägyptern und 50 Bosniern überprüft? Und selbst wenn er es getan hätte, was sollte man von einer solchen Stichprobe halten?» Die Unaufrichtigkeit dieser Art von Kritik ist schwer zu übersehen. Natürlich sollten Verallgemeinerungen über andere Kulturen in Grenzen gehalten werden; Osama bin Laden als muslimisches Äquivalent von Reverend Jim Jones zu bezeichnen, ist jedoch lachhaft. Bin Laden ist keineswegs, wie Said meint, «zu einem gewaltigen, zu allem entschlossenen Symbol all dessen geworden, was Amerika hasst und fürchtet».[23] Man braucht nur den Koran zu lesen, um mit fast mathematischer Präzision nachweisen zu können, dass, genau wie Huntington erklärt, alle wahrhaft frommen Moslems «überzeugt sind von der Überlegenheit ihrer Kultur und wie besessen wegen ihrer machtmäßigen Unterlegenheit». Und mehr behauptet Huntington in seiner These nicht.

Ob einem Huntingtons Formulierung gefällt oder nicht, eins ist gewiss: Das Übel, das schließlich an unsere Küsten gelangte, ist nicht einfach nur das Übel des Terrorismus. Es ist das Übel eines religiösen Glaubens zum Zeitpunkt seines politischen Aufstiegs. Selbstverständlich ist nicht nur der Islam anfällig für solch schreckliche Wandlungen, auch wenn er zum jetzigen Zeitpunkt der Geschichte als Einziger einen Aufstieg erlebt.[24] Westliche Staatschefs, die beteuern, wir hätten diesen Konflikt nicht mit dem Islam, irren sich. Wie ich in diesem Buch jedoch immer wieder aufzeigen werde, haben wir ähnliche Probleme mit dem Christentum und dem Judentum. Es ist Zeit zu erkennen, dass alle vernunftbegabten Menschen einen gemeinsamen Feind haben. Dieser Feind ist uns so nahe, und er ist derart trügerisch, dass wir ihm selbst dann noch trauen, wenn er droht, jegliche Aussicht auf menschliches Glück zu zerstören. Dieser Feind ist kein Geringerer als der Glaube selbst.

Es wäre ja tröstlich zu glauben, ein mögliches Resultat unseres Dialogs mit der muslimischen Welt könne eine Zukunft der gegenseitigen Toleranz sein, doch da ist nichts, was ein solches Resultat garantieren würde – am allerwenigsten die islamische Lehre selbst. Angesichts der Zwänge muslimischer Orthodoxie, angesichts der Strafen, mit denen sich der Islam gegen eine grundlegende (und vernunftgemäße) Anpassung an die Moderne abschottet, liegt es meiner Meinung nach auf der Hand, dass der Islam eine Möglichkeit finden muss, sich selbst zu erneuern, ob auf friedlichem Wege oder nicht. Was dies bedeuten wird, ist keineswegs klar. Was jedoch klar ist: Der Westen muss entweder die Debatte gewinnen oder den Krieg. Jeder andere Weg führt in die Sklaverei.

Das Rätsel der muslimischen «Demütigung»

Thomas Friedman, tätig für die New York Times als unermüdlicher Beobachter weltweiter Missstände, hat festgestellt, es sei die muslimische «Demütigung», worauf sich der muslimische Terrorismus gründe. Andere stellten genau die gleiche Diagnose, und die Moslems selbst behaupten regelmäßig, der westliche Imperialismus habe ihren Stolz, ihre Würde und ihre Ehre verletzt. Was sollen wir davon halten? Gibt es etwas, das die Würde von Moslems stärker verletzt als das islamische Gesetz selbst? Als modernes Beispiel dafür, welche Art von Gesellschaft dort entsteht, wo ausschließlich die Lehren des Islam gelten, mögen wir an Afghanistan denken, wie es sich unter der Herrschaft der Taliban präsentierte. Was sind das für unsägliche Kreaturen, die unter Schleiern umherhuschen und regelmäßig dafür verprügelt werden, wenn sie einen unverhüllten Knöchel zeigen? Es waren die ehrwürdigen (und des Lesens und Schreibens unkundigen) Frauen im Hause Islam.

Zakaria und viele andere haben festgestellt, dass arabische Diktatoren, so sehr sie ihr Volk auch unterdrücken mögen, im Allgemeinen liberaler sind als das von ihnen unterjochte Volk. Der saudische Prinz Abdullah zum Beispiel – ein Mann, der sich keineswegs als Liberaler hervorgetan hat – schlug kürzlich vor, Frauen in seinem Land das Autofahren zu erlauben. Wie sich jedoch zeigte, mochte sein schwer unterdrücktes Volk einem solchen Maß an spiritueller Unterdrückung nicht zustimmen, und der Prinz sah sich gezwungen, seinen Vorschlag zurückzunehmen. Gebt den Moslems jetzt, zu diesem Zeitpunkt der Geschichte, die Freiheit zu wählen, und sie werden freimütig dafür stimmen, dass man ihnen allenfalls vorhandene politische Freiheiten mitsamt den Wurzeln ausreißt. Und nicht einen Moment lang sollten wir aus den Augen verlieren, dass sie unsere Freiheiten ebenso beschneiden würden, hätten sie nur die Macht dazu.

Es besteht kein Zweifel, dass unsere Mauscheleien mit muslimischen Tyrannen – im Irak, in Syrien, in Algerien, im Iran, in Ägypten – verachtenswert waren. Wir haben nichts getan, um der Misshandlung und dem buchstäblichen Abschlachten Tausender Moslems durch ihre eigenen Regime Einhalt zu gebieten; in zahlreichen Fällen hat der Westen solchen Regimes sogar zur Macht verholfen. Das Versäumnis, im Jahre 1991 den von den USA geförderten Schiiten-Aufstand im Südirak gegen Saddam Hussein zu unterstützen, zählt gewiss zu den unethischsten und folgenreichsten außenpolitischen Schnitzern der letzten Jahrzehnte. Was unsere Schuld in diesem Bereich betrifft, sollte man jedoch die Erkenntnis nicht ausklammern, dass die Demokratie, käme sie in solchen Staaten allzu rasch, kaum mehr wäre als ein Einfallstor für die Theokratie. Die Grundregeln des Islam bieten anscheinend nichts, wodurch man dem Abgleiten in die Scharia (das islamische Gesetz) widerstehen kann, dafür aber alles, um eine solche Entwicklung zu fördern. Es ist eine schreckliche Wahrheit, der wir uns stellen müssen: Das Einzige, was uns derzeit von dem tosenden Ozean aus muslimischem Widersinn trennt, ist eine Mauer aus Tyrannei und Menschenrechtsverletzungen, die zu errichten wir mitgeholfen haben. Diese Situation muss bereinigt werden, aber nicht indem wir einfach gewaltsam muslimische Diktatoren stürzen und Wahllokale öffnen. Das wäre, als würde man die Wahllokale für Christen des 14. Jahrhunderts öffnen.

Es stimmt, dass bei all dem auch Armut und mangelhafte Bildung eine Rolle spielen, doch verlangen auch diese Faktoren nicht nach einfachen Heilmitteln. Die arabische Welt von heute steckt sowohl wirtschaftlich als auch intellektuell in einer derartigen Stagnation, wie es angesichts ihrer historischen Rolle als Pionierin und Verwalterin menschlichen Wissens nur wenige für möglich gehalten hätten. Im Jahre 2002 war das Bruttosozialprodukt aller arabischen Staaten zusammen nicht einmal so groß wie das von Spanien. Betrüblicher noch, in Spanien werden jährlich so viele Bücher ins Spanische übersetzt, wie in der gesamten arabischen Welt seit dem 9. Jahrhundert Bücher ins Arabische übersetzt wurden.[25] Ein solches Maß an Abschottung und Rückständigkeit ist schockierend, sollte uns jedoch nicht zu der Annahme verleiten, Armut und mangelhafte Bildung seien die Wurzeln des Problems. Dass eine Generation armer, ungebildeter Kinder in Madrassas (von den Saudis finanzierte religiöse Schulen) gesteckt wird, sollte uns natürlich erschrecken.[26] Die moslemischen Terroristen kamen jedoch größtenteils nicht aus den Reihen armer, ungebildeter Menschen; viele gehörten der Mittelschicht an und ihr persönliches Leben wies keinerlei augenfällige Funktionsstörung auf. Wie Zakaria betont, war John Walker Lindh (der junge Mann aus Kalifornien, der sich den Taliban anschloss) im Vergleich zu den 19 Flugzeugentführern «deutlich weniger gebildet». Ahmed Omar Sheikh, der die Entführung und Ermordung des Wall-Street-Journal-Reporters Daniel Pearl organisierte, studierte an der London School of Economics. Militante Mitglieder der Hisbollah, die bei gewalttätigen Aktionen sterben, entstammen seltener einem armen Zuhause als ihre nicht-militanten Zeitgenossen, und sie können in den meisten Fällen eine höhere Schulbildung vorweisen.[27] Die Anführer der Hamas haben alle einen Hochschulabschluss, manche sogar den Magistertitel.[28] Diese Tatsachen weisen darauf hin, dass selbst wenn jeder Moslem über einen Lebensstandard verfügte, der dem des durchschnittlichen Mittelschicht-Amerikaners entspricht, die Gefahr, mit dem Islam zu kollidieren, für den Westen noch immer groß wäre. Ich vermute, dass der moslemische Wohlstand die Dinge eher noch verschlimmert, denn das Einzige, womit man die meisten Moslems davon überzeugen könnte, dass ihre Weltanschauung ein Problem darstellt, ist wohl die Einsicht in das offenkundige

Versagen ihrer Gesellschaften.[29] Wäre die muslimische Orthodoxie in ökonomischer und technischer Hinsicht so lebensfähig wie der westliche Liberalismus, wären wir wahrscheinlich dazu verdammt, die Islamisierung der Erde mitzuerleben.

Wie wir an der Person Osama bin Laden sehen, geht die mordlustige religiöse Inbrunst dieses Mannes durchaus mit dessen Wohlstand und Bildung konform; ja, die technischen Fertigkeiten vieler muslimischer Terroristen zeigen deutlich, dass sich Militanz sogar mit einer wissenschaftlichen Ausbildung vereinbaren lässt. Dies ist der Grund, weshalb es für eine Entzauberung des Glaubens keinen kognitiven oder kulturellen Ersatz gibt. Solange jemand den Gedanken für akzeptabel hält, er wisse, wie nach Gottes Willen die Menschen auf Erden leben sollten, werden wir auch weiterhin aufgrund unserer Mythen einander umbringen. Im Umgang mit der islamischen Welt müssen wir uns vergegenwärtigen, dass die Moslems gegen die Aktionen der Flugzeugentführer vom 11. September keine bedeutsamen Einwände vorzubringen hatten, abgesehen von der unvermeidlichen Falschinformation, die Täter seien in Wahrheit Juden gewesen.[30] Der muslimische Diskurs ist derzeit ein Gespinst aus Mythen, Verschwörungstheorien[31] und Beschwörungen, das glorreiche siebte Jahrhundert neu aufleben zu lassen. Es besteht kein Grund zu der Annahme, dass ökonomische und politische Verbesserungen in der muslimischen Welt diesen Missstand beheben könnten.

Die Gefahren des Wunschdenkens

Paul Berman hat eine wunderbare Einführung in den Totalitarismus – sowohl linker als auch rechter, östlicher als auch westlicher Ausprägung – geschrieben und festgestellt, dass Totalitarismus ausnahmslos über eine völkermörderische und sogar selbstmörderische Dimension verfügt. Er merkt an, das 20. Jahrhundert sei eine rege Brutstätte «pathologischer Massenbewegungen» gewesen – politischer Bewegungen, «die sich mit Gedanken an Blutbäder berauschen».[32] Berman betont außerdem, liberale Geister seien oft unfähig, diese Gräuel als das zu erkennen, was sie sind. In der Tat hat der «Liberalismus als Leugnung», wie Berman es nennt, eine ansehnliche Tradition. Die französischen Sozialisten der 30er-Jahre hatten vermutlich eine besondere Begabung für diese Art von Selbsttäuschung, denn obgleich im Osten sich dicke Wolken der Unvernunft ballten, konnten sie sich nicht dazu durchringen, die Nazis als ein ernst zu nehmendes Problem zu betrachten. Trotz der deutschen Bedrohung beschränkten sich Frankreichs Sozialisten darauf, ihre eigene Regierung und Verteidigungsindustrie der Kriegstreiberei zu bezichtigen. Wie Berman ausführt, sind es ebenjene Kräfte aus Wunschdenken und Selbstzweifel, die nach dem 11. September im Westen neu erstarkten. Da sie davon ausgehen, die Menschen würden überall von den gleichen Sehnsüchten und Ängsten getrieben, machen viele westliche Liberale nun ihre eigenen Regierungen für die Übergriffe der muslimischen Terroristen verantwortlich. Viele vermuten, wir hätten dieses Übel irgendwie selbst über uns gebracht. Berman etwa zeigt auf, dass in weiten Teilen der Welt nun Israel für den selbstmörderischen Irrsinn der Palästinenser verantwortlich gemacht wird. Mehr noch als um einen Ausdruck von blankem Antisemitismus (obwohl dies sicherlich auch dahintersteckt) handelt es sich bei dieser Ansicht um das Produkt einer drolligen moralischen Logik: Menschen sind nur Menschen, so denkt man, und sie benehmen sich nicht derart schlecht, außer sie haben dafür gute Gründe. Die Entgleisungen der palästinensischen Selbstmordbomber müssen daher auf Entgleisungen der israelischen Besatzungsmacht zurückgeführt werden. Laut Berman hat diese Denkweise dazu geführt, dass die Israelis in der europäischen Presse häufig mit den Nazis verglichen werden.[33] Überflüssig zu sagen, dass dieser Vergleich grotesk ist. Die Wahrheit lautet, wie Dershowitz betont, dass «keine andere Nation in der Geschichte, die mit vergleichbaren Herausforderungen zu kämpfen hatte, jemals einem höheren Menschenrechts-Standard verpflichtet war, sich mehr um die Sicherheit unschuldiger Zivilisten sorgte, sich mehr bemühte, im Einklang mit dem Gesetz zu agieren, oder eine größere Bereitschaft zeigte, für den Frieden auch Risiken in Kauf zu nehmen».[34] Die Israelis zeigen sich in puncto Gewaltausübung so zurückhaltend, wie die Nazis es niemals auch nur erwogen hätten und wie es heute darüber hinaus auch keine moslemische Gesellschaft erwägt. Man frage sich, wie groß die Chance wäre, dass die Palästinenser bezüglich der Tötung von Juden dieselbe Zurückhaltung an den Tag legten, wenn die Juden eine machtlose, von ihnen okkupierte und der Willkür von Selbstmordterrorismus schutzlos ausgesetzte Minderheit wären. Etwa so groß wie die Wahrscheinlichkeit, dass Mohammed tatsächlich auf einem geflügelten Pferd gen Himmel fuhr.[35]

Berman revidiert Huntingtons These insofern, als seiner Meinung nach der Begriff «Zivilisation» als Variable für das, worum es geht, die falsche Wahl ist. Statt von einem Zusammenprall der Zivilisationen spricht er von einem «Zusammenprall der Ideologien», einem Zusammenprall aus «Liberalismus einerseits und den apokalyptischen und unrealistischen Bewegungen andererseits, die sich seit der Katastrophe des Ersten Weltkriegs gegen eine liberale Zivilisation sträuben».[36] Die Unterscheidung erscheint zulässig, aber auch belanglos. Das Problem ist, dass manche unserer Glaubensinhalte die Nachbarschaft gewisser anderer Glaubensinhalte nicht überleben können. Krieg und Dialog sind unsere Optionen, und nichts garantiert uns, dass wir zwischen beidem stets die Wahl haben werden.

Berman fasst unsere Situation hervorragend zusammen:

> Was war notwendig, dass diese Terroristen gedeihen konnten? Es waren gewaltige Versäumnisse an politischer Courage und Vorstellungskraft innerhalb der muslimischen Welt notwendig. Es war ein fast vorsätzlicher Mangel an Interesse hinsichtlich jener Versäumnisse von Menschen in anderen Teilen der Welt notwendig – ein Mangel an Neugier, der uns zu der Annahme führte, der Totalitarismus sei besiegt, selbst als der Totalitarismus gerade einen neuen Zenit erreichte. Es war eine ansehnliche Portion Wunschdenken notwendig – jene Art von einfältigem Glauben in eine rationale Welt, der in seiner Unfähigkeit, die Realität zu begreifen, totalitäre Bewegungen überhaupt erst aufkommen lässt ... Es war eine provinzielle Unwissenheit hinsichtlich intellektueller Strömungen in anderen Teilen der Welt notwendig. Es waren törichte Ressentiments in Europa notwendig, und eine törichte Arroganz in Amerika. So viel hat es gebraucht! Doch an nichts von alledem mangelte es – alles, was vonnöten war, stand im Überfluss bereit.[37]

Ein Weiteres noch hat es gebraucht, um uns in genau diese Situation zu führen: eine religiöse Doktrin nämlich, die sich in weiten Teilen der Entwicklungsländer breitgemacht hat, zu deren Sakramenten die Abwehr des Liberalismus, die Ignoranz und die Bereitschaft zu Selbstmordattentaten zählen. Anders als Bermans Analyse behauptet, handelt es sich beim Islamismus nicht einfach nur um die neueste Geschmacksrichtung eines totalitären Nihilismus. Es gibt einen Unterschied zwischen dem Nihilismus und dem Streben nach einer Belohnung, die nicht von dieser Welt ist. Islamisten könnten die gesamte Welt in Schutt und Asche legen und dennoch nicht des Nihilismus schuldig sein, da ihre gesamte Weltanschauung vom Licht des Paradieses verklärt ist. Angesichts dessen, woran Islamisten glauben, ist es für sie völlig logisch, das Moderne zu ersticken, wo immer sie seiner habhaft werden können. Es ist sogar vernünftig für muslimische Frauen, ihre Kinder zu Selbstmorden zu ermutigen, solange diese für die Sache Gottes kämpfen. Fromme Moslems wissen einfach, dass sie dadurch an einen besseren Ort gelangen. Gott ist sowohl unendlich mächtig als auch unendlich gerecht. Warum sollte man sich dann nicht am Todeskampf einer sündigen Welt erfreuen? Es gibt auch andere Ideologien, mit denen man dem Diskurs einer Gesellschaft den letzten Hauch von Vernunft entziehen kann; der Islam hat es darin jedoch zweifellos zur Meisterschaft gebracht.

Säkularisten bemühen gern das Argument, die Rolle des Islam beziehungsweise der Religion im Allgemeinen müsse, was die Bestimmung des Charakters einer Gesellschaft angeht, hinter der Rolle der Politik zurückstehen. Die Menschen würden zunächst von ihren politischen Interessen geleitet, um sich dann nach der jeweils passenden religiösen Grundlage umzusehen. Zweifellos gibt es zahlreiche Beispiele für politische Führer, die sich aus rein pragmatischen und oft sogar zynischen Motiven auf eine Religion berufen (die Amtszeit von Pakistans Zia ul-Haq erscheint mir dafür als gutes Beispiel). Wir sollten daraus jedoch keinen falschen Schluss ziehen. Ein Hebel funktioniert nur, wenn er sich an etwas anderem festmachen lässt. Irgendjemand muss schließlich an Gott glauben, damit das Reden über Gott politisch wirksam werden kann. Und ich halte es für mehr oder minder offensichtlich, dass wo immer Menschen sich scharenweise in Bomben verwandeln oder ihre Kinder freiwillig zum Aufräumen von Minenfeldern anbieten (wie es im Iran-Irak-Krieg verbreitet war)[38], das Prinzip, welches solchem Handeln zugrunde liegt, längst nicht mehr bloß politisch ist. Das bedeutet nicht, dass der angehende Märtyrer die politische Bedeutung, die er seinem Endkampf zumisst, nicht zu schätzen wüsste; doch falls ein Mensch nicht an einige ziemlich abstruse Dinge über dieses Universum glaubt, vor allem darüber, was nach dem Tod geschieht, wird er kaum ein derartiges Verhalten an den Tag legen. Durch nichts lassen sich die Taten muslimischer Extremisten sowie die weit verbreitete Billigung ihres Verhaltens in der muslimischen Welt besser erklären als durch die Lehren des Islam.

Ist angesichts dessen, woran viele Moslems glauben, echter Friede auf dieser Welt überhaupt möglich? Ist die relative Schwäche muslimischer Staaten das Einzige, was einem totalen Krieg zwischen dem Islam und dem Westen im Wege steht? Ich fürchte, auf solche Fragen lassen sich ermutigende Antworten nur schwerlich finden. Die Grundlage für einen Liberalismus in der islamischen Doktrin mutet dürftig bis völlig illusorisch an. Obwohl wir festgestellt haben, dass die Bibel selbst ein großes Reservoir an Intoleranz darstellt, sowohl für Christen als auch für Juden – was sich von den Schriften des Augustinus bis hin zu den Aktionen zeitgenössischer israelischer Siedler immer wieder belegen lässt –, fällt es dennoch nicht schwer, in der Heiligen Schrift, ebenso wie in der christlichen und jüdischen Exegese, Schneisen ausfindig zu machen, die Gegenargumente zulassen. Ein Christ, der seinem Leben ein volles Maß an Rationalität und Modernität gestatten will, kann sich an den Jesus halten, der bei Matthäus vom Berg predigt, und das Weltuntergangs-Brimborium der Johannes-Offenbarung einfach ignorieren. Der Islam scheint dem, der friedlich in einer pluralistischen Welt leben will, eine solche Zuflucht nicht zu bieten. Gut, so etwas wie ein Hoffnungsschimmer lässt sich am finstersten Ort finden: Wie Berman betont, gründen die Hasstiraden der muslimischen Orthodoxie auf der Angst, der westliche Liberalismus stehe kurz davor, in den muslimischen Geist vorzudringen und ihn «seiner Loyalität zu berauben» – ein Hinweis darauf, dass Moslems, wie andere Menschen, empfänglich sind für den Sirenengesang des Liberalismus.[39] Hoffen wir es zumindest. Die Beschaffenheit ihres religiösen Glaubens jedoch lässt vermuten, sie könnten dafür weniger empfänglich sein als der Rest von uns.

Aus Gründen, mit deren Erforschung wir bereits begonnen haben, gibt es gegen das Erwägen von solcherlei Schlussfolgerungen starke Vorbehalte. In Bezug auf den Islam geht die liberale Tendenz dahin, den Westen dafür zu schelten, dass er über Jahrhunderte mit seiner Selbstbedienungsmentalität durch Eroberungen und Einmischungen den Zorn der muslimischen Welt erregte, während die Konservativen dazu neigen, andere Eigenheiten aus der Geschichte des Nahen Ostens, Arabiens oder der Moslems zu betonen. Anscheinend hat sich überall eine Ursache für das Problem finden lassen, nur nicht im Kern des muslimischen Glaubens – doch genau der Glaube ist es, worin sich ein jeder Moslem vom Ungläubigen unterscheidet. Ohne Glauben ließen sich die meisten Klagen von Moslems gegen den Westen nicht einmal formulieren, geschweige denn ahnden.

Die Uneinsichtigkeit der Linken und der seltsame Fall des Noam Chomsky

Trotz alledem sind heute viele Menschen davon überzeugt, die Anschläge vom 11. September würden wenig über den Islam und viel über die schäbige Entwicklung des Westens aussagen – besonders über die Versäumnisse der US-Außenpolitik. Der französische Philosoph Jean Baudrillard bringt diese These auf eklatante Weise zum Ausdruck, wenn er erklärt, der Terrorismus sei eine unumgängliche Konsequenz der amerikanischen «Hegemonie». Er geht so weit zu behaupten, die Amerikaner hätten insgeheim darauf gehofft, von einer solchen Verwüstung heimgesucht zu werden:

> Wir können notfalls sagen, sie haben es getan, aber wir haben es gewollt ... Wenn globale Macht die Situation in einem solchen Ausmaß monopolisiert, wenn innerhalb der technokratischen Maschinerie eine solch enorme Konzentration sämtlicher Funktionen besteht, und wenn keine alternative Denkart erlaubt ist, welche andere Möglichkeit gibt es da als einen Situationswechsel mit terroristischen Mitteln? Das System selbst war es doch, das die objektiven Bedingungen für diesen brutalen Vergeltungsschlag erschuf ... Das ist Terror gegen Terror – dahinter steht keine Ideologie mehr. Wir befinden uns mittlerweile fernab von Ideologie und Politik ... Als hätte die Kraft, die jene Türme trug, plötzlich jegliche Energie, jegliche Spannkraft eingebüßt; als hätte jene arrogante Kraft plötzlich unter dem Druck eines zu intensiven Bemühens nachgegeben: des Bemühens, stets das einzige Weltmodell zu sein.[40]

Wollte man Nachsicht üben, so könnte man vielleicht annehmen, bei der Übersetzung dieser tiefschürfenden Weisheiten sei eine wesentliche Stelle verloren gegangen. Ich halte es jedoch für weitaus wahrscheinlicher, dass die Weisheit die Übersetzung ins Französische bereits nicht überstand. Wäre Baudrillard dazu gezwungen gewesen, in Afghanistan unter den Taliban zu leben, hätte er dann auch daran geglaubt, die furchtbaren Einschränkungen seiner Freiheit seien eine

Folge des amerikanischen «Bemühens, stets das einzige Weltmodell zu sein»? Hätten jene speziellen Amüsements während der Halbzeit eines jeden afghanischen Fußballspiels – wenn vermeintliche Hurenböcke, Ehebrecher und Diebe regelmäßig im Schlamm des Mittelfelds hingerichtet wurden – ihn als erstes Grollen eines «Situationswechsels mit terroristischen Mitteln» beeindruckt? Wir befinden uns vielleicht inzwischen jenseits von Politik, auf gar keinen Fall aber «jenseits von Ideologie». Ideologie ist alles, worüber unsere Feinde verfügen.[41]

Und dennoch betrachten weitaus nüchternere Denker als Jean Baudrillard die Ereignisse des 11. September als eine Konsequenz der amerikanischen Außenpolitik. Der wichtigste unter diesen Intellektuellen ist wohl Noam Chomsky. Neben seinen grundlegenden Beiträgen zur Linguistik und Sprachpsychologie kennt man Chomsky seit über drei Jahrzehnten auch als beharrlichen Kritiker der amerikanischen Außenpolitik. Es gelang ihm auch, ein grundlegendes Scheitern liberaler Machtkritik nachzuweisen. Er scheint ein moralischer Mensch von derart hohen Weihen zu sein, dass seine politische Haltung ihn vermutlich daran hindert, die grundlegendsten moralischen Unterschiede zu machen – zwischen verschiedenen Spielarten von Gewalt sowie der Vielzahl menschlicher Motive, die ihnen zugrunde liegen.

In seinem Buch *9-11*, auf dessen Umschlag Relikte des World Trade Centers als schwelender Trümmerhaufen zu sehen sind, drängt Chomsky uns, nicht zu vergessen, dass «die USA selbst ein führender Terroristenstaat sind». Um diese Behauptung zu stützen, listet er eine Reihe amerikanischer Missetaten auf, einschließlich der von den Vereinigten Staaten über den Irak verhängten Sanktionen, die den Tod von «rund einer halben Million Kinder» zur Folge hatten; ferner die Bombardierung der Arzneimittelfabrik Al-Shifa im Jahre 1998 im Sudan, die dazu führte, dass Zehntausende unschuldiger Sudanesen an Tuberkulose, Malaria und weiteren heilbaren Krankheiten starben. Chomsky zögert nicht, hierbei moralische Parallelen zu ziehen: «Zum ersten Mal in der Geschichte der Neuzeit fielen Europa und seine Ableger, auf eigenem Grund und Boden, den gleichen Grausamkeiten zum Opfer, die sie anderswo routinemäßig begangen hatten.»[42]

Bevor ich aufzeigen werde, wie verstiegen Chomskys Argumentation in dieser Sache ist, möchte ich vielen seiner Thesen zunächst einmal zustimmen, da sie den Vorzug haben, sowohl von allgemeinem

Interesse als auch für unser Thema völlig irrelevant zu sein. Es steht außer Frage, dass die Vereinigten Staaten eine Menge Wiedergutmachung zu leisten haben, sowohl im In- als auch im Ausland. In dieser Hinsicht können wir Chomskys These durchaus hinnehmen. Um dieses unappetitliche Kompott nach Hausmacherart zuzubereiten, nehme man unsere Morde an den amerikanischen Ureinwohnern, füge ein paar Jahrhunderte Sklaverei hinzu, würze es mit unserer Weigerung, jüdische Flüchtlinge aufzunehmen, die den Todeslagern des Dritten Reichs entkommen waren, füge unsere Kungeleien mit einer langen Liste von Despoten samt der daraus resultierenden Gleichgültigkeit gegenüber deren erschreckenden Menschenrechtsverletzungen hinzu, schmecke es mit unseren Bombenangriffen auf Kambodscha sowie den Pentagon-Papieren ab und garniere das Ganze mit unserer jüngsten Weigerung, das Kyoto-Protokoll zum Thema Treibhauseffekt zu unterzeichnen, ein Verbot von Landminen zu unterstützen und uns den Weisungen des Internationalen Strafgerichtshofs zu beugen. Das fertige Gericht sollte nach Tod, Heuchelei und frischem Schwefel schmecken.

Wir Amerikaner haben in der Vergangenheit ganz sicher ein paar fürchterliche Dinge getan. Und zweifellos sind wir bereit, solche Dinge auch in Zukunft zu tun. Nichts von dem, was ich in diesem Buch geschrieben habe, soll als Leugnung dieser Fakten verstanden werden oder als eine Verteidigung staatlicher Praktiken, die ganz entschieden verabscheuungswürdig sind. Es gibt sicher eine Menge, wofür die westlichen Mächte, und insbesondere die Vereinigten Staaten, Reparationszahlungen leisten müssten. Und unser Unvermögen, unsere Missetaten über die Jahre hinweg einzugestehen, hat unserer Glaubwürdigkeit in der internationalen Gemeinschaft schweren Schaden zugefügt. Wir können das alles einräumen, ja sogar Chomskys feines Gespür für Unrecht können wir teilen, und trotzdem können wir erkennen, dass Chomskys Analyse unserer gegenwärtigen Situation in der Welt ein Meisterstück an moralischer Blindheit darstellt.

Nehmen wir die Bombardierung der Arzneimittelfabrik Al-Shifa: Chomsky zufolge verblasst die Gräueltat vom 11. September, vergleicht man sie mit dieser im August 1998 von der Clinton-Regierung verübten Tat. Stellen wir uns dazu jedoch ein paar grundlegende Fragen, die Chomsky anscheinend vergaß, sich selbst zu stellen: Worum ging es der US-Regierung, als sie Marschflugkörper in den

Sudan schickte? Es ging um die Zerstörung eines von der Al Quaida genutzten Stützpunktes für chemische Waffen. Beabsichtigte die Clinton-Regierung, Tausende sudanesischer Kinder in den Tod zu schicken? Nein. War es unser Ziel, so viele Sudanesen wie möglich zu töten? Nein. Wollten wir überhaupt jemanden töten? Nein, es sei denn, wir glaubten Mitglieder von Al Quaida mitten in der Nacht auf dem Al-Shifa-Gelände anzutreffen. Die gleichen Fragen, auf Osama bin Laden und seine 19 Flugzeugentführer angewandt, versetzen uns in ein völlig anderes moralisches Universum.

Falls wir uns veranlasst fühlen, Chomsky auf seinem Pfad der moralischen Gleichwertigkeit zu folgen und die Rolle menschlicher Absichten zu ignorieren, können wir die Bombardierung der Al-Shifa-Fabrik vergessen, da vieles von dem, was wir im Sudan unterlassen haben, weit größere Konsequenzen nach sich zog. Was ist mit all dem Geld und den Lebensmitteln, von denen es uns gar nicht einfiel, sie den Sudanesen vor 1998 zu spenden? Wie viele Kinder töteten wir (d. h. retteten wir nicht), nur weil wir hinsichtlich der Verhältnisse im Sudan eine glückselige Unwissenheit an den Tag legten? Falls es uns ein vorrangiges Anliegen gewesen wäre, den Tod so lange wie möglich vom Sudan fernzuhalten, hätten Millionen Menschen dem Tod entgehen können, was auch immer ihnen letztlich zum Verhängnis geworden ist. Wir hätten Teams von wohlmeinenden Männern und Frauen nach Khartoum schicken können, um sicherzustellen, dass die Sudanesen beim Autofahren Sicherheitsgurte tragen. Kann man uns schuldig sprechen für all die vermeidbaren Verletzungen und Todesfälle, zu deren Vermeidung wir einfach nichts beigetragen haben? Bis zu einem gewissen Punkt sicherlich. Der Philosoph Peter Unger hat überzeugend nachgewiesen, dass an jedem Dollar, der für etwas anderes ausgegeben wird als für das absolut Überlebensnotwendige, das Blut eines verhungernden Kindes klebt.[43] Vielleicht tragen wir weitaus mehr Verantwortung für den Zustand der Welt, als die meisten von uns zu erwägen bereit sind. So jedoch argumentiert Chomsky nicht.

Arundhati Roy, eine große Bewunderin von Noam Chomsky, bringt dessen Position hervorragend auf den Punkt:

> Die US-Regierung ist nicht bereit, bei sich die gleichen moralischen Maßstäbe anzulegen, mit denen sie andere misst ... Ihre Technik besteht darin, sich selbst als den wohlmeinenden Riesen darzustellen, dessen gute Taten in fremden Ländern von

> intriganten Einheimischen vereitelt werden, deren Märkte er zu liberalisieren versucht, deren Gesellschaft er zu modernisieren versucht, deren Frauen er zu befreien versucht, deren Seelen er zu retten versucht. ... Die US-Regierung hat sich selbst das Recht und die Freiheit verliehen, andere Menschen «zu deren eigenem Vorteil» zu töten und auszurotten.[44]

Genau dieser «wohlmeinende Riese» sind wir jedoch in vielerlei Hinsicht tatsächlich. Und es ist recht verwunderlich, dass intelligente Menschen wie Chomsky und Roy dies nicht erkennen wollen. Was wir zur Erwiderung ihrer Argumente benötigen, ist ein Werkzeug, das es uns möglich macht, die moralischen Grundsätze von Leuten wie Osama bin Laden und Saddam Hussein von denen George Bushs oder Tony Blairs zu unterscheiden. Es fällt nicht schwer, sich die Merkmale eines solchen Werkzeugs vorzustellen. Nennen wir unser Mittel «die perfekte Waffe».

Perfekte Waffen und die Ethik von «Kollateralschäden»

Was in Kriegszeiten beschönigend als «Kollateralschaden» bezeichnet wird, lässt sich unmittelbar zurückführen auf die begrenzte Macht und Präzision unserer Technologie. Um dies nachvollziehen zu können, brauchen wir uns nur vorzustellen, wie unsere jüngsten Konflikte verlaufen wären, hätten wir über perfekte Waffen verfügt – Waffen, die es uns ermöglicht hätten, eine ganz bestimmte Person oder Gruppe aus jeder Entfernung entweder handlungsunfähig zu machen oder zu töten, ohne dabei anderen Personen oder deren Eigentum Schaden zuzufügen. Was könnten wir mit einer solchen Technologie anfangen? Pazifisten würden sich weigern, von ihr Gebrauch zu machen, ungeachtet der Vielzahl von Monstren, die derzeit auf dieser Welt frei herumlaufen: all die Schlächter und Kinderschänder, die sadistischen Lustmörder, die Menschen, die, weil es ihnen an den richtigen Genen, der richtigen Erziehung oder der richtigen Anschauung mangelt, einfach nicht bereit sind, mit dem Rest der Welt friedlich zusammenzuleben. Zum Thema Pazifismus will ich mich in einem späteren Kapitel äußern: Mir erscheint der Pazifismus eine zutiefst unmoralische Haltung zu sein, die sich jedoch im Gewande eines Dogmas von edelster Moral präsentiert. Aber die meisten von uns sind keine Pazifisten. Die meisten von uns würden für den Gebrauch solcher Waffen stimmen. Bei einigem Nachdenken wird uns klar, dass die Art und Weise, wie jemand eine solche Waffe verwendete, eine Menge über die Beschaffenheit seiner Ethik aussagen würde.

Sehen wir uns die allzu oberflächlichen Vergleiche an, die jüngst zwischen George Bush und Saddam Hussein (oder Osama bin Laden oder Hitler und so weiter) angestellt wurden – in Texten von Leuten wie Roy und Chomsky, in der arabischen Presse, sowie in Klassenzimmern der gesamten freien Welt. Wie hätte George Bush den letzten Irak-Krieg wohl geführt, falls er über perfekte Waffen verfügt hätte? Hätte er damit auf die Tausende irakischer Zivilisten gezielt, die von unseren Bomben verstümmelt oder getötet wurden? Hätte er kleinen Mädchen die Augen ausgeschossen oder ihren Müttern die Arme ausgerissen? Ob man die Politik des Mannes – oder den Mann selbst – nun bewundert oder nicht: Es besteht kein Grund zu der Annahme, dass er die Verwundung oder den Tod auch nur eines einzigen unschuldigen Menschen abgesegnet hätte. Was aber würden Saddam Hussein oder Osama bin Laden mit perfekten Waffen anstellen? Was hätte Hitler damit angestellt? Sie hätten auf reichlich andere Weise davon Gebrauch gemacht.

Es ist Zeit, zuzugeben, dass nicht alle Kulturen sich auf der gleichen Stufe moralischer Entwicklung befinden. So etwas zu sagen, ist natürlich auf drastische Weise undiplomatisch, aber es ist wohl ebenso objektiv wahr wie die Aussage, dass nicht alle Gesellschaften über die gleichen materiellen Ressourcen verfügen. Wir könnten die moralischen Unterschiede sogar in ähnliche Worte kleiden: Nicht alle Gesellschaften verfügen über das gleiche Maß an moralischem Wohlstand. Zu einer solchen Begüterung tragen viele Dinge bei. Politische und wirtschaftliche Stabilität, Bildung, eine Prise sozialer Gleichheit – wo solche Dinge fehlen, finden die Menschen schon bald eine Menge triftiger Gründe, einander ziemlich schlecht zu behandeln. Die jüngere Geschichte der USA weist zahlreiche Anhaltspunkte auf, die für eine Entwicklung in dieser Hinsicht sprechen, sowie für eine damit einhergehende Veränderung der Moralvorstellungen. Wer im Sommer 1863 nach New York kam, fand sich dort in Straßenzügen wieder, die von herumlungernden Gangsterbanden beherrscht wurden; Schwarze, die nicht das uneingeschränkte Eigentum weißer Sklavenhalter waren, wurden regelmäßig gelyncht und verbrannt. Lässt sich bezweifeln, dass viele New Yorker des 19. Jahrhunderts, gemessen an unseren heutigen Maßstäben, Barbaren waren? Über eine andere Kultur zu sagen, sie hinke mit 150 Jahren Abstand hinter der unseren her, ist in der Tat eine vernichtende Kritik, wenn man bedenkt, wie weit wir in der gleichen Zeit vorangekommen sind. Nun stelle man sich vor, die unbedarften Amerikaner von 1863 hätten es zum Besitz chemischer, biologischer oder nuklearer Waffen gebracht. Dies ist mehr oder minder die Situation, die sich uns in den Entwicklungsländern bietet.

Man denke an Gräueltaten, wie sie im noch nicht fernen Jahre 1968 von Amerikanern in My Lai verübt wurden:

> Am frühen Morgen wurden die Soldaten mit Hubschraubern ins Dorf geflogen. Viele feuerten Schüsse ab, während sie sich verteilten, dabei töteten sie sowohl Menschen als auch Tiere. Von einem Bataillon des Vietcong war nichts zu sehen, und den ganzen Tag über wurde auf die «Charlie Company» kein Schuss abgegeben. Dennoch führten die amerikanischen Soldaten ihren Angriff fort. Sie brannten sämtliche Häuser nieder. Sie vergewaltigten Frauen und Mädchen, um sie danach zu töten. Einigen Frauen stachen sie in die Vagina, andere weideten sie aus oder schnitten ihnen die Hände oder den Skalp ab. Schwangeren Frauen wurde der Bauch aufgeschlitzt, danach ließ man sie sterben. Es kam zu Gruppenvergewaltigungen und Tötungen mit Schusswaffen oder dem Bajonett. Es kam zu Massenhinrichtungen. Dutzende von Menschen, einschließlich alter Leute, Frauen und Kinder, wurden gleichzeitig in einem Graben mit dem Maschinengewehr erschossen. Innerhalb von vier Stunden kamen nahezu 500 Dorfbewohner ums Leben.[45]

Dies ist so ziemlich der Gipfel des Übels, zu dem Menschen fähig sind. Was uns jedoch von vielen unserer Feinde unterscheidet, ist, dass uns solche Gewaltexzesse erschrecken. Das Massaker von My Lai wird uns als schmählichster Moment des amerikanischen Militärs stets in Erinnerung bleiben. Schon damals waren US-Soldaten sprachlos vor Schrecken über das Verhalten ihrer Kameraden. Ein Hubschrauberpilot, der zum Schauplatz stieß, befahl seinen Untergebenen, ihre Maschinengewehre gegen die eigenen Truppen einzusetzen, falls jene nicht damit aufhörten, Dorfbewohner zu töten.[46] Als Kulturnationen haben wir unsere Toleranz gegenüber der absichtlichen Folterung und Tötung unschuldiger Menschen zweifellos abgelegt. Wir täten gut daran, einzusehen, dass dies für einen Großteil der Welt nicht gilt.

Überall, wo es um die Erkenntnis von Fakten geht, steht eines fest: Nicht alle Menschen werden sie zur gleichen Zeit entdecken oder sie gleich gut verstehen. Wer dies einräumt, ist nur noch einen kleinen Schritt entfernt von jenem Hierarchiedenken, das heute in weiten Teilen des liberalen Diskurses für unzulässig gilt. Überall, wo es richtige und falsche Antworten auf wichtige Fragen gibt, wird es bessere und schlechtere Wege geben, um zu jenen Antworten zu kommen, ebenso wie es bessere und schlechtere Wege gibt, diese Antworten umzusetzen. Denken wir zum Beispiel an die Kindererziehung: Wie können wir Kinder vor Krankheiten schützen? Wie können wir sie zu glücklichen und verantwortungsbewussten Mitgliedern der Gesellschaft erziehen? Auf derartige Fragen gibt es zweifellos sowohl gute als auch schlechte Antworten, und nicht alle Glaubenssysteme und kulturellen Praktiken eignen sich gleichermaßen dazu, die guten Antworten hervorzubringen. Das heißt nicht, dass es auf jede Frage nur eine richtige Antwort gibt, oder nur eine einzige und unübertreffliche Methode, ein spezielles Ziel zu erreichen. Auf Grund der unvermeidlichen Eigenheit unserer Verhältnisse jedoch ergibt sich, dass das Repertoire an optimalen Lösungen für ein Problem normalerweise begrenzt ist. Es gibt zwar keine objektiv beste Speise, aber Steine können wir nicht essen – und jede Kultur, die aus dem Verzehr von Steinen eine Tugend oder ein religiöses Gebot machen würde, litte unter einem schweren Ernährungs- (und Zahn-)Mangel. Es versteht sich daher von selbst, dass bestimmte Haltungen zu Politik, Wirtschaft, Wissenschaft und sogar Spiritualität und Ethik sich als besser erweisen als jene Haltungen, die mit ihnen konkurrieren (egal, wie wir das Wort «besser» definieren), und Abweichungen hiervon werden sich als sehr reale Unterschiede im Ausmaß von menschlichem Glück manifestieren.

Jede systematische Beschäftigung mit Ethik oder mit dem notwendigen Unterbau einer Zivilgesellschaft konfrontiert uns mit zahlreichen Moslems, die noch bis zum Schopf in der bluttriefenden Barbarei des 14. Jahrhunderts stecken. Das hat zweifellos geschichtliche und kulturelle Gründe, und man kann vieles dafür verantwortlich machen, doch sollten wir die Tatsache nicht ignorieren, dass wir es mittlerweile mit ganzen Gesellschaften zu tun haben, deren moralische und politische Entwicklung – was ihre Behandlung von Frauen und Kindern angeht, ihre Kriegsführung, ihre Haltung zur Strafjustiz, ihr Gespür dafür, was Grausamkeit eigentlich ausmacht – der unseren hinterherhinkt. Diese Aussage mag unwissenschaftlich und latent rassistisch anmuten, sie ist jedoch keins von beidem. Rassistisch ist sie überhaupt nicht, da die Wahrscheinlichkeit gering ist, dass diese Verschiedenheit biologische Ursachen hat, und unwissenschaftlich ist sie nur insofern, als die Wissenschaft es bisher versäumt hat, sich dem moralischen Bereich auf systematische Weise zuzuwenden. Man kehre in hundert Jahren zurück, und falls wir dann nicht wieder in Höhlen leben und uns gegenseitig mit Keulen totschlagen, werden wir zum Thema Ethik einiges an wissenschaftlich gut abgesicherten Erkenntnissen zugelegt haben. Jeder aufrichtige Zeuge der gegenwärtigen Ereignisse wird erkennen, dass jene Art von Gewalt, die auf dieser Welt von zivilisierten Demokratien samt all ihrer Fehler und Mängel ausgeht, sich moralisch nicht auf gleiche Weise bewerten lässt wie die mörderische Gewalt, die von militanten Moslems oder in der Tat auch von moslemischen Regierungen verübt wird. Chomsky glaubt anscheinend, eine solche Verschiedenheit existiere nicht oder sie sei dabei, sich aufzulösen.

Nehmen wir den jüngsten Konflikt im Irak: Wäre die Situation umgekehrt gewesen – mit welcher Wahrscheinlichkeit hätte die Irakische Republikanische Garde bei ihrem Versuch, in Washington einen Regimewechsel durchzuführen, im gleichen Maße darauf geachtet, die Zahl an Zivilopfern so gering wie möglich zu halten? Mit welcher Wahrscheinlichkeit hätten die irakischen Streitkräfte sich von menschlichen Schutzschilden auf unserer Seite abschrecken lassen? (Und mit welcher Wahrscheinlichkeit hätten wir uns überhaupt menschlicher Schutzschilde bedient?) Mit welcher Wahrscheinlichkeit hätte eine vernichtend geschlagene amerikanische Regierung ihre Bürger dazu ermuntert, sich freiwillig als Selbstmordbomber zur Verfügung zu stellen? Mit welcher Wahrscheinlichkeit hätten irakische Soldaten geweint, wenn sie an einem Kontrollpunkt unnötigerweise eine Wagenladung amerikanischer Zivilisten getötet hätten? In unserer imaginären Bilanz sollten die Nullen sich nunmehr häufen.

Mit keinem Wort würdigt Chomskys Bericht den Unterschied zwischen der absichtlichen Tötung eines Kindes, um bei seinen Eltern eine bestimmte Wirkung zu erzielen (wir nennen so etwas «Terrorismus»), und der versehentlichen Tötung eines Kindes beim Versuch, einen erklärten Kindermörder festzunehmen oder zu töten (wir nennen so etwas «Kollateralschaden»). In beiden Fällen kommt ein Kind ums Leben, und in beiden Fällen ist es eine Tragödie. Der ethische Status beider Täter jedoch, seien es nun Individuen oder Staaten, könnte unterschiedlicher nicht sein.

Chomsky mag dagegenhalten, es sei in jedem Fall inakzeptabel, das Leben eines Kindes aufs Spiel zu setzen, doch dieser Grundsatz lässt sich nicht nachvollziehen. Die Hersteller von Achterbahnen wissen zum Beispiel sehr gut, dass trotz strengster Sicherheitsvorkehrungen manchmal irgendwo ein Kind durch eine ihrer Gerätschaften ums Leben kommt. Automobilhersteller wissen dies ebenso gut. Das Gleiche gilt für die Hersteller von Hockeyschlägern, Baseballschlägern, Plastiktüten, Swimming-Pools, Maschendrahtzäunen und fast allem nur Denkbaren, was den Tod eines Kindes herbeiführen könnte. Es hat seinen Grund, weshalb wir den oft unvermeidlichen Tod von Kindern auf unseren Skipisten nicht als «Pistengräuel» bezeichnen. Doch wenn wir Noam Chomsky lesen, erfahren wir das nicht. Für ihn spielen Absichten anscheinend keine Rolle. Nur die Zahl der Toten.

Wir leben heute in einer Welt, die hochgerüstete feindselige Regimes nicht mehr hinnehmen kann. Ohne perfekte Waffen sind Kollateralschäden – das Verstümmeln und Töten unschuldiger Menschen – unvermeidbar. Ein ähnliches Leid bedeutet es für noch mehr unschuldige Menschen, dass wir nicht über perfekte Autos, Flugzeuge, Antibiotika, Operationsverfahren und Fenstergläser verfügen. Wollen wir daraus ethische Schlussfolgerungen ziehen oder Voraussagen über das künftige Verhalten einer bestimmten Person oder Gesellschaft treffen, können wir menschliche Absichten nicht ausklammern. Wo es um Ethik geht, sind Absichten alles.[47]

Eine Vergeudung wertvoller Ressourcen

Viele Nahost-Kommentatoren weisen darauf hin, man könne das Problem des moslemischen Terrorismus nicht auf das reduzieren, woran religiöse Moslems glauben. Zakaria schreibt, die Wurzeln moslemischer Gewalt fänden sich nicht im Islam, sondern in der jüngeren Geschichte des arabischen Nahen Ostens. Er betont, dass noch vor fünfzig Jahren die arabische Welt an der Schwelle zur Moderne stand und dann tragischerweise einen Rückschlag erlitt. Die wahre Ursache von Terrorismus sei daher einfach die Tyrannei, unter der die meisten Araber seit jenen Tagen leben. Das Problem, wie Zakaria es ausdrückt, sei «der Wohlstand, nicht die Armut».[48] Die Fähigkeit, das Geld direkt aus dem Erdreich abzapfen zu können, habe die arabischen Regierungen dazu animiert, den Nöten ihrer Bevölkerung mit völliger Gleichgültigkeit zu begegnen. Wie sich zeige, werde eine Staatsgewalt dort, wo sie nicht darauf angewiesen ist, Steuern einzutreiben, ganz gehörig verdorben. Das Resultat sei das, was wir vorfinden: Fette Unterdrücker-Regimes, die politisch und wirtschaftlich auf sumpfigen Boden gebaut seien. Man erweise den Kräften der Modernisierung keinen großen Dienst, wenn man Produkte der Moderne wie Fast Food, Fernsehen und eine fortschrittliche Rüstung in diesen Sumpf schleudere.

«Sollte es eine Hauptursache für den Aufstieg des islamischen Fundamentalismus geben», schreibt Zakaria, «dann ist es das völlige Versagen politischer Institutionen in der arabischen Welt.»[49] Mag sein. Doch der «Aufstieg des islamischen Fundamentalismus» ist nur deshalb ein Problem, weil die Fundamente des Islam ein Problem sind. Ein Aufstieg des jainistischen Fundamentalismus brächte niemand in Gefahr. Eine unkontrollierbare Ausbreitung des Jainismus auf der gesamten Welt würde unsere Situation sogar enorm verbessern. Vielleicht würde ein größerer Teil unserer Ernte Schädlingen zum Opfer fallen (ergebene Jainas töten normalerweise nichts und niemand, auch keine Insekten), aber wir sähen uns nicht mehr umzingelt von terroristischen Selbstmordattentätern beziehungsweise von einer Zivilisation, die deren Handeln meist billigend in Kauf nimmt.

Zakaria betont, der Islam sei eigentlich bemerkenswert antiautoritär, da man Herrschern nur dann Gefolgschaft leisten müsse, wenn diese im Einklang mit dem Gesetz Gottes regierten. Wie wir jedoch gesehen haben, ist kaum eine Tyrannei-Formel überzeugender als die vom Gehorsam gegenüber «Gottes Gesetz». Dennoch hält Zakaria jegliche Forderung nach einer religiösen Reform für deplatziert:

> Es hat in Wahrheit wenig Nutzen, den Koran nach Schlüsselstellen über das wahre Wesen des Islam zu durchforsten ... Das Problem mit lautstarken Proklamationen über das «Wesen des Islam» besteht darin, dass der Islam wie jede andere Religion nicht von Büchern geprägt ist, sondern von Menschen. Vergessen wir die geifernden Fundamentalisten, sie sind nur eine Minderheit. Der

> Alltag der meisten Moslems bestätigt keineswegs das Bild von einer Religion, die ihrem Wesen nach anti-westlich oder antimodern ist.[50]

Laut Zakaria liegt der Schlüssel zur Erlösung des Islam in einer politischen, wirtschaftlichen und sozialen Modernisierung – dies werde den Islam dazu nötigen, den Pfad zum Liberalismus einzuschlagen, so wie das auch für das Christentum im Westen der Fall war. Als Beweis führt Zakaria an, dass Millionen Moslems in den USA, in Kanada und Europa leben und «herausgefunden haben, wie man fromm ist, ohne obskurant zu sein, wie man gottesfürchtig ist, ohne in Raserei zu geraten.»[51] Darin mag ein Körnchen Wahrheit sein; dennoch ignoriert Zakaria, wie wir gesehen haben, einige betrübliche Details. Wenn, wie ich in diesem Buch fortwährend erkläre, alles Gute an der Religion auch anderweitig zu haben ist – wenn zum Beispiel ethische und spirituelle Erfahrungen kultiviert und zum Thema werden können, auch ohne dass man von sich behauptet, über Dinge Bescheid zu wissen, die wir eindeutig nicht wissen, – dann stellt alles Weitere unserer religiösen Aktivitäten im besten Fall eine kolossale Verschwendung von Zeit und Energie dar. Denken wir an all die guten Dinge, die schon morgen auf dieser Welt ungetan bleiben, weil Menschen glauben, ihre vorrangige Aufgabe bestehe darin, eine weitere Kirche oder Moschee zu bauen beziehungsweise den Leuten irgendwelche alten Ernährungsvorschriften aufzuerlegen oder weiterhin ganze Folianten mit Auslegungen von wirrem Gedankengut Unwissender zu füllen. Wie viele Stunden menschlicher Mühsal werden heutzutage von einem imaginären Gott verschlungen? Man bedenke: Wenn ein Computervirus das Telefonsystem eines Landes nur für fünf Minuten lahmlegt, beläuft der Verlust an menschlicher Produktivität sich auf mehrere Milliarden Dollar. Der religiöse Glaube jedoch lässt unsere Leitungen tagtäglich zusammenbrechen, und dies seit Jahrtausenden. Ich will damit nicht andeuten, der Wert einer jeden menschlichen Handlung solle an deren Produktivität gemessen werden. Einer solchen Bewertung könnten in der Tat nur wenige unserer Aktivitäten standhalten. Wir sollten aber dennoch erkennen, wie unermesslich viel an menschlichen Ressourcen, sowohl finanzieller Art als auch an Aufmerksamkeit, den Bach der organisierten Religion heruntergeht. Man denke an den Wiederaufbau des Irak: Was war es, woran Hunderttausende irakischer Schiiten nach ihrer Befreiung als Erstes dachten? Flugs wollten sie sich selbst geißeln. Das Blut rann ihnen von der Stirn und vom Rücken, als sie kilometerweit über Straßen mit Schlaglöchern und schmutzbedeckte Gassen nach Karbala strömten, zur heiligen Stadt, wo das Grab von Hussein liegt, des Enkels des Propheten. Man frage sich, ob diese Männer ihre Zeit auf diese Weise wirklich optimal nutzten. Ihre Gemeinschaft war auseinandergerissen. Frisches Wasser und elektrischer Strom waren knapp. Ihre Schulen und Krankenhäuser wurden geplündert. Und eine Armee von Besatzern versuchte, ein paar vernünftig denkende Menschen zu finden, mit denen sich zwecks Aufbau einer Zivilgesellschaft zusammenarbeiten ließ. Auf der Prioritätenliste dieser Mensschen hätten Selbstkasteiung und Singsang eigentlich ziemlich weit unten stehen müssen.

Das Problem mit der Religion besteht jedoch nicht nur darin, dass sie Zeit und Ressourcen kostet. Während Zakaria sehr richtig beobachtet, dass der Glaube im Westen relativ zahm geworden ist – was zweifellos eine gute Sache ist –, entgeht ihm andererseits, dass dieser Glaube noch immer sehr lange Krallen hat. Wie wir im nächsten Kapitel sehen werden, stellen selbst die einnehmendsten Spielarten des Christentums wie zum Beispiel Projekte der AIDS-Prävention und Familienplanung in Entwicklungsländern für den medizinischen Fortschritt und für die Herausbildung einer vernünftigen Drogenpolitik ein unüberwindbares Hindernis dar – und solche Beiträge zum Elend der Menschen gehören in jedem Zeitalter zu den erschreckendsten Beispielen für das Versagen menschlicher Vernunft.

Was können wir tun?

Wenn wir über den Islam und das Risiko nachdenken, das er heute für den Westen darstellt, sollten wir uns vorzustellen versuchen, was notwendig wäre, um mit Christen des 14. Jahrhunderts in Frieden zu leben – Christen, die noch scharf darauf waren, Menschen wegen Verbrechen wie Hostienentweihung und Hexerei zu verfolgen. Diese Vergangenheit ist unsere Gegenwart. Es ist alles andere denn einfach, solche Menschen für einen konstruktiven Dialog zu gewinnen, sie von unseren gemeinsamen Interessen zu überzeugen, sie auf dem Pfad zur Demokratie zu unterstützen und mit ihnen gegenseitig die Verschiedenheit unserer Kulturen zu feiern.

Es ist klar, dass wir an einem Punkt unserer Geschichte angekommen sind, an dem eine Zivilgesellschaft auf globaler Ebene mehr als eine nette Idee darstellt; sie ist notwendig für den Erhalt der Zivilisation. Bedenkt man, dass heutzutage selbst erfolglose Staaten über potenziell zerstörerische Technologien verfügen, können wir es uns einfach nicht leisten, Seite an Seite mit böswilligen Diktaturen oder Armeen der Unwissenheit zu leben, die sich jenseits der Meere zusammenrotten.

Was macht eine Zivilgesellschaft aus? Im Mindestfall bietet sie einen Hort, wo man Ideen welcher Art auch immer kritisieren kann, ohne sich dem Risiko körperlicher Gewalt auszusetzen. Wer in einem Staat lebt, in dem über den König, über ein imaginäres Wesen oder über bestimmte Bücher gewisse Dinge nicht gesagt werden dürfen, weil solche Äußerungen mit dem Tod, mit Folter oder mit Gefängnis und Ähnlichem bestraft werden, der lebt nicht in einer Zivilgesellschaft. Anscheinend besteht eine der dringlichsten Aufgaben, die sich der zivilisierten Welt heute stellen, darin, nach Möglichkeiten zu suchen, um die Entstehung von Zivilgesellschaften andernorts zu erleichtern. Dass solche Gesellschaften demokratische Gesellschaften sein müssen, ist nicht einmal gesagt. Zakaria legt überzeugend dar, dass sich der Übergang von der Tyrannei zum Liberalismus durch ein Plebiszit vermutlich nicht bewerkstelligen lässt. Es erscheint geradezu gewiss, dass zum Überbrücken jener Kluft eine gutartige Form von Diktatur vonnöten sein wird. Doch Gutartigkeit der Absicht ist hier der Schlüssel – und wenn sich diese Gutartigkeit nicht innerhalb des Staates herausbilden kann, muss sie dem Staat von außen auferlegt werden. Die Methoden einer solchen Einflussnahme sind zwangsläufig rüde: Sie reichen bis hin zu wirtschaftlicher Isolation, militärischen Interventionen (sowohl offen als auch versteckt) beziehungsweise einer Kombination aus beidem.[52] Auch wenn dies wie eine Parteinahme für eine ausgesprochen arrogante Doktrin anmutet, haben wir vermutlich keine Alternativen. Wir können – um nur ein Schreckensszenario zu bemühen – nicht warten, bis Massenvernichtungswaffen aus der ehemaligen Sowjetunion in die Hände von Fanatikern gelangen.

Ich finde, wir sollten jede moderne Form der Gewaltherrschaft als Geiseldrama begreifen. Kim Jong-il hat 30 Millionen Menschen als Geiseln genommen. Saddam Hussein hatte 25 Millionen. Die Kleriker im Iran haben dreimal so viele. Es spielt keine Rolle, dass viele Geiseln aufgrund der Gehirnwäsche, der sie unterzogen wurden, gegen ihre möglichen Befreier bis auf den Tod kämpfen würden. Sie sind Gefangene in doppelter Hinsicht – Gefangene der Tyrannei sowie der eigenen Unwissenheit. Die zivilisierte Welt muss ihnen irgendwie zur Rettung eilen. Jonathan Glover hat vermutlich recht, wenn er sagt, wir bräuchten «so etwas wie eine starke und gut konsolidierte beständige UN-Gewalt, dazu klare Kriterien für Militärinterventionen und einen internationalen Gerichtshof, der diesen Aktionen zustimmt».[53] Das lässt sich auch einfacher ausdrücken: Wir brauchen eine Weltregierung. Wie sonst lässt sich sicherstellen, dass ein Krieg zwischen den USA und China ebenso unwahrscheinlich wird wie ein Krieg zwischen Texas und Vermont? Wir sind meilenweit davon entfernt, über die Möglichkeit einer Weltregierung auch nur nachzudenken, geschweige denn sie herzustellen. Dazu wäre ein Maß an wirtschaftlicher, kultureller und moralischer Integration erforderlich, wie wir es wohl nie erreichen werden. Die Verschiedenheit unserer Religionen steht dem als vorrangiges Hindernis im Weg. Angesichts dessen, was ein Großteil von uns über Gott glaubt, ist es derzeit undenkbar, dass Menschen sich je nur als Menschen begreifen und dabei jegliche Zugehörigkeit zu einer weniger wichtigen Gruppierung ablegen. Eine Weltregierung scheint weit entfernt – so weit, dass wir die Reise dorthin vermutlich nicht überleben würden.

Lässt sich der Islam mit einer Zivilgesellschaft vereinbaren? Ist es möglich, zu glauben, was ein rechter Moslem zu glauben hat, und gleichzeitig über militärische und wirtschaftliche Macht zu verfügen, ohne für andere Zivilgesellschaften eine unglaubliche Bedrohung darzustellen? Ich glaube, die Antwort lautet Nein. Falls es zwischen dem Islam und dem Westen je zu einem stabilen Frieden kommen sollte, hat der Islam sich einem radikalen Wandel zu unterziehen. Ein solcher Wandel muss, um für Moslems annehmbar zu sein, scheinbar von ihnen selbst kommen. Ich halte es für keine große Übertreibung, zu behaupten, das Schicksal unserer Zivilisation ruhe weitgehend in den Händen «gemäßigter» Moslems. Falls es den Moslems nicht gelingt, ihre Religion in eine grundsätzlich gutartige Ideologie umzuformen beziehungsweise ihrem Glauben völlig zu entwachsen, fällt es schwer zu glauben, der Islam und der Westen könnten einem dauerhaften Krieg an zahllosen Fronten irgendwie aus dem Weg gehen. Die Erfindung von nuklearen, biologischen und chemischen Waffen lässt sich nicht rückgängig machen. Wie Martin Rees betont, besteht kein Grund dazu, zu erwarten, ihre Verbreitung in kleinen Mengen ließe sich erfolgreicher eindämmen als die Verbreitung illegaler Drogen.[54] Falls dies stimmt, werden Massenvernichtungswaffen bald für jeden erhältlich sein, der sie haben will.

Vielleicht gelingt es dem Westen, einen Wandel der muslimischen Welt durch äußeren Druck zu ermöglichen. Es wird jedoch für die USA und einige europäische Länder nicht ausreichen, einen harten Kurs zu verfolgen, wenn der Rest Europas und Asiens hochmoderne Waffen und «Vielzweck»-Kernreaktoren an sämtliche Interessenten verkauft. Um die notwendige ökonomische Hebelwirkung zu erzielen, sodass uns eine Chance bleibt, diesen Krieg der Ideen mit friedlichen Mitteln zu führen, sollte die Entwicklung alternativer Energie-Technologien das Ziel eines neuen Manhattan-Projekts werden. Überflüssig zu sagen, dass es zur Rechtfertigung eines solchen Großprojekts ausreichende wirtschaftliche und umweltpolitische Gründe gibt, wie auch politische. Würde Öl mit einem Mal seinen Wert verlieren, stünden die Gebrechen führender islamischer Gesellschaften unübersehbar im grellen Licht der Sonne. Womöglich würden Moslems dann einsehen, wie weise es wäre, ihre Haltung zu einer Vielzahl von Themen zu entschärfen. Ansonsten sehen wir uns gezwungen, unsere Interessen in der Welt mit Gewalt zu verteidigen – und zwar kontinuierlich. In diesem Falle ist es nahezu sicher, dass unsere Zeitungen sich in zunehmendem Maße lesen werden wie das biblische Buch der Offenbarung.

DIESSEITS VON EDEN

Im Vergleich zu den theokratischen Gräueln des mittelalterlichen Europa beziehungsweise denen, die in der muslimischen Welt noch immer bestehen, wirkt der heute im Westen von der Religion ausgehende Einfluss relativ harmlos. Wir sollten uns von solchen Vergleichen jedoch nicht fehlleiten lassen. Das hohe Ausmaß, in dem religiöse Ideen noch immer die Politik von Regierungen – namentlich jener der USA – bestimmen, ist eine ernst zu nehmende Gefahr für alle. So wurde zum Beispiel häufig berichtet, dass Ronald Reagan die Ausbrüche im Nahen Osten durch die Brille der biblischen Prophetie wahrnahm. Dieser Präsident der USA ging sogar so weit, Leute wie Jerry Falwell und Hal Lindsey an seinen nationalen Sicherheitsberatungen teilnehmen zu lassen.[1] Überflüssig zu sagen, dass es sich hierbei nicht gerade um nüchterne Köpfe handelt, deren Ratschlag man sich zum Einsatz von Nuklearwaffen wünscht. Über viele Jahre hinweg wurde die US-Politik im Nahen Osten zumindest teilweise von jenen Interessen geprägt, die christliche Fundamentalisten an der Zukunft eines jüdischen Staates haben. Die christliche «Unterstützung Israels» ist tatsächlich ein Beispiel für einen religiösen Zynismus von derart abgefeimter Art, dass er in unserem politischen Diskurs so gut wie unbemerkt bleibt. Christliche Fundamentalisten unterstützen Israel, weil sie glauben, eine letztendliche Konsolidierung jüdischer Macht im Heiligen Land und vor allem der Wiederaufbau von Salomos Tempel in Jerusalem würden sowohl die Wiederkunft Christi als auch die endgültige Vernichtung der Juden nach sich ziehen.[2] Eine solch heitere Vorfreude auf den Völkermord scheint von Anbeginn den jüdischen Staat geprägt zu haben; der erste internationale Einsatz für die Rückkehr der Juden nach Palästina, die britische Balfour-Deklaration von 1917, war zumindest teilweise von einer bewussten Erfüllung biblischer Prophezeiungen motiviert.[3] Wo Eschatologie solcherart auf moderne Politik einwirken kann, sind die Gefahren religiösen Glaubens kaum mehr zu überschätzen. Millionen von Christen und Moslems richten ihr Leben heute nach prophetischen Traditionen aus, die sich nur dann erfüllen können, wenn Bäche von Blut aus Jerusalem strömen. Es fällt nicht schwer, sich vorzustellen, wie Prophezeiungen von einem gegenseitigen Vernichtungskrieg, wenn sie erst einmal ernst genommen werden, zum Selbstläufer werden können.

Der ewige Gesetzgeber

Zahlreiche Vertreter der derzeitigen US-Regierung fassen ihre beruflichen Aufgaben als religiöse Verpflichtung auf. Nehmen wir zum Beispiel Roy Moore, den Vorsitzenden des Obersten Gerichts im Bundesstaat Alabama. Als er mit der Tatsache konfrontiert wurde, dass sein Staat die sechsthöchste Mordrate der Nation aufwies, hielt Richter Moore es für angebracht, in der Eingangshalle des Gerichtsgebäudes in Montgomery ein zweieinhalb Tonnen schweres Monument mit den Zehn Geboten aufstellen zu lassen. So gut wie niemand bestreitet, dass dies einen Verstoß gegen den Geist, wenn nicht gegen den Wortlaut des Neutralitätsgebots in Sachen Religion der US-Verfassung darstellt. Als ein Gericht Moore dazu verpflichtete, das Monument wieder entfernen zu lassen, weigerte dieser sich. Da sich der US-Kongress nicht traute, eine tatsächliche Trennung von Kirche und Staat auf augenfällige Weise durchzusetzen, änderte der Rat eine Bewilligungsvorlage ab, wodurch sichergestellt wurde, dass für die Entfernung des Monuments keine öffentlichen Gelder verwendet werden konnten.[4] Generalstaatsanwalt John Ashcroft, dessen einzige Aufgabe darin bestand, die Gesetze des Landes durchzusetzen, hüllte sich derweil in frommes Schweigen. Dies mag nicht überraschen, bedenkt man, dass Ashcroft, wenn er sich denn äußert, Dinge zu sagen pflegt wie: «Wir sind eine Nation, die dazu berufen ist, die Freiheit zu verteidigen – eine Freiheit, die uns nicht von der Regierung oder einem Schriftstück verliehen wird, sondern die Gottes Geschenk an uns ist.»[5] Laut einer Erhebung des Gallup-Instituts genossen Ashcroft und der Kongress beim amerikanischen Volk festen Rückhalt, denn 78 Prozent aller Befragten sprachen sich gegen eine Entfernung des Monuments aus.[6] Man fragt sich, ob Moore, Ashcroft, der US-Kongress und drei Viertel der amerikanischen Bevölkerung wohl auch gern die Strafen, die auf eine Übertretung jener heiligen Gebote stehen, in Marmor gehauen, an den Gerichtshöfen der USA aufgerichtet sehen würden. Welche Strafe zum Beispiel erwartet jemanden, der den Namen des Herrn unnütz gebraucht? Zufälligerweise die Todesstrafe (Levitikus 24, 16). Was ist die Strafe für jemanden, der am Sabbat arbeitet? Ebenfalls der Tod (Exodus 31, 15). Wie wird bestraft, wer Vater oder Mutter verflucht? Wiederum mit dem Tod (Exodus 21, 17). Wie lautet die Strafe für Ehebruch? Erraten (Levitikus 20, 10). Während die Gebote selbst sich nur schwer einprägen lassen – zumal sich die entsprechenden Listen aus den Kapiteln 26 und 34 des Buches Exodus widersprechen –, fällt es denkbar leicht, sich die Strafe für deren Übertretung zu merken.

Weitere Beispiele für solche Frömmigkeit unter Regierenden finden sich derzeit allenthalben. Viele führende Republikaner gehören dem Council for National Policy (Rat für nationale Politik) an, einem geheimen christlichen Interessenverband, der von dem Fundamentalisten Tim LaHaye gegründet wurde, dem Co-Autor der apokalyptischen Romanserie «Finale». Diese Organisation tritt alle drei Monate zusammen, um über Gott weiß was zu diskutieren. George W. Bush hielt 1999 vor dem Council eine Rede hinter verschlossenen Türen; daraufhin stimmte die christliche Rechte seiner Kandidatur für das Präsidentenamt zu.[7] Tatsächlich waren 40 Prozent derer, die schließlich für Bush stimmten, weiß und evangelikal.[8] Seit der Ernennung von John Ashcroft zu seinem Generalstaatsanwalt hat Präsident Bush keine Gelegenheit ausgelassen, sich für diesen Gefallen erkenntlich zu zeigen. In den Ressorts Justiz, Haushalt und städtebauliche Entwicklung, Gesundheit und soziale Sicherung sowie Bildung kommt es nun regelmäßig zu Direktiven, bei denen die Trennung von Staat und Kirche verwischt wird.[9] Mit seiner Initiative zur Förderung der kirchlich-religiösen Sozialarbeit («faith-based initiative») gelang es Bush, zig Millionen Steuergelder direkt an kirchliche Gruppierungen zu leiten, Mittel, die dort zum Einsatz kommen, wo es diese Kreise gerade für angebracht halten.[10] Eine Ernennung in der Food and Drug Administration (Arzneimittelzulassungsstelle) ging von Bush an Dr. W. David Hager, einen Geburtshelfer aus der Pro-Life-Bewegung, der öffentlich erklärte, Sex vor der Ehe sei eine Sünde und jeder Versuch, «christliche Wahrheit» von «säkularer Wahrheit» zu trennen, «gefährlich».[11] Generalleutnant William G. Boykin wurde zum Unterstaatssekretär des Verteidigungsministeriums für Nachrichtendienste im Pentagon ernannt. Als hochdekorierter Offizier der Spezialkräfte bestimmt er dort die Richtlinien für die Suche nach Osama bin Laden, Mullah

Omar und dem Rest von Amerikas versteckten Feinden. Wie sich herausstellt, ist dieser Mann auch ein erbitterter Gegner Satans. Bei der Analyse eines Fotos von Mogadischu, wo US-Soldaten im Jahre 1993 unter seiner schicksalhaften Führung kämpften, meinte Boykin in gewissen Schatten auf dem Bild «die Fürstentümer der Finsternis» zu erkennen, «... eine dämonische Gegenwart in jener Stadt, die mir von Gott als der große Feind offenbart worden ist».[12] Was den Krieg gegen den Terror betrifft, so behauptet er, unser «Feind ist ein Kerl namens Satan».[13] Während diese Bemerkungen in den Medien für eine gewisse Kontroverse sorgten, kamen die meisten Amerikaner damit anscheinend problemlos klar. Immerhin glauben 65 Prozent meiner Landsleute an Satans Existenz.[14]

Auch in andere Ressorts der Bundesregierung wurden Leute gewählt, die danach streben, Gottes Werk zu tun. Der Politiker Tom DeLay, der von 2002 bis 2005 die republikanische Mehrheit im Abgeordnetenhaus führte, neigt zu tiefgründigen Aussagen wie: «Nur das Christentum ermöglicht uns einen Lebensstil, der den Realitäten gerecht wird, die wir auf dieser Welt vorfinden. Nur das Christentum.» Er behauptet, in die Politik gegangen zu sein, «um zur Verbreitung einer biblischen Weltsicht beizutragen». Da er anscheinend glaubt, man könne, solange man dieser Weltsicht dient, keine Dummheiten von sich geben, führt dieser Mann die Schüsse an der Columbine High School in Colorado darauf zurück, dass an unseren Schulen die Evolutionstheorie gelehrt wird.[15] Man mag sich fragen, weshalb schwülstig-irrationale Äußerungen dieser Art nicht zu einer sofortigen Rüge und Amtsenthebung führen.

Solche Fakten ließen sich auflisten, ohne dass ein Ende abzusehen wäre – zum Verdruss sowohl des Lesers als auch des Autors. Nur ein Beispiel will ich noch anführen, diesmal aus dem Bereich der Rechtsprechung: Im Januar 2002 hielt Antonin Scalia, ein Richter am Obersten Gerichtshof, an der Universität von Chicago (Divinity School) einen Vortrag zum Thema Todesstrafe. Ich komme nicht umhin, Scalia über weite Strecken zu zitieren, da seine Bemerkungen zeigen, wie nahe wir einer Theokratie gekommen sind:

> Dies ist nicht das Alte Testament, wie ich betonen möchte, sondern der heilige Paulus ... Der Kern der Botschaft besagt, dass eine Regierung – wie auch immer man diesen Begriff eingrenzen möchte – ihre moralische Autorität von Gott bezieht ... In der Tat, mir scheint, je christlicher ein Land ist, umso weniger wahr-

> scheinlich ist es, dass man die Todesstrafe in diesem Land als unmoralisch empfindet ... Dies als Ergänzung zu der Tatsache, dass für den gläubigen Christen der Tod nichts Weltbewegendes ist. Die absichtliche Tötung einer unschuldigen Person ist etwas Weltbewegendes: Es ist eine schwere Sünde, die den Verlust der Seele zur Folge hat. Doch dieses Leben verlieren, um das nächste dafür zu erhalten? ... Für den Ungläubigen hingegen bedeutet, jemanden seines Lebens zu berauben, dasselbe wie dessen Existenz auszulöschen. Welch schreckliche Tat!
>
> Die Reaktion gläubiger Menschen auf die Neigung der Demokratie, die hinter der Regierung stehende göttliche Autorität zu verschleiern, sollte nicht in Resignation bestehen, sondern in der Entschlossenheit, so wirkungsvoll wie möglich dagegen vorzugehen. Dies haben wir (im Gegensatz zu Kontinentaleuropa) in diesem Land getan, indem wir uns in unserem öffentlichen Leben zahlreiche Dinge bewahrt haben, die uns daran erinnern, dass wir – gemäß einer Aussage des Obersten Gerichtshofs aus den 40er-Jahren – «ein religiöses Volk» sind, «dessen Institutionen ein Höchstes Wesen voraussetzen». ... All dies ist, wie gesagt, höchst uneuropäisch, und es hilft uns zu begreifen, warum unser Volk sich eher dazu eignet, gleich dem heiligen Paulus zu verstehen, dass die Regierung das Schwert als «Gottes Dienerin» trägt, um das «Strafgericht zu vollziehen» an den Missetätern.[16]

Für alle, die glauben, im innersten Bezirk der westlichen Macht regiere die Vernunft, sollte dies alarmierend klingen. Scalia bemerkt sehr richtig, dass die Vorstellung einer Person vom nachtodlichen Geschehen ihre Haltung zum Tod und folglich auch ihre Ethik bestimmt. Obgleich er Katholik ist, weicht Scalias Meinung zur Todesstrafe von der des Papstes ab, doch deckt sich diese Meinung mit der der Mehrheit (74 Prozent) aller Amerikaner.[17] Es ist bemerkenswert, dass die USA die letzte zivilisierte Nation sind, die «Missetäter» umbringen lässt, und Richter Scalia führt dies völlig zutreffend auf unser Verständnis von Religion zurück. Vielleicht können wir uns in diesem Zusammenhang etwas Zeit nehmen und uns fragen, ob die einzigartige Stellung, welche die USA in der Welt einnehmen, wirklich jene moralische Errungenschaft ist, als die Scalia sie betrachtet. Wir wissen zum Beispiel, dass kein Mensch seine eigenen Gene oder seine frühen Lebenserfahrungen selbst erschaffen kann, und dennoch gehen die meisten davon aus, dass diese Faktoren bestimmend für den Charakter sind. Es kommt der Wahrheit ziemlich nahe, zu sagen, die Insassen von Todeszellen hätten entweder schlechte Gene, schlechte Eltern, schlechte Ideen oder einfach nur Pech im Leben. Für welche dieser Komponenten sind sie selbst verantwortlich? Wenn wir Zuflucht nehmen zu einer biblischen Rechtfertigung der Todesstrafe, so trägt dies nicht dazu bei, unser wachsendes Verständnis des menschlichen Verhaltens mit unserem Wunsch nach Vergeltung auszusöhnen, den wir angesichts entsetzlicher Verbrechen empfinden. Es ließe sich zweifellos eine gewichtige säkulare Debatte über die Ethik der Todesstrafe führen; ebenso offensichtlich jedoch ist, dass wir uns auf Quellen stützen sollten, die von einem breiteren Verständnis des menschlichen Geistes und der modernen Gesellschaft zeugen als die Schriften des heiligen Paulus.

Doch Leute wie Scalia, die glauben, Gottes ewiger Ratschluss liege uns für alle Zeiten auf Papier vor, sind immun gegenüber Zweifeln zu diesem Thema, ja gegenüber allen Zwischentönen einer wissenschaftlichen Weltsicht. Es überrascht nicht, dass Präsident Bush in Scalia den richtigen Mann für ein Amt am Bundesgerichtshof sah.[18] Scalia tritt für die Vollstreckung der Todesstrafe selbst in solchen Fällen ein, wo der Angeklagte nachweislich geistig zurückgeblieben ist.[19] Er hält ferner an den staatlichen Sodomiegesetzen fest (auch wenn diese Gesetze ausschließlich und auf diskriminierende Weise gegen Homosexuelle angewendet werden).[20] Überflüssig zu sagen, dass Scalia es mit dem Gesetz begründen kann, wenn er darauf besteht, dass der Oberste Gerichtshof den religiösen Dogmatismus einiger Bundesstaaten nicht eindämmt, doch er lässt wenig Zweifel daran, dass ihm in diesen Belangen der heilige Paulus und womöglich auch der barbarische Autor des Buches Levitikus als Richtschnur dienen.

Der Krieg gegen die Sünde

In den Vereinigten Staaten und weiten Teilen der restlichen Welt ist es derzeit illegal, sich gewissen Spielarten des Vergnügens hinzugeben. Geht jemand solch verbotenen Vergnügungen trotzdem nach, und sei es in den eigenen vier Wänden, treten vielleicht bald schon bewaffnete Männer seine Wohnungstür ein, um ihn ins Gefängnis zu schleppen. Am verwunderlichsten dabei ist, dass viele das gar nicht verwunderlich finden. Wie bei vielen Träumen scheint die Instanz der Vernunft, der sofort auffallen würde, wie seltsam all das ist, sich einfach dem Schlaf unterworfen zu haben.

Praktiken wie Drogenkonsum, Prostitution, Sodomie oder das Betrachten obszönen Materials fallen in die Kategorie «Verbrechen ohne Opfer». Natürlich ist die Gesellschaft das handfeste Opfer von nahezu allem, was Menschen tun, ob sie nun Lärm erzeugen oder Chemieabfälle, doch wir definieren solche Taten nicht als Verbrechen, sofern sie innerhalb gewisser Grenzen geschehen. Das Abstecken dieser Grenzen ist unweigerlich mit einem gewissen Risiko verbunden. Man könnte einwenden, es sei zumindest vorstellbar, dass gewisse, innerhalb der Privatsphäre stattfindenden Aktivitäten, wie zum Beispiel das Betrachten von Pornofilmen mit Gewaltszenen, manche Leute dazu motivieren könnten, sich auch ganz real an anderen zu vergehen.[21] Somit besteht eine Spannung zwischen persönlicher Freiheit und öffentlichem Risiko. Gäbe es eine Droge, ein Buch, einen Film oder eine Stellung beim Geschlechtsverkehr, wodurch bewirkt würde, dass 90 Prozent der Benutzer und Praktizierenden auf die Straße rennen und wahllos Menschen töten würden, würden die Sorgen, die wir uns um den Schutz der Privatsphäre machen, mit Sicherheit geringer wiegen als die Sorge um die öffentliche Sicherheit. Ebenso sind wir uns wohl darüber einig, dass kaum jemand scharf ist auf eine Generation von Kindern, die hauptsächlich an Amphetaminen und dem Marquis de Sade Gefallen findet. Der Gesellschaft selbst kann es nicht egal sein, wie ihre Kinder sich entwickeln, und das private Verhalten von Eltern spielt, zusammen mit dem, was unsere Medien verbreiten, gewiss eine Rolle. Die Frage, die wir uns stellen müssen, lautet jedoch: Wieso soll jemand für ein Verhalten bestraft werden, das für andere kein erkennbares Schadensrisiko birgt? In der Tat, das eigentlich Alarmierende an dem Konzept des Verbrechens ohne Opfer besteht darin: Selbst wenn das zur Diskussion stehende Verhalten tatsächlich niemand anderem schadet, wird es von denen, die daran interessiert sind, es zu bestrafen, noch immer als kriminell eingestuft. In solchen Fällen geschieht es, dass der Geist hinter manchen unserer Gesetze sein wahres Gesicht offenbart. Die Idee vom Verbrechen ohne Opfer ist nichts als eine juristische Neuauflage des christlichen Sündenbegriffs.

Es ist kein Zufall, dass gläubige Menschen immer wieder die private Freiheit anderer beschneiden wollen. Dieser Impuls hat weniger mit der Geschichte der Religion zu tun als mit deren Logik, da die bloße Idee von einer Privatsphäre mit der Existenz Gottes unvereinbar ist. Wenn Gott alles sieht und weiß und sich als derart provinzielles Wesen erweist, dass er an bestimmten sexuellen Verhaltensweisen oder Denkweisen Anstoß nimmt, dann ist das, was Menschen privat in ihren vier Wänden tun, selbst wenn es sich auf ihr Verhalten in der Öffentlichkeit nicht im Geringsten auswirkt, für Gläubige nach wie vor von öffentlichem Interesse.[22]

Es zeigt sich, dass hier eine Vielzahl religiöser Interpretationen von Fehlverhalten zusammenläuft – allem voran eine Besorgnis über Götzenverehrung und Sexualität, die nicht der Fortpflanzung dient –, und bei vielen Bürgern scheint diese Besorgnis zur Ansicht geführt zu haben, es sei ethisch, Menschen für ihr privates Handeln, das keinem anderen schadet, zu bestrafen, mitunter auch sehr hart. Wie in den meisten Fällen von Irrationalität, bei denen menschliches Glück über Generationen hinweg blind zerstört wird, führt man als Grundlage hier ausdrücklich die Religion ins Feld. Um zu erkennen, dass die US-Gesetze «gegen das Laster» weniger dazu dienen, Menschen vor körperlichen oder psychischen Schäden zu bewahren, als dazu, nicht Gottes Zorn zu erregen, brauchen wir uns bloß vor Augen zu führen, dass im gegenseitigen Einvernehmen stattfindender Oral- oder Analverkehr zwischen Erwachsenen in dreizehn Bundesstaaten der USA noch immer als krimineller Akt gilt. In vier dieser Staaten (Texas, Kansas, Oklahoma und Missouri) sind solche Handlungen nur zwischen Personen des gleichen Geschlechts untersagt, was quasi einem Verbot von Homosexualität gleichkommt. In den restlichen neun Staaten ist einvernehmliche Unzucht allen untersagt (diese «Oasen der Gleichberechtigung» sind Alabama, Florida, Idaho, Louisiana, Mississippi, North Carolina, South Carolina, Utah und Virginia).[23] Man muss kein Demograf sein, um zu begreifen, dass der Impuls, Erwachsene für freiwillig stattfindenden Geschlechtsverkehr zu verfolgen, sofern dieser nicht der Fortpflanzung dient, eine Menge mit Religion zu tun hat.

Der Einfluss des Glaubens auf die Strafgesetze der USA kommt uns teuer zu stehen. Nehmen wir das Beispiel Drogen. Wie der Zufall so spielt, gibt es eine Menge Substanzen – viele davon in der Natur vorkommend –, deren Konsum einen vorübergehenden Zustand gesteigerten Wohlempfindens bewirkt. Gelegentlich, auch dies stimmt, führt der Konsum solcher Substanzen auch vorübergehend zu einem Zustand des Jammers, doch das Wohlempfinden ist zweifellos der Normalfall; ansonsten gäbe es nicht seit Jahrtausenden Menschen, die immer wieder den Wunsch verspüren, diese Substanzen zu sich zu nehmen. Und das Vergnügen ist hierbei natürlich genau das Problem, da Vergnügen und Frömmigkeit sich seit jeher nicht besonders gut vertragen.

Sieht man sich unsere Drogengesetze, ja, sämtliche Gesetze gegen das Laster an, so scheint das einzige einleuchtende Leitprinzip darin zu bestehen, jede Quelle des Vergnügens, die über das Gebet oder den Geschlechtsverkehr zum Zweck der Zeugung hinausreicht, unter Strafe zu stellen. Vor allem Drogen wie LSD, Meskalin, Psillocybin, DMT, MDMA, Marihuana und so weiter, denen Konsumenten oft einen spirituellen oder religiösen Stellenwert zuschreiben, sind verboten. Die angebliche Besorgnis über die Gesundheit unserer Bürger und deren Leistungsfähigkeit erweist sich in dieser Debatte als reine Finte, was die Legalität von Alkohol und Zigaretten hinreichend beweist.

Die Tatsache, dass Menschen wegen Marihuanakonsums verfolgt und eingesperrt werden, während Alkohol weiterhin Massenware bleibt, straft den Anspruch unserer Drogengesetze, sie wollten die Bürger davor bewahren, sich und anderen zu schaden, eindeutig Lügen.[24] Alkohol stellt in jeder Hinsicht die gefährlichere Substanz dar. Er besitzt keinerlei nachweisbare medizinische Wirkung, und die tödliche Dosis ist relativ rasch erreicht. Die Rolle, die er bei Autounfällen spielt, steht außer Frage. Die Art und Weise, in der Alkohol Menschen enthemmt, führt zu Gewaltdelikten, Körperverletzungen, unerwünschten Schwangerschaften sowie zur Verbreitung von Geschlechtskrankheiten. Auch weiß man sehr genau, dass Alkohol abhängig macht. Konsumiert man diese Droge über Jahre hinweg in größeren Mengen, kann es zu verheerenden Schädigungen des Nervensystems, zu Leberzirrhose und zum Tod kommen. Allein in den USA fallen dem Alkohol jährlich mehr als 100 000 Menschen zum Opfer. Für den werdenden Fötus stellt dieses Gift eine größere Gefahr dar als jede andere Droge. (Es sieht tatsächlich so aus, als litten «Crack-Babys» in Wahrheit unter einem fötalen Alkohol-Syndrom.)[25] Nicht eine dieser Anklagen lässt sich auch gegen Marihuana erheben. Als Droge ist Marihuana insofern fast einzigartig, als es mannigfache Anwendung auf medizinischem Gebiet findet und eine tödliche Dosis nicht bekannt ist. Während die Nebenwirkungen von Drogen wie Aspirin und Ibuprofen in den USA zu schätzungsweise 7600 Todesfällen und zu 76 000 Klinikeinweisungen jährlich führen, bringt Marihuana niemanden um.[26] Sein Ruf als «Einstiegsdroge» erscheint inzwischen unglaubwürdiger denn je (und war es eigentlich schon immer).[27] Tatsächlich ist fast alles, was Menschen tun – Auto fahren, fliegen, Golfbälle schlagen –, gefährlicher als das Rauchen von Marihuana in der Privatsphäre der eigenen Wohnung. Jeder, der ernsthaft zu begründen versuchte, weshalb Marihuana für Menschen ein Risiko sei und verboten werden müsse, würde bald feststellen, dass die Fähigkeiten des menschlichen Gehirns dazu einfach nicht ausreichen.

Und dennoch sind wir so fernab von den schattigen Oasen der Vernunft, dass noch immer lebenslängliche Freiheitsstrafen verhängt werden für den Anbau, Verkauf, Besitz oder Erwerb einer in der Natur frei wachsenden Pflanze.[28] Krebspatienten und Querschnittsgelähmte wurden wegen Marihuanabesitzes zu jahrzehntelangen Gefängnisstrafen verurteilt. Ähnliche Urteile trafen die Inhaber von Gärtnerläden, weil verschiedene ihrer Kunden beim Anbau von Marihuana erwischt wurden. Wie lässt sich diese frappierende Vergeudung von Menschenleben und materiellen Ressourcen erklären? Die einzige Erklärung lautet, dass es nie möglich war, über dieses Thema zu diskutieren, ohne dabei die Grenzen der Vernunft hinter sich zu lassen. Angesichts unserer heutigen Gesetze lässt sich mit Gewissheit sagen: Würde man eine Droge erfinden, die bei ihren Konsumenten weder physische Schäden noch Abhängigkeit verursachen, sondern in 100 Prozent aller Fälle nur ein kurzes Gefühl von spiritueller Seligkeit und Erleuchtung hervorrufen würde, wäre diese Droge illegal, und Konsumenten dieser Substanz würden gnadenlos bestraft werden. Einzig mit dem Zurückschrecken vor dem in der Bibel gebrandmarkten Vergehen der Götzenverehrung lässt sich dieser vergeltende Impuls einigermaßen plausibel erklären. Nur weil wir ein Volk von Gläubigen sind, dem beigebracht wurde, sich um die Sündhaftigkeit seiner Nachbarn zu sorgen, sind wir gegenüber dem irrationalen Missbrauch der Staatsgewalt so tolerant geworden.

Die Illegalität gewisser Substanzen in den USA führt dazu, dass Tausende ansonsten produktiver und gesetzestreuer Menschen für die Dauer von Jahrzehnten und manchmal für ihr ganzes Leben weggesperrt werden. Ihre Kinder werden dem Staat anvertraut. Und als wäre des Wahnsinns und Schreckens damit nicht genug, werden echte Gewaltverbrecher wie Mörder, Vergewaltiger oder Kinderschänder regelmäßig auf Bewährung freigelassen, um in den Gefängnissen Platz zu schaffen für Verurteilte, die sich eines Drogendelikts schuldig gemacht haben.[29] Es sieht aus, als hätten wir die Banalität des Bösen überschritten und wären kopfüber abgetaucht in die Tiefen des Absurden.[30]

Die Folgen unserer Unvernunft in diesem Bereich sind derart ungeheuerlich, dass wir uns näher mit ihnen beschäftigen müssen. Jedes Jahr werden in den USA mehr als 1,5 Millionen Menschen auf Grund der amerikanischen Drogengesetze inhaftiert. In diesem Augenblick schmachten in US-Gefängnissen etwa 400 000 Häftlinge wegen gewaltlosen Drogenkonsums hinter Gittern. Eine weitere Million steht unter Bewährung.[31] Es werden in Amerika wegen gewaltloser Drogendelikte mehr Leute inhaftiert als im gesamten westlichen Europa (dessen Einwohnerzahl höher ist) wegen anderer Straftaten. Die aufgrund dieser Anstrengungen anfallenden Kosten betragen allein auf Bundesebene 20 Milliarden Dollar im Jahr.[32] Die Gesamtkosten unserer Drogengesetze – wenn man die für Staat und Kommunalverwaltungen entstehenden Kosten sowie die auffrund unseres Unvermögens, den Verkauf von Drogen zu regulieren, verlorenen Steuergelder berücksichtigt – könnten sich ohne Weiteres auf mehr als 100 Milliarden Dollar pro Jahr belaufen.[33] Unser Krieg gegen Drogen nimmt schätzungsweise 50 Prozent der Prozesszeiten an unseren Gerichtshöfen sowie die Energie von mehr als 400 000 Polizeibeamten in Anspruch.[34] All das sind Ressourcen, die auch zur Bekämpfung von Gewaltverbrechen und Terrorismus genutzt werden könnten.

Aus historischer Sicht gibt es jeden erdenklichen Grund zu der Annahme, dass eine solche Verbotspolitik scheitern muss. So ist es zum Beispiel eine bekannte Tatsache, dass das Experiment mit der Alkoholprohibition in den Vereinigten Staaten zu kaum mehr führte als einer schrecklichen Komödie aus gesteigerter Trinklust, organisiertem Verbrechen und Korruption der Polizei. Was im Allgemeinen vergessen wird: Die Prohibition war ein explizit religiöses Unterfangen, nämlich ein Gemeinschaftsprojekt der «Woman`s Christian Temperance Union» (Abstinenzbewegung christlicher Frauen) und frommer Lobbyisten gewisser protestantischer Missionsgesellschaften.

Das Problem beim Verbot jedweder begehrter Ware ist das Geld. Die Vereinten Nationen schätzen, dass im Drogenhandel weltweit jährlich 400 Milliarden Dollar umgesetzt werden. Dies übersteigt das Jahresbudget des US-Verteidigungsministeriums. Falls diese Zahl korrekt ist, macht der Handel mit illegalen Drogen 8 Prozent des internationalen Handels aus, während der Verkauf von Textilien nur 7,5 Prozent, der von Kraftfahrzeugen nur 5,3 Prozent abdeckt.[35] Und dennoch, es ist das Verbot selbst, das die Herstellung und den Verkauf von Drogen zu einem außergewöhnlich lukrativen Unterfangen macht. Wer sich auf diese Weise seinen Lebensunterhalt verdient, kann aus seinen Investitionen eine Rendite von 5000 bis 20 000 Prozent herausschlagen, und das steuerfrei. Sämtliche den Drogenhandel betreffenden relevanten Daten wie der Zusammenhang zwischen der Häufigkeit von Drogenkonsum und dessen Verbot, der geschätzte Produktionsumfang, die Reinheit von Drogen im Straßenverkauf und so weiter zeigen, dass die Regierung nichts tun kann, um der Sache Einhalt zu gebieten, solange daraus solche Gewinne abfallen, im Gegenteil, wirken sich diese Profite doch auf die Strafverfolgung korrumpierend aus. Die Straftaten, die der Abhängige begeht, um die stratosphärisch hohen Kosten seines Lebensstils decken zu können, und die Verbrechen, die der Dealer begeht, um sein Territorium und seine Güter zu schützen, sind gleichermaßen das Resultat des Drogenverbots.[36] Eine letzte Ironie, die so gut erscheint, als wäre sie das Werk Satans höchstpersönlich, besteht darin, dass der Markt, den wir mit Hilfe unserer Drogengesetze geschaffen haben, eine stetige Einnahmequelle für terroristische Organisationen wie Al Quaida, den Islamischen Dschihad, die Hisbollah, Perus Leuchtenden Pfad und weitere darstellt.[37]

Selbst wenn wir einräumen, dass ein Ende des Drogenkonsums ein erstrebenswertes gesellschaftliches Ziel darstellt, fragt man sich dennoch, wie die hohen Kosten unseres Krieges gegen Drogen wohl im Licht all der weiteren Herausforderungen erscheinen, vor denen wir stehen. Man bedenke: Die einmalige Ausgabe von zwei Milliarden Dollar würde reichen, um die Handelshäfen der USA gegen den Schmuggel von Nuklearwaffen abzusichern. Derzeit steht für die Bewältigung nur ein Kontingent von 93 Millionen Dollar zur Verfügung.[38] Wie wird das Verbot des Konsums von Marihuana – ein Gesetz, das jährlich Kosten von vier Milliarden Dollar verursacht – wohl wirken, falls über dem Hafen von Los Angeles die neue

Sonne einer atomaren Explosion aufgeht? Für den Wiederaufbau von Afghanistan kann die US-Regierung nur 2,3 Milliarden Dollar jährlich aufbringen. Die Taliban und Al Quaida haben sich in dem Land bereits wieder formiert und sind dabei, einzelne Provinzen unter ihre Kontrolle zu bringen, und Warlords beherrschen, was außerhalb der Stadtgrenzen von Kabul liegt. Was ist uns wichtiger? Diesen Teil der Welt für die zivilisierten Kräfte zurückzugewinnen – oder Krebspatienten in Berkeley daran zu hindern, ihre Übelkeitsgefühle mit Marihuana zu lindern? Unser derzeitiger Umgang mit staatlichen Mitteln deutet auf eine frappierende Verlagerung – man könnte sagen Verdrehung – der nationalen Prioritäten hin. Diese bizarre Verteilung von Ressourcen wird dafür sorgen, dass Afghanistan auch in den kommenden Jahren ein Trümmerhaufen bleibt. Sie wird ferner dafür sorgen, dass afghanischen Bauern keine andere Möglichkeit bleibt als der Anbau von Opium. Zu ihrem Glück ist dies auf Grund unserer Drogengesetze nach wie vor ein höchst lukratives Unternehmen.[39]

Menschen, die glauben, Gott blicke von jenseits der Sterne auf uns herab, werden die Bestrafung friedlicher Bürger wegen privater Vergnügungen für völlig einsichtig halten. Dennoch, wir leben im 21. Jahrhundert. Vielleicht sollten wir bessere Gründe haben, bevor wir unsere Mitmenschen mit vorgehaltener Waffe an der Wahrnehmung ihrer Freiheit hindern. Angesichts des Ausmaßes der wahren Probleme, die sich uns stellen – Terrorismus, die Weiterverbreitung von Atomwaffen, die Ausbreitung von Infektionskrankheiten, fehlende Infrastrukturen, zu wenig Mittel im Bildungs- und Gesundheitswesen –, ist unser Krieg gegen Drogen derart himmelschreiend dumm, dass sich dieser Kampf schier einer jeglichen vernünftigen Stellungnahme entzieht. Wie konnten wir unseren tieferen Interessen gegenüber bloß so blind werden? Und wie war es bloß möglich, eine solche Politik mit derart wenig substanzieller Diskussion durchzusetzen?

Der Gott der Medizin

Während zwischen Vernunft und Glaube eindeutig ein Widerspruch besteht, werden wir feststellen, dass es zwischen Vernunft und Liebe, zwischen Vernunft und Spiritualität einen solchen Widerspruch nicht gibt. Die Grundlage dieser Behauptung ist simpel. Jede Erfahrung, die ein Mensch machen kann, gestattet eine vernünftige Diskussion über deren Ursachen und Konsequenzen beziehungsweise über unsere Unkenntnis darüber. Obwohl es dabei ausreichend Platz hat für Exotisches, bleibt für Glaube jedoch kein Platz. Es mag ja gute Gründe geben, an übernatürliche Phänomene zu glauben, an Außerirdische, an die Lehre von der Wiedergeburt, an die heilende Macht des Gebets oder was auch immer – was wir glauben, muss sich jedoch an Beweisen messen lassen. Die Glaubenslehre bestreitet dies. Aus Sicht des Glaubens empfiehlt es sich, das Verhalten seiner Vorfahren nachzuäffen anstatt kreative Wege zu gehen, um sich neue Wahrheiten im Jetzt und Hier zu erschließen .

Natürlich gibt es außer der Religion noch weitere Quellen der Unvernunft, keine davon wird jedoch für den prägenden Einfluss auch noch gerühmt, den sie auf die öffentliche Ordnung ausübt. Die Richter am Obersten Gerichtshof preisen unsere Nation für gewöhnlich nicht wegen ihres Vertrauens in die Astrologie, wegen der Vielzahl von Ufo-Sichtungen in den USA oder dafür, welch gutes Beispiel Amerikaner für jene Urteilsverzerrungen abgeben, die nach Meinung von Psychologen bezeichnend für unsere Spezies sind.[40] Nur der etablierte religiöse Dogmatismus darf mit uneingeschränktem Rückhalt seitens der Regierung rechnen. Und dennoch verschleiert die Religion Ungewissheit, wo Ungewissheit nachweislich existiert, und sie macht es möglich, dass wir dem Unbekannten, dem wenig Plausiblen und dem offenkundig Falschen dem Faktischen gegenüber den Vorzug geben.

Nehmen wir die derzeitige Debatte über die Stammzellenforschung an menschlichen Embryonen. Das Problem, das seitens der Religion hinsichtlich dieser Forschungen besteht, lässt sich leicht auf den Punkt bringen: Stammzellenforschung geht einher mit der Zerstörung menschlicher Embryonen. Diese Embryonen werden im Reagenzglas gezüchtet (und nicht etwa dem Körper von Frauen entnommen), einem Milieu, in dem man sie drei bis fünf Tage wachsen lässt. In diesem Entwicklungsstadium bezeichnet man den Embryo als Blastozyste. Eine Blastozyste besteht aus etwa 150 Zellen, angeordnet in mikroskopisch kleiner Kugelform. Innerhalb der Blastozyste befindet sich eine Gruppe von etwa 30 embryonalen Stammzellen. Aufgrund zweier Eigenschaften sind diese Zellen für den Wissenschaftler von nachhaltigem Interesse: Als Stammzellen können sie in einem unspezialisierten Zustand verbleiben, wobei sie sich über einen langen Zeitraum mittels Zellteilung vermehren (eine solche Zellpopulation, die in einer Nährflüssigkeit lebt, bezeichnet man als Zelllinie). Stammzellen sind außerdem pluripotent, das heißt, sie haben die Fähigkeit, sich zu jeder möglichen spezialisierten Zelle im menschlichen Körper herauszubilden, zu Neuronen des Gehirns oder Rückenmarks, zu Insulin produzierenden Zellen der Bauchspeicheldrüse, zu Muskelzellen des Herzens und so weiter.

Das ist es, was wir wissen. Wir wissen, dass sich aus der Forschung an embryonalen Stammzellen eine Menge lernen lässt. Vor allem könnten solche Forschungen uns weitere Einblicke in den Prozess der Zellteilung und der Zelldifferenzierung gewähren. Dies würde fast sicher zu neuen Erkenntnissen über Krankheiten wie Krebs oder über angeborene Defekte führen, die vermutlich entstehen, wenn solche Prozesse fehlerhaft verlaufen. Wir wissen außerdem, dass die embryonale Stammzellenforschung die Zerstörung menschlicher Embryonen im 150-Zellen-Stadium erforderlich macht. Es besteht jedoch nicht der geringste Anlass zu glauben, solche Embryonen seien fähig, Schmerz zu verspüren, zu leiden oder den Verlust ihres Lebens auf irgendeine Weise wahrzunehmen. Unstrittig hingegen ist, dass es derzeit Millionen von Menschen gibt, die diese Fähigkeit des Empfindens sehr wohl besitzen und die an schweren Verletzungen des Gehirns und Rückenmarks leiden. Weitere Millionen leiden an Parkinson und Alzheimer. Weitere Millionen haben einen Schlaganfall erlitten oder sind herzkrank, weitere leiden an Verbrennungen, Diabetes, rheumatoider Arthritis, der Purkinje-Zelldegeneration, der Duchenne-Muskeldystrophie oder an einem Verlust der Seh- und Hörkraft. Wir wissen, dass embryonale Stammzellen sich als regenerative Gewebe- und Organquellen erweisen könnten, um bei solchen Leiden in nicht allzu ferner Zukunft Linderung zu verschaffen.

Kommen wir zum Glauben: Wir leben in einer Welt, in der Politiker mit höherem Schulabschluss derartige Forschungen behindern, weil sie besorgt sind um das Schicksal einzelner Zellen. Sie sorgen sich nicht nur darum, dass eine Ansammlung von 150 Zellen ihre Zerstörung erleiden muss. Sie glauben vielmehr, die menschliche Zygote (das befruchtete Ei) müsse denselben Schutz genießen wie ein voll entwickeltes menschliches Wesen. Immerhin hat eine solche Zelle das Potenzial, zu einem voll entwickelten Menschen zu werden. Unsere jüngsten Fortschritte in der Biologie des Klonens jedoch zeigen, dass dies für so gut wie jede Zelle des menschlichen Körpers gilt. Geht man vom Potenzial einer Zelle aus, dann begeht der US-Präsident jedes Mal, wenn er sich an der Nase kratzt, einen teuflischen Akt der Massenschlachtung von Seelen.

Aus Hochachtung gegenüber einigen recht unspezifischen Aussagen der christlichen Lehre (immerhin steht nirgendwo in der Bibel, dass die Tötung menschlicher Embryonen oder selbst menschlicher Föten mit der Tötung von Menschen gleichzusetzen ist) sprach das amerikanische Repräsentantenhaus sich am 27. Februar 2003 verbindlich gegen die Stammzellenforschung an Embryonen aus.

Mit einer rationalen Haltung zur Ethik hätten wir uns nie in eine solche Sackgasse manövriert. Unsere derzeitige Verfahrensweise in punkto Forschung an menschlichen Stammzellen ist das Produkt von Glaubensinhalten, die abseits jeglichen vernünftigen Gespürs stehen, das wir hinsichtlich einer möglichen Erschließung lebender Systeme entwickeln könnten. Neurologisch gesprochen: Wir verursachen auf dieser Welt sicher mehr Leid, wenn wir eine Fliege erschlagen, als wir durch die Tötung einer menschlichen Blastozyste verursachen, ganz zu schweigen von einer menschlichen Zygote (eine Fliege besitzt immerhin allein schon 100 000 Gehirnzellen). Natürlich, der Punkt in der Entwicklung, von dem an wir uneingeschränkt zum Menschen samt seiner Fähigkeit zu leiden werden, bleibt umstritten. Jeder jedoch, der dogmatisch daran festhält, dass diese Fähigkeit just mit dem Augenblick der Empfängnis einsetzt, hat zu dieser Debatte außer seiner Unwissenheit nichts beizutragen. Die therapeutische Stammzellenforschung aus religiösen Motiven abzulehnen, entspricht dem biologischen und ethischen Erkenntnisstand einer Gesellschaft, die sich die Erde als Scheibe vorstellt. Unsere Diskussion dieses Themas sollte dem Rechnung tragen. Allein schon auf diesem Gebiet der öffentlichen Ordnung werden die Zugeständnisse, die wir dem Glauben eingeräumt haben, zu nichts Weiterem führen als der Zementierung einer unermesslichen Menge an menschlichem Leid in den Jahrzehnten, die auf uns zukommen.

Die Schlingen und Arme der Vernunftwidrigkeit jedoch reichen weiter. Vor einiger Zeit beschloss Präsident Bush, die Finanzierung sämtlicher im Ausland tätiger Organisationen der Familienplanung einzustellen, die Auskunft zum Thema Abtreibung erteilen. Laut New

York Times wurde daraufhin «die Bereitstellung von Kondomen in 16 Ländern eingestellt und in weiteren 13 Ländern eingeschränkt, darunter einige Länder mit den weltweit höchsten Raten von AIDS».[41] Unter dem Einfluss der christlichen Lehre von der Sündhaftigkeit außerehelichen Geschlechtsverkehrs forderte die US-Regierung, ein Drittel der für Afrika bereitgestellten Gelder zur Eindämmung von AIDS sollte lieber dafür verplempert werden, den Leuten an Stelle der Benutzung von Kondomen Abstinenz beizubringen. Es ist keine Übertreibung zu sagen, dass die Blüten, die der religiöse Dogmatismus in diesem Bereich treibt, unmittelbar für den Tod von Millionen Menschen verantwortlich sein könnten. Wie schon Nicholas Kristof betont: «Sex tötet, und das Gleiche gilt für diese Art von schamhafter Prüderie.»[42]

Und dennoch. Selbst diejenigen, die das Problem in seinem schrecklichen Ausmaß erkennen, halten es für ausgeschlossen, den Glauben selbst zu kritisieren. Nehmen wir Nicholas Kristof als Beispiel: Noch während er das in der US-Regierung verbreitete mittelalterliche Denken und dessen mögliche Folgen im Ausland anprangert, geißelt er auch schon diejenigen, die dafür plädieren, dass Gläubige für ihren Glauben zur Verantwortung gezogen werden:

> Ich stimme mit den Evangelikalen normalerweise in beinahe sämtlichen Punkten nicht überein, und ich sehe kein Problem darin, mit Nachdruck auf die düsteren Konsequenzen dieses wachsenden religiösen Einflusses hinzuweisen. Zum Beispiel haben die Vorbehalte der Evangelikalen gegenüber Kondomen und gegen Aufklärungsunterricht die Regierung zu politischen Schritten veranlasst, die vermutlich dazu führen werden, dass in den USA wie im Ausland zusätzlich Leute an AIDS sterben, vom Zuwachs an unerwünschten Schwangerschaften und Abtreibungen ganz zu schweigen.
>
> Offensichtlich reagieren liberale Kritiker aber nicht nur empört auf die von den Evangelikalen gestützte Politik, sondern sie äußern sich auch abfällig über das konservative Christentum als solches. Eine solche Verhöhnung des religiösen Glaubens ist unverzeihlich. Überdies begegnen die Liberalen der Religion von Afghanistan oft mit mehr Aufgeschlossenheit als der von Alabama, sie zeigen sich interessierter an der Lektüre der Upanishaden als an der des Buches der Offenbarung.[43]

Das ist Vernunft, die in Trümmern liegt. Kristof verurteilt zwar die «düsteren Konsequenzen» des Glaubens, akzeptiert jedoch gleichzeitig deren Ursachen.[44] Es stimmt, dass gemäß den derzeit geltenden Regeln des Dialogs sich die Vernunft hinter einem Schleier zu verbergen hat, sobald sie sich an die Öffentlichkeit wagt. Doch diese Regeln müssen sich ändern.

Der Glaube treibt einen Keil zwischen Ethik und Leiden. Gewisse Handlungen, die keinerlei Leid verursachen, sind in den Augen religiöser Dogmatiker noch immer böse und bestrafungswürdig (Sodomie, Marihuanakonsum, Homosexualität, die Tötung von Blastozysten und so weiter). Andererseits werden dort, wo sich Leiden und Tod im Übermaß einstellen, die betreffenden Ursachen oft für gut befunden (das Verweigern von Geldern für Familienplanung in der Dritten Welt, die Verfolgung gewaltloser Drogenkonsumenten, das Verhindern von Stammzellenforschung und so weiter). Diese Umkehr der Prioritäten macht nicht nur aus unschuldigen Menschen Opfer und führt zu einer Vergeudung knapper Ressourcen; sie stellt unsere Ethik völlig auf den Kopf. Es ist an der Zeit, dass wir einen vernünftigeren Ansatz zur Beantwortung der Frage nach Gut und Böse finden.

EINE WISSENSCHAFT VON GUT UND BÖSE

Hängt der Unterschied zwischen Gut und Böse einzig davon ab, wie eine bestimmte Menschengruppe diesen Unterschied definiert? Man bedenke, dass eines der beliebtesten Amüsements im Paris des 16. Jahrhunderts das Verbrennen von Katzen war. Zur Sonnwendfeier steckte ein Impresario Dutzende von Katzen in ein Netz und stemmte sie auf einer speziell dafür vorgesehenen Bühne in die Luft, worauf das sich krümmende Bündel zum Ergötzen aller Anwesenden hinab in das Freudenfeuer gesenkt wurde. Die versammelten Zuschauer «kreischten vor Gelächter, wenn die vor Schmerz heulenden Tiere versengt und geröstet wurden und schließlich verkohlten.»[1]

Viele sind anscheinend der Ansicht, ethische Wahrheiten seien im Gegensatz zu wissenschaftlichen Wahrheiten kulturell bedingt. In der Tat, die schwindende Gewissheit über das, was ethische Wahrheit ist, scheint eine der grundlegenden Schwachstellen des Säkularismus zu sein. Das Problem ist: Sobald wir unseren Glauben an einen gesetzgebenden Gott ablegen, wird die Frage, wieso eine bestimmte Handlung gut oder schlecht ist, zur Streitfrage. Und eine Feststellung wie «Mord ist falsch», die in den meisten Kreisen völlig unumstritten ist, wurde anscheinend nie durch Fakten untermauert, wie das zum Beispiel mit Feststellungen über Planeten oder Moleküle geschah. Das Problem besteht, philosophisch gesprochen, in der Charakterisierung jener «Fakten», an denen unsere moralische Intuition sich sozusagen orientiert – falls sie sich an so etwas überhaupt orientiert.

Eine rationale Beurteilung von Ethik wird möglich, sobald wir begreifen, dass sich die Frage nach Richtig oder Falsch stets als eine Frage nach der Freude oder dem Leiden empfindungsfähiger Geschöpfe stellt. Wenn wir uns in einer Position befinden, von der aus wir die Freude oder das Leiden anderer beeinflussen können, haben wir ihnen gegenüber ethische Verpflichtungen[2] – und viele dieser Verpflichtungen wiegen so schwer, dass sie zum Gegenstand von Zivil- und Strafrecht werden. Nehmen wir Freude und Leid als Ausgangspunkt der Betrachtung, so erkennen wir, dass vieles von dem, worum Menschen sich unter dem Deckmantel der Moral kümmern, mit dem Thema nichts zu tun hat. Es ist höchste Zeit, einzusehen, dass Verbrechen ohne Opfer wie Schulden ohne Gläubiger sind. Es gibt sie gar nicht.[3] Jeder Mensch, der nachts wach liegt und sich Gedanken über die freiwilligen Privatvergnügungen anderer Erwachsener macht, hat nicht nur zu viel Zeit; er vertritt auch einige unzulässige Anschauungen über das Wesen von Richtig und Falsch.

Die Tatsache, dass Menschen verschiedener Zeiten und Kulturen auch verschiedene Ansichten zu ethischen Fragen hatten, sollte uns nicht beirren. Das sagt rein gar nichts über den Gehalt von moralischer Wahrheit aus. Stellen wir uns vor, was dabei herauskäme, wenn man den klügsten Köpfen der Antike einige grundlegende wissenschaftliche Fragen gestellt hätte. «Was», könnten wir zum Beispiel fragen, «ist Feuer? Wie pflanzen sich lebende Systeme fort? Und was sind all jene Lichter, die wir am Nachthimmel sehen?» Mit Sicherheit würden wir auf einen verblüffenden Mangel an Konsens über diese Dinge stoßen. Obgleich es der antiken Welt an klugen Köpfen gewiss nicht mangelte, fehlte jenen Gelehrten einfach das physikalische und begriffliche Handwerkszeug, um derartige Fragen beantworten zu können. Ihr mangelnder Konsens zeugte von ihrer Nicht-Kenntnis bestimmter physikalischer Wahrheiten, würde jedoch nicht bedeuten, dass solche Wahrheiten nicht existieren.

Wenn es auf ethische Fragen richtige und falsche Antworten gibt, sucht man nach diesen Antworten am besten in der lebendigen Gegenwart. Ob unsere Suche uns in eine abgeschiedene Höhle führt oder in ein modernes Laboratorium, macht, was die Existenz der betreffenden Fakten angeht, keinen Unterschied. Falls Ethik eine echte Sphäre von Wissen darstellt, so stellt sie auch eine Sphäre von potenziellem Fortschritt oder Rückschritt dar. Die Bedeutung von Tradition für diesen wie auch sämtliche weiteren Teile unseres Diskurses wird der gegenwärtigen Untersuchung als eine Art Stütze dienen. Wo Traditionen nicht unterstützend wirken, transportieren sie nur Unwissenheit. Die weit verbreitete Vorstellung, die Religion sei irgendwie die Quelle unserer tiefsten ethischen Intuition, ist absurd. Unser Gefühl, dass Grausamkeit falsch ist, entspringt ebenso wenig der Bibel, wie unser Gefühl, dass zwei plus zwei gleich vier ist, einem Lehrbuch der Mathematik entspringt. Wer nicht wenigstens das rudimentäre Gefühl verspürt, dass Grausamkeit falsch ist, wird sich dieses Gefühl vermutlich auch durch Lesen nicht aneignen können – wobei die Auskunft der meisten Schriften zu dieser Tatsache ohnehin mehrdeutig ist. Die Vorläufer unseres ethischen Empfindens sind im Bereich der Natur zu suchen, denn obwohl die Natur wahrhaft blutrünstig ist, ist sie es trotzdem nicht nur. Sogar Affen nehmen außergewöhnliche Entbehrungen auf sich, um andere Mitglieder ihrer Spezies vor Schaden zu bewahren.[4] Rücksicht auf andere geht nicht zurück auf die Erfindung irgendeines Propheten.

Die Tatsache, dass unser ethisches Empfinden seine Wurzeln in der Biologie hat, zeigt, dass unser Bemühen, Ethik auf religiöse Begrifflichkeiten von einer «moralischen Pflicht» gründen zu wollen, verfehlt ist. Ein Kind vor dem Ertrinken zu retten, ist ebenso wenig eine moralische Pflicht, wie das Verstehen eines Syllogismus eine logische Pflicht ist. Wir benötigen schlichtweg keine religiösen Ideen, um uns zu einem ethischen Leben zu motivieren. Wenn wir erst anfangen, ernsthaft über Freude und Leid nachzudenken, werden wir erkennen, dass religiöse Überlieferungen bezüglich ethischer Fragen nicht verlässlicher sind als hinsichtlich wissenschaftlicher Fragen im Allgemeinen.

Der jedem Glauben immanente Anthropozentrismus mutet zwangsläufig höchst kurios – und somit unmöglich – an, wenn wir uns vergegenwärtigen, was wir heute alles über die Natur wissen. Die biologischen Tatsachen stehen zu einem Schöpfergott oder auch nur zu einem guten Gott in einem völligen Missverhältnis. Das ausschweifende Wunder der Evolution sieht aus wie folgt: Dieselben Mechanismen, welche die unglaubliche Schönheit und Vielfalt der belebten Welt hervorbringen, sorgen auch für Monstrositäten und den Tod. Das Kind, das ohne Gliedmaßen zur Welt kommt, die blinde Fliege, die verschwundene Spezies – all das ist nichts als Mutter Natur, dabei ertappt, wie sie mit ihrem Baustoff um sich wirft. Kein vollkommener Gott würde ein solches Ungleichgewicht aufrechterhalten. Man sollte nie vergessen, dass Gott, falls er diese Welt und alles, was in ihr ist, erschaffen hat, auch für die Blattern, die Pest und die Filariose verantwortlich zu machen ist. Jeden Menschen, der vorsätzlich solche Gräuel auf die Welt ließe, würde man für seine Untaten kurz und klein schlagen.

Das göttliche Wesen, das vor Jahrtausenden durch die Wüsten des Nahen Ostens brauste, um jene Völker seitdem einem steten Blutvergießen in seinem Namen zu überlassen, ist kein Wesen, bei dem sich Rat in ethischen Fragen einholen ließe. Fürwahr, würde man diesen Gott an seinen Taten messen, wäre dies ein höchst undankbares Unterfangen. Bertrand Russell erkannte dies als Erster: «Von der logischen Überzeugungskraft ganz abgesehen, scheint es mir ein wenig eigenartig um das ethische Empfinden derjenigen bestellt zu sein, die glauben können, dass sich ein allmächtiger, allwissender und gütiger Gott, nachdem er viele Millionen von Jahren aus leblosen Nebeln den Boden vorbereitet hat, für ausreichend entschädigt hielte, wenn zuletzt Hitler, Stalin und die Wasserstoffbombe entstanden.»[5]

Eine niederschmetternde Bilanz, der es nichts hinzuzufügen gibt. Auf Gottes offensichtliche Unzulänglichkeiten angesprochen, beteuern die Frommen meist, man könne den Schöpfer des Universums nicht mit irdischen Maßstäben messen. Dieses Argument verliert an Kraft, sobald wir gewahr werden, dass der Schöpfer, der vorgibt, sich einer menschlichen Beurteilung zu entziehen, fortwährend von menschlichen Leidenschaften wie Eifersucht, Zorn, Argwohn und Herrschsucht getrieben wird. Ein eingehendes Studium unserer heiligen Schriften zeigt, dass der Gott Abrahams ein lächerlicher Kerl ist – launisch, reizbar und grausam. Jemand, mit dem einen Bund zu schließen nur wenig Aussicht auf Gesundheit und Glück darstellt.[6] Falls dies Gottes Charaktereigenschaften sind, dann entsprechen die Schlechtesten unter uns seinem Bild weitaus mehr, als wir je zu hoffen wagten.

Das Problem, wie sich angesichts all des Bösen in der Welt ein allmächtiger und allwissender Gott rechtfertigen ließe, ist unlösbar. Jene, die behaupten, es gelöst zu haben, indem sie sich auf den freien Willen und sonstige Unvereinbarkeiten beziehen, haben allenfalls eine schlechte Ethik durch eine schlechte Philosophie ergänzt.[7] So oder so ist es an der Zeit, dass wir das Unübersehbare erkennen: dass die Theologie kaum mehr ist als ein Zweig menschlicher Unwissenheit. Genauer: Sie ist Unwissenheit mit Flügeln.

Ethik und die Wissenschaft vom Geist

Der Zusammenhang zwischen Ethik und dem wissenschaftlichen Verständnis von Bewusstsein ist, auch wenn er selten bemüht wird, unabdingbar, denn andere Geschöpfe werden nur insofern zum Objekt unserer ethischen Betrachtung, als wir ihnen ein Bewusstsein (oder vielleicht ein potenzielles Bewusstsein) zuerkennen. Dass die meisten Menschen Steinen gegenüber keine ethische Verpflichtung empfinden – sie zuvorkommend behandeln, darauf achten, dass sie nicht übermäßig leiden –, lässt sich aus der Tatsache ableiten, dass die meisten Menschen daran zweifeln, dass es etwas gibt, das einem Dasein als Stein nahekommt.[8] Während eine Wissenschaft vom Bewusstsein noch immer darum ringt, geboren zu werden, reicht für unsere Zwecke die Feststellung, dass das Problem beim Ermitteln unserer ethischen Verpflichtungen gegenüber nicht-menschlichen Spezies (oder gegenüber Menschen, die einen neurologischen Schaden erlitten haben, oder menschlichen Föten, Blastozysten und so weiter) es erforderlich macht, ein erweitertes Verständnis für die Beziehung zwischen Geist und Materie zu entwickeln. Können Grillen leiden? Ich gehe erstens davon aus, dass diese Fragestellung in sich schlüssig ist, und zweitens, dass es eine Antwort auf diese Frage gibt, unabhängig davon, ob wir jemals in der Lage sein werden, diese Antwort selbst zu finden.

Dies ist der Punkt, an dem unsere Ansichten zum Thema Geist und Materie einen direkten Einfluss auf unsere Ansichten über Richtig oder Falsch ausüben. Wir sollten uns daran erinnern, dass die Praxis der Vivisektion aufgrund einiger Fehltritte innerhalb der Philosophie des Geistes erneut aus der Taufe gehoben wurde – nämlich als Descartes, als Diener sowohl des christlichen Dogmas als auch der mechanistischen Physik, erklärte, alle nicht-menschlichen Spezies seien bloße Automaten, bar jeglicher Seele und daher schmerzunempfindlich.[9] Einer seiner Zeitgenossen beschrieb die unmittelbaren Folgen dieser Haltung:

> Die Wissenschaftler schlugen mit vollkommener Gleichgültigkeit auf Hunde ein und machten sich über alle lustig, die Mitleid für diese Geschöpfe empfanden, als könnten sie Schmerzen verspüren. Sie sagten, die Tiere seien Uhren; und die Schreie, die sie ausstießen, wenn man auf sie einschlug, seien nur das Geräusch einer kleinen Feder, die dabei berührt wurde; der gesamte Körper

> jedoch sei empfindungslos. Sie nagelten die armen Tiere mit ihren vier Pfoten an Brettern fest, um sie bei lebendigem Leib zu sezieren und die Blutzirkulation beobachten zu können, die damals ein kontrovers diskutiertes Thema war.[10]

Ein kognitiver Chauvinismus solcher Ausprägung bereitete nicht nur den Tieren Probleme. Die Zweifel spanischer Forschungsreisender, ob die Indianer Südamerikas über «Seelen» verfügten, hatten zweifellos ihren Anteil an der Gefühllosigkeit, mit der Amerikas Ureinwohner während der Eroberung der Neuen Welt behandelt wurden. Es ist zugegebenermaßen schwer zu sagen, wie weit unsere ethischen Verpflichtungen in die Wurzeln des stammesgeschichtlichen Baumes reichen, auf dem wir Menschen gewachsen sind. Unsere Intuition, was das Bewusstsein anderer Tiere anbelangt, wird von vielerlei Faktoren beeinflusst, wobei es bei etlichen wohl gleichgültig ist, ob sie bewusst sind oder nicht. Zum Beispiel fällt es uns schwer, Lebewesen, die keinen Gesichtsausdruck oder überhaupt kein Gesicht haben, in den Bereich unserer moralischen Bedenken einzubeziehen. Solange wir nicht über ein umfassendes Verständnis für die Beziehung zwischen Gehirn und Geist verfügen, so lange wird auch unser Urteil über das mögliche Ausmaß tierischen Leidens relativ blind und relativ dogmatisch bleiben.[11]

Wahrscheinlich kommt irgendwann die Zeit, in der wir detailliert darüber Bescheid wissen, wie menschliches Glück und ethische Urteile sich auf der Ebene des Gehirns manifestieren.[12] So wie Einschränkungen beim Farbensehen von genetischen Störungen und Störungen in der Entwicklung herrühren können, so kann es zweifellos auch innerhalb unserer ethischen und emotionalen Schaltkreise zu Problemen kommen. Zu sagen, jemand sei «farbenblind» oder leide an «Achromatopsie» ist heute eine unzweideutige Aussage über den Zustand der visuellen Bahnen im Gehirn eines Menschen, während die Aussage, jemand sei «ein böser Soziopath» oder habe «keine soziale Ader», hoffnungslos unwissenschaftlich anmutet. Dies wird sich fast sicher ändern. Falls es Einsichten gibt, die uns darüber Klarheit verschaffen, wie Menschen einander glücklich oder unglücklich machen können, so gibt es auch ethische Tatsachen.[13] Ein wissenschaftliches Verständnis der Vernetzung zwischen Absichten, menschlichen Beziehungen und Glückszuständen würde über das Wesen von Gut und Böse sowie über die adäquaten Reaktionen auf moralische Übergriffe anderer eine Menge Aufschluss geben. Es besteht Grund zu der Annahme, dass lang anhaltende Untersuchungen des Bereichs der Moral unsere verschiedenen Glaubenssysteme ebenso zu einer Annäherung zwingen würden, wie dies auch bei allen anderen Wissenschaften der Fall war, was selbstverständlich nur für Glaubenssysteme gilt, die einer solchen Aufgabe überhaupt gewachsen sind.[14] Dass es in ethischer Hinsicht nicht zu einer umfassenderen Annäherung gekommen ist, lässt sich auf die Tatsache zurückführen, dass es in diesem Bereich so wenige Fakten gibt (tatsächlich sind wir uns noch nicht einmal über die grundlegendsten Kriterien zur Bewertung eines ethischen Faktums als Faktum einig). So viele Gespräche, die noch nicht geführt wurden; so viele Eingebungen, die noch nicht realisiert wurden; so viele Diskussionen, die wir noch nicht gewinnen konnten. Die Erklärung hierfür liegt im Vertrauen vieler Menschen in religiöse Dogmen. Die meisten unserer Religionen befürworten eine aufrichtige Erforschung von Moral ebenso wenig, wie sie auch jede andere Art von wissenschaftlicher Forschung befürworten würden. Dieses Problem lässt sich nur mit Hilfe neuer Regeln des Diskurses lösen. Wann geschah es zum letzten Mal, dass jemand dafür kritisiert wurde, die haltlosen Ansichten einer anderen Person zu Themen wie Physik oder Geschichte nicht «respektiert» zu haben? Die gleichen Regeln sollten auch für ethische, spirituelle und religiöse Ansichten gelten. Dank gebührt Christopher Hitchens. Ihm ist es gelungen, in einem einzigen Satz zu formulieren, was ein weiteres Abrutschen in die Tiefe vielleicht noch verhindern kann: «Was ohne Beweise behauptet werden darf, darf auch ohne Beweise bestritten werden.»[15] Beten wir dafür, dass schon bald Milliarden auf diesem Planeten sich dieser Meinung anschließen.

Moralische Gemeinschaften

Die Vorstellung von einer moralischen Gemeinschaft bietet eine Lösung für zahlreiche Paradoxa menschlichen Verhaltens. Wie war es beispielsweise möglich, dass ein KZ-Aufseher Tag für Tag von seiner Arbeit im Krematorium nach Hause kam und seinen Kindern ein liebender Vater sein konnte? Die Antwort ist erstaunlich einfach: Weil die Juden, mit deren Quälung und Tötung er beschäftigt war, nicht zu den Objekten seiner moralischen Fürsorge zählten. Sie standen nicht nur außerhalb seiner moralischen Gemeinschaft; sie verkörperten das Gegenteil davon. Seine Haltung zu Juden härtete ihn ab gegen die natürlichen menschlichen Sympathien, die ihn ansonsten vielleicht an seinem Verhalten gehindert hätten.

Unglücklicherweise wirft die Religion auf dieses Terrain mehr Schatten als Licht. Anstatt nach ganz realen Gründen für menschliche Solidarität zu suchen, bietet der Glaube eine Solidarität, die sich auf Fiktionen von Stammeszugehörigkeit und Stammesbildung stützt. Wie wir gesehen haben, ist die Religion eins der größten Hindernisse für eine umfassende moralische Identität, da die meisten Gläubigen sich in moralischer Hinsicht von jenen Menschen abgrenzen, die ihren Glauben nicht teilen. Keine andere Ideologie ist derart wortreich in der Frage, was die eine moralische Gemeinschaft von der anderen trennt. Sobald eine Person die Prämissen akzeptiert, auf denen die meisten religiösen Identitäten errichtet sind, ist der Entzug ihrer moralischen Fürsorge bei denen, die diese Prämissen nicht anerkennen, eine Selbstverständlichkeit. Unnötig zu sagen, dass das Leiden jener, die für die Hölle bestimmt sind, den gläubigen Menschen nie so betreffen wird wie das Leiden von Gerechten. Wenn gewisse Leute die einzigartige Weisheit und Heiligkeit meiner Religion nicht erkennen, wenn ihre Herzen so umnachtet sind von Sünde, wieso soll es mich dann bekümmern, wenn andere diese Sünder misshandeln? Sie sind verflucht worden von jenem Gott, der die Welt erschuf und alles, was in ihr ist. Ihre Suche nach Glück war von Anfang an zum Scheitern verurteilt.

Sobald wir uns der Aufgabe stellen, für unsere Ethik eine rationale Grundlage zu finden, ergeben sich neue Probleme. Tatsächlich, es kommt uns schwierig vor, den Bereich unserer moralischen Fürsorge gemäß gewissen Prinzipien einzugrenzen. So ist zum Beispiel klar, dass Schmerzempfindlichkeit nicht das einzige Kriterium sein kann. Wie Richard Rorty feststellt: «Wäre Schmerz alles, worauf es ankommt, dann wäre es ebenso wichtig, die Hasen vor den Füchsen zu schützen, wie die Juden vor den Nazis.»[16] Wie sind wir zu der Übereinkunft gelangt, dass wir uns nicht für sämtliche Hasen einsetzen müssen? Die meisten von uns vermuten, Hasen seien nicht in der Lage, Freude oder Schmerz nach menschlichen Maßstäben zu empfinden. Wir müssen jedoch einräumen, dass wir uns in diesem Punkt täuschen könnten. Und sollte es je so aussehen, als hätten wir die Subjektivität von Hasen unterschätzt, so würde unsere ethische Haltung ihnen gegenüber sich zweifellos ändern. Nebenbei bemerkt, verbirgt sich hier eine rationale Lösung der Abtreibungsdebatte. Viele von uns glauben, menschliche Föten ähnelten während der ersten drei Monate mehr oder weniger Hasen, da wir ihnen nur ein begrenztes Spektrum aus Freude und Leid zusprechen, was ihnen die volle Zugehörigkeit zu unserer moralischen Gemeinschaft verwehrt. Zum gegenwärtigen Zeitpunkt erscheint dies recht vernünftig. Künftige wissenschaftliche Erkenntnisse könnten dieses intuitive Gefühl jedoch über den Haufen werfen.

Auf die Frage, was für Kriterien bei der Eingrenzung unserer moralischen Gemeinschaft zur Anwendung kommen sollten, weiß ich keine genaue Antwort – ich kann nur sagen, dass, wie unsere Antwort auch lauten mag, wir unser Gespür für eine etwaige Subjektivität der betreffenden Lebewesen walten lassen sollten. Manche Antworten sind eindeutig falsch. Man kann zum Beispiel nicht einfach sagen, alle Menschen gehörten dazu, und Tiere grundsätzlich nicht. Nach welchem Kriterium beurteilen wir Menschsein? Nach der DNA? Soll eine einzige menschliche Zelle mehr Gewicht haben als eine Elefantenherde? Das Problem ist: Auf welche Merkmale wir uns auch beziehen, um zwischen Mensch und Tier zu unterscheiden – Intelligenz, Sprachvermögen, moralische Empfindungen und so weiter –, könnten wir diese Kriterien ebenso gut benutzen, um zwischen Menschen zu differenzieren. Falls Menschen uns wichtiger sind als Orang-Utans, weil Menschen sich darauf verstehen, ihre Ansprüche sprachlich zu artikulieren, warum sind redegewandte Menschen dann nicht noch wichtiger? Und was ist mit den armen Männern und Frauen, die an Aphasie leiden? Wir hätten sie soeben aus unserer moralischen Gemeinschaft ausgeschlossen. Man finde einen Orang-Utan, der sich über seine Familie auf Borneo beschweren kann, und dieser Menschenaffe könnte gut ein oder zwei Personen auf unserem Rettungsboot ersetzen.

Der Dämon des Relativismus

Im zweiten Kapitel haben wir gesehen: Damit Glaubensinhalte auf logische Weise funktionieren, ja überhaupt als Glaubensinhalte gelten können, müssen wir auch glauben, dass sie Gegebenheiten dieser Welt wahrheitsgetreu wiedergeben. Dies lässt darauf schließen, dass einige Glaubenssysteme insofern wahrheitsgetreuer wirken als andere, als sie sich in stärkerem Maße auf das Resultat von Erfahrungen stützen und bessere Vorhersagen über künftige Ereignisse zulassen. Dennoch erwecken viele Intellektuelle den Anschein, als hätten ihre Bemühungen auf dem Gebiet des Ratiozynismus im vergangenen Jahrhundert sämtlichen Weltanschauungen im Westen auf irgendeine Weise zur Gleichberechtigung verholfen. Niemand hat mit dem, was er glaubt, jemals völlig recht; er kann lediglich auf eine Gemeinschaft von Gleichgesinnten verweisen, die das Gleiche glauben. Selbstmordattentate sind nicht falsch in irgendeinem absoluten Sinne; lediglich aus der engstirnigen Perspektive der westlichen Welt betrachtet, scheinen sie falsch zu sein. Man gebe eine Prise Thomas Kuhn in diesen Topf, und jeder wird damit einverstanden sein, dass wir niemals wirklich wissen, wie die Welt beschaffen ist, da jede neue Generation von Wissenschaftlern die Naturgesetze nach ihrem eigenen Geschmack neu erfindet. Überzeugungen dieser Art bezeichnet man im Allgemeinen als «Relativismus», und anscheinend bieten sie eine Begründung dafür, sich niemals allzu kritisch über den Glauben anderer Leute zu äußern. Die meisten Formen von Relativismus jedoch – einschließlich des moralischen Relativismus, der anscheinend auf besondere Zustimmung stößt – sind widersinnig, und dies auf gefährliche Weise. Vielleicht halten manche es für nebensächlich, ob wir denken, die Nazis seien in ethischer Hinsicht tatsächlich auf dem Holzweg gewesen, oder ob wir einfach nur den Lebensstil von Nazis nicht mögen. Mir scheint jedoch, dass sich mit der Haltung, manche Weltanschauungen seien in der Tat besser als andere, eine ganze Reihe intellektueller und moralischer Ressourcen erschließen lässt. Ressourcen, die wir dringend benötigen, wenn wir uns zur Wehr setzen und die Unwissenheit und das Stammesdenken, die diese Welt regieren, ein für alle Mal entmachten wollen.

Die gängige Antwort auf den Relativismus ist simpel, weil die meisten Relativisten ihrer eigenen These widersprechen, allein schon indem sie diese vertreten. Nehmen wir als Beispiel den Relativismus in Sachen Moral: Moralische Relativisten glauben in der Regel, sämtliche kulturellen Praktiken sollten im Rahmen ihrer eigenen Bedingungen respektiert werden; ferner, dass alle, die auf dieser Welt noch immer der Barbarei frönen, sich nicht mit westlichen Maßstäben beurteilen lassen, so wie auch die Menschen der Vergangenheit nicht mit den Maßstäben der Gegenwart beurteilt werden können.

Stillschweigend jedoch birgt eine solche Beurteilung von Moral in sich einen Anspruch, der nicht relativ, sondern absolut ist. Die Mehrheit der moralischen Relativisten glaubt, das Tolerieren kultureller Unterschiede sei, in irgendeinem maßgeblichen Sinne, besser als blinder religiöser Eifer. Dies mag ja völlig vernünftig klingen, doch entspricht es auch einer übergreifenden Forderung, wie sämtliche Menschen leben sollten. Der moralische Relativismus wird, sofern man ihn als Begründung für das Tolerieren von Unterschieden heranzieht, zu einem Widerspruch in sich selbst.

Es gibt jedoch eine besser durchdachte Version dieses Denkansatzes, die sich nicht so leicht von der Hand weisen lässt. Sie wird im Allgemeinen als «Pragmatismus» bezeichnet, und ihr brillantester Vertreter ist zweifellos der 2007 verstorbene Richard Rorty.[17] Auch wenn der Name Rorty den meisten kein Begriff ist, so hat sein Werk unseren Diskurs dennoch stark beeinflusst, und es bietet den unterschiedlichen Spielarten des Relativismus viel Raum. Falls wir je hoffen dürfen, in Sachen Ethik zu einem weltweiten Konsens zu gelangen – zum Beispiel, indem wir in einem absoluten Sinne sagen können, die Steinigung von Frauen sei tatsächlich falsch –, müssen wir nach guten Gründen suchen, um dem Pragmatismus eine Absage zu erteilen. Dabei werden wir feststellen, dass wir sehr wohl die Möglichkeit haben, hinsichtlich der Zumutbarkeit verschiedener Glaubenssysteme sowie der Bewertung von Gut und Böse starke kulturübergreifende Ansprüche zu erheben.

Die grundlegende Prämisse des Pragmatismus lautet: So sehr wir uns auch darum bemühen, lässt sich die Währung unserer Ideen trotzdem nicht in den Goldstandard einer Übereinstimmung mit der Realität, so wie sie ist, umrechnen. Eine Aussage als «wahr» zu bezeichnen, bedeutet lediglich, ihr ein Lob dafür auszusprechen, wie gut sie in gewissen Bereichen des Diskurses funktioniert; es sagt nichts darüber aus, in welcher Beziehung sie zum Universum als Ganzem steht. Aus Sicht des Pragmatismus ist die Vorstellung absurd, unsere Glaubensinhalte könnten «der Realität entsprechen». Glaubensinhalte sind einfach nur Werkzeuge, mit deren Hilfe man auf dieser Welt sein Glück macht. Entspricht ein Hammer der Realität? Nein. Es hat sich nur gezeigt, wie nützlich er für gewisse Tätigkeiten ist. Das Gleiche, sagt man uns, gilt für «Wahrheiten» der Biologie, der Geschichte oder jedes anderen Gebiets menschlichen Wissens. Für den Pragmatisten übertrumpft die Nützlichkeit eines Glaubens alle sonstigen Forderungen, sogar die Forderung nach Stimmigkeit.[18] Falls eine buchstabengetreue Auslegung der Bibel Ihnen am Sonntag etwas bringt, während eine agnostische Haltung zu Gott sich eher für den Montag im Büro eignet, besteht kein Grund, sich über den daraus resultierenden Widerspruch in Ihrer Weltanschauung den Kopf zu zerbrechen. Es handelt sich weniger um inkompatible Behauptungen über die Beschaffenheit der Welt als einfach nur um verschiedene Sprechweisen, von denen jede zur rechten Zeit angemessen scheint.

Sollte das alles ziemlich akademisch anmuten, so interessiert vielleicht die Anmerkung, dass bin Ladens Lieblingsphilosoph Sayyid Qutb die Meinung äußerte, der Pragmatismus bedeute den Tod der amerikanischen Zivilisation. Er glaubte, er würde, wie Berman es ausdrückt, «Amerikas Fähigkeit untergraben, sich seiner Feinde zu erwehren».[19] An dieser Behauptung mag etwas dran sein. Wo Zivilisationen im Kampf aufeinandertreffen, scheint der Pragmatismus sich als wenig pragmatisch zu erweisen. Die Überzeugung einzubüßen, man könne – über irgendetwas – die Wahrheit wissen, scheint geradezu das Rezept zu sein, wie man sich jenes endzeitliche Chaos bereitet, wie Yeats es sich ausmalte: wenn «es den Besten an jeglicher Überzeugung mangelt und die Schlechtesten voll leidenschaftlicher Intensität sind». Ich glaube, sowohl Relativismus als auch Pragmatismus haben bereits viel dazu beigetragen, unsere Gedanken zu einer Vielzahl von Themen in Unordnung zu bringen, wobei viele dieser Themen von mehr als nur vorübergehender Bedeutung für das Überleben der Zivilisation sind.

Philosophisch gesehen lässt sich der Pragmatismus als das genaue Gegenteil von Realismus begreifen. Für den Realisten sind unsere Behauptungen über die Welt «wahr» oder «falsch» nicht nur in Bezug auf die Frage, wie sie inmitten der Flut unserer sonstigen Glaubensinhalte oder hinsichtlich kulturgebundener Kriterien funktionieren, sondern weil die Realität einfach ein sicherer Weg ist, unabhängig von unseren Gedanken.[20] Realisten glauben, es gebe Wahrheiten, die unsere Kapazität, sie zu erkennen, übersteigen; es gebe objektive Tatsachen, unabhängig davon, ob wir diese Tatsachen erfassen können oder nicht. Ein ethischer Realist zu sein, bedeutet zu glauben, es gebe in der Ethik wie auch in der Physik, Wahrheiten, die darauf warten, entdeckt zu werden – und was wir über sie glauben, ist somit entweder richtig oder falsch.[21]

Nach Meinung von Pragmatisten wie Rorty ist der Realismus zum Scheitern verurteilt, da es keine Möglichkeit gibt, unsere Beschreibung der Realität mit einem Stück unbeschriebener Realität zu vergleichen. Wie Jürgen Habermas sagt: «Da sich die Wahrheit von Meinungen oder Sätzen wiederum nur mit Hilfe anderer Meinungen und Sätze begründen läßt, könnnen wir nicht aus dem Bannkreis unserer Sprache ausbrechen.»[22]

Dies ist eine kluge These. Aber ist sie auch wahr? Die Tatsache, dass die Sprache das Medium ist, mit dessen Hilfe wir unser Wissen darstellen und mitteilen, sagt gar nichts aus über die Möglichkeiten unvermittelten Wissens per se. Die Tatsache, dass keine Erfahrung, über die gesprochen wird, davon verschont bleibt, über Sprache vermittelt zu werden (eine Tautologie), bedeutet nicht, dass jegliche Erkenntnis und somit jegliches Wissen interpretativ ist. Wäre es möglich, über irgendeinen Aspekt der Realität exakt Bescheid zu wissen – wenn zum Beispiel irgendwelche Mystiker zu Recht glauben würden, sie hätten bislang unvermitteltes Wissen über transzendentale Wahrheiten erhalten –, dann wäre, aus realistischer Sicht, der Pragmatismus schlicht und ergreifend falsch. Das Problem des Pragmatikers besteht nicht darin, dass die Chance recht groß ist, dass ein solcher Mystiker recht hat. Das Problem besteht vielmehr darin, dass – egal ob der Mystiker recht hat oder nicht – er in realistischer Hinsicht recht haben muss. Anders als bei dem Gedanken, wir könnten die Realität direkt erkennen, stellt der Pragmatist einen versteckten, realistischen Anspruch an die Grenzen menschlichen Wissens. Der Pragmatismus kommt einer realistischen Leugnung der Möglichkeit von Realismus gleich. Und somit stößt der Pragmatist, ähnlich wie der Relativist, auf einen Widerspruch, noch ehe er sich die Schuhe geschnürt hat. Eine gründlichere Erörterung dieses Themas habe ich, um den Durchschnittsleser nicht über die Maßen zu langweilen, mit einer Literaturempfehlung in den Anmerkungen behandelt.[23]

Relativisten und Pragmatisten glauben, Wahrheit sei nur eine Frage von Konsens. Für mich ist jedoch klar, dass ein Konsens unter Gleichgesinnten zwar das letztmögliche Urteil über die Wahrheit fällen, aber nicht festlegen kann, was Wahrheit ist. Es ist durchaus vorstellbar, dass alle sich einig sind und sich, was die Gegebenheiten der Welt anbelangt, trotzdem täuschen. Ebenso ist es vorstellbar, dass eine Einzelperson recht hat, während alle anderen ihr einmütig widersprechen. Vom realistischen Standpunkt aus ist es möglich (wenn auch unwahrscheinlich), dass eine Einzelperson oder -kultur das Monopol auf die Wahrheit besitzt.

So könnte man meinen, der Vermutung stünde nichts im Wege, dass unsere Ansichten über die Welt bis zu einem gewissen Grad mit der Realität übereinstimmen könnten – unabhängig davon, ob es uns jemals gelingt, diese Übereinstimmung nachzuweisen. Da anscheinend Wahrheiten existieren, die darüber Aufschluss geben, wie man Angehörige unserer Spezies so glücklich wie möglich machen kann, gibt es mit an Sicherheit grenzender Wahrscheinlichkeit auch Wahrheiten in puncto Ethik. Zu sagen, wir werden uns in sämtlichen ethischen Belangen nie einig sein, ist nichts anderes, als zu sagen, wir werden uns auch in sämtlichen physikalischen Belangen nie einig sein. In keinem dieser Fälle lässt die Tatsache, dass unser Forschen noch nicht abgeschlossen ist, darauf schließen, dass objektive Fakten nicht existieren oder dass einige der Antworten, die uns vorliegen, nicht in der Tat besser sind als andere. Eine Respektierung der Verschiedenheit unserer ethischen Haltungen ist, im günstigsten Fall, eine intellektuelle Warteschleife, bis weitere Fakten auf dem Tisch liegen.

Intuition

Es ist unmöglich, sich für länger in der Gesellschaft von Moraltheoretikern aufzuhalten, ohne miterleben zu müssen, wie unsere Fähigkeit des «moralischen Empfindens» entweder verherrlicht oder geschmäht wird. Letzteres liegt daran, dass dem Begriff «Intuition» im philosophischen und wissenschaftlichen Dialog seit je der Ruch des Unredlichen anhaftet. Nachdem das Wort augrund seines Auftretens in Redewendungen wie «weibliche Intuition» (was so viel bedeutet wie «Hellseherei») oder wegen seines Gebrauchs als Gegenpol zu «Verstand» regelmäßig in Ungnade gefallen war, scheint der Begriff inzwischen für all das zu stehen, was außerhalb der Universitätsmauern als schwül und vernunftwidrig sein Unwesen treibt. Die einzige bemerkenswerte Ausnahme von dieser Regel findet sich bei Mathematikern, die anscheinend ohne jegliche Scham von ihrer Intuition sprechen – etwa so, wie man Reisende in exotischen Gegenden von Entwicklungsländern beim Frühstück nicht selten von den Ausfällen ihres Verdauungstrakts reden hört. Wir wissen ja auch, dass Mathematiker sich gar nicht selten in exotischen Gegenden aufhalten. Auch sollten wir zur Kenntnis nehmen, dass viele von ihnen sich dazu bekennen, philosophische Platoniker zu sein, ohne dabei den Drang zu verspüren, einen geschulten Philosophen zum Zwecke eines Exorzismus herbeizuziehen.

Trotz dieses Stigmas ist «Intuition» ein Begriff, ohne den wir nicht auskommen, da er für die grundlegendste Komponente unserer Fähigkeit zu begreifen steht. Dies trifft in ethischen Belangen zu, ebenso aber auch in den Wissenschaften. Wenn wir unsere Kenntnis einer Sache nicht weiter verfeinern können, findet der noch ausstehende winzige Gedankensprung oft mittels Intuition statt. Insofern erweist sich die traditionelle Gegensätzlichkeit von Verstand und Intuition als falsch: Der Verstand selbst ist durch und durch intuitiv, da jedes Urteil darüber, ob eine Behauptung «vernünftig» oder «logisch» klingt, der Intuition bedarf, um auf beiden Beinen stehen zu können. Oft hört man Wissenschaftler und Philosophen einräumen, irgendetwas sei eine «brutale Tatsache» – also eine Tatsache, die keine weitere Reduzierung gestattet. Die Frage, weshalb physikalische Ereignisse Ursachen haben, ist, sagen wir, eine Frage, über die nachzugrübeln Wissenschaftler nicht die leiseste Verlockung spüren. Es ist einfach so. Nach einer Begründung für eine Tatsache von so grundlegender Art zu fragen, ist dasselbe, als würde man fragen, woher wir wissen, dass zwei plus zwei gleich vier ist. Der Wissenschaftler setzt die Gültigkeit einer solchen Plattheit voraus – ja, er muss es sogar.

Die Sache ist, wie ich finde, völlig klar: Wir können nicht aus der Dunkelheit hervortreten, ohne einen ersten Schritt zu tun. Und falls unsere Vernunft überhaupt etwas versteht, dann dieses Axiom, auch wenn sie nicht weiß, wie. Sich auf seine Intuition zu verlassen, sollte dem Ethiker deshalb nicht mehr Unbehagen bereiten als dem Physiker. Wir ziehen alle am gleichen Strang.

Richtig ist auch, dass unsere Intuition bekanntlich oft versagt. Tatsächlich, vieles von dem, was die Vernunft uns liefert, wirkt auf den ersten Blick vernunftwidrig. Wenn jemand uns fragt, wie dick ein Blatt Zeitungspapier wohl wäre, wenn man es hundertmal nacheinander um sich selbst falten würde, stellen die meisten von uns sich ein Gebilde von der Dicke eines Ziegelsteins vor. Ein wenig Arithmetik jedoch verrät, dass ein solches Objekt so dick wäre wie das uns bekannte Universum. Falls wir in den vergangenen zweitausend Jahren irgendetwas gelernt haben, dann die Tatsache, dass das Gefühl einer Person für das, was vernünftig ist, oftmals eines kleinen Anstoßes bedarf, um zu sich selbst zu finden.

Oder denken wir an die unzuverlässige Art von Intuition, wie sie sich in dem Satz «Gleiches bringt Gleiches hervor» zusammenfassen lässt – was zu Sympathiemagie und ähnlichen Angriffen auf die Vernunft führt. Ist es vernünftig, so wie viele Chinesen zu glauben, ein Wein, der aus Tigerknochen verfertigt wird, steigere die Männlichkeit? Nein, ist es nicht. Könnte es vernünftig werden? Natürlich könnte es das. Es müsste uns lediglich eine sorgfältig erstellte und nachprüfbare Studie vorliegen, die eine auffallende Korrelation zwischen Tigerknochen und menschlicher Tapferkeit belegt. Würde ein vernünftiger Mensch damit rechnen, dass eine solche Korrelation besteht? Wahrscheinlich nicht. Wenn es sie aber gäbe, so würde der Verstand dazu genötigt, seine gegenwärtige Haltung zu korrigieren, welche besagt, dass die Chinesen drauf und dran sind, eine faszinierende Spezies für nichts und wieder nichts auszurotten.

Man nehme jedoch zur Kenntnis, dass unsere einzige Möglichkeit, Kritik am intuitiven Gehalt magischen Denkens zu üben, in einer Zuflucht zum intuitiven Gehalt rationalen Denkens besteht. «Überprüfte Studie?» «Korrelation?» Warum überzeugen uns solche Kriterien? Ist es nicht völlig «klar», dass, falls andere mögliche Ursachen einer gesteigerten Häufigkeit wie Placebo-Effekt, Einbildung, Umwelteinflüsse, gesundheitliche Unterschiede zwischen den betreffenden Personen nicht ausgeklammert werden, wir es nicht geschafft haben, die Unbekannte namens «Wirkung von Tigerknochen auf den menschlichen Körper» auf eine Seite der Gleichung zu bekommen? Doch, es ist klar wie Kloßbrühe. Warum ist es klar? Erneut sind wir auf hartem Felsen angelangt. Wie Wittgenstein sagen würde: «Unser Spaten biegt sich zurück.»

Die Tatsache, dass wir uns auf gewisse Intuitionen stützen müssen, um Antworten auf ethische Fragen zu finden, deutet nicht im Geringsten darauf hin, dass ethische Wahrheiten auf irgendeine Weise substanzlos, mehrdeutig oder kulturell abhängig seien. Wie auf jedem anderen Gebiet wird genug Platz sein für intelligente Meinungsverschiedenheiten, was Fragen wie die nach Richtig und Falsch anbelangt, doch intelligente Meinungsverschiedenheiten spielen sich im Rahmen von Grenzen ab. Menschen, die glauben, die Erde sei flach, sind keine anders denkenden Geografen. Menschen, die den

Holocaust leugnen, sind keine anders denkenden Historiker; Menschen, die glauben, Gott habe anno 4004 vor unserer Zeitrechnung das Universum erschaffen, sind keine anders denkenden Kosmologen; und wir werden sehen, dass Menschen, die Grausamkeiten wie «Ehrenmorde» begehen, keine anders denkenden Ethiker sind. Die Tatsache, dass gute Ideen auch intuitiv einiges hergeben, macht schlechte Ideen um keinen Deut zuverlässiger.

Ethik, moralische Identität und Eigennutz

Auch wenn unsere ethische Fürsorge verbunden ist mit der Einsicht, dass andere Menschen Freude und Leid erfahren können, beschränkt Ethik sich dennoch nicht auf die bloße Erkenntnis, nicht allein auf dieser Welt zu sein. Damit Ethik uns etwas bedeutet, müssen uns auch die Freude und das Leid anderer etwas bedeuten. Sie bedeuten uns auch etwas, aber wieso?

Ein strikter Reduktionismus verleiht uns wenig Aussicht auf ein Verständnis von Ethik. Natürlich gilt dies für die meisten Phänomene von höherem Niveau. Ökonomisches Verhalten basiert auf dem Verhalten von Atomen und übersteigt deren Verhalten notwendigerweise; wir werden ökonomisches Verhalten nicht erlernen, indem wir uns mit Teilchenphysik beschäftigen. Aus der Spieltheorie und aus der Evolutionsbiologie erreichen uns zum Beispiel einige plausible Einsichten über die Wurzeln dessen, was in der wissenschaftlichen Literatur als «altruistisches Verhalten» bezeichnet wird, doch auf diese Einsichten sollten wir nicht allzu viel geben. Die Erkenntnis, dass die Natur unser ethisches Empfinden auf selektive Weise bestimmt hat, ist nur insofern relevant, als sie den verbreiteten Trugschluss, dieses Empfinden sei irgendwie ein Produkt von Religion, als Lüge entlarvt. Die Natur jedoch hat auf selektive Weise für viele Dinge gesorgt, die wir am besten im afrikanischen Dschungel hinter uns gelassen hätten. Die Praxis der Vergewaltigung mag für unsere Spezies einst von adaptivem Nutzen gewesen sein – und Vergewaltiger finden sich im Reich der Natur tatsächlich in allen Ausprägungen und Größen (Delfine, Orang-Utans, Schimpansen und so weiter). Heißt dies jedoch, dass Vergewaltigungen innerhalb der menschlichen Gesellschaft deshalb weniger verwerflich sind? Selbst wenn wir einräumen, dass angesichts unserer Veranlagung eine gewisse Anzahl von Vergewaltigungen unvermeidlich ist – was ist daran so anders als an der Feststellung, eine gewisse Anzahl von Krebserkrankungen sei unvermeidlich? Wir werden uns auf jeden Fall darum bemühen, den Krebs zu heilen.

Zu sagen, etwas sei «natürlich» oder für unsere Spezies von adaptivem Nutzen gewesen, heißt nicht, es sei «gut» in dem Sinne, dass es in der Gegenwart notwendig für das menschliche Glück sei.[24] Natürlich, es fällt schwer zu beurteilen, was als Glück gelten kann und welche Arten von Glück anderen vorzuziehen sind – dasselbe jedoch gilt für jedes andere Problem, über das es sich nachzudenken lohnt. Wir müssen nur eingestehen, dass Glück und Leid von gefühlsbegabten Lebewesen (einschließlich unserer selbst) uns berühren und dass solche Formen des Berührtseins in den Zuständigkeitsbereich der Ethik fallen, dann erfassen wir auch die Möglichkeit, dass vieles von dem, was in der Natur des Menschen liegt und somit «natürlich ist», mit dem, was man «gut» nennt, schlecht zusammengeht. Wie Stephen Pinker feststellt: Wenn es uns tatsächlich gelänge, die Welt aus der Perspektive eines Gens zu betrachten, so «stünden die Männer Schlange vor den Samenbanken, und die Frauen würden darum bitten, dass man ihre Eizellen aberntet und an unfruchtbare Paare weitergibt».[25] Für mich als Genom wäre schließlich nichts so wichtig, als zu wissen, dass ich in tausendfacher Nachkommenschaft weiterlebe, für die ich nicht einmal finanziell verantwortlich bin. Überflüssig zu sagen, dass dies für die meisten Menschen kein gangbarer Weg ist, auf dem sie in der Welt nach Glück streben.

Ebenso wenig sind die meisten von uns auf resolute Weise egoistisch in der engeren Bedeutung dieses Begriffs. Unser Egoismus erstreckt sich auch auf die, mit denen wir uns in moralischer Hinsicht identifizieren: auf Freunde und Familienmitglieder, auf Mitarbeiter und Arbeitskollegen und – falls wir gerade in einer expansiven Laune sind – auf Menschen und Tiere im Allgemeinen. Wie Jonathan Glover schreibt: «Unser Verflochtensein mit Menschen, die uns nahestehen, bringt den simplen Eigennutz zum Erliegen. Ehemänner, Ehefrauen, Geliebte, Eltern, Kinder und Freunde – sie alle weichen die Grenzen unserer egoistischen Belange auf. Francis Bacon stellt treffend fest, dass Menschen mit Kindern sich dem Schicksal mit Geiseln überantwortet haben. Zwangsläufig dehnen weitere Formen von Freundschaft und Liebe den Kreis der Geiseln zusätzlich aus ... Der lediglich auf sich selbst beschränkte Eigennutz wird entstabilisiert.»[26]

Andere ethisch zu behandeln heißt, mit Rücksicht auf deren

Glück und Leiden zu handeln. Es bedeutet, wie Kant feststellte, den Menschen als Zweck an sich selbst, nicht nur als Mittel zu einem weiteren Zweck zu betrachten. Zahlreiche ethische Anweisungen laufen hier zusammen – Kants kategorischer Imperativ, die Goldene Regel Jesu –, doch die grundlegenden Fakten lauten: Wir selbst erfahren Glück und Leid; wir begegnen in dieser Welt anderen und erkennen, dass auch sie Glück und Leid erfahren; worauf wir schon bald entdecken, dass «Liebe» sich weitgehend mit dem Wunsch deckt, dass andere Glück anstelle von Leid erfahren; und die meisten spüren, dass Liebe dem Glück zuträglicher ist als Hass, sowohl dem eigenen als auch dem Glück anderer. So sind wir wechselweise verbunden in einem Kreislauf: Wir alle wollen glücklich sein; das Gefühl von gemeinschaftlicher Liebe ist eine der größten Glücksquellen; und zur Liebe gehört, dass das Glück der anderen uns berührt. So finden wir heraus, dass wir gemeinsam egoistisch sein können.

Dies ist nur ein Abriss, doch er zeigt deutlich den Zusammenhang zwischen Ethik und positiven menschlichen Emotionen. Dass uns am Glück der Menschen, die wir lieben, etwas liegt und dass Liebe uns im Gegenzug ebenfalls glücklich macht, ist eine empirische Beobachtung. Solche Beobachtungen sind der Gegenstand einer neu entstehenden Wissenschaft. Was ist mit Leuten, die andere nicht lieben, die darin keinen Wert sehen, und dennoch behaupten, rundum glücklich zu sein? Gibt es solche Leute überhaupt? Vielleicht gibt es sie. Tut dies einer realistischen Darstellung von Ethik auf irgendeine Weise Abbruch? Nicht mehr, als ein Unvermögen, die spezielle Relativitätstheorie zu verstehen, Zweifel an den Aussagen der modernen Physik als gerechtfertigt erscheinen lässt. Manche Menschen werden einfach nicht schlau aus der Behauptung, die Zeit könne relativ zum eigenen Bezugsrahmen verstreichen. Dies hindert sie daran, sich an einer ernsthaften Erörterung der modernen Physik zu beteiligen. Menschen, die zwischen Glück und Liebe keine Verbindung erkennen, befinden sich in Sachen Ethik in derselben Position. Meinungsverschiedenheiten stellen für den ethischen Realismus kein Problem dar.

Nehmen wir die Praktik des «Ehrenmordes», wie sie in weiten Teilen Afrikas, des Nahen Ostens und Südostasiens noch immer ausgeübt wird. Wir leben in einer Welt, in der Frauen und Mädchen wegen vermeintlicher sexueller Fehltritte regelmäßig von ihren männlichen

Angehörigen getötet werden. Dabei reicht es zum Beispiel, ohne Erlaubnis mit einem Mann gesprochen zu haben oder zum Opfer einer Vergewaltigung geworden zu sein. Westliche Medien sprechen, wenn sie über solche Gräueltaten berichten, meist von einer «Stammessitte», obwohl solche Ereignisse fast ausschließlich in einem muslimischen Umfeld stattfinden. Ob wir den Glauben, der zu solchen Taten animiert, nun auf Stammessitten oder auf Religion zurückführen, spielt keine Rolle; das Problem ergibt sich zweifellos aus dem, was Männer in solchen Gesellschaften über Scham und Ehre sowie über die Rolle der Frau und die weibliche Sexualität glauben.

Eine Konsequenz solcher Glaubensinhalte ist es, dass man Vergewaltigung als Kriegswaffe betrachtet. Klar, für Soldaten mag es niedrigere und weniger berechnende Motive geben, um Vergewaltigungen in großer Zahl zu begehen; dennoch lässt sich nicht leugnen, dass die Überzeugung vieler Männer in puncto «Ehre» daraus ein hervorragendes Instrument zur psychologischen und kulturellen Unterdrückung werden lässt. Die Vergewaltigung ist zu einer Methode geworden, mit deren Hilfe die Tabus einer Gemeinschaft dazu benutzt werden können, diese von innen zu spalten. Man denke an bosnische Frauen, die von Serben systematisch vergewaltigt worden sind: Eigentlich sollte die Tatsache, dass viele männliche Bosnier ihrer Ermordung nicht entrinnen konnten, zu der Einsicht führen, dass eben auch die Frauen ihren Vergewaltigern nicht entrinnen konnten. Doch solche Höhenflüge ethischer Intelligenz sind unmöglich, wo die Last an abstrusem Glauben schwer wiegt – in unserem Fall dem Glauben, Frauen seien von Natur aus sündhaft, sie müssten unbedingt als Jungfrauen in die Ehe gehen, und vergewaltigt zu werden, sei eine Schande. Überflüssig zu erwähnen, dass solche Defekte in puncto Mitgefühl im christlichen Westen auf einen altehrwürdigen Stammbaum zurückblicken. Augustinus zum Beispiel fragte sich, als er sich mit dem moralischen Status von Jungfrauen beschäftigte, die von den Goten vergewaltigt worden waren, ob jene sich nicht «unangemessen mit ihrer Lauterkeit, Reinheit und Keuschheit aufgeplustert» hätten. Vielleicht «schlummerte in ihnen ja ein Gebrechen, das sie zu stolzem und herablassendem Betragen verführt hätte, wären sie nicht der Demütigung ausgesetzt worden, die über sie hereinbrach».[27] In anderen Worten: Vielleicht hatten sie es ja verdient.[28]

Sofern er die entsprechenden Glaubensinhalte in puncto «Ehre» vertritt, wird ein Mann geradezu danach gieren, seine Tochter zu töten, wenn er erfährt, dass sie vergewaltigt wurde. Derselbe Engel der Barmherzigkeit wird wohl auch die Brüder der jungen Frau heimsuchen. Solche Bluttaten sind in Gegenden wie Jordanien, Ägypten, dem Libanon, Pakistan, dem Irak, dem Gazastreifen und dem Westjordanland alles andere als ungewöhnlich.[29] In diesen Teilen der Welt bringt ein vergewaltigtes Mädchen, egal welchen Alters, Schande über die Familie. Zum Glück ist die Schande nicht unauslöschlich, sie lässt sich mit dem Blut der Vergewaltigten leicht tilgen. Das auf eine Vergewaltigung folgende Ritual wird unweigerlich zu einer Low-Tech-Angelegenheit, da keine jener Gesellschaften über ein System verfügt, um der, die sich des Verbrechens schuldig gemacht hat, Schande über die Familie zu bringen, eine tödliche Injektion zu verabreichen. Dem Mädchen wird entweder die Kehle durchgeschnitten, sie wird mit Benzin übergossen und angezündet oder erschossen. Die Gefängnisstrafen für die Ausführenden dieses Rituals, falls die Täter überhaupt zur Verantwortung gezogen werden, sind grundsätzlich nur von kurzer Dauer. Viele gelten in ihrer Gemeinschaft als Helden.

Was lässt sich über ein solches Verhalten sagen? Können wir behaupten, dass Männer im Nahen und Mittleren Osten, die von der sexuellen Reinheit der Frau auf derart mordlustige Weise besessen sind, ihre Ehefrauen, Töchter und Schwestern tatsächlich weniger lieben als amerikanische oder europäische Männer? Natürlich können wir das. Und was am Zustand unserer Diskussion darüber wahrhaft haarsträubend ist, ist die Tatsache, dass eine solche Behauptung nicht nur umstritten ist, sondern in den meisten Fällen nicht einmal ausgesprochen werden darf.

Wo ist der Beweis dafür, dass diese Männer weniger zur Liebe fähig sind als wir anderen? Nun, wo fände sich der Beweis, wenn jemand sich in unserer eigenen Gesellschaft so verhalten würde? Wo ist der Beweis dafür zu suchen, dass der Mann, der John F. Kennedy ermordete, sein Opfer nicht in Wirklichkeit liebte? Alles, was wir an Beweisen brauchen, findet sich in jenem Schulbuchlager, von dem aus Oswald Kennedy erschoss. Wir wissen, was das Wort «Liebe» in diesem Kontext bedeutet. Wir alle haben Liebe empfunden, wir haben darin versagt, Liebe zu empfinden, und wir alle haben gelegentlich das Gegenteil von Liebe verspürt. Auch wenn wir nicht die leiseste Sympathie für deren Begriff von «Ehre» empfinden, so wissen wir doch, worum es Ehrenmördern geht – ganz bestimmt nicht darum, ihre Liebe für die Frauen in ihrem Leben zu bekunden. Und es versteht sich von allein, dass Ehrenmorde nur ein Farbton in einem ganzen Kaleidoskop an schrecklichen Fantasien ungebildeter Männer sind: Morde wegen nicht erfüllter Mitgiftforderungen sowie Brautverbrennungen, die Tötung weiblicher Säuglinge, Säureattacken, die Verstümmelung weiblicher Geschlechtsorgane, sexuelle Sklaverei – solche und andere Freuden erwarten unglückselige Frauen überall auf dieser Welt. Es besteht kein Zweifel, dass gewisse Glaubensinhalte mit Liebe nicht vereinbar sind, und besagte Auffassung von «Ehre» gehört dazu.

Was nun ist Liebe? Nur wenige von uns werden sich veranlasst fühlen, zur Beantwortung dieser Frage ein Wörterbuch zurate zu ziehen. Wir wissen: Wir wollen, dass jene, die wir lieben, glücklich sind. Wir empfinden Mitgefühl für deren Leiden. Wo wirkliche Liebe – also, wahrhaft empfundene und nicht nur eingebildete Liebe – am Werk ist, dort können wir nicht umhin, an der Freude derer, die wir lieben, teilzuhaben, und ebenso auch an deren Kummer. Die Empfindung von Liebe führt, zumindest partiell, zu einem Verlust unserer umfassenden Hingabe an uns selbst – und dies ist gewiss eine der Antworten auf die Frage, weshalb dieser Gemütszustand so angenehm ist. Die meisten von uns werden einsehen, dass man durch das Köpfen eines kleinen Mädchens, das zuvor vergewaltigt wurde, solchen Gefühlen kaum einen adäquaten Ausdruck verleiht.

An diesem Punkt werden zahlreiche Anthropologen auf die Wichtigkeit des kulturellen Kontexts pochen wollen. Ehrenmörder seien keine Mörder im herkömmlichen Sinne. Es seien ganz normale, sogar liebevolle Herren, die sich als Bauernopfer für gewisse Stammessitten hergeben müssten. Zöge man aus dieser Haltung eine logische Schlussfolgerung, so würde dies bedeuten, dass jegliches Verhalten mit jeglichem Geisteszustand vereinbar ist. Vielleicht gibt es ja auch eine Kultur, in der von den Leuten erwartet wird, dass sie ihrem erstgeborenen Kind zwecks Bekundung ihrer «Liebe» bei lebendigem Leibe die Haut abziehen. Solange aber nicht jeder Angehörige dieser Kultur darauf versessen ist, dass man ihm bei lebendigem Leibe die Haut abzieht, bleibt ein solches Verhalten schlichtweg inkompatibel mit dem, was wir unter Liebe verstehen. Die Goldene Regel nimmt hier in der Tat viele unserer Intuitionen vorweg. Wir behandeln die, die wir lieben, mehr oder weniger so, wie wir selbst behandelt werden wollen. Und es hat nicht den Anschein, als würden Ehrenmörder andere recht häufig darum bitten, sie mit Benzin zu übergießen und als Opfer darzubringen.

Eine Kultur, die Männer und Jungen dazu erzieht, unglückliche Mädchen zu töten, anstatt zu trösten, ist eine Kultur, der es gelungen ist, die Ausbreitung von Liebe zu verhindern. Solche Gesellschaften verzichten natürlich auch darauf, ihren Mitgliedern andere Dinge beizubringen – zum Beispiel das Lesen. Nicht Lesen zu lernen, ist keineswegs nur eine weitere Spielart von Bildung, und andere Menschen nicht als Zweck an sich zu betrachten, ist keineswegs nur eine weitere Spielart von Ethik. Es ist ein Versagen von Ethik.

Was können wir tun, damit andere Menschen lernen, die beschränkte Grenze ihrer moralischen Sympathien auszuweiten? Wie können wir lernen, einfach nur Menschen zu sein, befreit von jeglichen nationalen, ethnischen oder religiösen Bindungen? Indem wir vernünftig werden. Es gehört zum Wesen der Vernunft, den kognitiven und den moralischen Horizont miteinander zu verschmelzen. Vernunft ist nichts Geringeres als die Hüterin der Liebe.

Moralisches Verhalten und Glück

Dass zwischen moralischem Verhalten und Glück eine Verbindung besteht, erscheint klar, auch wenn zum Glücklichsein sicher mehr gehört als nur moralisches Verhalten. Es besteht kein Grund zu der Annahme, jemand, der niemals lügt, betrügt oder stiehlt, müsse automatisch glücklicher sein als jemand, der diese Sünden ausreizt. Wie wir wissen, kann auch eine nette und mitfühlende Person furchtbar vom Pech verfolgt sein, während zahlreiche rücksichtslose Kerle das Glück geradezu gepachtet zu haben scheinen. Kinder, die ohne eine funktionstüchtige Kopie jenes Gens zur Welt kommen, das im menschlichen Organismus für die Produktion des Enzyms Hypoxanthin-Guanin-Phosphoribosyl-Transferase zuständig ist, leiden unter einem Komplex diverser Krankheitssymptome und Funktionsstörungen, die man als Lesch-Nyhan-Syndrom kennt. Sie neigen auch dazu, sich auf zwanghafte Weise selbst zu verstümmeln, wohl als Folge eines erhöhten Harnsäurespiegels im Gewebe. Gebietet man ihnen keinen Einhalt, werden solche Kinder hilflos an Lippen und Fingern kauen und sich sogar mit spitzen Gegenständen in die

Augen stechen. Es ist schwer erkennbar, wie in einem solchen Fall eine Unterweisung in Moral einen sinnvollen Beitrag zum Glück leisten könnte. Was solche Kinder brauchen, ist nicht etwa ein Mehr an moralischer Unterweisung oder ein Mehr an elterlicher Liebe. Nein, sie brauchen Hypoxanthin-Guanin-Phosphoribosyl-Transferase.

Ohne leugnen zu wollen, dass Glück viele Dinge voraussetzt – gute Gene, ein Nervensystem, das nicht komplett aus dem Ruder läuft, und so weiter –, können wir dennoch die Hypothese aufstellen, dass, unabhängig vom gegenwärtigen Glückslevel eines Menschen, sein Zustand sich normalerweise bessert, wenn er mehr Liebe und Mitgefühl und somit auch mehr Ethik entwickelt. Dies ist eine streng empirische Feststellung. Sie ist jahrtausendelang von kontemplativen Menschen in einer Vielzahl spiritueller Traditionen überprüft worden, vor allem im Buddhismus. Wir fragen uns vielleicht, ob innerhalb der gegebenen Grenzen ein ungebremstes Wachstum an Liebe und Mitgefühl zu einer Verminderung des subjektiven Wohlbefindens führen mag, da die betreffende Person das Leid anderer in zunehmendem Maße als ihr eigenes Leid empfindet. Nur Menschen, die einen solchen Gemütszustand in hohem Maße kultiviert haben, sind in der Lage, diese Frage zu beantworten; im Normalfall jedoch scheint außer Frage zu stehen, dass Liebe und Mitgefühl insofern gut sind, als sie für eine stärkere Bindung zwischen uns und anderen sorgen.[30]

Aus dieser Situation heraus ergibt sich die Möglichkeit, dass jemand sich aus rein egoistischen Gründen wünschen könnte, mehr Liebe und Mitgefühl zu entwickeln. Dies ist gewissermaßen ein Paradoxon, da diese Gemütszustände ihrer Definition zufolge Egoismus ausschließen. Sie führen außerdem zu einem Verhalten, bei dem man die Neigung verspürt, zum Glück anderer Menschen beizutragen. Diese Gemütszustände sorgen nicht nur dafür, dass man sich wohlfühlt; sie sorgen auch für eine Vernetzung sozialer Beziehungen, sodass man sich mit anderen wohlfühlt, was wiederum zur Folge hat, dass andere sich mit einem wohlfühlen. Hass, Neid, Boshaftigkeit, Abscheu, Scham – all dies sind keine Quellen von Glück, weder in persönlicher noch in gesellschaftlicher Hinsicht. Liebe und Mitgefühl hingegen sind es. Wie so vieles, was wir über uns selbst wissen, brauchen solcherlei Behauptungen nicht erst durch eine wissenschaftlich gesicherte Studie bestätigt zu werden. Wir können uns ohne Weiteres vorstellen, welche evolutionären

Gründe es dafür gibt, dass positive soziale Emotionen uns ein Wohlgefühl verschaffen, während dies für negative Emotionen nicht gilt, doch das würde uns vom Thema abbringen. Unser Thema lautet: Die Bereitschaft, das Glück anderer mit zu berücksichtigen – also ethisch zu sein –, erscheint als ein vernünftiger Weg zur Mehrung des eigenen Glücks. Wie wir im nächsten Kapitel sehen werden, wird diese Verflechtung umso relevanter, je mehr das eigene Glück eine Veredlung erfährt. Für den direkten Zusammenhang von Spiritualität – dem unmittelbaren Kultivieren von Glück mittels einer gezielten Verfeinerung der Aufmerksamkeit – und Ethik gibt es viele Belege. Gewisse Einstellungen und Verhaltensmuster scheinen einer kontemplativen Erkenntnis zuträglich zu sein, andere wiederum nicht. Dies ist keine Behauptung, die man einfach glauben muss. Es ist vielmehr eine Hypothese, die jeder im Laboratorium seines eigenen Lebens überprüfen kann.[31]

Ein Schlupfloch für Torquemada?

Die Erörterung ethischer Fragen bezüglich Glück und Leid kann uns rasch auf unvertrautes Gelände führen. Nehmen wir als Beispiel die gerichtliche Folter. Auf den ersten Blick erscheint sie uns eindeutig böse. Dennoch ziehen zum ersten Mal seit Menschengedenken vernunftbegabte Menschen in den USA sie wieder öffentlich in Erwägung. Das Interesse an dem Thema wurde vermutlich durch ein 60-minütiges Interview des Fernsehsenders CBS mit dem Harvard-Rechtsprofessor Alan Dershowitz geweckt, einem einstigen Verfechter der Unschuldsvermutung.[32] Bei jenem Gespräch, vor Millionen Fernsehzuschauern, die der Überzeugung waren, das Konzept der Folter ließe sich unmöglich rehabilitieren, schilderte Dershowitz das Modellbeispiel mit der tickenden Bombe.

Stellen Sie sich vor, ein bekannter Terrorist habe im Zentrum einer nahe gelegenen Stadt eine schwere Bombe gelegt. Dieser Mann befindet sich jetzt in Ihrem Gewahrsam. Über das Bombendepot macht er keine Angaben; er sagt lediglich, er habe es so gewählt, dass bei der Explosion so viele Menschen wie möglich ums Leben kommen. Angenommen, dies sei der Stand der Dinge – und vor allem, es bestehe noch genügend Zeit, das bevorstehende Blutbad zu verhindern. Würde es dann schaden, ein Folterinstrument wie das Strappado aus der Mottenkiste hervorzuholen, um diesen üblen Gesellen mit einer altbewährten Methode zum Reden zu bringen?

Dershowitz behauptet, eine solche Gefahrensituation lasse sich auf eine Weise darstellen, die den Großinquisitor in uns allen zum Erwachen bringe. Falls eine tickende Bombe Sie nicht berührt, stellen Sie sich einfach vor, Ihre siebenjährige Tochter müsste in einer nur fünf Minuten entfernten Lagerhalle langsam, aber sicher ersticken, während der Mann in Ihrem Gewahrsam als Einziger wüsste, wie man das Kind befreien kann. Falls Ihre Tochter Ihnen nicht ausreicht, dann zählen Sie die Töchter sämtlicher Paare im Umkreis von tausend Meilen hinzu – Millionen kleiner Mädchen, die auf Grund irgendeiner perversen Fahrlässigkeit seitens der Regierung in die Gewalt eines bösen Geistes geraten, der nun gefesselt vor Ihnen sitzt. Ganz bestimmt lassen sich die Konsequenzen der mangelnden Kooperation eines einzigen Mannes auf derart krasse Weise darstellen und dessen Böswilligkeit und Schuld derart drastisch sichtbar machen, dass selbst der letzte sich selbst hassende moralische Relativist sich aus seinem dogmatischen Schlummer reißen ließe.

Im Allgemeinen glaubt man, das schwerwiegendste ethische Problem, das sich uns in puncto Folter stellt, bestehe darin, dass wir wohl kaum daran vorbeikämen, eine Reihe unschuldiger Männer und Frauen zu foltern. Die meisten, die in besagtem Falle darauf brennen würden, sich die Kappe des Inquisitors aufs Haupt zu setzen, geraten bei realistischeren Szenarios, wo die Schuld einer Person mit einem gewissen Unsicherheitsfaktor behaftet ist, ins Straucheln. Und dies lange bevor andere Bedenken uns auch nur in den Sinn kommen. Wie steht es zum Beispiel um die Glaubwürdigkeit einer Aussage, die unter Folter zustande kommt? Wir brauchen uns derartige Fragen nicht einmal zu stellen, da bereits die Einsicht, dass wir im richtigen Leben nicht in der Lage wären, einen Schuldigen durch bloßes Ansehen von einem Unschuldigen zu unterscheiden, uns Einhalt gebietet.

So sehen wir uns mit zwei Situationen konfrontiert, die jeder geistig gesunde und integre Mensch als ethisch unterschiedlich wahrnehmen wird: Im ersten von Dershowitz erdachten Fall erscheint es pervers, sich um die Rechte eines bekennenden Terroristen zu sorgen, wenn so viele unschuldige Leben auf dem Spiel stehen; während unter realistischeren Bedingungen die Ungewissheit hinsichtlich der Schuld eines Menschen den Gebrauch von Folter normalerweise ausschließen wird. Können wir uns mit dieser Auskunft wirklich zufrieden geben? Vermutlich nicht.

Es sieht aus, als sei eine solche Zurückhaltung beim Einsatz von Folter mit unserer Bereitschaft, Krieg zu führen, erst einmal unvereinbar. Immerhin: Was sind «Kollateralschäden» anderes als die unbeabsichtigte Folter unschuldiger Männer, Frauen und Kinder? Wenn wir einer Bombardierung zustimmen, so tun wir dies stets mit der Gewissheit, dass dabei eine gewisse Zahl von Kindern erblinden, ausgeweidet werden, gelähmt sein, zu Waisen gemacht und getötet werden wird. Die Vorstellung mutet seltsam an, dass die Folterung eines Osama bin Laden bei unseren Staatsoberhäuptern voraussichtlich zu schweren Gewissenskämpfen führen würde, nicht aber ein unbeabsichtigtes (obgleich völlig vorhersehbares und somit billigend in Kauf genommenes) Massaker an Kindern.

Wir können uns also fragen: Wenn wir bereit sind, so zu handeln, dass das Elend und der Tod einer beträchtlichen Zahl unschuldiger Kinder vorprogrammiert sind, warum sparen wir dann mit der Rute bei Personen, die des Terrorismus verdächtigt werden? Worin besteht der Unterschied zwischen einer Vorgehensweise, bei der wir das Risiko eingehen, einige unschuldige Menschen ungewollt der Folter auszuliefern, und einer Vorgehensweise, bei der wir ebenso ungewollt eine weitaus größere Zahl unschuldiger Männer, Frauen und Kinder töten? Es erscheint eigentlich völlig klar, dass ein irrtümlicher Gebrauch von Folter uns weitaus weniger stören sollte als Kollateralschäden: Immerhin sind auf Guantanamo Bay keine Säuglinge inhaftiert, sondern höchst verdächtige junge Männer, von denen viele auf frischer Tat ertappt wurden, als sie amerikanische Soldaten töten wollten.[33] Die Folter muss für ihre Opfer nicht einmal ein nennenswertes Todesrisiko beinhalten oder dauerhafte Schäden nach sich ziehen; während die Opfer von Kollateralschäden schon beinahe definitionsgemäß zu Krüppeln gemacht oder getötet werden. Die ethische Kluft, die sich hier scheinbar auftut, lässt darauf schließen, dass jene, die bereit sind, Bomben zu werfen, es womöglich ebenso darauf abgesehen haben, jene Menschen, die den Terroristen am nächsten stehen und am liebsten sind, also deren Frauen, Mütter und Töchter, zu verschleppen und zu foltern, in der Annahme, dies könne unserer Seite auf irgendeine Weise dienlich sein. Freilich wären wir auf diese Weise mit unserer logischen Argumentation zu einem grässlichen Resultat gelangt, und nur zu gern wüssten wir, wie wir diesem Dilemma entkommen könnten.[34]

In diesem Zusammenhang sollten wir in Betracht ziehen, dass Empfindungen zur Anwendung von physischer Gewalt wie auch deren intuitive ethische Bewertung von zahlreichen Variablen beeinflusst werden. Wie Glover betont: «Im modernen Krieg wäre man schlecht beraten, hielte man das, was am schockierendsten ist, auch für das Schlimmste.» Erfährt man, dass der eigene Großvater im Zweiten Weltkrieg eine Bombermission über Dresden flog, so ist dies eine Sache; hört man, dass er fünf kleine Mädchen und deren Mutter mit einer Schaufel erschlug, eine andere. Wir können mit Sicherheit sagen, dass der Mann durch den Abwurf der Bomben aus schwindelnden Höhen mehr Frauen und Mädchen tötete, die wahrscheinlich auf ähnlich grausame Weise ums Leben kamen, doch seine Schuldhaftigkeit erscheint in einem anderen Licht. Tatsächlich scheinen wir auf intuitive Weise zu wissen, dass es zum Begehen einer Gewalttat der zweiten Kategorie einer anderen Art von Mensch bedarf. Und wie wir vielleicht erwartet haben, ist die psychologische Wirkung des Beteiligtseins an einer solchen Kategorie von Gewalt ebenfalls eine andere. Man höre sich folgende Stellungnahme eines sowjetischen Soldaten aus Afghanistan an: «Es ist erschreckend und widerwärtig, wenn man töten muss. Bald jedoch wird einem klar: Als wirklich verwerflich empfindet man es, wenn man jemanden aus nächster Entfernung erschießen muss. Das Töten en masse, in einer Gruppe, ist aufregend, und – so habe ich es selbst erlebt – es macht sogar Spaß.»[35] Das bedeutet nicht, dass nie jemand Vergnügen daran fand, andere aus nächster Nähe zu töten; wir sollten lediglich erkennen, dass ein derartiges Vergnügen ein ungewöhnliches Maß an Gefühllosigkeit gegenüber dem Leiden anderer voraussetzt.

Kann sein, dass wir einfach nicht dazu gerüstet sind, diese Ungleichheit zu bereinigen – und, in Glovers Worten, am stärksten schockiert von dem zu sein, was auch wirklich am schlimmsten ist. Eine biologische Begründung ist unschwer zu finden, da sich in den Jahrmillionen im afrikanischen Buschland nur schwerlich eine Fähigkeit herausbilden konnte, die den Gräueln des 21. Jahrhunderts gewachsen wäre. Dass unsere paläolithischen Gene jetzt über chemische, biologische und nukleare Waffen verfügen, ist aus evolutionärer Sicht ungefähr so, als hätten wir diese Technologie Schimpansen anvertraut. Der Unterschied zwischen der Tötung eines und der Tötung von tausend Menschen springt uns einfach nicht ins Auge, wie es angebracht wäre. Und wir werden, wie Glover feststellt, das kleinere Übel in vielen Fällen als weitaus bestürzender empfinden. Drei Millionen Seelen können im Kongo verhungern oder getötet werden, und das Argusauge unserer Medien hat dafür kaum ein Blinzeln übrig. Stirbt jedoch eine Prinzessin bei einem Autounfall, rauft sich ein Viertel der Erdbevölkerung vor Kummer die Haare. Vielleicht sind wir gar nicht in der Lage, das zu empfinden, was wir empfinden müssten, wenn wir die Welt verändern wollen.

Was verspürt man, wenn man sieht, wie dreitausend Männer, Frauen und Kinder innerhalb weniger Sekunden zu Schutt und Asche verbrennen? Jeder, der am 11. September 2001 über ein Fernsehgerät verfügte, weiß das jetzt. Doch die meisten von uns wissen nichts dergleichen. Mit anzusehen, wie das World Trade Center zwei Flugzeuge in sich aufnahm, um gleichzeitig das Leben Tausender von Menschen auszuspeien, und dann in erster Linie Unglauben zu empfinden, könnte der Hinweis auf einen Gehirnschaden sein. Klar, was der menschliche Geist mit den ihm dargebotenen Reizen – dem Anblick eines Bürogebäudes, von dem man weiß, dass es voller Menschen ist und sich soeben in Trümmer auflöst – anfangen kann, hat seine Grenzen. Vielleicht wird sich das ändern.

Wie auch immer, falls Sie der Meinung sind, eine Gleichstellung von Folter und Kollateralschäden sei nicht haltbar, weil Folter sich in nächster Nähe abspiele und personenbezogen sei, während dies für fehlgeleitete Bomben nicht gelte, machen Sie sich eines Mangels an Vorstellungskraft in mindestens zwei Fällen schuldig. Erstens: Ein kurzes Nachdenken über das Entsetzen, das auf Grund der US-Bomben über die Einwohner Afghanistans und des Iraks hereinbrach, lässt erkennen, dass dieses Entsetzen mit dem Entsetzen eines Folterkellers durchaus gleichgesetzt werden kann. Dass es erst eines solchen Ausflugs der Fantasie bedarf, um Folter und Kollateralschäden auf eine Stufe zu bringen, ist ein Beleg für die von Glover erwähnte Trennung zwischen dem, was am schockierendsten ist, und dem, was am meisten Schaden verursacht. Es bezeugt ferner, in welchem Ausmaß wir uns bereits von unseren eigenen Euphemismen haben bezirzen lassen. Jemanden aus einiger Entfernung zu töten, fällt zwar leichter, aber so leicht sollte uns das vielleicht auch wieder nicht fallen.

Zweitens: Falls unsere Intuition, was das Unrecht von Folter anbelangt, einer Abneigung gegenüber dem Verhalten von Menschen während der Folter entspringt, so sollten wir bedenken, dass dieses spezielle Manko sich auf pharmakologischem Wege umgehen ließe, da muskellähmende Medikamente verhindern können, dass je wieder ein Schrei vernommen, je wieder ein sich windender Körper erblickt werden müsste. Es ließen sich mühelos Foltermethoden erdenken, die den Folterknecht für das Elend seiner Opfer ebenso blind machen würden, wie der Pilot eines Bombenflugzeugs auf zehntausend Metern Höhe blind für das Leiden seiner Opfer ist. Insofern bietet unsere natürliche Aversion gegen die Bilder und Geräusche eines Folterkellers jenen kein Argument, die sich gegen den Einsatz von Folter aussprechen. Um zu demonstrieren, wie abstrakt man die Qualen der Gefolterten erscheinen lassen kann, brauchen wir uns nur vorzustellen, es gäbe die perfekte «Folterpille» – ein Medikament, das sowohl im Sinne eines Folterinstruments wie auch als Mittel zur Kaschierung der damit verbundenen Qualen dienen könnte. Die Pille würde vorübergehend zu einer Totallähmung sowie gleichzeitig zu Qualen eines solchen Ausmaßes führen, dass kein Mensch sich ein zweites Mal je wieder ihrer Wirkung aussetzen wollte. Man stelle sich vor, was wir Folterknechte dabei empfinden würden, wenn jeder festgenommene Terrorist, nachdem man ihm eine solche Pille verabreicht hätte, sich hinlegen würde, als hielte er nur ein Schläfchen, um beim Erwachen sofort alles zu gestehen, was er über die Machenschaften seiner Organisation weiß. Würde uns das nicht dazu verleiten, irgendwann nicht mehr von einer «Folterpille», sondern nur noch von einer «Wahrheitspille» zu sprechen?

Nein, hinsichtlich dessen, wie uns die Leiden von Gefolterten oder von Menschen, die von Kollateralschäden betroffen sind, erscheinen, lässt sich kein Unterschied ausmachen.

Wie können wir die Waagschale ins Gleichgewicht bringen? Wollen wir zu diesem Thema eine in sich schlüssige ethische Position vertreten, so haben wir es wohl mit einem Fall von erzwungener Wahl zu tun: Falls wir bereit sind, Bomben zu werfen, oder falls wir sogar bereit sind, das Risiko einzugehen, dass Pistolenschüsse das falsche Ziel treffen, sollten wir auch bereit sein, eine gewisse Sorte von Tatverdächtigen und Kriegsgefangenen zu foltern; sind wir nicht bereit zur Folter, sollten wir auch die moderne Kriegsführung ablehnen.

Foltergegner werden rasch zu dem Argument greifen, unter Folter abgelegte Geständnisse seien bekanntlich wenig zuverlässig. In Anbetracht obiger Ausführungen jedoch scheint dieser Einwand seine übliche Schlagkraft einzubüßen. Möge man solche Geständnisse so unzuverlässig nennen, wie man will – die Wahrscheinlichkeit, dass irgendein Fall von Folter unseren Interessen dient, muss nicht größer sein als die Wahrscheinlichkeit, die für die Effektivität des Abwurfs einer einzigen Bombe gilt. Wie groß war die Chance, dass der Abwurf von Bombe Nummer 117 auf Kandahar zum Niedergang von Al Quaida führen würde? Zwangsläufig sehr gering. Oder denken wir an Khalid Sheikh Mohammed, den wertvollsten Fang im Krieg gegen den Terror. Hier haben wir eine Figur, die unmittelbar aus Dershowitz' Denkwerkstatt stammen könnte. US-Vertreter glauben inzwischen, er sei es gewesen, der hinter der Enthauptung des Wall- Street-Journal-Reporters Daniel Pearl steckte. Ob das nun stimmt oder nicht, seine Al-Quaida-Mitgliedschaft schließt seine «Unschuld» auf jede erdenkliche Weise mehr oder minder aus, und sein Stellenwert innerhalb der Organisation lässt darauf schließen, dass sein Wissen über geplante Gräueltaten recht umfangreich gewesen sein muss. Die Bombe tickt. Angesichts des körperlichen und geistigen Schadens, den wir unschuldigen Kindern in Afghanistan und im Irak zuzufügen bereit waren, erscheint unsere Weigerung, im Fall von Khalid Sheikh Mohammed auf die Folter zurückzugreifen, geradezu pervers zu sein. Falls auch nur die Chance von eins zu einer Million besteht, dass dieser Mann uns unter Folter einiges anvertrauen wird, das zu einer weiteren Demontage der Al Quaida führen könnte, sollten wir jedes uns zur Verfügung stehende Mittel nutzen, um ihn zum Reden zu bringen.

Höchstwahrscheinlich waren Sie zu Beginn der Lektüre dieses Kapitels – ebenso wie ich zu Beginn seiner Niederschrift – der Überzeugung, dass Folter etwas höchst Verwerfliches sei und wir gut daran täten, uns ihrer nicht zu bedienen – ja, dass wir höchst zivilisierte Menschen seien, gerade weil wir auf Folter verzichten. Die meisten von uns glauben, zumindest auf intuitiver Ebene, dass wir, falls es uns schon nicht gelingt, auf Dershowitz und seine tickende Bombe eine treffende Erwiderung zu finden, wenigstens Zuflucht zu der Tatsache nehmen können, dass der von ihm bemühte Modellfall ja so gut wie niemals eintreffe. Aus dieser Sicht erschiene die Ausschmückung unseres Rechtssystems mit einer Verordnung zur Anwendung von Folter sowohl unnötig als auch gefährlich, da das Gesetz der unbeabsichtigten Konsequenzen vielleicht eines Tages dafür sorgt, dass das gesamte Werk wieder über den Haufen geworfen wird.

Ich halte obige Darstellung für grundsätzlich in Ordnung, und ich glaube, dass ich mich erfolgreich für den Gebrauch von Folter in solchen Fällen ausgesprochen habe, in denen wir auch bereit wären, Kollateralschäden in Kauf zu nehmen.[36] Paradoxerweise hat diese Gleichstellung nicht dazu beigetragen, die Anwendung von Folter für mich akzeptabler erscheinen zu lassen; und ich nehme an, dies gilt auch für viele meiner Leser. Ich denke, dass wir hier auf so etwas wie eine ethische Täuschung stoßen – ähnlich den optischen Täuschungen, wie sie für Wissenschaftler, die sich mit den visuellen Bahnen des Gehirns beschäftigen, von ungebrochenem Interesse sind. Der Vollmond, den wir am Horizont sehen, ist nicht größer als der Vollmond, den wir sehen, wenn der Mond direkt über uns steht; doch aus irgendwelchen Gründen, die den Neurowissenschaftlern noch immer ein Rätsel sind, erscheint er uns größer. Ein Lineal, das wir gegen den Himmel halten, lässt uns erkennen, was wir anderweitig nicht sehen können, selbst wenn wir wissen, dass unser Augenlicht uns trügt. Hätten wir in diesem Fall die Wahl, entweder auf der Basis dessen zu handeln, wie die Dinge uns erscheinen, oder gemäß den Informationen, die unser Lineal uns liefert, würden die meisten von uns dazu neigen, das nur Scheinbare unbeachtet zu lassen – vor allem, wenn dabei unser Leben oder das anderer auf dem Spiel stünde. Ich glaube, dass die meisten Leser, die mir bis hierher folgen konnten, sich bezüglich der Ethik von Folter in etwa der gleichen Position wiederfinden. Angesichts dessen, was viele im Krieg gegen den Terror für dringend nötig halten, erschiene die Anwendung von Folter in gewissen Fällen nicht nur zulässig, sondern sogar erforderlich. Die Ursachen dafür sind, wie ich glaube, ebenso neurologischen Ursprungs wie jene, die zur Mond-Illusion führen. Tatsächlich gibt es bereits wissenschaftliche Beweise dafür, dass unsere ethische Intuition bedingt ist durch Faktoren der räumlichen und psychischen Nähe, wie ich sie weiter oben geschildert habe.[37] Natürlich ist diese Intuition nicht unfehlbar. Im geschilderten Fall könnte unser Unvermögen, eine moralische Gleichwertigkeit zu empfinden, wo eine moralische Gleichwertigkeit existiert, vielen unschuldigen Menschen das Leben kosten. Ich glaube, die Zeit ist gekommen, zum Lineal zu greifen und es gegen den Himmel zu halten.[38]

Pazifismus ist die falsche Wahl

Der Pazifismus[39] gilt im Hinblick auf Gewalt unter Menschen gemeinhin als moralisch unanfechtbare Position. Das Schlimmste, was man über ihn behaupten kann, ist, dass er sich nur schwer in die Praxis umsetzen lässt. So gut wie nie wird er als gänzlich unmoralisch gebrandmarkt – aber genau das ist er meiner Meinung nach. Auch wenn der Pazifismus sich in der politischen Landschaft recht edel ausnimmt, solange nichts auf dem Spiel steht, ist Pazifismus letztlich nichts anderes als die Bereitschaft zu sterben und andere sterben zu lassen, zum Gaudium der Schurken dieser Welt. Es sollte genügen, daran zu denken, dass ein einziger Psychopath, mit nichts als einem Messer bewaffnet, eine ganze Stadt voller Pazifisten auslöschen könnte. Dass es diese Art von Soziopathen wirklich gibt, steht außer Frage, und meist sind solche Leute besser bewaffnet. Aus Besorgnis, meine obigen Ausführungen könnten ein schlagendes Argument für den Pazifismus abgeben, möchte ich kurz darstellen, weshalb wir meiner Meinung nach die Tatsache akzeptieren müssen, dass Gewalt (oder die Androhung von Gewalt) oftmals eine ethische Notwendigkeit darstellt.

Einmal ging ich spätnachts durch die Straßen von Prag und wurde Zeuge einer Rangelei zwischen einem Mann und einer jungen Frau. Als ich näher kam, sah ich, dass der Mann, der anscheinend betrunken und in Rage war, die Frau gegen ihren Willen in ein Auto zu zerren versuchte. Obwohl sie mächtig Widerstand leistete, packte er sie mit einer Hand am Arm und drohte, ihr mit der anderen ins Gesicht zu schlagen – was er vor meinem Eintreffen anscheinend schon mindestens einmal getan hatte. Die hintere Tür des Wagens stand offen, und ein Komplize des Mannes saß am Steuer. Mehrere andere Männer irrten umher, und ihren Gesichtern konnte ich entnehmen, dass die hier stattfindende Entführung ganz in ihrem Sinne war.

Ohne zu wissen, wie ich vorgehen sollte, ertappte ich mich bereits dabei, zugunsten der Frau zu intervenieren. Während mein Adrenalinpegel nach oben schnellte und der Angreifer seine Aufmerksamkeit jetzt mir zuwandte, kam mir der Gedanke, dass der Mann bestimmt nur wenig oder gar kein Englisch sprach. Die bloße Bemühung, mich zu verstehen, würde ihn vielleicht so in Anspruch nehmen, dass er fast völlig abgelenkt sein würde. Mein Unvermögen, ihm meine Absichten klarzumachen, konnte demnach einem tatsächlichen Konflikt vorbeugen. Hätten wir die gleiche Sprache gesprochen, wäre es wohl auch zwischen uns innerhalb kürzester Zeit zum Streit gekommen, da mir nichts Besseres eingefallen wäre, als zu sagen, er möge die Frau in Ruhe lassen, und er, um sein Gesicht zu wahren, sicher geantwortet hätte, ich solle ihn doch daran hindern, wenn ich könne. Da ihm, wie ich sah, zwei Freunde (und mehrere Fans) zur Seite standen, hätte der Abend für mich wohl ein bitteres Ende genommen. Ich plante daher, mich auf keinen Fall verständlich zu machen, ohne dabei jedoch einem der versammelten Raufbrüder zu nahezutreten – Zeit genug für die Frau, die Flucht zu ergreifen.

«Entschuldigen Sie», sagte ich. «Ich glaube, ich habe mich verirrt, ich finde mein Hotel nicht mehr. Meine Unterkunft, mein Nachtquartier, dort, wo ich auf dem Rücken liege, nicht auf dem Bauch. Können Sie mir helfen? Wo ist es? Wo ist es?»

«Sex?» Seine Frage klang wütend, als hätte ich mich soeben als Nebenbuhler um die Gunst seiner Gefangenen zu erkennen gegeben. Mir fiel ein, dass die Frau vermutlich eine Prostituierte war und er ein renitenter Kunde.

«Nein! Nicht Sex. Ich suche ein bestimmtes Gebäude. Es hat keine Aluminiumverkleidung und auch keine Kirchenfenster. Möglicherweise ist es ein Haus mit Marzipanfüllung. Wissen Sie vielleicht, wo es sich befindet? Dies ist ein Notfall.»

Sofort vollzog sich im Gesicht des Mannes eine erstaunliche Wandlung, und die Maske des Zorns wich einem Ausdruck höchster Verblüffung. Während er versuchte, mein Anliegen zu enträtseln, warf ich der Frau einen verschwörerischen Blick zu – die, wie ich gestehen muss, ziemlich lange brauchte, um zu erkennen, dass der Augenblick ihrer Befreiung zum Greifen nahe war.

Der Mann begann, meinen Fall mit einem seiner Freunde in fließendem Tschechisch zu erörtern. Die Frau hingegen starrte mich an, als wäre ich ein Idiot. Plötzlich jedoch nahm sie ihre Chance wahr. Wie ein Vogel, der lange Zeit in einem offenen Käfig gesessen hatte, riss sie sich los und rannte die Straße hinab. Ihr vormaliger Angreifer war zu sehr in seine Überlegungen vertieft, um ihre Flucht auch nur zu bemerken.

Mission vollendet. Sofort bedankte ich mich bei der Gruppe und ging weiter.

Auch wenn mein Verhalten bei diesem Vorfall bei den meisten Lesern auf Zustimmung stoßen wird, habe ich eigentlich nur davon berichtet, weil ich es für ein Beispiel moralischen Versagens halte. Erstens log ich, und ich tat es aus Angst. Ich hatte mich nicht verirrt, und ich benötigte auch keine Hilfe. Ich nahm nur Zuflucht zu dieser Taktik, weil ich mich offen gestanden davor fürchtete, mich mit einer unbestimmten Anzahl von Betrunkenen auf eine Schlägerei einzulassen. Manchen mag das weise vorkommen, mir jedoch erschien es damals als pure Feigheit. Weder bemühte ich mich, mit diesen Leuten zu sprechen, noch an ihr, wenn auch wohl rudimentäres ethisches Gewissen zu appellieren oder sie auf irgendeine Weise einzuschüchtern. Ich betrachtete sie nicht als Zweck an sich, als empfindungsfähige Lebewesen, mit denen man sich unterhalten konnte, oder die man besänftigen oder belehren konnte, sondern als reine Bedrohung. Mein ethisches Versagen bestand meiner Meinung nach darin, dass ich gegen ihre Aktionen nicht ein einziges Mal wirklich Stellung bezog – und so erfuhren sie von der Außenwelt keinerlei Kritik. Sie waren lediglich eine Zeit lang abgelenkt, und davon profitierte nur eine einzige Frau. Die nächste Frau, die einer Attacke von ihnen zum Opfer fallen würde, würde keinerlei Veranlassung haben, mir zu danken. Selbst wenn eine unverhohlene Einmischung zugunsten der Frau mit Sicherheit dazu geführt hätte, dass ich verletzt worden wäre, so hätte ich dennoch ein unmissverständliches Signal ausgesandt: Nicht jeder Fremde steht untätig herum, wenn ihr auf der Straße eine Frau verprügelt und entführt. Ein solches Signal hatte ich mit meiner Einmischung nicht ausgesandt. Ehrlich gesagt, ich glaube, nicht einmal der Frau ist jemals klar geworden, dass ich zu ihrer Rettung gekommen war.[40]

Gandhi war zweifellos der einflussreichste Pazifist des 20. Jahrhunderts. Der Erfolg, den er verbuchen konnte, als er die Briten zwang, den indischen Subkontinent zu verlassen, erlöste den Pazifismus aus den ätherischen Gefilden religiöser Gebote und verhalf ihm zu neuer politischer Bedeutung. Ein Pazifismus, wie Gandhi ihn praktizierte, setzte bei seinen Vertretern eine beachtliche Portion Mut voraus, und wer sich ihm verschrieb, begab sich auf direkten Konfrontationskurs mit der Ungerechtigkeit. Somit verfügte er über weitaus mehr moralische Integrität als die von mir geschilderte Kriegslist. Es steht jedoch außer Frage, dass Gandhis Gewaltlosigkeit sich nur auf einen begrenzten Bereich menschlicher Auseinandersetzungen anwenden lässt. Es empfiehlt sich, über Gandhis Rezept gegen den

Holocaust nachzudenken: Er war der Meinung, die Juden hätten Massenselbstmord verüben sollen, da dies «die ganze Welt und das deutsche Volk auf Hitlers Gewaltbereitschaft aufmerksam gemacht» hätte.[41] Die Frage ist berechtigt, was eine Welt voll «aufmerksam gemachter» Pazifisten wohl getan hätte – hätten sie vielleicht ebenfalls Selbstmord begangen?

Gandhi war natürlich ein religiöser Dogmatiker. Sein Rezept gegen den Holocaust jedoch mutet auch dann noch ethisch suspekt an, wenn man die metaphysischen Prämissen berücksichtigt, auf die es sich stützt. Selbst wenn wir das Gesetz von Karma und Wiedergeburt gelten lassen, dem Gandhi als gläubiger Hindu ja verpflichtet war, mutet sein Pazifismus noch immer höchst unmoralisch an. Was soll daran ethisch sein, wenn man sich sein eigenes Glück (oder sogar das Glück anderer) fürs nächste Leben aufspart, und zwar auf Kosten einer sehr realen Marter von Kindern in diesem Leben? In Gandhis Welt wären noch weitere Millionen von Menschen gestorben, in der Hoffnung, die Nazis würden eines Tages erkennen, dass ihre Idee vom Tausendjährigen Reich doch nicht so gut war. In unserer Welt müssen dort, wo solche Erkenntnisse rar sind, gelegentlich Bomben fallen. Wir stoßen hier auf einen schrecklichen Aspekt der ethisch asymmetrischen Kriegsführung: Wenn dein Feind keinerlei Skrupel hat, werden deine eigenen Skrupel zu seinen Waffen.

Es ist noch immer unklar, was es bedeutet, den Krieg gegen den «Terrorismus» zu gewinnen, oder ob die religiöse Unkultur, die unsere Feinde umtreibt, jemals völlig aus dieser Welt eliminiert werden kann. Was es hieße, diesen Krieg zu verlieren, ist jedoch nur allzu offensichtlich. Ein Leben unter den Taliban – das ist es, wozu einer ersten Einschätzung zufolge Millionen von Moslems auf der ganzen Welt uns verdammen wollen. Sie streben nach einer Gesellschaft, in der – in guten Zeiten – die Frauen unsichtbar bleiben und unterdrückt werden, und in der jeder, der für spirituelle, intellektuelle oder sexuelle Freiheit eintritt, von einer missmutigen Schar ungebildeter Männer niedergemacht wird. Überflüssig zu sagen, dass es lohnt, gegen ein solches Leben Widerstand zu leisten. Wir dürfen nicht zulassen, dass unsere Gewissensbisse hinsichtlich möglicher Kollateralschäden uns lähmen, nur weil unsere Feinde solche Gewissensbisse nicht kennen. Ihre Kriegsphilosophie lautet «Als Erstes die Kinder», und wenn wir den grundlegenden Unterschied zwischen ihrer Gewalt und unserer Gewalt nicht wahrhaben wollen, gefährden wir uns damit selbst. So wie das Kriegsgerät auf dieser Welt heute verteilt ist, haben wir nicht mehr die Möglichkeit, diesen Krieg mit Schwertern zu führen. Es scheint unausweichlich, dass Kollateralschäden welcher Art auch immer über viele Jahre hinweg ein Teil unserer Zukunft sein werden.

BEWUSSTSEINS-EXPERIMENTE

Jede Religion birgt in ihrem Kern eine unbestreitbare Behauptung über die Beschaffenheit des Menschen: nämlich, dass es möglich ist, die Art und Weise, wie wir die Welt erfahren, grundlegend zu verändern. Obwohl wir normalerweise innerhalb der Grenzen leben, die der gewöhnliche Gebrauch unserer Aufmerksamkeit uns auferlegt – wir wachen, wir arbeiten, wir essen, wir sehen fern, wir unterhalten uns mit anderen, wir schlafen, wir träumen –, so wissen die meisten von uns dennoch, wenn auch nur vage, dass außergewöhnliche Erfahrungen möglich sind.

Das Problem mit der Religion besteht darin, dass sie diese Wahrheit nachhaltig mit dem Gift der Unvernunft vermischt. Nehmen wir zum Beispiel das Christentum: Es reicht nicht, dass Jesus ein Mensch war, der sich selbst in einem solchen Ausmaß transformierte, dass die Bergpredigt als das Bekenntnis seines Herzens gelten könnte. Nein, er musste auch der Sohn Gottes sein, von einer Jungfrau geboren und dazu bestimmt, auf Wolken der Herrlichkeit zur Erde zurückzukehren. Ein solches Dogma bewirkt, dass das Beispiel, das Jesus gab, sich unserem Zugriff für immer entzieht. Seine Lehren sind dann nicht mehr eine Reihe empirischer Behauptungen über die Verbindung zwischen Ethik und spiritueller Erkenntnis, sondern sie werden zu einem willkürlichen und relativ grausigen Märchen. Laut christlichem Dogma ist es unmöglich, so zu werden wie Jesus. Man kann lediglich seine Sünden zählen, ans Unglaubliche glauben und auf das Ende der Welt warten.

Uns ist jedoch eine tiefgründigere Reaktion auf das Dasein möglich, und das Zeugnis Jesu, sowie das zahlloser weiterer Männer und Frauen aller Zeiten, ist gerade dafür eine Bestätigung. Die Herausforderung für uns besteht darin, in rationalen Begriffen über diese Möglichkeit zu sprechen.

Das Streben nach Glück

Obgleich die Lilien auf dem Felde ein prächtiges Kleid tragen, sind Sie und ich nackt und schreiend aus dem Mutterleib verstoßen worden. Was brauchen wir, um glücklich zu sein? Fast alles, was wir tun, ist eine Art von Antwort auf diese Frage: Wir brauchen Nahrung, Obdach und Kleidung. Wir brauchen die Gesellschaft anderer. Überdies müssen wir zahlreiche Dinge lernen, um aus besagter Gesellschaft das Beste machen zu können. Wir müssen eine Arbeit finden, die uns zusagt, und wir benötigen Freizeit. Wir benötigen so vieles, und es scheint keine andere Möglichkeit zu geben, als das Benötigte zu suchen und festzuhalten, eins nach dem anderen, Stunde um Stunde.

Aber reichen solche Dinge, um glücklich zu sein? Lässt sich mit Gewissheit sagen, eine Person sei glücklich nur aufgrund ihrer Gesundheit, ihres Wohlstands und der guten Gesellschaft, in der sie sich befindet? Danach sieht es nicht aus. Sind solche Dinge zum Glücklichsein überhaupt notwendig? Falls ja, was ist dann mit den indischen Yogis, die sämtlichen materiellen und familiären Bindungen entsagen, um jahrzehntelang allein in einer Höhle zu leben und zu meditieren? Es scheint, als könnten solche Menschen ebenso glücklich sein. Und tatsächlich, einige von ihnen behaupten sogar, sie seien auf vollkommene Weise glücklich.

Es fällt schwer, eine Bezeichnung für jenes menschliche Tun zu finden, das unmittelbar auf Glück abzielt – ein Glück, das auch dann noch fortbesteht, wenn alle herkömmlichen Wünsche unerfüllt geblieben sind. Man kommt hier am Begriff «Spiritualität» kaum vorbei – und ich habe ihn in diesem Buch bereits mehrmals verwendet –, doch er hat zahlreiche Nebenbedeutungen, die, offen gestanden, befremdlich sind. «Mystik» klingt womöglich seriöser, doch auch dieser Begriff weckt unglückliche Assoziationen. Weder das eine noch das andere Wort vermag die Sinnhaftigkeit und die Tiefe jener Möglichkeiten auszuloten, die wir jetzt erörtern werden: die Möglichkeiten einer Art von Wohlbefinden nämlich, die alle anderen Arten von Wohlbefinden in den Schatten stellt und die über die Launenhaftigkeit sinnlicher Erfahrung hinausreicht. Ich will im Folgenden die Begriffe «Spiritualität» und «Mystik» synonym verwenden, da es zu diesen Begriffen derzeit keine Alternativen gibt; der Leser sollte jedoch bedenken, dass ich diese

Wörter in einer fest umgrenzten Bedeutung verwende. Auch wenn ein Besuch in einem New-Age-Buchladen reicht, um zu erkennen, dass der moderne Mensch sich einer beängstigenden Zahl «spiritueller» Themen widmet – von der Heilkraft der Kristalle über die Wirkung von Darmspülungen bis hin zur Begeisterung für UFO-Entführungen –, so sollen sich unsere Ausführungen doch auf ein spezielles Verständnis beschränken, das für das Streben nach Glück von besonderer Relevanz ist.

Die meisten spirituellen Lehren stimmen darin überein, dass zum Glück mehr gehört, als nur ein produktives Mitglied der Gesellschaft zu sein, ein unbeschwerter Konsument legaler Vergnügen und ein begeisterter Erzeuger von Kindern mit verwandten Neigungen. Ja, viele behaupten, es sei unsere Suche nach Glück – unser stetes Verlangen nach Wissen und neuen Erfahrungen, unser Wunsch nach Anerkennung, unser Bemühen, den richtigen Partner zu finden, und sogar unsere Sehnsucht nach spiritueller Erfahrung selbst –, die uns eine Form von Wohlbefinden übersehen lässt, die in jedem Augenblick unseres Lebens bereits Teil unseres Bewusstseins ist. Auf Spielarten dieser Erkenntnis stoßen wir im Kern manch einer unserer Religionen, und dennoch ist diese Wahrheit inmitten all der Glaubensartikel nicht immer leicht ausfindig zu machen.

Auch wenn viele von uns über Jahrzehnte hinweg nicht einen Tag lang allein sind, verbringen wir doch jeden Augenblick unseres Lebens in der Einsamkeit des Geistes. Wie nahe wir anderen auch sein mögen, unsere Freude und unser Leid erfahren wir für uns alleine. Spirituelle Praktiken werden uns oft als sinnvolle Antwort auf diese Situation nahegelegt. Die zugrunde liegende Behauptung besteht darin, es sei uns möglich, in diesem Moment etwas über das Wesen des Bewusstseins zu erkennen, durch das unser Leben sich verbessern wird. Die Erfahrungen zahlreicher Kontemplativer lassen darauf schließen, dass Bewusstsein – womit einfach das Gefäß gemeint ist, aus dem Gedanken, Emotionen und sogar unser Selbstgefühl hervorgehen – sich niemals wirklich durch Wissen verändern lässt. Zu wissen, was Freude ist, bedeutet nicht, Freude zu haben; zu wissen, was Traurigkeit ist, bedeutet nicht, traurig zu sein. Vom Standpunkt des Bewusstseins sind wir uns der Existenz von Bildern, Geräuschen, Empfindungen, Stimmungen und Gedanken lediglich gewahr. Viele spirituelle Lehren behaupten, wenn wir unsere Identität als Bewusstsein selbst, als bloße Zurkenntnisnahme von

Erscheinungen begreifen, werden wir erkennen, dass wir dauerhaft frei sind von der Launenhaftigkeit unserer Erfahrungen.

Damit soll nicht in Abrede gestellt werden, dass Leiden auch eine physische Dimension aufweist. Die Tatsache, dass ein Medikament wie Prozac/Fluctin bei vielen psychisch Kranken die Symptome einer Depression beseitigen kann, lässt den Rückschluss zu, dass seelisches Leiden nicht ätherischer ist als eine kleine grüne Pille. Doch der Pfeil der Einflussnahme wirkt zweifellos in beide Richtungen. Wir wissen, dass bereits Vorstellungen die Kraft haben, zu bestimmen, wie eine Person die Welt erfährt.[1] Selbst welchen Stellenwert intensiver körperlicher Schmerz einnimmt, unterliegt einer subjektiven Interpretation. Denken wir an die Geburtswehen: Wie viele Frauen gibt es, die von jener Erfahrung traumatisiert werden? Der Anlass als solcher ist für gewöhnlich ein angenehmer, vorausgesetzt, die Geburt geht ohne Komplikationen vonstatten. Stellen wir uns vor, wie völlig anders die Situation für eine Frau wäre, wenn dieselben Geburtsschmerzen ihr von einem irren Wissenschaftler als Folter zugefügt würden. Die messbaren Empfindungen wären völlig identisch, und dennoch wäre es vermutlich eine der schrecklichsten Erfahrungen ihres Lebens. Es steht außer Frage, dass zum Erleiden körperlicher Schmerzen mehr gehört als die Schmerzempfindung allein.

Unsere spirituellen Traditionen machen erkennbar, dass uns ausreichend Spielraum zur Verfügung steht, um die Beziehung zu unseren Bewusstseinsinhalten zu verändern und somit die Art und Weise, wie wir die Welt erfahren, zu transformieren. Dies wird auch von einer gewaltigen Menge Literatur zum Thema menschliche Spiritualität bestätigt.[2] Ebenso steht fest, dass es unnötig ist, an etwas zu glauben, wofür es keine hinreichenden Beweise gibt, um sich auf diese Möglichkeiten mit unbefangenem Geist einzulassen.

Bewusstsein

Wie Descartes lassen sich die meisten von uns auf diese Erkundungen zunächst als Denkende ein, die aufgrund der Mechanismen ihrer Subjektivität dazu verdammt sind, in einer Welt zu agieren, die etwas anderes zu sein scheint, als wir es sind. Descartes verlieh dieser Dichotomie Ausdruck, indem er erklärte, in Gottes Universum fänden sich zweierlei Substanzen: Materie und Geist. Für die meisten von uns ist ein derartiger Dualismus eine Frage des gesunden Menschenverstands (obgleich der Begriff «Geist» angesichts der allgemein üblichen Verhaltensweise unseres Geistes recht majestätisch anmutet). Als jedoch die Wissenschaft ihren verdinglichenden Lichtstrahl auf die Mysterien des menschlichen Geistes richtete, musste Descartes' Dualismus (wie auch unsere eigene «Populärpsychologie») eine recht schroffe Zurichtung über sich ergehen lassen. Ermutigt von den unstrittigen Erfolgen aus dreihundert Jahren rein materiebetonter Forschung, lehnen zahlreiche Philosophen und Wissenschaftler Descartes' Trennung von Geist und Körper, von Geistigem und Materiellem, inzwischen ab, deuten die Dichotomie als Zugeständnis an die christliche Frömmigkeit, was sie gewiss auch war, und meinen, somit die begriffliche Kluft zwischen Bewusstsein und der physischen Welt überwunden zu haben.

Im letzten Kapitel haben wir gesehen, dass unsere Auffassung von Bewusstsein eng verbunden ist mit unseren ethischen Grundsätzen. Nicht ganz nebenbei wirkt sich das auch auf unsere Betrachtungsweise vom Tod aus. Die meisten Wissenschaftler verstehen sich selbst als Physikalisten; dies bedeutet unter anderem, dass sie glauben, unser geistiges und spirituelles Leben sei voll und ganz das Resultat unserer Gehirntätigkeit. Deshalb müsse, wenn das Gehirn stirbt, der Strom unseres Daseins enden. Sind die Lichter unserer Nerventätigkeit erst erloschen, bleibe nichts, was uns am Leben hält. Zahlreiche Wissenschaftler preisen diese Überzeugung sogar, als stelle sie ein besonderes Sakrament dar, und sprechen jedem Mann, jeder Frau und jedem Kind, die Manns genug sind, sie widerspruchslos hinzunehmen, intellektuelle Integrität zu.

Die Wahrheit jedoch lautet, dass wir ganz einfach nicht wissen, was nach dem Tod geschieht. Auch wenn sich eine Menge gegen die naive Vorstellung einer vom Gehirn unabhängigen Seele einwenden lässt[3], bleibt der Sitz des Bewusstseins in der belebten Welt weitgehend eine offene Frage. Der Gedanke, dass Gehirne Bewusstsein produzieren, ist kaum mehr als ein zurzeit von der Wissenschaft vertretener Glaubensartikel, und es gibt eine Menge Gründe für die Vermutung, dass die Methoden der Wissenschaft diesen Glaubensartikel weder werden beweisen noch widerlegen können.

Unvermeidlich, dass Wissenschaftler darauf verfallen, das Bewusstsein als eine bloße Eigenschaft bestimmter, mit einem Großhirn ausgestatteter Tiere zu betrachten. Das Problem besteht darin, dass nichts an einem Gehirn, untersucht man es als Körpersystem, darauf hindeutet, jene spezielle innere Dimension, die jeder von uns auf seine spezielle Weise als Bewusstsein erfährt, könne in ihm beheimatet sein. Jeder Forschungsansatz, mit dem versucht wird, die Grenzen zwischen Bewusstheit und Unbewusstheit zu erhellen, und mit dem gefahndet wird nach jener körperlichen Differenz, welche die Differenz auf der Ebene der Erfahrung ausmacht, stützt sich notwendigerweise auf subjektive Berichte, um behaupten zu können, man habe auf experimentellem Weg das auslösende Moment entdeckt.[4] Die funktionelle Definition von Bewusstsein lautet daher Mitteilbarkeit. Doch Bewusstsein und Mitteilbarkeit sind nicht das Gleiche. Hat ein Seestern Bewusstsein? Eine Wissenschaft, die Bewusstsein und Mitteilbarkeit gleichsetzt, kann auf diese Frage keine Antwort geben. Alles, wozu wir fähig sind, ist, auf dieser Welt nach Bewusstsein aufgrund von dessen äußeren Merkmalen Ausschau zu halten. Bewusstsein jedoch mit Hilfe dieser äußeren Merkmale definieren zu wollen, wäre verfehlt. Ein Computer der Zukunft, so hoch entwickelt, dass er den Turing-Test bestehen würde (ein nach dem Mathematiker Alan Turing benanntes Verfahren, bei dem sich ein menschlicher Fragesteller abwechselnd an eine andere Person sowie an einen Computer wendet, ohne zu wissen, wer davon wer ist), könnte uns eine Menge Aufschluss über sich selbst liefern – doch hätte er auch Bewusstsein? Wenn wir es nicht schon vorher wissen, wird die Mitteilungsfreude eines solchen Rechners zu dem Thema die Frage nicht entscheiden können. Bewusstsein könnte als Phänomen weitaus rudimentärer sein, als lebende Geschöpfe und ihre Gehirne es sind. Und es scheint keine eindeutige Methode zu geben, mit der diese These mittels Experiment ausgeschlossen werden könnte.[5]

Während wir also auf den Gebieten der Anatomie, der Physiologie und der Evolution eine Menge über uns wissen, haben wir zurzeit trotzdem keine Ahnung, warum das zu sein, was wir sind, uns auch wie «etwas» vorkommt. Die Tatsache, dass das Universum beleuchtet ist, wo wir stehen; die Tatsache, dass unsere Gedanken, Stimmungen und Empfindungen so etwas wie einen qualitativen Charakter aufweisen, ist ein absolutes Geheimnis – mit dem es höchstens das berühmte, vom Philosophen Friedrich Wilhelm Schelling formulierte Geheimnis aufnehmen kann, demzufolge es in diesem Universum wahrscheinlicher ist, dass es etwas gibt, als dass es nichts gibt. Das Problem ist, dass unsere Erfahrungen mit Gehirnen, als

Objekte in der Welt, uns völlig unempfindlich machen für die Realität von Bewusstsein, während unsere Erfahrungen als Gehirne uns kein anderes Wissen vermitteln. Angesichts dieser Situation ist die Schlussfolgerung vernünftig, dass der Bereich unserer Subjektivität ein angemessenes (und notwendiges) Forschungsfeld zur Erkundung der Natur des Universums darstellt, denn gewisse Fakten lassen sich entweder im bewussten Zustand, aus Sicht der ersten Person Singular entdecken, oder sie lassen sich gar nicht entdecken.

Eine direkte Erforschung der Natur des Bewusstseins, mittels anhaltender Selbstbeobachtung, ist nichts weiter als ein Synonym für spirituelle Praxis. Es dürfte klar sein, dass unabhängig davon, welche Veränderungen unserer Erfahrung möglich sind – nach vierzig Tagen und vierzig Nächten in der Wüste, nach zwanzig Jahren in einer Höhle, oder nachdem unseren Synapsen ein neuer Serotonin-Antagonist zugeführt wurde –, diese Veränderungen zu Veränderungen unserer Bewusstseinsinhalte führen. Welche Erfahrungen Jesus auch machte, sie fanden in seinem Bewusstsein statt. Wenn er seinen Nächsten liebte wie sich selbst, so ist dies eine Beschreibung dessen, wie es sich anfühlte, Jesus zu sein, wenn er mit anderen Menschen zusammen war. Die Geschichte menschlicher Spiritualität ist die Geschichte unseres Bemühens, die Inhalte unseres Bewusstseins mittels Fasten, Chanten, Reizentzug, Gebet, Meditation sowie des Gebrauchs psychotroper Pflanzen zu erkunden und zu verändern. Dass derartige Experimente sich auf rationale Art und Weise durchführen lassen, steht außer Frage. Tatsächlich handelt es sich hierbei um einige der wenigen Methoden, mit denen man feststellen kann, bis zu welchem Ausmaß sich menschliches Befinden willentlich transformieren lässt. Ein solches Unterfangen wird erst dann irrational, wenn Menschen damit beginnen, Behauptungen über diese Welt aufzustellen, die sich nicht durch empirische Beweise stützen lassen.

Was ist es, das wir «Ich» nennen?

Unsere spirituellen Möglichkeiten sind in hohem Maße davon abhängig, was wir im Sinne eines Selbst sind. Physikalisch gesehen, ist jeder von uns ein System, das sich im ständigen Materie- und Energieaustausch mit dem umfassenderen System Erde befindet. Das Leben unserer Zellen wird ermöglicht durch ein Netzwerk an Wechselbeziehungen von Geben und Nehmen, auf das wir bewussten Einfluss nur in allergröbster Form ausüben können – indem wir beispielsweise beschließen, den Atem anzuhalten oder uns noch ein Stück Pizza aus dem Kühlschrank zu holen. Als physikalisches System sind wir nicht minder abhängig von der Natur, als es unsere Leber vom Rest unseres Körpers ist. Als eine Ansammlung selbstregulierender und sich fortwährend teilender Zellen schließen wir auch lückenlos an unsere genetischen Vorläufer an: unsere Eltern, deren Eltern und immer weiter zurück über zig Millionen Generationen – bis unsere Ahnen schließlich weniger wie Männer und Frauen mit schlechten Zähnen aussehen, sondern mehr wie Tümpelschleim. Es kommt der Wahrheit ziemlich nahe, zu sagen, wir seien nicht viel mehr als ein Strudel im großen Strom des Lebens.

Doch unser Körper ist natürlich ebenfalls ein geschlossenes System, in dem es vor Lebewesen wimmelt und über dessen Eigenleben wir nur dem Namen nach Souveränität besitzen. Den Körper eines Menschen samt seiner Organe und Gewebe, seiner Zellen und Darmflora (oft leider auch -fauna) zu untersuchen, heißt sich mit einer Welt auseinanderzusetzen, die nicht mehr Indizien für eine übergeordnete bewusste Intelligenz aufweist als die Welt in ihrer Gesamtheit. Wenn man die Funktion von Mitochondrien innerhalb einer Zelle oder das Zucken von Muskelfasern in der Hand beobachtet – besteht dann irgendein Grund zur Vermutung, oberhalb und jenseits solcher Prozesse gebe es einen Geist, der sich denkt: «L'état c‹est moi»? In der Tat, jegliches Privileg, das wir auf unserer Suche nach einem körperlichen Selbst jenem Bereich der physischen Gebilde einräumen, den unsere Haut einschließt, mutet höchst willkürlich an.

Die Grenzen des geistigen Selbst sind nicht einfacher auszuloten: Meme, Tabus, Anstandsregeln, sprachliche Gepflogenheiten, Vorurteile, Ideale, ästhetische Neigungen, Werbejingles – die Phänomene, die die Landschaft unseres Geistes bevölkern, sind Immigranten aus der Welt als Ganzem. Ihr Wunsch nach körperlicher Fitness oder der Geschmack, nach dem Sie sich kleiden, Ihr Sinn für Gemeinschaft, Ihre Erwartung von gegenseitiger Freundlichkeit, Ihre Schüchternheit, Ihre Umgänglichkeit, Ihre sexuellen Marotten und so weiter – sind sie etwas, das aus Ihnen selbst entspringt? Sind sie etwas, von dem man sich idealerweise vorstellt, es sei in Ihnen zu Hause? Diese Phänomene sind das unmittelbare Resultat Ihres Eingebundenseins in eine Welt der sozialen Beziehungen und der Kultur (ebenso wie sie das Produkt

Ihrer Gene sind). Viele dieser Phänomene scheinen letztlich nicht mehr «Sie» zu sein als die Regeln Ihrer Muttersprache.

Und dennoch, das Gefühl, ein Selbst zu sein, besteht weiter. Falls der Begriff «Ich» sich überhaupt auf etwas bezieht, dann sicher nicht einfach nur auf den Körper. Immerhin haben die meisten von uns das Gefühl, ein individuelles Selbst innerhalb des Körpers zu sein. Ich spreche von «meinem» Körper, ähnlich wie ich von «meinem» Auto spreche, und zwar aus dem einfachen Grund, weil jeder Akt der Wahrnehmung oder Erkenntnis stillschweigend voraussetzt, dass der Erkennende sich vom zu Erkennenden unterscheidet. So wie die bewusste Wahrnehmung meines Autos zeigt, dass ich als Subjekt mit ihm als Objekt nicht identisch bin, kann ich ebenso meine Hand oder ein Gefühl wahrnehmen und dabei dieselbe Spaltung zwischen Subjekt und Objekt erleben. Aus diesem Grund lässt das Selbst sich nicht einfach mit der Gesamtheit des geistigen Lebens einer Person oder ihrer Persönlichkeit als Ganzem gleichsetzen.[6] Es ist vielmehr der Standpunkt, um den herum die wechselnden geistigen und körperlichen Zustände angeordnet sind. Egal, worin die Beziehung zwischen Bewusstsein und Körper tatsächlich besteht: Empirisch gesehen ist der Körper etwas, zu dem das bewusste Selbst, soweit vorhanden, eine Beziehung aufweist. Wann genau in evolutionärer Hinsicht oder in der Entwicklung des Einzelnen dieser Standpunkt sich herausbildet, ist nicht bekannt, eins jedoch steht fest: Zu irgendeinem Zeitpunkt in den ersten Lebensjahren vollzieht sich bei den meisten Menschen die Taufe zum «Ich», dem dauerhaften Subjekt, für das sämtliche Erscheinungen, innen wie außen, gewissermaßen zum Objekt werden und darauf warten, erkannt zu werden. Und dieses «Ich» ist es, von dem aus jeder Wissenschaftler seine Erforschung des Wesens dieser Welt beginnt und von dem aus der fromme Mann seine Hände zum Gebet faltet.[7]

Das Selbstgefühl ist vermutlich die Folge einer vom Gehirn erzeugten Darstellung der eigenen Darstellungsvorgänge. Dadurch, dass unser Gehirn die Welt sieht, entsteht das Bild von einem, der sieht. Es ist wichtig zu begreifen, dass dieses Gefühl – unser aller Eindruck, eine Sphäre der Erfahrung festzulegen, anstatt sie lediglich zu sein – kein notwendiger Bestandteil von Bewusstsein ist. Immerhin ist es denkbar, dass ein Lebewesen eine Darstellung der Welt erzeugt, ohne eine Darstellung seiner selbst in dieser Welt zu erzeugen. Und tatsächlich, viele, die sich spirituell betätigen, behaupten, die Welt auf genau diese Weise zu erfahren: völlig bar ihres Selbstes.

Grundlegende neurophysiologische Befunde verleihen solchen Behauptungen Glaubwürdigkeit. Nicht so sehr das, was sie sind, sondern das, was sie tun, lässt Neurone sehen, hören, riechen, schmecken, fühlen, denken und empfinden. Wie jede andere Funktion, die einer Gehirntätigkeit entspringt, kann man sich das Selbstgefühl am besten als einen Prozess vorstellen. Es überrascht daher nicht allzu sehr, dass wir dieses Gefühls auch verlustig gehen können, da Prozesse ihrer Natur gemäß unterbrochen werden können. Während die Erfahrung von Selbstlosigkeit nichts aussagt über die Beziehung zwischen Bewusstsein und der materiellen Welt (und sich ebenso zur Frage ausschweigt, was nach dem Tod ist), so ist diese Erfahrung doch von großer Bedeutung für die Wissenschaft vom Geist, für unseren Zugang zur Spiritualität sowie für unser Verständnis vom menschlichen Glück.

Als geistiges Phänomen ist Selbstverlust keineswegs so selten, wie es die Vernachlässigung dieses Geschehens seitens der Wissenschaft vermuten ließe. Diese Erfahrung zeichnet sich aus durch einen plötzlichen Verlust des Subjekt/Objekt-Empfindens: Das Erfahrungskontinuum bleibt bestehen, aber man hat nicht mehr den Eindruck, es gebe einen Erkennenden, der vom zu Erkennenden getrennt ist. Gedanken mögen entstehen, doch das Gefühl, der Urheber dieser Gedanken zu sein, ist verloren gegangen. Auf der Ebene des Erlebens von einem Augenblick zum anderen hat eine entscheidende Veränderung stattgefunden, und diese Veränderung, bei der alles verschwindet, dem man guten Gewissens das Pronomen «Ich» zuordnen könnte, zeigt an, dass zuvor die ganze Zeit über eine bewusste Erfahrung von Selbstheit bestanden haben muss, auch wenn es wohl schwerfiele, diese Erfahrung zu charakterisieren.

Betrachten Sie dieses Buch als physisches Objekt. Sie sind sich dieses Buches als Erscheinung in Ihrem Bewusstsein gewahr. Und Sie spüren vielleicht, dass Ihr Bewusstsein eine Sache ist – jene Sache nämlich, die Ihre Welt womöglich von einem Punkt hinter den Augen aus erleuchtet – und das Buch eine andere. Dies ist jene Art von dualistischer Subjekt/Objekt-Wahrnehmung, die unsere herkömmliche Erfahrung der Welt charakterisiert. Es ist jedoch möglich, dass Sie Ihr Selbst auf eine Weise betrachten, die jene Zweiteilung Subjekt/ Objekt in Frage stellt – und diese Zweiteilung sogar völlig zum Verschwinden bringt.

Die Inhalte des Bewusstseins – Bilder, Geräusche, Empfindungen, Gedanken, Stimmungen und so weiter – sind, unabhängig von dem, was sie auf Gehirnebene darstellen, nichts weiter als Ausdrucksformen des Bewusstseins auf der Ebene unserer Erfahrung. Da sie als solche unerkannt bleiben, scheinen viele dieser Erscheinungen von außen auf das Bewusstsein einzuwirken, wobei das Selbstgefühl entsteht und sich manifestiert als das Gefühl, dass das Erkennende vom Erkannten umgrenzt, modifiziert und oft auch eingeschränkt wird. Es ist in der Tat sehr wahrscheinlich, dass unsere Eltern uns in unseren Kinderbetten entdeckten, lange bevor wir uns selbst dort entdeckt haben, und dass wir uns lediglich von ihren Blicken und ihren Fingerzeigen leiten ließen, um in uns jenes stillschweigende Zentrum der Kognition zu errichten, das in Wahrheit gar nicht existiert.[8] Danach scheinen jede mütterliche Liebkosung, jede Befriedigung von Hunger oder Durst, wie auch die unterschiedlichen Formen von Lob und Tadel, die wir als Erwiderung auf die Aktionen unseres Tat gewordenen Geistes ernten, ein Selbstgefühl zu bestärken, zu dem wir durch das Vorbild anderer schließlich gelernt haben, «Ich» zu sagen – und so zu einem umgrenzten Ort wurden, um den sämtliche Dinge und Ereignisse, angenehmer wie unangenehmer Natur, fortwährend kreisen.

Aus subjektiver Sicht birgt die Suche nach dem Selbst anscheinend ein Paradoxon in sich: Schließlich suchen wir nach gerade dem, das eigentlich sucht. Jahrtausende menschlicher Erfahrung deuten jedoch darauf hin, dass dieses Paradoxon nur scheinbar besteht: Es ist nicht nur so, dass sich jene Komponente unserer Erfahrung, die wir als «Ich» bezeichnen, nicht finden lässt; sondern es ist auch so, dass diese Komponente tatsächlich entschwindet, sobald man gewissenhaft nach ihr sucht.

Obige Ausführungen sind nicht viel mehr als Randbemerkungen zur Phänomenologie, die hier zur Diskussion steht, doch sollten diese Bemerkungen ausreichen, um das Thema anzustoßen. Die zugrunde liegende (und ich glaube, unbestreitbare) Tatsache lautet, dass nahezu jeder Mensch in einem bestimmten Ausmaß die Dualität von Subjekt und Objekt erlebt; die meisten von uns verspüren sie in nahezu jedem Moment ihres Lebens ganz massiv. Es ist kaum übertrieben zu behaupten, dass die Empfindung, die wir als «Ich» bezeichnen, einen der tiefgreifendsten und beherrschendsten Bestandteile des menschlichen Lebens darstellt und dass ihre Auswirkungen auf eine Welt, in der mehr als sieben Milliarden «Selbste» recht unterschiedliche und oftmals unvereinbare Ziele verfolgen, wetteifern mit jenen, die man nahezu jedem anderen Phänomen in der Natur nachsagen kann. Klar, unsere gegenwärtige Form von Subjektivität ist keineswegs optimal oder auch nur brauchbar. So gut wie jedes andere unserer Probleme lässt sich dies auf die Tatsache zurückführen, dass Menschen von ihren Gefühlen der Getrenntheit vollkommen in die Irre geführt werden. Es scheint, als könne eine Spiritualität, welche diesen Dualismus durch die bloße Kontemplation von Bewusstsein untergräbt, zwar nicht wirklich helfen, jedoch unsere Lage verbessern. Ob jemals eine Vielzahl von Menschen in der Lage sein wird, dieses Terrain zu erforschen, oder nicht, hängt davon ab, wie sich unsere Diskussion des Themas Religion entwickelt. Zweifelsohne steht einem wahrhaft empirischen Zugang zu spirituellen Erfahrungen kein gewichtigeres Hindernis im Weg als unsere derzeitigen Ansichten über Gott.

Die Weisheit des Ostens

Obige Ausführungen werden vielen Lesern zwangsläufig wie der verwirrende Ausbruch einer spekulativen Philosophie erscheinen. Dies ist bedauerlich, denn nichts davon war spekulativ oder auch nur ansatzweise philosophisch – zumindest nicht in dem in der westlichen Welt gebräuchlichen Sinne. Jahrtausende sind vergangen, seit ein westlicher Philosoph die Vorstellung vertrat, der Mensch könne es durch Wahrheitssuche zu Glück, Frieden oder gar Weisheit im landläufigen Sinne bringen.[9] Eine persönliche Transformation oder sogar Befreiung von der Illusion des Selbst scheint man als zu viel des Guten betrachtet oder gar nicht in Betracht gezogen zu haben. Infolgedessen verfügen viele westliche Menschen nicht über die notwendige Terminologie, um empirische Aussagen solcher Art nachzuvollziehen.

Tatsächlich sind die spirituellen Unterschiede zwischen Osten und Westen nicht weniger frappierend als die materiellen Unterschiede zwischen Norden und Süden. Jared Diamonds faszinierende These besagt, auf einen Nenner gebracht, dass im südlich der Sahara gelegenen Teil von Afrika deshalb keine fortgeschrittenen Zivilisationen entstanden sind, weil sich Nashörner nicht satteln lassen, um damit in den Krieg zu ziehen.[10] Sollte es ein ähnlich treffendes Bild geben, mit dem sich auf einen Nenner bringen lässt, wieso eine nondualistische, empirische Mystik nirgendwo anders auf der Welt als in Asien entstehen konnte, so muss ich dieses Bild erst noch finden. Ich vermute jedoch, dass die eigentliche Ursache in der Gewichtung liegt, die Christen, Juden und Moslems dem Glauben immer schon beimaßen. Der Glaube ist einem Nashorn in der Tat recht ähnlich: Er bringt dem Einzelnen in Wahrheit nicht allzu viel Handfestes und nimmt, aus der Nähe betrachtet, dessen Aufmerksamkeit dennoch auf eklatante Weise in Anspruch.

Das soll nicht heißen, dass spirituelle Erfüllung östlich des Bosporus zu einer alltäglichen Errungenschaft geworden ist. Dies ist eindeutig nicht der Fall. Ebenso muss eingeräumt werden, dass Asien seinen gerechten Anteil an falschen Propheten und heiligen Scharlatanen hatte, während der Westen noch immer nicht bar jeglicher Weisheit dasteht.[11] Dennoch, wiegt man die großen mystischen Philosophen des Ostens gegen die Urväter der philosophischen und theologischen Traditionen des Westens auf, sticht der Unterschied ins Auge: Für Weise wie Buddha, Shankara, Padmasambhava, Nagarjuna, Longchenpa und zahlreiche andere existiert bis auf den heutigen Tag kein westliches Äquivalent. In spiritueller Hinsicht standen wir im Westen stets auf den Schultern von Zwergen. Es verwundert daher kaum, dass viele westliche Gelehrte mit dem nach innen gewandten Blick nichts anzufangen wussten.[12]

Obwohl dies keine Abhandlung über östliche Spiritualität ist, erscheint es angebracht, kurz die Unterschiede zwischen östlicher und westlicher Tradition zu untersuchen, da sie wahrhaft verblüffend sind. Um dies zu veranschaulichen, habe ich wahllos eine Textpassage aus der Fülle buddhistischer Literatur gewählt. Ich zog den folgenden Text mit geschlossenen Augen bei nur einem Versuch aus einer riesigen Anzahl von Büchern und möchte an den Leser appellieren, in der Bibel oder dem Koran nach einer Passage zu suchen, die sich mit der folgenden auch nur im Entferntesten messen kann:

> In diesem Augenblick, da (dein Geist) in seiner eigenen Verfassung verweilt, ohne etwas zu entwerfen,
> in diesem Augenblick ist Bewusstheit als solche völlig normal.
> Und blickst du auf diese Weise ungeschützt (ohne die Gedanken schweifen zu lassen) in dich selbst,
> wirst du, weil da nichts ist als jenes bloße Beobachten, auf eine leuchtende Klarheit stoßen, ohne dass jemand da ist, der beobachtet;

> nur eine ungeschützte manifeste Bewusstheit ist gegenwärtig.
> (Diese Bewusstheit) ist leer und makellos rein, und nicht erschaffen durch irgendetwas.
> Sie ist wahrhaftig und unverfälscht, ohne jegliche Dualität zu Klarheit und Leere.
> Sie ist nicht beständig und dennoch nicht erschaffen durch irgendetwas.
> Dennoch ist sie nicht nur bloßes Nichts-Sein oder etwas zunichte Gemachtes, denn sie ist leuchtend und gegenwärtig.
> Sie existiert nicht als getrenntes Etwas, denn sie ist gegenwärtig und klar im Sinne vieler Seiender.
> (Andererseits) ist sie nicht erschaffen als eine Vielfalt von Dingen, denn sie ist untrennbar und hat nur einen Geschmack.
> Diese uns innewohnende Selbst-Bewusstheit entsteht nicht aus irgendetwas außerhalb ihrer selbst.
> Dies ist die wahre Einführung in die eigentliche Beschaffenheit der Dinge.
> *Padmasambhava*[13]

Man könnte ein ganzes Äon als Christ, Moslem oder Jude verbringen, ohne auf irgendwelche Lehren zu stoßen, die einer solchen Aussage über die Natur des Bewusstseins gleichkommen. Der Vergleich mit dem Islam fällt besonders ungünstig aus, da der tibetische Mystiker Padmasambhava praktisch ein Zeitgenosse Mohammeds war.[14] Auch wenn manchen Lesern die Bedeutung obiger Passage nicht völlig klar werden mag – schließlich handelt es sich nur um einen Ausschnitt aus einer längeren Lehrschrift über die Natur des Geistes, die außerdem eine gehörige Portion buddhistischen Fachjargons («Klarheit», «Leere», «einziger Geschmack») aufweist –, so ist sie dennoch ein streng empirisches Dokument und keineswegs eine metaphysische Schilderung. Selbst moderne wissenschaftliche Literatur zum Thema Bewusstsein, die den Bereich der Philosophie, der kognitiven Wissenschaft, der Psychologie und der Neurowissenschaft abdeckt, kann sich mit den präzisen phänomenologischen Studien, denen man im buddhistischen Kanon stets aufs Neue begegnet, nicht messen. Obwohl für uns kein Grund besteht, dogmatisch an einer bestimmten Tradition spiritueller Unterweisung festzuhalten, sollten wir nicht davon ausgehen, alle Traditionen seien gleichermaßen weise oder hoch stehend. Das sind sie nicht. Mystik bedarf, um praktikabel zu sein, exakter Instruktionen, die in ihrer Darstellungsweise nicht mehrdeutiger oder komplexer zu sein brauchen als die Gebrauchsanweisung für einen Rasenmäher.[15] Gewissen Traditionen ist dies vor Jahrtausenden gelungen. Anderen nicht.

Meditation

Die meisten Verfahren der Introspektion, deren Ziel es ist, die speziellen Eigenschaften des Bewusstseins zu ergründen, bezeichnet man als Methoden der Meditation. Zu sagen, eine Person «meditiere», lässt jedoch fast keinerlei Aufschluss über den Inhalt der entsprechenden Erfahrung zu. «Meditation» im von mir hier gebrauchten Sinne bezieht sich auf jede Methode, bei der unser «Selbst»-Gefühl – das Gefühl einer Subjekt/Objekt-Dualität hinsichtlich Wahrnehmung und Erkenntnis – zum Erliegen kommen kann, während das Erfahrungskontinuum des Bewusstseins weiterhin zugänglich bleibt.[16]

Das Haupthindernis bei der Meditation ist zwangsläufig das Denken. Dies verleitet viele Menschen zu der Annahme, das Ziel der Meditation liege darin, einen gedankenfreien Zustand zu erreichen. Es stimmt, dass gewisse Erfahrungen mit einem zeitweiligen Gedankenstillstand verbunden sind, doch Meditation zielt weniger darauf ab, Gedanken zu unterdrücken, als unsere Identifikation mit dem Denken zu überwinden, sodass wir den Zustand erkennen können, in dem Gedanken überhaupt erst entstehen. Westliche Wissenschaftler und Philosophen glauben, Denken sei der Inbegriff eines bewussten Lebens, und halten einen Geist ohne Gedanken für ungefähr so brauchbar wie Hände ohne Finger. Die grundlegende Erkenntnis der meisten östlichen Schulen lautet jedoch, dass, während das Denken eine praktische Notwendigkeit ist, das Unvermögen, unsere aufeinanderfolgenden Gedanken als Gedanken zu erkennen, es ist, was uns die Empfindung vermittelt, die wir «Ich» nennen, und dieses «Ich» den Faden zur Kette bildet, an der all unsere Zustände des Leidens und der Unzufriedenheit aufgereiht sind.[17] Dies ist eine empirische Feststellung und hat mit philosophischen Spekulationen nichts zu tun. Man breche den Bann des Denkens, und die Dualität aus Subjekt und Objekt kommt zum Verschwinden – ebenso auch der grundlegende Unterschied zwischen den üblicherweise als Glück oder Leiden definierten Zuständen. Dies ist eine Tatsache über den

Geist, die zu verstehen nur wenige westliche Gelehrte es sich jemals zur Aufgabe gemacht haben.

In diesem Bereich erweist sich die Praxis der Meditation als sowohl intellektuell ernst zu nehmend als auch unentbehrlich. Es gilt, etwas über die Natur des Bewusstseins zu begreifen, und dieses Begreifen impliziert nicht das Denken neuer Gedanken. Wie jede Fertigkeit, die einer verfeinerten Wahrnehmung oder Auffassungsgabe bedarf, lässt sich die Aufgabe, das vor der Zweiteilung in Subjekt/Objekt bestehende Bewusstsein zu erkennen, mit Hilfe eines Experten erleichtern.[18] Zumindest im Prinzip jedoch steht diese Erfahrung jedem Menschen offen.

Sie sitzen jetzt da und lesen dieses Buch. Ihre Vergangenheit ist Erinnerung. Ihre Zukunft besteht aus reiner Erwartung. Sowohl Erinnerungen als auch Erwartungen können im gegenwärtigen Moment nur als Gedanken ins Bewusstsein treten.

Natürlich, Lesen ist selbst auch eine Art von Denken. Wahrscheinlich hören Sie im Geist den Klang Ihrer eigenen Stimme, wie sie die Worte liest. Diese Sätze kommen Ihnen jedoch nicht wie Ihre eigenen Gedanken vor. Ihre Gedanken sind jene, die sich unangekündigt einstellen und Sie vom Text ablenken. Ihre Gedanken können für das Gelesene von einer gewissen Relevanz sein – indem Sie vielleicht denken «Widerspricht er sich an dieser Stelle nicht?» –, sie können aber auch völlig irrelevant sein. Vielleicht ertappen Sie sich plötzlich dabei, wie Sie über das bevorstehende Abendessen nachdenken oder über einen Streit, der bereits Tage zurückliegt, und dies, während Ihre Augen noch immer blind über die Textzeilen wandern. Wir kennen das alle, wenn man ganze Absätze oder sogar Buchseiten liest, ohne ein Wort davon aufzunehmen. Nur wenige von uns begreifen, dass wir in dieser Verfassung einen Großteil unseres Lebens verbringen: indem wir die Gegenwart – also die aktuell auftretenden Bilder, Klänge, Geschmackseindrücke und Empfindungen – nur undeutlich wahrnehmen, durch einen Gedankenschleier. Unser ganzes Leben lang erzählen wir uns Geschichten aus Vergangenheit und Zukunft, während die Wirklichkeit der Gegenwart weitgehend unerschlossen bleibt. So leben wir, ohne zu wissen, wie frei und einfach Bewusstsein ist, ehe es sich in Gedanken aufsplittert.

Unser Bewusstsein, aus wissenschaftlicher Sicht noch immer etwas Unerklärliches, ist als Gegenstand der Erfahrung die simpelste

Sache der Welt. Es steht einfach vor uns, als das, was wir sind, und als alles, was bei uns auf Beachtung stößt. Sie sehen dieses Buch. Sie hören eine Vielzahl von Geräuschen. Sie nehmen Ihren Körper im Raum wahr. Und dann entstehen Gedanken über Vergangenheit und Zukunft. Diese Gedanken bleiben eine Weile bestehen, dann verschwinden sie wieder.

Wenn Sie jedoch beständig nach dem Subjekt Ihrer Erfahrung suchen, wird dessen Abwesenheit, wenn auch nur für Augenblicke, wahrnehmbar werden. Alles wird bestehen bleiben – dieses Buch, Ihre Hände – und dennoch wird die scheinbare Kluft, die zuvor den Erkennenden vom Erkannten, das Selbst von der Welt trennte, nicht mehr existieren. Diese Erfahrung stellt seit Jahrtausenden das Kernstück menschlicher Spiritualität dar. Da ist nichts, woran wir glauben müssten, um es erleben zu können. Wir müssen uns lediglich dem, was wir «Ich» nennen, mit der nötigen Aufmerksamkeit zuwenden.

Hat man erst einen Eindruck von der Selbst-Losigkeit des Bewusstseins erhascht, lässt sich spirituelles Leben begreifen als Methode einer zunehmenden Befreiung der Aufmerksamkeit, sodass diese Erkenntnis sich verwurzeln kann. An diesem Punkt kommen wir um eine Verknüpfung von Spiritualität und Ethik nicht mehr herum. In einer Vielzahl an Literatur zum Thema Meditation wird darauf hingewiesen, dass negative soziale Emotionen wie Hass, Neid und Bosheit unsere dualistische Wahrnehmung der Welt sowohl generieren als auch akzentuieren. Emotionen wie Liebe und Mitgefühl hingegen scheinen unseren Geist in Bezug auf Meditation äußerst formbar zu machen, und unter dem Einfluss dieser Emotionen wird es zunehmend leichter, sich zu konzentrieren. Eigentlich überrascht es nicht, dass es uns leichter fällt, die Aufmerksamkeit von Gedankeninhalten zu befreien, sodass nichts als reines Bewusstsein übrig bleibt, wenn die Grundeinstellung gegenüber anderen Menschen positiv ist und man auf dieser Basis Beziehungen geknüpft hat. Rechtsstreitigkeiten, Fehden, ausgeklügelte Täuschungsmanöver sowie ein unfreiwilliger Gang in Ketten nach Den Haag wegen eines Verbrechens gegen die Menschlichkeit gehören nicht zu den Zutaten, die einem stabilen Zustand bei der Meditation zuträglich sind. Auch scheint der gesunde Menschenverstand uns zu sagen, dass, je mehr das Gefühl des Selbst-Seins nachlässt, es umso seltener zu solchen Zuständen kommt, wie wir sie oben erörtert haben – Zuständen von Angst und Ärger. In der wissenschaftlichen Forschung werden gerade die ersten Versuche unternommen, derartige Behauptungen zu beweisen, doch jeder, der Erfahrung mit Meditation hat, hat diese Aussagen im eigenen Leben bereits eigenhändig überprüft.[19] Selbst wenn weite Teile der wissenschaftlichen Forschung, die bis dato zum Thema Meditation durchgeführt wurde, in der Meditation wenig mehr sehen als ein Hilfsmittel zum Abbau von Stress, steht doch außer Frage, dass das Phänomen der Selbst-Losigkeit nach und nach seinen Weg finden wird in den erlauchten Kreis seriöser wissenschaftlicher Forschung.[20]

Wie es mit jedem anderen Gebiet der Fall ist, unterliegt auch das Gebiet der spirituellen Intuition sowohl einem intersubjektiven Konsens als auch der Ablehnung. So wie Mathematiker es genießen können, sich über abstrakte Ideen auszutauschen, und sie sich dabei des Sachverstandes ihrer Kollegen erfreuen (auch wenn sie sich nicht stets darüber einig sind, was auf intuitive Weise einleuchtend ist), so wie Sportler untereinander anregende Gespräche über die Freuden der Leibesertüchtigung führen können, so können auch Mystiker Einzelheiten ihres Tätigkeitsbereichs auf einvernehmliche Weise erforschen. Das heißt: Mystik kann «objektiv» sein (im einzig normativen Sinne dieses Wortes, an dem festzuhalten sich lohnt), und zwar insofern, als die mystische Forschung nicht durch Dogmen verunreinigt sein muss.[21] Einem solchen weiterführenden Studium widersetzt sich das Phänomen des spirituellen Erlebens nicht mehr als das Erforschen von Träumen, Emotionen, Sinnestäuschungen oder sogar von Gedanken selbst.[22]

Wir sind unterwegs in eine seltsame Zukunft: Gedanken lesende Maschinen, authentische virtuelle Welten, Nervenimplantate und immer raffiniertere Arzneimittel werden sich auf unser Selbstbild und unsere spirituellen Möglichkeiten auswirken. Wir haben ein Zeitalter erreicht, in dem aus genetischer Sicht unser Menschsein als solches für unsere Existenz nicht mehr notwendig ist. Die Verschmelzung von menschlicher und maschineller Intelligenz ist eine ernst zu nehmende Option. Welche Bedeutung werden solche Veränderungen hinsichtlich der gewohnten Grenzen zwischen Ich und Welt haben? Sind sie irgendwie von Belang für eine Spiritualität, die in der Erkenntnis der Non-Dualität des Bewusstseins wurzelt?

Ich habe das Gefühl, dass die Natur des Bewusstseins alle diese Entwicklungen in den Schatten stellen wird. Egal, welche Erfahrungen wir – entweder mittels technologischer Hilfe oder nach dem Tod – machen werden: Die Erfahrung selbst hat mit dem Bewusstsein und dessen Inhalt zu tun. Entdecke, dass es in der Natur des Bewusstseins liegt, seine Inhalte zu transzendieren; erfahre, dass dem Bewusstsein bereits jenes Wohlbefinden innewohnt, nach dem das Selbst anderweitig strebt, und du hast die Logik der Erfahrung überwunden. Zweifellos wird der Erfahrung stets das Potenzial innewohnen, uns zu verändern, doch es sieht danach aus, als würden diese Veränderungen dann nach wie vor das betreffen, dessen wir uns im nächsten Moment bewusst sind, und nicht etwa die Frage, was Bewusstsein eigentlich ist.[23]

Mystik ist ein vernunftgeprägtes Unterfangen. Religion nicht. Der Mystiker hat etwas über die Natur des dem Denken vorausgehenden Bewusstseins erkannt, und diese Erkenntnis steht einer rationalen Diskussion offen. Der Mystiker hat Gründe für das, woran er glaubt, und zwar Gründe empirischer Art. Das aufwühlende Geheimnis dieser Welt lässt sich mit Hilfe von Konzepten analysieren (das ist Wissenschaft), es kann aber auch konzeptfrei erfahren werden (das ist Mystik).[24] Religion ist nichts anderes als das dauerhafte Verdrängen guter Konzepte durch schlechte. Mit Religion verleugnen wir sowohl aus Hoffnung wie aus Angst das gewaltige Ausmaß menschlicher Unwissenheit.

Ein wahrer Kern jedoch verbirgt sich im Herzen der Religion, da spirituelle Erfahrungen, ethisches Verhalten und starke Gemeinschaften für das menschliche Glück unerlässlich sind. Dennoch sind unsere religiösen Traditionen aus intellektueller Sicht erloschen und aus politischer Sicht ruinös. Auch wenn spirituelles Erleben ohne jeden Zweifel eine natürliche Tendenz des menschlichen Geistes ist, müssen wir, um es zu realisieren, nicht an irgendetwas glauben, wofür uns keine ausreichenden Beweise vorliegen. Es muss auf jeden Fall möglich sein, in unserer Betrachtungsweise der Welt Vernunft, Spiritualität und Ethik unter einen Hut zu bringen. Dies wäre der Beginn einer rationalen Annäherung an unsere tiefgründigsten persönlichen Belange. Es wäre auch das Ende des Glaubens.

EPILOG

Mein Ziel beim Schreiben dieses Buches war es, vor einer bestimmten Art von Irrationalität die Tür zu verschließen. Auch wenn religiöser Glaube jene Spielart menschlicher Ignoranz ist, die nicht einmal die Möglichkeit einer Korrektur erlaubt, wird er in allen Bereichen unserer Kultur noch immer vor jeglicher Kritik in Schutz genommen. Während sie sämtlichen verlässlichen (sowohl spirituellen als auch weltlichen) Informationsquellen über diese Welt eine Absage erteilen, haben unsere Religionen sich alten Tabus und vorwissenschaftlichen Hirngespinsten verschrieben, als wären jene Inhalte von ultimativer metaphysischer Bedeutung. Bücher, deren Bandbreite an politischem, moralischem, wissenschaftlichem und spirituellem Verständnis beschränkter nicht sein könnte – Bücher, die schon aufgrund ihres hohen Alters der Gegenwart nur höchst wässrige Weisheiten liefern können –, werden uns noch immer in dogmatischer Manier als letztes Wort zu Angelegenheiten von höchster Tragweite aufgedrängt. Im günstigeren Fall beraubt der Glaube anderweitig wohlmeinende Menschen ihrer Fähigkeit, über grundlegende Angelegenheiten ihres Lebens auf rationale Weise nachzudenken; im schlimmsten Fall ist religiöser Glaube eine stete Quelle menschlicher Gewalt. Immer noch werden viele von uns nicht von dem motiviert, was sie wissen, sondern von dem, was sie sich allenfalls vorzustellen bereit sind. Noch immer opfern in dieser Welt viele Menschen bereitwillig ihr Glück, ihr Mitgefühl und ihre Gerechtigkeit für eine kommende Welt, die nur in der Einbildung existiert. Solche und weitere Verfallserscheinungen erwarten uns auf dem ausgetretenen Pfad der Frömmigkeit. Egal, was unsere religiösen Differenzen für ein nächstes Leben bedeuten, im jetzigen Leben dienen sie nur dem einen Zweck: einer Zukunft aus Unwissenheit und Gewaltorgien.

Wir leben in Gesellschaften, die noch immer von religiösen Geboten behindert und von religiöser Gewalt bedroht werden. Was stimmt nicht mit uns, was stimmt nicht mit dem Dialog, den wir führen, dass wir dieser Ausgeburten des Übels in unserer Welt nicht Herr werden? Wir haben gesehen, dass Bildung und Wohlstand als

Garant für rationales Denken nicht ausreichen. In der Tat, selbst in der westlichen Welt halten gebildete Menschen noch immer am blutigen Erbe verflossener Zeiten fest. Um diesem Problem abzuhelfen, genügt es nicht, eine Minderheit religiöser Extremisten in Schach zu halten; wir müssen auch einen Zugang zur Ethik und zum spirituellen Erleben finden, der sich nicht auf Glauben stützt, und dieses Wissen müssen wir jedermann verkünden.

Natürlich, man spürt, die Lage ist schlichtweg hoffnungslos. Womit schließlich soll man Milliarden von Menschen dazu bewegen, ihren religiösen Glauben zu überdenken? Und dennoch ist offensichtlich, dass eine umfassende Revolution unseres Denkens sich in einer einzigen Generation vollziehen könnte: Eltern und Lehrer müssten auf die Fragen von Kindern einfach nur ehrliche Antworten geben. Unsere Zweifel an der Durchführbarkeit eines solchen Projekts sollten sich zerstreuen, sobald wir uns dessen Notwendigkeit klar machen, denn es besteht kein wie auch immer gearteter Grund zur Annahme, uns sei es möglich, unsere religiösen Differenzen auf unbestimmte Zeit zu überleben.

Stellen wir uns vor, wie es für unsere Nachkommen wäre, Zeuge des Niedergangs unserer Zivilisation zu sein. Stellen wir uns vor, das Versagen der Vernunft würde solche Ausmaße annehmen, dass zur Verteidigung unserer religiösen Differenzen die größten Bomben auf die größten Städte fielen. Was für ein Gefühl wäre es für die unglückseligen Überlebenden eines solchen Schlachtens, wenn sie zurückblicken würden auf die steile Karriere jener menschlichen Dummheit, die sie in den Abgrund führte? Ein Blick zurück am Tag des Weltendes würde sicher zur Erkenntnis führen, dass von den gut sieben Milliarden heute lebenden Menschen jeder seinen Beitrag dazu leistete, den Weg zur Apokalypse zu ebnen.

Diese Welt brennt lichterloh vor schlechten Ideen. Noch immer werden mancherorts Leute wegen nicht-existenter Verbrechen – wie Blasphemie – umgebracht, noch immer beschränkt die Schulbildung von Kindern sich mancherorts darauf, auswendig aus einem der alten Bücher religiöser Dichtung zitieren zu können. Es gibt Länder, in denen Frauen nahezu jegliche menschliche Freiheit versagt bleibt, außer der Freiheit zu gebären. Gerade in jenen Gesellschaften jedoch nimmt der Erwerb erschreckender moderner Waffenarsenale rapide zu. Falls es uns nicht gelingt, die Entwicklungsländer, allen voran natürlich die muslimischen Länder, auf Ziele zu verpflichten, die sich mit einer globalen Zivilisation vertragen, gehen wir einer düsteren Zukunft entgegen.

Das Tauziehen zwischen unseren Religionen ist ein Nullsummenspiel. Religiöse Gewalt besteht deshalb fort, weil die Religionen sich ihrem Wesen gemäß feindlich gegenüberstehen. Wo es anders erscheint, ist dies nur der Fall, weil weltliches Wissen und weltliche Interessen dort die todbringendsten Blüten des Glaubens im Zaum halten. Es ist an der Zeit zu erkennen, dass es im Glaubenskanon von Christen, Moslems oder Juden sowie jeder anderen Religion keine echte Grundlage für religiöse Toleranz und religiöse Vielfalt zu finden gibt.

Falls wir die Möglichkeit eines Religionskriegs jemals ausschließen wollen, so wie wir es allem Anschein nach mit Sklaverei und Kannibalismus zuwege bringen, kommen wir nicht umhin, uns vom Dogma der Religionen zu befreien. Falls unser Stammesdenken je einer umfassenden moralischen Identität weichen soll, dürfen wir unseren religiösen Glauben nicht weiter von den Ansprüchen echter Forschung und Kritik ausnehmen. Es ist an der Zeit zu begreifen, dass es eine Spielart des Bösen ist, sich dort Wissen anzumaßen, wo es nichts als fromme Hoffnung gibt. Wo eine Überzeugung umgekehrt proportional zu ihrer Berechtigung wächst, dort ist die Basis für menschliche Kooperation verloren gegangen. Wo wir für unsere Ansichten ausreichende Gründe haben, benötigen wir keinen Glauben; wo wir keine Gründe haben, haben wir sowohl unseren Bezug zur Welt als auch zueinander verloren. Menschen mit starken, nicht von Beweisen gestützten Überzeugungen gehören in die Randbezirke unserer Gesellschaft, nicht ins Zentrum der Macht. Das Einzige, was wir am Glauben anderer respektieren sollten, ist ihr Wunsch nach einem besseren Leben in dieser Welt; ihre Gewissheit, dass dieses bessere Leben in der nächsten Welt auf sie wartet, hätten wir nie zu respektieren brauchen.

Es gibt nichts Heiligeres als Fakten. Deshalb sollte in dieser Auseinandersetzung niemand punkten dürfen, der sich selbst in die Tasche lügt. Die Feuerprobe für Plausibilität liegt wohl auf der Hand: Jeder, der wissen will, wie die Welt beschaffen ist, sei es in physikalischer oder spiritueller Hinsicht, wird sich neuen Erkenntnissen nicht verschließen. Wir sollten uns mit der Tatsache trösten, dass Menschen sich an dieses Prinzip halten, sobald es anders nicht mehr geht. Dies wird für die Religion stets ein Problem sein. Dieselben Hände, die den Glauben heute noch stützen, werden ihn auch ins Wanken bringen.

Noch wissen wir nicht abschließend, was es bedeutet, Mensch zu sein, da jeder Aspekt unserer Kultur – und selbst unsere Biologie – für Innovationen und Erkenntnisse offenbleibt. Wir wissen nicht, was in tausend Jahren aus uns geworden ist – ja nicht einmal, ob es uns angesichts der tödlichen Absurdität vieler unserer Religionen dann überhaupt noch geben wird. Doch egal welche Veränderungen auf uns warten, eine Sache wird sich höchstwahrscheinlich nicht ändern: Solange Menschen Erfahrungen machen, wird dem Unterschied zwischen Glück und Leid unser hauptsächliches Interesse gelten. Wir werden daher den Wunsch verspüren, die biochemischen, verhaltensmäßigen, ethischen, politischen, wirtschaftlichen und spirituellen Prozesse, welche diesen Unterschied ausmachen, zu verstehen. Bisher verfügen wir noch über kein ausreichendes Verständnis jener Prozesse; allerdings wissen wir genug, um gewisse Fehlinterpretationen auszuschließen. In der Tat reicht unser Wissen derzeit aus, um feststellen zu können, dass der Gott Abrahams nicht nur der Vielfalt der Schöpfung, sondern selbst des Menschen unwürdig ist.

Wir alle wissen nicht, was uns nach dem Tod erwartet, aber wir wissen, dass wir sterben werden. Natürlich, es muss möglich sein, ein ethisches Leben zu führen und sich aufrichtig um das Glück anderer empfindsamer Geschöpfe zu sorgen, ohne vorzutäuschen, man wisse über Dinge Bescheid, von denen wir sichtlich keine Ahnung haben. Denken Sie daran: Jeder Mensch, der Ihnen bisher begegnet ist, jeder Mensch, dem Sie irgendwann auf der Straße begegnen, wird irgendwann sterben. Wenn er lange lebt, wird er den Tod seiner Freunde und seiner Familie miterleben müssen. Alle werden irgendwann alles verlieren, was sie auf dieser Welt lieben. Warum sollten wir in der Zwischenzeit nicht gut zu ihnen sein?

Wir sind aufeinander angewiesen und uns gegenseitig verpflichtet. Die Tatsache, dass unsere ethische Intuition sich nach unserer Biologie richtet, bedeutet nicht, dass ethische Wahrheiten sich auf biologische Wahrheiten reduzieren lassen. Wir sprechen das letzte Urteil darüber, was gut ist, so wie wir auch das letzte Urteil darüber sprechen, was logisch ist. Und in keinem dieser Belange ist die Diskussion bislang zu einem abschließenden Ergebnis gekommen. Es bedarf keines über unser Leben hinausreichenden Systems aus Belohnung und Strafe, um unsere moralische Intuition zu untermauern oder um sie zur maßgeblichen Instanz zu machen für unser Verhalten auf dieser Welt. Die einzigen Engel, an die wir uns zu wenden haben, sind jene, die den besseren Teil unseres Wesens bilden: die Vernunft, die Aufrichtigkeit und die Liebe. Die einzigen Dämonen, die wir fürchten müssen, sind jene, die im Geist eines jeden Menschen lauern: die Unwissenheit, der Hass, die Gier, und der religiöse Glaube, der gewiss des Teufels Meisterstück darstellt.

Der Mensch ist ganz entschieden nicht das Maß aller Dinge. Das Universum ist von Geheimnissen durchwoben. Schon die Tatsache, dass es existiert und dass wir existieren, ist ein vollkommenes Mysterium, und das einzige Wunder, das diesen Namen wirklich verdient. Das uns beseelende Bewusstsein selbst ruht im Herzen dieses Mysteriums, und es ist die Ursache für jede Erfahrung, die wir gemeinhin als «spirituell» bezeichnen. Wir müssen uns nicht an Mythen klammern, um in die Tiefen unseres Daseins vordringen zu können. Wir brauchen keinen personifizierten Gott zu verehren, um Ehrfurcht zu empfinden angesichts der Schönheit und Unermesslichkeit des Kosmos. Wir brauchen uns mit keinen Stammesmythen zu beladen, um eines schönen Tages zu bemerken, dass wir, in der Tat, unseren Nächsten lieben, dass unser Glück vom Glück unseres Nächsten nicht zu trennen ist und dass unsere gegenseitige Bezogenheit und Abhängigkeit es erforderlich machen, dass Menschen, egal wo sie leben, die Gelegenheit zum Wachsen und Gedeihen haben sollten. Die Tage der religiösen Identität sind zweifelsohne gezählt. Ob auch die Tage unserer Zivilisation gezählt sind, scheint nur allzu sehr davon abzuhängen, wie rasch wir uns dieser Zusammenhänge bewusst werden.

NACHWORT

> Die menschliche Pyche leidet an zwei schweren Krankheiten: dem Drang, über Generationen hinweg Blutrache zu verüben, sowie der Tendenz, Menschen mit Gruppenetiketten zu versehen, anstatt sie als Individuen zu betrachten. Die abrahamitische Religion fördert beides in hohem Maße und bildet aus beidem eine explosive Mischung. Nur vorsätzlich Blinde leugnen den polarisierenden Einfluss, den Religionen auf die meisten, wenn nicht sogar sämtliche gewalttätigen Feindschaften ausüben, die heute auf der Welt existieren. Ohne jeden Zweifel ist Religion im Nahen Osten der Scharfmacher Nummer eins. Jeder unter uns, der seinen Abscheu gegenüber der gefährlichen kollektiven Irreführung, die von der Religion ausgeht, aus Höflichkeit jahrelang für sich behalten hat, sollte jetzt aufstehen und seine Stimme erheben. Die Dinge haben sich verändert. Alles ist anders geworden, in höchstem Maße anders.
> *Richard Dawkins*

Es ist nun einige Zeit vergangen, seit *Das Ende des Glaubens* in den USA erschienen ist. Als Echo darauf erreichten mich immer wieder Zuschriften sowohl von Lesern als auch von Nicht-Lesern. Das Spektrum der Reaktionen reicht von ekstatischer Zustimmung bis hin zu geradezu mörderischer Missbilligung. Anscheinend haben viele Tausende das Buch gelesen, und Millionen weiterer Menschen wurden Zeugen, wie sein Inhalt in den Medien diskutiert wurde. Es erreichten mich Briefe und E-Mails von Wissenschaftlern und Ärzten auf jedweder Stufe der Karriereleiter, von Soldaten, die im Irak kämpften, von christlichen Pfarrern, die ihren Glauben verloren haben (und solchen, denen er geblieben ist), von Moslems, die meiner pauschalen Verunglimpfung ihrer Religion beipflichten, sowie von anderen, die sich gerne mit mir in der nächsten Moschee getroffen hätten, um mir den Willen Gottes besser begreiflich zu machen. Auch hörte ich von Hunderten kampferprobter Freidenker, die im konservativ republikanisch geprägten Teil Amerikas leben. Glaubt man den Berichten, welche diese Menschen mir lieferten, so ist das amerikanische Herzland drauf und dran, so verbohrt zu werden wie die unzivilisierten Steppen von Afghanistan. Vielleicht ist unsere Hoffnung verstiegen, das Blatt werde sich aufgrund der Bemühungen vernünftiger Menschen wenden lassen.

Gemäß jüngster Umfragen sind 22 Prozent der Amerikaner davon überzeugt, Jesus werde irgendwann in den nächsten 50 Jahren auf die Erde zurückkehren. Weitere 22 Prozent halten ein solches Geschehen zumindest für wahrscheinlich. Vermutlich handelt es sich dabei um die gleichen 44 Prozent, die einmal pro Woche oder öfter zur Kirche gehen und die glauben, Gott habe es wörtlich gemeint, als er den Juden das Land Israel versprach, um Gläubige, die an den öffentlichen Schulen die biologischen Fakten der Evolution aus dem Lehrplan streichen wollen. Gläubige dieser Kategorie bilden unter den amerikanischen Wahlberechtigten die Volksgruppe mit dem engsten Zusammenhalt und der stärksten Motivation. Folglich beeinflussen die Ansichten und Vorurteile dieser Leute nunmehr nahezu jede Entscheidung von nationaler Tragweite. Liberale Politiker haben aus dieser Entwicklung allem Anschein nach die falschen Lehren gezogen und blättern jetzt in religiösen Schriften, um herauszufinden, wie sie sich bei den Scharen von Bürgern unseres Landes, die ihre Wahlentscheidung hauptsächlich auf der Basis religiöser Dogmen treffen, am ehesten beliebt machen können. Mehr als 50 Prozent aller Amerikaner bewerten Menschen, die nicht an Gott glauben, als «negativ» oder «höchst negativ»; 70 Prozent halten bei Kandidaten für das Amt des Präsidenten eine «starke Religiosität» für unabdingbar. Da es tabu ist, Kritik am religiösen Glauben anderer zu üben, werden politische Debatten zu öffentlichen Fragen (Stammzellenforschung, die Ethik von betreutem Selbstmord und Euthanasie, Anstößigkeit und Redefreiheit, Schwulenehe und so weiter) üblicherweise mit Begriffen geführt, die der Auseinandersetzung in einer Theokratie entsprechen. Die Vernunftwidrigkeit ist in den USA längst im Aufstieg begriffen – sie floriert an unseren Schulen, an unseren Gerichtshöfen sowie in jedem Bereich der Bundesregierung. Nur 28 Prozent der Amerikaner glauben an die Evolution; 72 Prozent jedoch glauben an Engel. Das Ausmaß dieser Ignoranz, die sich sowohl im Kopf wie im Körper einer tapsigen Supermacht breitmacht, hat sich zu einem Problem für die ganze Welt entwickelt.

Nachdem ich mitbekommen habe, wie mein Plädoyer gegen den Glauben in Internet-Blogs und Buchrezensionen rund um die Welt diskutiert, attackiert, gefeiert und fehlgedeutet wurde, möchte ich die Gelegenheit, mein Werk nun auch in deutscher Sprache vorlegen zu können, dazu nutzen, auf die gängigsten Kritikpunkte und Missverständnisse zu antworten. Es handelt sich dabei keinesfalls um getürkte Argumente, sondern um das, was echte Personen (und ab und zu ein Rezensent) als vernichtende Erwiderungen auf meine grundlegenden Thesen geltend gemacht haben:

1. Ja, Religion führt gelegentlich zu Gewalttaten, die schwersten Verbrechen des 20. Jahrhunderts wurden jedoch von Atheisten begangen. Gottlosigkeit – wie sie typisch war für die Regimes von Hitler, Stalin, Mao, Pol Pot und Kim Jong Il. – ist der gefährlichste Zustand von allen.

Dies ist einer der häufigsten Kritikpunkte, denen ich mich stellen muss. Es ist auch der trostloseste, da ich den Einwand recht weit vorne in meinem Buch bereits vorwegnehme und auch beantworte (Seite 79–80). Auch wenn einige der abscheulichsten politischen Bewegungen der menschlichen Geschichte eindeutig irreligiös waren, so waren sie doch auch nicht allzu rational. Die öffentlichen Verkündigungen solcher Regimes waren nichts weiter als eine Anhäufung von Irrglauben – über Rasse, Wirtschaft, nationales Selbstverständnis, den Lauf der Geschichte, die moralischen Gefahren des Intellektualismus. Auschwitz, der Gulag und die Killing Fields in Kambodscha, dies alles ist kein Beleg dafür, was geschieht, wenn Menschen unbewiesenen Glaubensinhalten allzu kritisch gegenüberstehen. Im Gegenteil: Diese Gräuel bezeugen, welche Gefahr es bedeutet, bestimmte weltliche Ideologien nicht ausreichend kritisch zu hinterfragen. Selbstverständlich soll mein Plädoyer gegen den Glauben kein Plädoyer für ein blindes Bekenntnis zum Atheismus als Dogma sein. Das Problem, das ich in meinem Buch erörtere, ist kein geringeres als das Problem von Dogmen an sich – und davon gibt es in sämtlichen Religionen mehr als genug. Mir ist keine Gesellschaft in der menschlichen Geschichte bekannt, die darunter gelitten hätte, dass ein Volk allzu vernünftig geworden wäre.

Wie ich in meinem Buch unermüdlich betone, ist Gewissheit ohne Beweise zwangsläufig polarisierend und entmenschlichend. Gerade die Achtung vor Beweisen und einer rationalen Argumentation ist es, die ein friedliches Zusammenwirken erst ermöglicht. Als Menschen haben wir ständig die Wahl zwischen Dialog und Gewalt; was außer einer grundlegenden Bereitschaft zum Vernünftigsein kann uns gewährleisten, dass wir auch künftig das Gespräch miteinander suchen werden?

2. Wir benötigen Glauben für nahezu alles, was wir tun. Es ist absurd zu denken, wir könnten ohne Glauben je etwas zustande bringen. Eine E-Mail, die ich zu diesem Thema bekam, begann mit den Worten: «Ich mag Ihren Schreibstil, aber Sie sind ein Idiot.» Na schön. Dann ging der Schreibende dazu über, mir wie viele andere darzulegen, dass wir frühmorgens alle aufstehen müssen, um unser Leben zu leben, und dass wir dabei alle von einer Ungewissheit befangen seien, aber auch von schrecklichen Gewissheiten, wie der Gewissheit des Todes. Diese positive Einstellung, diese Bereitschaft, im Leben Akzente zu setzen, ohne jegliche Garantie dafür, dass die Dinge gut ausgehen werden, bezeichne man zufällig als «Glaube». So versuche man häufig, einen verzagten Freund aufzumuntern mit den Worten «Glaub an dich selbst». Solche Worte seien so gut wie niemals ironisch gemeint, selbst dann nicht, wenn ein Atheist diese Worte mit gespaltener Zunge ausspreche. Ich möchte dazu ganz offiziell sagen, dass ich gegen diese Art von «Glauben» nichts einzuwenden habe.

Doch dies ist nicht die Art von Glaube, die uns religiös gemacht hat. Es wäre schon sehr merkwürdig, wenn eine positive Einstellung zu den Ungewissheiten des Lebens uns zwangsläufig zu lächerlichen Überzeugungen nötigen würde wie etwa der der göttlichen Urheberschaft gewisser Bücher, bizarren kulturellen Tabus, einem abgrundtiefen Hass auf Homosexuelle oder einer Unterordnung der Frau: Nimm eine zu positive Haltung gegenüber dem Leben ein, und als Nächstes hörst du von Architekten und Ingenieuren, die Flugzeuge in Gebäude rasen lassen.

Da ich alles tun möchte, um das Anliegen meines Buches zu verdeutlichen, wiederhole ich: Religiöser Glaube ist der Glaube an historische und metaphysische Behauptungen, für die es keine ausreichenden Beweise gibt. Sobald die Beweise für eine religiöse Aussage mager oder gar nicht vorhanden sind, beziehungsweise wenn zwingende Tatsachen dagegen sprechen, berufen Menschen sich auf den Glauben. In anderen Fällen legen sie Begründungen für ihren

Glauben vor (zum Beispiel «Im Neuen Testament erfüllen sich die Prophezeiungen des Alten Testaments», «Ich habe das Antlitz Jesu in einem Fenster gesehen», «Nachdem wir gebetet hatten, bildete sich die Krebsgeschwulst unserer Tochter zurück»). Solche Begründungen reichen in der Regel nicht aus, doch sind sie besser als gar keine. Gläubige Menschen wissen naturgemäß um die Wichtigkeit von Begründungen und greifen darauf zurück, sobald ihnen das irgendwie möglich wird. Der Glaube ist für sie ganz einfach ein Freibrief, an ihren Überzeugungen auch dann noch festzuhalten, wenn Beweise fehlen. Stützt eine rationale Überprüfung den Glauben, wird sie verteidigt; gefährdet sie ihn, wird sie belächelt; dies geschieht manchmal in ein und demselben Satz. Der Glaube ist der Mörtel, mit dem man Risse in der Beweisführung und Lücken in der Logik füllt; und somit ist es auch der Glaube, der das ganze schreckliche Gebäude der religiösen Gewissheit zusammenhält, dessen Schatten noch immer unsere Welt bedroht.

3. Der Islam ist nicht gewaltbereiter als jede andere Religion. Die Gewalt, der wir in der muslimischen Welt begegnen, ist das Resultat von Politik und Wirtschaft, nicht von Glauben.
Die Fadenscheinigkeit dieser Behauptung zeigt sich am deutlichsten im grellen Licht einer Bombenexplosion. Wo sind die christlichen Selbstmordattentäter aus dem palästinensischen Volk, in einem Fall von Menschen, die immerhin Tag für Tag die gleiche Demütigung der israelischen Okkupation erdulden müssen? Und wo sind die buddhistischen Selbstmordattentäter in Tibet? Die Okkupation, der die Tibeter ausgesetzt sind, ist weitaus zynischer und brutaler als jede, die je von den Vereinigten Staaten oder Israel auf die muslimische Welt ausgeübt wurde. Wo sind sie, all jene Tibeter, die dazu bereit wären, bei ihren Selbstmordgräueln auch chinesische Zivilisten zu vernichten? Es gibt sie nicht. Und worin liegt der Unterschied, der den Unterschied ausmacht? Der Unterschied findet sich in den spezifischen Lehren des Islam. Das soll nicht heißen, dass nicht auch der Buddhismus zu selbstmörderischer Gewalt beitragen könnte. Es ist möglich, und es ist auch bereits geschehen (Japan, Zweiter Weltkrieg). Für die Verteidiger des Islam jedoch ist dies ganz und gar kein Argument. Als Buddhist muss man ziemlich angestrengt suchen, um für solche Grausamkeiten eine Rechtfertigung zu finden. Nicht annähernd so lange suchen muss man als Moslem.

Die jüngsten Ereignisse im Irak untermauern diesen Standpunkt. Natürlich stimmt es, dass das irakische Volk von jahrzehntelangen Kriegen und Unterdrückung traumatisiert ist. Krieg und Unterdrückung jedoch können nicht verantwortlich gemacht werden für Selbstmordattentate auf das Rote Kreuz, die Vereinten Nationen, Gastarbeiter und unschuldige Iraker. Krieg und Unterdrückung hätten auch kaum für einen Zustrom an fremden Soldaten gesorgt, die bereit sind, ihr Leben zu opfern, nur um Chaos zu erzeugen. Die irakischen Rebellen wurden nicht primär von politischen oder wirtschaftlichen Nöten motiviert. Natürlich kennen sie solche Nöte, doch wirtschaftliche und politische Nöte reichen nicht aus, damit ein Mensch sich freiwillig mitten in einer Kinderschar in die Luft jagt und seine Mutter nach der Tat Lobeshymnen auf ihn singt. Um derartige Wunder zu wirken, bedarf es religiösen Glaubens.

Selbstverständlich kommen in diesem Zusammenhang weitere negative Faktoren hinzu: die staatliche Förderung von Terrorismus, gelegentliche Zwangsausübung auf unwillige Selbstmordattentäter. Diese Faktoren sollten uns jedoch nicht blind machen gegenüber dem beherrschenden und wahnwitzigen Einfluss des religiösen Glaubens. Die Wahrheit, der wir uns letztlich stellen müssen, lautet: Im Islam gibt es ganz spezifische Lehren zum Thema Märtyrertum und Dschihad, die heute unmittelbar zum muslimischen Terrorismus anspornen. Falls es den Moslems dieser Welt nicht gelingt, eine Möglichkeit zur Eliminierung einer Theologie zu finden, die ihre Religion in zunehmendem Maße zum Todeskult macht, wird dieses auf perverse Weise destruktive Verhalten sich schließlich fast überall auf der Welt ausbreiten. Wo immer es zu solchen Vorfällen kommt, werden wir auf Moslems stoßen, die anderen Moslems beistehen, egal wie soziopathisch deren Verhalten ist. Dies ist die bösartige Form von Solidarität, die von der Religion erzeugt wird. Es ist höchste Zeit, dass geistig gesunde Menschen nicht mehr versuchen, solche Dinge zu entschuldigen. Und es ist höchste Zeit, dass Moslems – insbesondere muslimische Frauen – endlich begreifen, dass unter den Folgen des Islam niemand so sehr leidet wie sie selbst.

4. Das Ende des Glaubens *ist kein wirklich atheistisches Buch. Es ist in Wahrheit ein verstecktes Plädoyer für Buddhismus, New-Age-Mystik oder andere Formen von Irrationalität.*

Da fast jede Seite meines Buches darauf abzielt, die Probleme religiösen Glaubens aufzuzeigen, grenzt es schon an Ironie, dass es sich bei einigen der strengsten Kritiker ausgerechnet um Atheisten handelt, die der Meinung sind, ich hätte ihr Anliegen an untergeordnete Nebenthemen veräußert. Sollte es ein Buch geben, das mit der Religion härter ins Gericht geht, so ist es mir nicht bekannt. Das soll nicht heißen, dass mein Buch nicht auch Mängel aufweist – doch Zugeständnisse an die religiöse Vernunftwidrigkeit gehören gewiss nicht dazu.

Dennoch haben Atheisten eine Menge gefunden, was es an diesem Buch zu bemängeln gibt, namentlich im letzten Kapitel, wo ich versuche, der Meditation und «Spiritualität» ein rationales Fundament zu verleihen. «Meditation» in dem von mir gebrauchten Sinne erfordert lediglich, dass man der von einem Moment zum anderen ablaufenden Erfahrung der Welt außergewöhnlich hohe Aufmerksamkeit widmet. Daran ist nichts Vernunftwidriges. Dieses Vorgehen bildet im Gegenteil die einzig rationale Basis dafür, detaillierte Aussagen über das Wesen unserer Subjektivität machen zu können.

Mit Hilfe von Meditation kann es einer Person gelingen, den Strom ihrer Erfahrungen mit bemerkenswerter Klarheit zu verfolgen, was gelegentlich zu einer Vielzahl von Einsichten führt, die von anderen gemeinhin als intellektuell glaubwürdig und in persönlicher Hinsicht transformativ betrachtet werden. Wie ich im letzten Kapitel dieses Buches aufgezeigt habe, besteht eine dieser Einsichten in der Erkenntnis, dass die Empfindung, die wir als «Ich» bezeichnen – das Gefühl, Denker unserer Gedanken, Erfahrende unserer Erfahrungen zu sein –, entschwinden kann, wenn man nachdrücklich genug danach sucht. Dies ist keine Feststellung, die als Glaubensartikel akzeptiert sein will; es ist eine empirische Beobachtung, vergleichbar mit der Entdeckung des blinden Flecks auf unserer Netzhaut. Die meisten Menschen werden ihres blinden Fleckes (der dort entsteht, wo der Sehnerv durch die Retina des Auges verläuft) niemals gewahr, doch mit etwas Bemühen kann man jedem dazu verhelfen, ihn zu finden. Auch zur Erfahrung der Abwesenheit des «Selbst» kann man jedermann mit etwas Bemühen verhelfen, auch wenn in diesem Fall seitens des Lehrers wie auch des Schülers etwas mehr Training erforderlich ist. Der einzige Glaube, dessen es bedarf, um ein solches Unterfangen auf den Weg zu bringen, ist der Glaube an wissenschaftliche Hypothesen. Die Hypothese lautet: Wenn ich meine Aufmerksamkeit auf eine ganz bestimmte Weise einsetze, führt dies zu einem spezifischen, reproduzierbaren Resultat. Selbstverständlich muss das, was bei spirituellen Praktiken jedweder Art geschieht (oder auch nicht geschieht), im Rahmen eines Begriffssystems interpretiert werden, und diese Interpretation darf sich einer rationalen Auseinandersetzung nicht entziehen.

Auch haben Atheisten mich aufgrund einiger Bemerkungen über das Wesen des Bewusstseins recht heftig kritisiert. Für die meisten Atheisten scheint es keinerlei Zweifel daran zu geben, dass Bewusstsein in vollem Umfang auf der Tätigkeit des Gehirns beruht (und sich darauf auch reduzieren lässt). Im letzten Kapitel meines Buches erkläre ich in gedrängter Form, dass es für diese Gewissheit keine Gründe gibt. Tatsache ist, dass Wissenschaftler noch immer nicht wissen, wie es um die Beziehung zwischen Bewusstsein und Materie tatsächlich bestellt ist. Ich will bestimmt nicht nahelegen, aus dieser Ungewissheit eine Religion oder etwas Ähnliches zu machen. Und selbstverständlich macht das Geheimnis, das sich noch immer um unser Bewusstsein rankt, die gängigen religiösen Aussagen über Gott und das Paradies auf keine Weise plausibler.

Seit mein Buch *Das Ende des Glaubens* erstmals erschien, ist seine zentrale These immer wieder von aktuellen Ereignissen bestätigt worden. Es gibt Tage, an denen nahezu jede Schlagzeile der Tagesmedien vom gesellschaftlichen Preis des religiösen Glaubens zeugt, Abende, an denen man meinen könnte, die Spätnachrichten gelangten auf wundersame Weise aus dem 14. Jahrhundert zu uns. Ein Schauspiel der religiösen Hysterie löst das andere ab. Auf Anfälle von Scheinheiligkeit, die den Tod eines Papstes begleiteten (eines Mannes, der sich aktiv gegen den Gebrauch von Kondomen im Afrika südlich der Sahara einsetzte und der Kinderschänder im Priestergewand vor weltlicher Gerechtigkeit schützte), folgen unmittelbar weitere Eruptionen von religiösem Wahnsinn. Während ich diese Zeilen schreibe, laufen Moslems in mehreren Ländern Amok, weil berichtet wurde, US-Vernehmungsbeamte hätten eine Ausgabe des Koran geschändet. 17 Personen wurden getötet und Hunderte verletzt. Die Reaktion der US-Regierung jedoch zeugte von einem Wahnsinn ganz eigener Machart. Ausgerechnet die Außenministerin versicherte den selbstgerechten Horden, «die Regierung der Vereinigten Staaten duldet keinerlei Respektlosigkeiten gegenüber dem Heiligen Koran». Welche Form die Intoleranz unserer Regierung annehmen wird, bleibt unbestimmt. Ich warte nur darauf, dass es bei mir an der Tür klopft.

Zu solch vollendeten Visionen der Vernunftwidrigkeit gesellen sich die eher gewohnten Ausuferungen des Glaubens: tägliche Berichte von frommen Blutbädern im Irak, vom Wettern Evangelikaler gegen die Übel einer weltlichen Gerichtsbarkeit, vom extensiven religiösen Zwang bei den US-Luftstreitkräften, von den Bestrebungen in mindestens zwanzig US-Staaten, die Wissenschaft umzuschreiben, um auch übernatürliche Erklärungen für den Ursprung des Lebens zuzulassen, von frommen Apothekern, die sich weigern, Rezepte einzulösen, die der Geburtenkontrolle dienen, von Lichtspielhäusern, die keine Dokumentarfilme zeigen wollen, in denen vom wahren Alter der Erde berichtet wird, und so weiter und immer weiter … zurück ins 15. Jahrhundert.

Niemand, der Augen hat, um zu sehen, wird verkennen, dass der religiöse Glaube eine stete Quelle menschlicher Zwistigkeiten darstellt. Die Religion verleitet anderweitig intelligente Menschen dazu, sich über Fragen von zivilisatorischer Tragweite entweder keine oder die falschen Gedanken zu machen. Und trotzdem bleibt eine Kritik am religiösen Glauben oder auch nur die Feststellung, dass manche Religionen weniger mitfühlend oder weniger tolerant sind als andere, in unserer Gesellschaft ein Tabu. Das Schlechteste in uns (das komplette Verblendetsein) wurde jeglicher Kritik enthoben, während das Beste in uns (die Vernunft und intellektuelle Redlichkeit) sich bedeckt halten muss, um nicht Anstoß zu erregen. *Das Ende des Glaubens* sei mein erster Versuch, auf die mit dieser Situation verbundenen Gefahren und Absurditäten aufmerksam zu machen. Ich hoffe aufrichtig, es möge auch künftig Leser geben, die dieses Buch als sinnvoll empfinden.

Sam Harris
New York, Mai 2005
www.samharris.org

ANMERKUNGEN

Vernunft im Exil

1) Wie wir im 4. Kapitel sehen werden, spricht so ziemlich alles dagegen, dass er einer der unteren Gesellschaftsschichten entstammt.
2) Manche Leser werden einwenden, besagter Attentäter sei höchstwahrscheinlich ein Mitglied der Liberation Tigers of Tamil Eelam, einer Separatistenorganisation auf Sri Lanka, die mehr terroristische Selbstmordattentate verübt hat als jede andere Gruppe. Tatsächlich werden die «Tamil Tigers» oft als Argument gegen die Behauptung bemüht, Selbstmordterrorismus sei ein Produkt der Religion. Die Tamil Tigers jedoch als weltlich zu bezeichnen, wie es unter anderem R. A. Pape in seinem Essay «Die strategische Logik von Selbstmordterrorismus» (*American Political Science Review* 97, Nr. 3 [2003], S. 20–32) tut, ist irreführend. Auch wenn die Motive der Tigers nicht ausdrücklich religiöser Natur sind, so handelt es sich dennoch um Hindus, die zweifellos viele unwahrscheinliche Dinge über das Wesen von Leben und Tod glauben. Der Märtyrerverehrungs-Kult, den sie über Jahrzehnte hinweg heranzüchteten, weist zahlreiche Merkmale von Religiosität auf, wie man es bei Leuten, die ihr Leben so leichtfertig für eine Sache hingeben, auch erwartet.
3) Ich spreche hier von der «Alchemie» als jenem Fundus an alten und höchst fantasiereichen metallurgischen und chemischen Techniken, deren Zweck es war, unedle Metalle in Gold, und irdische Substanzen in ein «Lebenselixier» umzuwandeln. Sicher gibt es Leute, die in der alchemistischen Literatur die neuesten Erkenntnisse aus den Bereichen der Pharmakologie, Festkörperphysik und einer Vielzahl anderer Gebiete bereits vorgezeichnet sehen. Ich halte die Resultate solcher Rorschach-Tests jedoch für wenig überzeugend.
4) S. J. Gold, «Nonoverlapping Magisteria», *Natural History*, März 1997.
5) G. H. Gallup jr., *Religion in America*, 1996 (Princeton: Princeton Research Center, 1996).
6) Hiermit soll nicht bestritten werden, dass es Probleme mit der

Demokratie gibt, vor allem wenn sie Gesellschaften aufgezwungen wird, die noch nicht reif dafür sind und die über eine hohe Geburtenrate, einen niedrigen Bildungsstand und wenig wirtschaftliche Stabilität verfügen oder von ethnischen und religiösen Streitigkeiten bedrückt werden. Ohne jeden Zweifel gibt es so etwas wie einen gutartigen Despotismus, der bei der politischen Entwicklung zahlreicher Gesellschaften ein notwendiges Stadium darstellen könnte. Vgl. R. D. Kaplan, «Was Democracy Just a Moment?», *Atlantic Monthly*, Dezember 1997, S. 55-80, und F. Zakaria, *The Future of Freedom: Illiberal Democracy at Home and Abroad* (W. W. Norton, New York, 2003).

7) Bernard Lewis verdeutlichte in seinen Beiträgen «The Revolt of Islam» (*New Yorker*, 19. November 2001, S. 50–63) sowie *The Crisis of Islam: Holy War and Unholy Terror* (Modern Library, New York, 2003), dass die Bezeichnung «fundamentalistisch» von amerikanischen Protestanten geprägt wurde und zu Missverständnissen führen kann, sofern man sie auf andere Glaubensrichtungen anwendet. Mir scheint jedoch, der Begriff sei inzwischen in den allgemeinen Sprachgebrauch eingegangen und stehe heute für jede Art von wortgetreuer Schriftauslegung. Ich verwende ihn ausschließlich in diesem allgemeinen Sinn. Die Probleme, die entstehen, wenn man die Bezeichnung auf den Islam überträgt, werden im 4. Kapitel verdeutlicht.

8) C. W. Dugger, «Religious Riots Loom over Indian Politics», *New York Times*, 27. Juli 2002. Vergleiche auch P. Mishra, «The Other Face of Fanaticism», *New York Times Magazine*, 2. Februar 2003, S. 42–46.

9) A. Roy, *War Talk* (South End Press, Cambridge/Massachusetts, 2003), S. 1.

10) Wie Lewis (*Crisis of Islam*, S. 57–58) ausführt, haben westliche Staaten in Zentralamerika, Südostasien und Südafrika ein weitaus größeres Chaos verursacht. Diesen muslimischen Ländern, die von ausländischen Mächten (wie Ägypten) besetzt wurden, geht es in vielerlei Hinsicht entschieden besser als Ländern (wie Saudi-Arabien), bei denen dies nicht der Fall ist. Saudi-Arabien zum Beispiel hinkt trotz seines relativen Wohlstands, dessen einzige Ursache eine Laune der Natur ist, seinen Nachbarstaaten in vielerlei Hinsicht hinterher. Die Saudis haben für 21 Millionen Menschen nur acht Universitäten und schafften die Sklaverei erst im Jahre 1962 ab. P.

Berman (*Terror and Liberalism*, W. W. Norton, New York, 2003) betont auch, dass ein Großteil unserer Konflikte der letzten Jahre der Verteidigung diverser muslimischer Bevölkerungen diente: Der Erste Golfkrieg fand zur Verteidigung von Kuwait und Saudi-Arabien statt und leitete eine Dekade des Luftschutzes für die irakischen Kurden im Norden sowie die irakische Schia im Süden ein. Das Eingreifen in Somalia diente zur Linderung der Hungersnot; und unsere Intervention im Balkan verfolgte den Zweck, Bosnier und Kosovaren vor marodierenden Christen zu schützen. Auch unsere ursprüngliche Unterstützung der Mudschaheddin in Afghanistan fällt in diese Kategorie. Berman schreibt: «In der gesamten jüngeren Geschichte gab es kein Land auf dieser Erde, das sich derart hart und unermüdlich für muslimische Bevölkerungen eingesetzt hat wie die Vereinigten Staaten.» Das stimmt. Dennoch wird diese Tatsache, sofern sie überhaupt anerkannt wird, aus muslimischer Weltsicht meist als weiterer Missstand gegen uns gewertet; es handelt sich lediglich um eine zusätzliche Quelle muslimischer «Demütigung».

11) Natürlich würden die Sunniten den Schiiten auch weiterhin mit Hass begegnen, doch dies ist ebenfalls Ausdruck ihres Glaubens.

12) J. Bennet, «In Israeli Hospital, Bomber Tells of Trying to Kill Israelis», *New York Times*, 8. Juni 2002.

13) Im Jahre 1994 warf die Polizei in einem Dorf südlich von Islamabad einem Arzt vor, den heiligen Koran angezündet zu haben – ein gotteslästerliches Verbrechen, auf das die Todesstrafe steht. Noch ehe sein Fall verhandelt werden konnte, schleppte ein aufgebrachter Mob ihn aus der Polizeistation, übergoss ihn mit Benzin und verbrannte ihn bei lebendigem Leib. J. A. Haught, *Holy Hatred: Religious Conflicts of the 90s* (Prometheus Books, Amherst, Massachusetts, 1995), S. 179.

14) S. P. Huntington, *The Clash of Civilizations and the Remaking of World Order* (Simon and Schuster, New York, 1996).

15) Wie zahlreichen Kommentatoren auffiel, gibt es im Koran kein Gegenstück zu dem neutestamentlichen Vers: «Gebt dem Kaiser, was des Kaisers ist, und Gott, was Gottes ist.» (Matthäus 22, 21) Folglich scheint es im Islam auch keine Basis für eine Trennung zwischen Kirche und Staat zu geben. Unnötig zu sagen, dass dies ein Problem ist.

16) Lewis, *Crisis of Islam*, S. 20.

17) Man überlege einmal, worüber unsere Zeitungen berichten

sollten, wenn es keine Konflikte gäbe zwischen Israel und den Palästinensern, zwischen Indern und Pakistanis, zwischen Russen und Tschetschenen, zwischen militanten Moslems und dem Westen etc. Vgl. P. Gourevtich, «Letter from Korea: Alone in the Dark», *New Yorker*, 8. September 2003, S. 55–75.

18) Vgl. etwa D. Radin, *The Conscious Universe: The Scientific Truth of Psychic Phenomena* (HarperCollins, New York, 1997); R. Sheldrake, *The Sense of Being Stared At: And Other Aspects of the Extended Mind* (Crown, New York, 2003); und R. S. Bobrow, «Paranormal Phenomena in the Medical Literature Sufficient Smoke to Warrant a Search for Fire», *Medical Hypotheses* Nr. 60 (2003), S. 864–68. Es mag sogar einige glaubhafte Indizien für die Reinkarnation geben. Vgl. I. Stevenson, *Twenty Cases Suggestive of Reincarnation* (Univ. Press of Virginia, Charlottesville, 1974) und *Where Reincarnation and Biology Intersect* (Praeger, Westport, Connecticut, 1997).

19) Ja, Menschen verfügen über die Gabe der Echoortung. Wir sind nur nicht besonders gut darin. Um dies zu demonstrieren, schließen Sie einfach die Augen, summen Sie laut, und bewegen Sie die Hand vor Ihrem Gesicht vor und zurück. Der von Ihrer Hand reflektierte Ton verrät dessen Position.

20) Man denke an John von Neumann, den Mathematiker, Spieltheoretiker, Experten für nationale Sicherheit und Agnostiker, der zum Katholizismus konvertierte, als ihm eine Krebserkrankung zusetzte. Vgl. W. Poundstone, *Prisoner's Dilemma* (Doubleday, New York, 1992).

21) Die Nazis sprachen sich verächtlich über Einsteins «jüdische Physik» aus, und die Kommunisten lehnten die «kapitalistische Biologie» Mendels und Darwins ab. Dabei jedoch handelte es sich nicht um rationale Kritik – was schon daraus ersichtlich ist, dass Wissenschaftler, die eine abweichende Meinung vertraten, oft ins Gefängnis gesteckt oder getötet wurden. Ungeachtet dieser Tatsachen betonten K. Peng und R. E. Nisbett in «Culture, Dialectics, and Reasoning about Contradiction» (American Psychologist, Nr. 54 [1999], S. 741–754), dass es bei verschiedenen Kulturen zu auffallenden Unterschieden hinsichtlich des Argumentationsstils kommt. Wobei diese Gegebenheit mir nicht beweiskräftig erscheint, denn selbst wenn östliche und westliche Köpfe Probleme auf unterschiedliche Weise angehen, gibt es dennoch keinen Grund, warum wir uns nicht

prinzipiell darüber einig sein können, welche Art von Glaube letztlich vernünftig ist.

22) Das Auftreten des Schweren Akuten Atemwegssyndroms (SARS) im Jahre 2003 in Südchina ist ein zeitgenössisches Beispiel für die globalen Auswirkungen landestypischer Gesundheitsmaßnahmen. Chinas falscher Umgang mit der Epidemie entstand nicht aus vernunftwidrigen medizinischen, sondern vernunftwidrigen politischen Ansichten – und die Folgen waren zur Zeit der Niederschrift dieses Textes nicht als katastrophal zu werten. Doch es fällt nicht schwer, sich eine Kultur vorzustellen, deren Überzeugungen in puncto Epidemiologie für den Rest der Welt ein inakzeptables Risiko bedeuten könnten. Es besteht kaum ein Zweifel, dass wir eine solche Gesellschaft letztendlich unter Quarantäne stellen, einnehmen oder sie auf sonstige Weise unterwerfen müssten.

23) *Los Angeles Times* vom 18. März 2002.

24) G. Wills, «With God on His Side», *New York Times Magazine*, 30. März 2003.

25) M. Rees, *Our Final Hour* (Basis Books, New York, 2003), S. 61.

26) Abgesehen von der Frage nach ihrer Plausibilität, lässt die gegenseitige Unvereinbarkeit der Religionen diese bereits *an sich* suspekt erscheinen. Wie Bertrand Russell feststellte: Selbst wenn wir zugeben müssten, dass eine unserer Religionen in allen Details korrekt sein muss, sollte angesichts der großen Zahl gegensätzlicher Ansichten jeder Gläubige schon aus Gründen der Wahrscheinlichkeit mit seiner Verdammung rechnen.

27) In *Our Final Hour* räumte Rees unserer Spezies für dieses Jahrhundert nur eine fünfzigprozentige Überlebenschance ein. Auch wenn seine Prognosen nichts als gelehrte Vermutungen sind, lohnt es sich, sie ernst zu nehmen. Der Mann ist kein Spinner.

Das Wesen des Glaubens

1) Es gibt für diese Tatsache keinen schlagenderen Beweis als jene Fälle, bei denen aufgrund einer Gehirnverletzung ein Bereich des menschlichen Gedächtnisses zerstört wird, während die anderen erhalten bleiben. Tatsächlich sind es weitgehend solche klinischen Fallschilderungen (wie bei W. B. Scoville und B. Milner, «Loss of Recent Memory after Bilateral Hippocampal Lesions», *Journal of*

Neurology, Neurosurgery and Psychiatry, Nr. 20 [1957], S. 11–21), auf die unser Verständnis des menschlichen Gedächtnisses sich stützt. Das Langzeitgedächtnis wird seither unterteilt in *semantische, episodische, prozedurale* und weitere Formen der Informationsverarbeitung, das Kurzzeitgedächtnis (üblicherweise als Arbeitsgedächtnis bezeichnet) wird aufgegliedert in *phonologische, visuelle, räumliche, begriffliche, echoische* und *zentral-exekutive* Komponenten. Unser Verständnis beider Gedächtnisformen ist mit Sicherheit unvollständig. Die Unterscheidung zwischen semantischem und episodischem Gedächtnis etwa gilt anscheinend nicht für das topographische Erinnern (E. A. Maguire u. a. in «Recalling Routes around London: Activation of the Right Hippocampus in Taxi Drivers», *Journal of Neuroscience*, Nr. 17 [1997], S. 7103–10); und das semantische Gedächtnis scheint sich erneut in kategorie-spezifische Subtypen wie das Gedächtnis für lebende, beziehungsweise für nicht-lebende Objekte aufgliedern zu lassen (S. L.-Thompson-Schill u. a., «A Neural Basis for Category and Modality Specificity of Semantic Knowledge», *Neuropsychologia*, Nr. 37 [1999], S. 671–76; J. R. Hart u. a., «Category-Specific Naming Deficit following Cerebral Infarction», *Nature*, Nr. 316 [1. August 1985], S. 439–40).

2) Es gibt Methoden, mit denen der Begriff «Glaube» sich so interpretieren lässt, dass er auf ähnliche Weise disjunkt erscheint. Wenn wir den Begriff allzu locker handhaben, kann der Eindruck entstehen, das gesamte Gehirn sei maßgeblich an der Herausbildung von Glaubensinhalten beteiligt.

3) Unter Glauben in diesem Sinne wird das verstanden, was Philosophen üblicherweise als «vorschlagende Haltung» bezeichnen. Solche Haltungen sind wohl recht verbreitet, und meist lassen sie sich daran erkennen, dass sie in einer Formulierung mit «dass» daherkommen: Wir können glauben, dass ... wir befürchten, dass ... wir beabsichtigen, dass ... wir begrüßen, dass ... wir hoffen, dass ... und so weiter.

4) Die Herausbildung gewisser primitiver Glaubensinhalte ist von der Erstellung eines Motorplans unter Umständen nicht zu unterscheiden. Vgl. J. I. Gold und M. N. Shaden, «Representation of a Perceptual Decision in Developing Oculomotor Commands», *Nature* Nr. 404 (23. März 2000), S. 390–94, sowie «Banburismus and the Brain: Decoding the Relationship between Sensory Stimuli, Decisions, and Reward», *Neuron* 36, Nr. 2 (2002), S. 299–308, die

sich mit visueller Beurteilung sowie okulomotorischen Reaktionen auseinandersetzen.

5) Wir müssen Mitglieder von Al-Quaida nicht nur für das verfolgen und strafen, was am 11. September geschah. Den Tausenden von Männern, Frauen und Kindern, die in den Trümmern des World Trade Center verschüttet wurden, können wir nicht mehr helfen – und daran vermögen auch erfolgreiche Vergeltungsmaßnahmen, so befriedigend sie für manche Leute auch sein mögen, nichts zu ändern. Unsere darauf folgenden Einsätze in Afghanistan und sonstwo lassen sich aus dem rechtfertigen, was unschuldigen Menschen auch künftig zustoßen könnte, wenn Mitglieder der Al Quaida weiterhin im Licht ihres eigentümlichen Glaubens leben dürfen. Die Gräuel des 11. September sollten uns als Ansporn dienen; nicht weil sie Leid über uns gebracht haben, für das wir nun Rache nehmen müssen, sondern weil sie jeden Zweifel daran ausgeräumt haben, dass auch im 21. Jahrhundert bestimmte Moslems den gefährlichsten und abstrusesten Lehren ihrer Religion Glauben schenken.

6) Eine Untersuchung der Struktur unserer Sprache zeigt, dass dies kein Spezialfall ist, da sämtliche Wörter samt ihren Anwendungsformen uns durch Zyklen der gegenseitigen Erläuterung führen.

7) In seinem Werk über «radikale Interpretation» greift der Philosoph Donald Davidson auf diese Erkenntnis zurück, um damit ein paar schwierige Hürden zu meistern. Eine interessante Folge der Beziehung zwischen Glauben und Bedeutung besteht darin, dass jeglicher Versuch, den Benutzer einer Sprache zu verstehen, es erforderlich macht, dass wir ihm ein grundsätzlich rationales Denken unterstellen, dies ist Davidsons «Prinzip der Nachsichtigkeit».

8) Zumindest in unseren «klassischen» Lebensbereichen. Die Welt der Quanten verhält sich anders; deshalb kann auch niemand behaupten, sie in realistischem Sinne zu verstehen.

9) D. Kahneman und A. Tversky, «On the Reality of Cognitive Illusions», *Psychological Review,* Nr. 103 (1996), S. 582–91; G. Gigerenzer, «On Narrow Norms and Vague Heuristics: A Replay to Kahneman and Tversky», ebenda, S. 592–96; K. J. Holyoak und P. C. Cheng, «Pragmatic Reasoning with a Point of View», *Thinking and Reasoning,* Nr. 1 (1995), S. 289–313; J. R. Anderson, «The New Theoretical Framework», in: *The Adaptive Character of Thought* (Erlbaum, Hillsdale, N J, 1990); K. Peng und R. E. Nisbett, «Culture, Dialectics and Reasoning about Contradiction», *American*

Psychologist Nr. 54 (1999), S. 741–54; K. E. Stanovich und R. F. West, «Individual Differences in Rational Thought», *Journal of Experimental Psychology*, General, Nr. 127 (1998), S. 161.

10) A. R. Mele, «Real Self-Deception», *Behavorial and Brain Sciences*, Nr. 20 (1997), S. 91–102, «Understanding and Explaining Real Self-Deception», ebenda, S. 127–36, sowie *Self-Deception Unmasked* (Princeton University Press, Princeton, 2001); H. Fingarette, *Self-Deception* (University of California Press, Berkeley, 2000); J. P. Dupuy (Hg.), *Self-Deception and Paradoxes of Rationality* (CSLI Publications, Stanford, 1998); D. Davidson, «Who Is Fooled?», ebenda; G. Quattrone und A. Tversky, «Self-Deception and the Voter's Illusion», in: *The Multiple Self*, hg. v. J. Elster (Cambridge University Press, Cambridge, 1985), S. 35–57.

11) Dies setzt voraus, dass viele der Glaubenssysteme über gemeinsame Termini verfügen, was für menschliche Glaubenssysteme ausnahmslos gilt.

12) Das Beispiel stammt aus W. Poundstone, *Labyrinths of Reason: Paradox, Puzzles, and the Frailty of Knowledge* (Anchor Press, New York, 1988), S. 183–88.

13) Jüngst wurden physikalische Theorien vorgelegt, die Quantencomputing über eine grenzenlose Anzahl von Paralleluniversen hinweg in Aussicht stellen (D. Deutsch, «The Fabric of Reality» [Penguin, New York, 1997], oder die Möglichkeit prophezeien, dass sich eines Tages sämtliche Materie als «allwissender» Supercomputer organisieren lässt (F. Tipler, «The Physics of Immortality» [Doubleday, New York, 1995]), der sich eine aus dem Zusammenbruch der Gravitationskraft des Universums resultierende Raum-Zeit-Streckung zunutze macht. Ich habe diese und weitere theoretische Verstiegenheiten von dieser Erörterung ausgeschlossen.

14) Eine weitere Möglichkeit, um jenen logischen und semantischen Bedingungen gerecht zu werden, besteht darin, zu sagen, unsere Glaubenssätze müssten *systematisch* sein. Systematik ist eine Eigenschaft, die Glaubenssätze aus der Sprache, der Logik und der Welt insgesamt beziehen. So wie die meisten Wörter ihre Bedeutung von der Existenz anderer Wörter ableiten, so setzt jeder Glaubenssatz viele andere voraus, um ihn in das Gesamtbild, das jemand von der Welt hat, einbauen zu können. Auf welche Weise der Webstuhl der Kognition erstmals seine Tätigkeit aufnimmt, ist nach wie vor ein Rätsel, es besteht jedoch wenig Zweifel, dass in uns von Beginn an

eine Vielzahl fest verankerter proto-linguistischer, proto-doxastischer (vom griechischen Begriff *doxa* = Glaube) Kapazitäten vorhanden ist, die uns dazu befähigen, den Aufruhr der Sinne als Gesetzmäßigkeiten in der Umgebung und in uns selbst zu interpretieren.

15) S. Pinker, *The Blank Slate* (Viking, New York, 2002), S. 33.

16) Es gibt einen Berührungspunkt zwischen meinen Ausführungen und dem von P. N. Johnson-Laird und M. J. Byrne (*Deduction* [Erlbaum, Hillsdale, N J, 1991, Kapitel 5–6]) entwickelten Ansatz von Denkvorgängen mit Hilfe «mentaler Modelle». Ich würde jedoch anmerken, dass unsere mentalen Modelle von Objekten dieser Welt sich deshalb verhalten, wie sie sich verhalten, weil Objekte es gleichermaßen tun. Bezüglich Zweifeln, ob ein Begriff wie «und» überhaupt erlernt werden kann, vgl. L. Rips, «Deduction and Cognition», in: *An Invitation to Cognitive Science: Thinking*, herausgegeben von E. E. Smith und D. N. Osherson (MIT Press, Cambridge, 1995), S. 297–343.

17) Natürlich kennen wir Beispiele, bei denen manche unserer Wörter sich der herkömmlichen Logik entziehen. Zum Beispiel können wir nicht den *Schatten eines Apfels* oder den *Schatten einer Orange* in Jacks Lunchpaket stecken, den Deckel zumachen und dann meinen, das eine oder andere davon später wieder zum Vorschein bringen zu können.

18) Eine weitere Eigenschaft des Glaubens ergibt sich unmittelbar aus dem Wesen der Sprache. So wie es hinsichtlich der Anzahl von möglichen Sätzen, die jemand artikulieren kann, keine Begrenzung gibt (man sagt oft, die Sprache sei in diesem Sinne «produktiv»), so existiert auch keine Einschränkung hinsichtlich der Anzahl möglicher Glaubensinhalte, die er bezüglich der Welt haben kann. Weil ich gerade glaube, *dass sich in meinem Wandschrank keine Eule befindet*, glaube ich auch, dass keine zwei Eulen darin sind, oder drei Eulen ... *ad infinitum*.

19) Die meisten Neurowissenschaftler gehen davon aus, dass wir über 10^{11} bis 10^{12} Neuronen verfügen, von denen jedes wiederum zirka 10^{4} Verbindungen zu benachbarten Neuronen aufweist. Wir verfügen somit über etwa 10^{15} bis 10^{16} einzelne Synapsen. Das ist eine riesige Menge, aber trotzdem eine endliche Anzahl.

20) Gemäß N. Block, «The Mind as the Software of the Brain», in: *An Invitation to Cognitive Science: Thinking*, herausgegeben von E. E. Smith und D. N. Osherson (MIT Press, Cambridge, 1995), S. 377–426.

21) D. J. Simons u. a., «Evidence for Preserved Representations in Change Blindness», *Consciousness and Cognition* 11, Nr. 1 (2002), S. 78–97; M. Niemeier u. a., «A Bayesian Approach to Charge Blindness», *Annals of the New York Academy of Sciences* 956 (2002), S. 474–75 (Auszug).
22) R. Kurzweil, *The Age of Spiritual Machines* (Penguin, New York, 1999), dt: R. Kurzweil, *Das Zeitalter der künstlichen Intelligenz* (Hanser, München, 1995).
23) Man nehme einen mathematischen Glaubenssatz wie 2 + 2 = 4. Nicht nur, dass die meisten von uns dieser Aussage Glauben schenken; dieser Glaubenssatz scheint in jedem Moment für uns *a priori* zutreffend zu sein. Es macht nicht den Eindruck, als würden wir ihn konstruieren, weil die Gelegenheit es erfordert; vielmehr geschieht es, dass wir vermöge solcher rudimentärer Glaubenssätze weitere Glaubenssätze konstruieren. Doch was ist mit einem Glaubenssatz wie 865 762 + 2 = 865 764? Die meisten von uns sind mit dieser Summe nie zuvor konfrontiert worden, und wir glauben an die Richtigkeit dieser Aussage nur, weil wir sie gemäß den Regeln der Arithmetik konstruiert haben. Und dennoch, indem wir dies tun, können wir sie ebenso mit einem Häkchen versehen wie die Behauptung 2 + 2 = 4. Besteht zwischen diesen beiden mathematischen Glaubenssätzen ein Unterschied? In phänomenologischer Hinsicht gewiss. Man wird zum Beispiel feststellen, dass die längere Summe sich nicht so leicht aussprechen (oder denken) lässt, während *zwei plus zwei gleich vier* uns nahezu reflexhaft in den Sinn kommt. Was jedoch unsere grundlegenden erkenntnistheoretischen Verbindlichkeiten betrifft, so sind beide Glaubenssätze gleichermaßen «wahr». Tatsächlich macht jeder von uns, wenn er in ein Flugzeug steigt oder eine Brücke überquert, sein Leben von der Gültigkeit weitaus komplizierterer (und daher weniger transparenter) mathematischer Aussagen abhängig.
24) Vgl. D. T. Gilbert u. a., «Unbelieving the Unbelievable: Some Problems in the Rejection of False Information», *Journal of Personality and Social Psychology* Nr. 59 (1990), S. 601-13; D. T. Gilbert, «How Mental Systems Believe», *American Psychologist* 46, Nr. 2 (1991), S. 107–19.
25) So lässt sich erklären, warum Glaubensinhalte, die *zufällig* wahr sind, nicht zum Wissensbestand werden, auch wenn sie gerechtfertigt sind. Wie der Philosoph Edmund Gettier vor langer Zeit feststellte: Wir können glauben, etwas sei wahr (zum Beispiel kann ich der

Meinung sein, es wäre jetzt genau 12:31 Uhr), wir können es mit gutem Grund glauben (ich blicke gerade auf eine Uhr, die 12:31 Uhr anzeigt), doch hinsichtlich der Welt können wir uns nicht in einem Zustand des Wissens befinden (da in diesem Fall die Uhr kaputt ist und die korrekte Zeit nur zufällig anzeigt). Auch wenn es hier zahlreiche wissenschaftliche Feinheiten zu erforschen gibt, lautet die grundlegende Tatsache dennoch, dass unsere Glaubenssätze, wenn sie für diese Welt wirklich *repräsentativ* sein wollen, zur Welt auch in der richtigen Beziehung stehen müssen.

26) Hier scheinen erkenntnistheoretische Fragen aufgeworfen zu werden: Wie ist es uns dennoch möglich, zu wahrem Wissen über diese Welt zu gelangen? Je nachdem, wie man Begriffe wie «wahr» und «Welt» interpretiert, wirken derartige Fragen entweder hoffnungslos kompliziert oder trivial. Wie sich zeigt, reicht eine triviale Auslegung für unsere vorliegenden Zwecke. Egal, was Realität schlussendlich ist, weist die Welt unserer Erfahrungen doch ohne jeden Zweifel gewisse Gesetzmäßigkeiten auf. Diese Gesetzmäßigkeiten sind natürlich unterschiedlichster Art, und manche von ihnen deuten auf gesetzmäßige Zusammenhänge zwischen gewissen Ereignissen hin. Es besteht ein Unterschied zwischen bloßer *Korrelation* einerseits, und einem Nebeneinander jener Art, die wir als *kausal* (ursächlich) bezeichnen. Wie der schottische Philosoph David Hume treffend bemerkte, bietet sich uns hier ein interessantes Puzzle, da wir auf dieser Welt niemals Ursachen begegnen, sondern stets nur verlässlichen Korrelationen. Was genau uns dazu bewegt, gewissen Ereignissen ein kausales Potenzial zuzuerkennen und anderen nicht, ist nach wie vor eine strittige Frage (vgl. M. Wu und P. W. Cheng, «Why Causation Need Not Follow from Statistical Association: Boundary Conditions for the Evaluation of Generative and Preventative Causal Powers», *Psychological Science* 10 [1999], S. 92–97). Und dennoch, haben wir uns Glaubensinhalte hinsichtlich der Welt erst einmal zueigen gemacht, sodass sie unser Verhalten bestimmen, bleibt kein Geheimnis, um das zu sorgen es sich lohnen würde. Es ist einfach so, dass gewisse Gesetzmäßigkeiten (und zwar jene, die wir für kausal halten), sobald wir sie als Richtschnur für unser Handeln übernommen haben, unseren Zwecken auf hervorragende Weise dienen, während dies auf andere, die von ebensolcher Zuverlässigkeit sind (reine Korrelationen, Epiphänomene), nicht zutrifft. Überraschungen führen in diesem Zusammenhang lediglich zu einer

Neubewertung kausaler Funktionen und zur Herausbildung neuer Glaubensinhalte. Wir brauchen uns nicht mit Hume herumzuschlagen, denn wenn wir wollen, dass es heiß hergeht, ist es besser, nach Feuer zu suchen als nach Rauch; auch müssen wir nicht sämtliche Kriterien kennen, derer wir uns beim Fällen kausaler Urteile bedienen, um zu einem Verständnis der logischen und verhaltensmäßigen Auswirkungen zu gelangen für die Überzeugung «A ist die Ursache von B, C aber nicht». Sobald wir an irgendetwas glauben (ob mit gutem oder weniger gutem Grund), machen unsere Worte und Taten es erforderlich, dass wir Unstimmigkeiten ausräumen, wann immer wir darauf stoßen.

27) Vgl. H. Benson, zusammen mit M. Stark, *Timeless Healing: The Power and Biology of Belief* (Scribner, New York, 1996).

28) Das Turiner Grabtuch war vermutlich die am häufigsten verehrte Reliquie des Christentums, weil man wirklich glaubte, es handle sich um das Tuch, in das der Leichnam Jesu bei der Grablegung gehüllt war. 1988 erlaubte der Vatikan, dass kleinere Partikel des Grabtuchs von drei unabhängigen Labors (Oxford University, University of Arizona und ETH Zürich) mit Hilfe der Radiokarbon-Methode in einem vom Britischen Museum angeordneten Blindtest untersucht wurden. Alle drei Institute gelangten zu dem Schluss, es handle sich um eine mittelalterliche Fälschung aus der Zeit zwischen 1260 und 1390.

29) O. Friedrich, *The End of the World: A History* (Coward, McMann & Geoghegan, New York, 1982), S. 122–24.

30) Der zitierte Textabschnitt findet sich im *Glaubensbekenntnis der Römisch-Katholischen Kirche*.

31) Dieser spezielle Glaube wird von *impliziten* verhaltensmäßigen und neuralen Aspekten gestützt, die eindeutig unserem genetischen Erbe zuzuordnen sind. Niedriger entwickelte Tierarten, so zeigt sich, pflegen auf Klippen nicht vom Weg abzukommen.

32) K. Popper, *Die Logik der Forschung* (1959, dt.: Mohr Siebeck, Tübingen, 2005) und *Objektive Erkenntnis* (1972, dt.: Hoffmann & Campe, Hamburg, 1998).

33) T. Kuhn, *The Structure of Scientific Revolutions* (dt.: *Die Struktur wissenschaftlicher Revolutionen*) (1962, Nachdruck: University of Chicago Press, Chicago, 1970).

34) Sowohl Popper als auch Kuhn wussten interessante und nützliche Dinge beizutragen zur Philosophie der Wissenschaft und der

Problematik, die sich uns stellt, wenn wir zu wissen behaupten, wie die Welt beschaffen ist. Eine der Wirkungen ihrer Werke jedoch besteht – namentlich bei denen, die sie nicht gelesen haben – darin, außerhalb der Bezirke der Wissenschaft die Entstehung lächerlicher Ideen zu fördern. Während es einerseits echte erkenntnistheoretische Probleme gibt, über die es nachzudenken gilt, gibt es andererseits Stufen der Vernunftmäßigkeit, die von jeder geistig gesunden Person erfasst werden können. Nicht alle Wissensansprüche befinden sich auf gleicher Höhe.

35) B. Russell, *Why I Am Not a Christian*, herausg. v. P. Edwards (Simon and Schuster, New York, 1957), S. 35.

36) In: J. Glover, *Humanity: A Moral History of the Twentieth Century* (Yale University Press, New Haven, 1999) wird der gleiche Ton angeschlagen. Vgl. auch A. N. Yakovlev, *A Century of Violence in Soviet Russia* (Yale University Press, New Haven, 2002).

Im Schatten Gottes

1) J. Swain, *The Pleasures of the Torture Chamber* (Dorset Press, New York, 1931), S. 169.

2) ebenda, S. 174–75, 178.

3) Vgl. Swain, *Pleasures*; O. Friedrich, *The End of the World: A History* (McCann & Geoghegan, New York, 1982); sowie L. George, *Crimes of Perception: An Encyclopedia of Heresies and Heretics* (Paragon House, New York, 1995).

4) Was die ausdrückliche Erwähnung von Ketzerei im Neuen Testament sowie die Intoleranz Gläubiger gegenüber Andersdenkenden betrifft, vgl. 1. Korinther 11, 19; Galater 5, 20; 2. Petrus 2, 1; Römer 16, 17; 1. Korinther 1, 10; 3, 3; 14, 33; Philister 4, 2 und Judas 19.

5) Denken wir nur an William Tyndale, den sein Schicksal erst 1536 ereilte, nachdem er seine englische Übersetzung des Neuen Testaments veröffentlicht hatte. «Daraufhin wähnte er sich in Sicherheit und ließ sich in Antwerpen nieder. Er hatte jedoch die Schwere seines Vergehens und die Beharrlichkeit seines Herrschers [Heinrichs VIII., fromm gestimmt] unterschätzt. Britische Agenten verfolgten ihn weiterhin. Nun nahmen sie ihn fest. Auf Heinrichs Drängen verbrachte er sechzehn Monate als Gefangener im Schloss

von Vilvorde bei Brüssel, wurde wegen Ketzerei angeklagt und nach seiner Verurteilung öffentlich erwürgt. Seinen Leichnam verbrannte man auf dem Scheiterhaufen, als Warnung an alle, sich nicht von ihrer Torheit versuchen zu lassen.» Vgl. W. Manchester, *A World Lit Only by Fire: The Medieval Mind and the Renaissance* (Little, Brown, Boston, 1992), S. 204.

6) Die Bibel jedoch verlangt mindestens zwei Zeugen, die bestätigen können, dass der Beschuldigte «fremden Göttern gedient» habe. Diese Zeugen sind danach die Ersten, die ihn steinigen dürfen (Deuteronomium, 17, 6–7). Die Inquisition jedoch sah sich zwecks Steigerung ihrer Effizienz gezwungen, diese Vorschrift zu lockern.

7) Matthäus 5, 18.

8) Friedrich, *End of the World*, S. 70.

9) Die Franziskaner, das ist wahr, waren bereit, ihren Anteil an der Last zu schultern. So schreibt Russell in *A History of Western Philosophy* (Simon and Schuster, New York, 1945), S. 450: «Würde Satan existieren, so wären die künftigen Mitglieder des vom heiligen Franziskus gegründeten Orden ihm zu vorzüglichstem Dank verpflichtet. Der unmittelbare Nachfolger des Heiligen als Ordensoberhaupt, Bruder Elias, schwelgte in Luxus und bewirkte eine vollständige Abwendung vom Armutsideal. Das Hauptwerk der Franziskaner in den Jahren unmittelbar nach dem Tod ihres Gründers bestand darin, Offiziere für die bitteren und blutigen Kriege der Guelfen gegen die Ghibellinen anzuwerben. Die Inquisition, die sieben Jahre nach Franziskus' Tod ins Leben gerufen wurde, wurde in mehreren Ländern hauptsächlich von Franziskanern geleitet. Nur eine kleine Minderheit, die Spiritualen, blieb seiner Lehre treu; viele von ihnen wurden im Zuge der Inquisition wegen Ketzerei verbrannt. Diese Männer hielten daran fest, dass Christus und die Apostel besitzlos waren und dass ihnen nicht einmal die Kleider gehörten, die sie trugen. Diese Ansicht wurde im Jahre 1323 von Papst Johannes XXII. zur Ketzerei erklärt. Die Bilanz von Franziskus' Leben beinhaltet somit die Erschaffung eines weiteren wohlhabenden und unlauteren Ordens, die Stärkung der Hierarchie und eine jetzt noch problemloser gewordene Verfolgung derer, die sich durch moralische Ernsthaftigkeit und Gedankenfreiheit auszeichneten. In Anbetracht seiner Ziele und seines Charakters ist ein von noch bitterer Ironie geprägter Ausgang nicht vorstellbar.»

10) Friedrich, *End of the World*, S. 74.

11) ebenda, S. 96.
12) Man stelle vieles von dem, was Jesus lehrte, obigem Zitat (Johannes 15, 6) oder Matthäus 10, 34 gegenüber: «Ihr sollt nicht meinen, dass ich gekommen bin, Frieden zu bringen auf die Erde. Ich bin nicht gekommen, Frieden zu bringen, sondern das Schwert.» Für eine erstaunlich elegante Darstellung der Inkohärenz der Bibel empfehle ich Burrs *Selfcontradictions of the Bible* (1860). In diesem Werk präsentiert Burr 144 Aussagen sowohl theologischer, moralischer, historischer als auch spekulativer Art – zusammen mit ihren jeweiligen Antithesen, gewissenhaft aus dem Alten und Neuen Testament zitiert. Viele dieser Textstellen widersprechen einander vollkommen (das heißt, man kann nicht die eine für wahr halten, ohne gleichzeitig die andere zur Unwahrheit zu erklären). Vermutlich gibt es keinen trefflicheren Beweis für die Untauglichkeit der Bibel als Darstellung der (göttlichen oder weltlichen) Wirklichkeit als solche Fälle von Selbstwiderlegung. Aber natürlich: Hat der Glaube seine aberwitzige Herrschaft erst einmal begonnen, werden vermutlich sogar absolute Widersprüche als himmlische Schelte für irdische Logik goutiert.
13) Es stimmt, Augustinus war nicht durch und durch sadistisch. Er meinte, man solle Ketzer bei ihrem Verhör «nicht auf der Folterbank strecken, nicht mit Flammen versengen oder ihr Fleisch mit der Eisenkralle zerpflügen, sondern sie mit einer Rute schlagen». Vgl. P. Johnson, *A History of Christianity* (Simon and Schuster, New York, 1976), S. 116-17.
14) Voltaire, «Inquisition», *Philosophical Dictionary*, herausgegeben und übersetzt von T. Besterman (Penguin Books, London, 1972), S. 256.
15) Aus *The Percy Anecdotes*, zitiert in *Swain, Pleasures*, S. 181.
16) Manchester, *A World Lit Only by Fire*, S. 190–93.
17) W. Durant, *The Age of Faith* (1950; Nachdruck Easton Press, Norwalk, Connecticut, 1992), S. 784.
18) Als die Christen noch eine unbedeutende Sekte waren, bezichtigten heidnische Römer sie desselben Verbrechens. In den Köpfen mittelalterlicher Christen gab es tatsächlich eine Menge Berührungspunkte zwischen Hexen und Juden. Regelmäßig bezichtigte man Juden der Zauberei, und magische Texte wurden häufig (aus fadenscheinigen Gründen) auf Salomon sowie eine Vielzahl kabbalistischer Quellen zurückgeführt.

19) R. Briggs, *Witches and Neighbors: The Social and Cultural Context of European Witchcraft* (Viking, New York, 1996), S. 8, äußert sich zu dem Thema wie folgt: «An den stürmischeren Küsten der feministischen und Hexenkult-Bewegungen machte sich ein wirkmächtiger Mythos breit, demzufolge in Europa neun Millionen Frauen als Hexen verbrannt worden seien, also mehr ein Geschlechter- als ein Völkermord. Dies ist eine Überbewertung um ein zirka 200-Faches, denn ein Großteil der vernünftigen Schätzungen geht mittlerweile von etwa 100 000 Prozessen zwischen 1450 und 1750 aus sowie von etwa 40- bis 50 000 Hinrichtungen, von denen jedoch 20 bis 25 Prozent Männer betrafen.» Eine solche Neubewertung von Zahlen vermag die Gräuel und Ungerechtigkeiten jener Ära nur schwerlich zu beschönigen. Es reicht, die Protokolle der Hexenprozesse von Salem zu lesen, als deren Resultat «nur» neunzehn Personen gehenkt wurden, um dem scheinbar grenzenlos Bösen, das geeignet ist, die Verständnislücken dieser Welt zu füllen, Auge in Auge gegenüberzustehen.
20) C. Mackay, *Extraordinary Popular Delusions and the Madness of Crowds* (1841; Nachdruck: Barnes & Noble, New York, 1993), S. 529.
21) R. Rhodes, *Deadly Feasts: Tracking the Secrets of a Terrifying New Plague* (Simon and Schuster, New York, 1997), S. 78.
22) Es gibt Zweifel daran, ob die Fore oder irgendein anderes Volk jemals auf systematische Weise Kannibalismus praktizierten (Vgl. den Eintrag «Kannibalismus» in *The Oxford Companion to the Body).* Falls diese Zweifel berechtigt sind, muss für die Übertragung von Kuru eine andere Erklärung gefunden werden. Es sollte sich jedoch von selbst verstehen, dass die Krankheit nicht durch Zauberei übertragen wurde. Die Zweifel der Gelehrten am Kannibalismus der Fore erscheinen mir allerdings etwas weit hergeholt, wenn man bedenkt, wie verbreitet solche Praktiken unter modernen afrikanischen Milizen in Ländern wie dem Kongo, Uganda, Liberia, Angola und auch anderswo sind. In solchen Gegenden ist der Glaube an Magie noch immer weit verbreitet – wie etwa die Vorstellung, der Verzehr von Körperorganen des Feindes mache immun gegen Gewehrkugeln. Vgl. D. Bergner, «The Most Unconventional Weapon», *New York Times Magazine*, 26. März 2003, S. 48–53.
23) Friedrich von Spee (1631), *Cautio Criminalis* (Deutscher Taschenbuch Verlag, München 2000).

24) Mackay, *Delusions*, S. 540–41.
25) B. Russell, *Religion and Science* (1935; Nachdruck: Oxford University Press, Oxford, 1997), S. 95.
26) Mackay, *Delusions*, S. 525–26.
27) Der Begriff «Antisemitismus» ist ebenso wie «Arier» eine deutscher Pseudo-Wissenschaft des 19. Jahrhunderts entstammende Fehlbezeichnung. Als *semitisch* (abgeleitet von *Sem*, einem von Noahs drei Söhnen) «bezeichnete man eine Gruppe verwandter Sprachen (zu denen das Hebräische, das Arabische, das Aramäische, das Babylonische, das Assyrische und das Äthiopische gehören), nicht jedoch eine ethnische oder rassische Gruppe». Vgl. R. S. Wistrich, *Anti-Semitism: The Longest Hatred* (Schocken Books, New York, 1991), XVI. Als «Anti-Semitismus» müsste man demzufolge auch einen Hass gegen die Araber bezeichnen, was nicht der Fall ist. Trotz seiner missverstandenen Herkunft wurde der Begriff «Antisemitismus» zur einzig zulässigen Bezeichnung für Judenhass.
28) D. J. Wakin, «Anti-Semitic ‹Elders of Zion› Gets New Life on Egypt TV», *New York Times*, 26. Oktober 2002. Aus diesem gefälschten Dokument wurde tatsächlich bei der Gründungsversammlung der Hamas zitiert. Vgl. J. I. Kertzer, «The Modern Use of Ancient Lies», *New York Times*, 9. Mai 2002.
29) E. Goldberg, *The Executive Brain: Frontal Lobes and the Civilized Mind* (Oxford University Press, Oxford, 2001).
30) So gesehen bietet das Judentum einen weitaus weniger fruchtbaren Boden für militanten Extremismus. Juden pflegen ihre Identität als Juden nicht ausschließlich aus den Inhalten ihrer Gottesvorstellung zu beziehen. Zum Beispiel ist es möglich, ein praktizierender Jude zu sein, *ohne* an Gott zu glauben. Ähnliches lässt sich vom Christentum oder Islam nicht behaupten.
31) Vgl. B. M. Metzger und M. D. Coogan (Hg.), *The Oxford Companion to the Bible* (Oxford University Press, Oxford, 1993), S. 789–90, sowie A. N. Wilson, *Jesus: A Life* (W. W. Norton, New York, 1992), S. 79). Dabei wird auf zahlreiche weitere unreine Paare verwiesen: Matthäus 2, 3–5 und Micha 5, 2; Matthäus 2, 16–18 und Jeremia 31, 15 /Genesis 35, 19; Matthäus 8, 18 und Jesaja 53, 4; Matthäus 12, 18 und Jesaja 42, 1–4; Matthäus 13, 35 und Psalm 78, 2; Matthäus 21, 5 f. und Sacharja 9, 9 / Jesaja 62, 11. Matthäus 27, 9–10 behauptet, die Erfüllung eines Prophetenwortes zu sein, das irrtümlicherweise Jeremia zugeschrieben wird, sich jedoch in

Wirklichkeit bei Sacharja 11, 12 findet – ein weiterer Beweis für die «Unfehlbarkeit» des Textes.

32) Das Stigma, das der Unehelichkeit bei den Juden des ersten Jahrhunderts u. Z. anhaftete, war beträchtlich. Vgl. S. Mitchell, *The Gospel According to Jesus* (HarperCollins, New York, 1991).

33) Vgl. ebenda, S. 78, sowie J. Pelikan, *Jesus through the Centuries* (Harper and Row, New York, 1987), S. 80.

34) B. Pascal, *Gedanken. Über die Religion und einige andere Themen* (Reclam, Ditzingen, 2004).

35) Nietzsche hatte es erfasst, als er schrieb: «Das jammervollste Beispiel – die Verderbnis Pascals, der an die Verderbnis seiner Vernunft durch die Erbsünde glaubte, während sie nur durch sein Christentum verdorben war.» (aus: Nietzsche, *Der Antichrist*) Es stimmt, für Pascal war das, was er in der Nacht zum 24. November 1654 erlebte, eine erstaunliche kontemplative Erfahrung – eine Erfahrung, die ihn voll und ganz zu Jesus Christus bekehrte. Ich zweifle nicht an der Kraft, die solchen Erfahrungen innewohnt, doch ist mir auch völlig klar, dass Erfahrungen dieser Art ebenso wenig ein Spezifikum frommer Christen sind wie etwa Tränen der Freude. Hindus, Buddhisten, Moslems, Juden sowie Animisten jeglicher Façon hatten im Laufe der Geschichte ganz ähnliche Erlebnisse. Als hochintelligenter und gelehrter Mann hätte Pascal dies wissen müssen. Dass er es nicht wusste (oder es zu ignorieren beschloss), zeugt von der abstumpfenden Wirkung der Orthodoxie.

36) Sie rächten sich auch an ihren römischen Verfolgern: «Die Christen warfen Maximians Gemahlin in den Orontes und töteten all seine Angehörigen. In Ägypten und Palästina metzelten sie die Richter nieder, die sich dem Christentum am stärksten widersetzt hatten. Die Witwe und die Tochter Diokletians, die sich nach Thessaloniki abgesetzt hatten, wurden dort erkannt; ihre Leichname warf man ins Meer.» (Voltaire, «Christentum», *Philosophisches Wörterbuch).*

37) Wistrich, *Anti-Semitism*, S. 19–20.

38) Augustinus, *De Civitate Dei*, XVIII.

39) Vgl. J. Trachtenberg, *The Devil and the Jews: The Medieval Conception of the Jew and Its Relation to Modern Anti-Semitism* (1943; Nachdruck: Jewish Publication Society, Philadelphia, 1983), S. 153.

40) ebenda, S. 140.

41) ebenda, S. 114. Nach der Reformation, die den Glauben an

die Transsubstantiationslehre ablehnte, galten Hostienentweihungen als weniger gravierend. So geschah es, dass im schismatischen 16. Jahrhundert das Interesse sich auf die Verfolgung von Juden als «Zauberern» verlagerte.

42) Sowohl in der ägyptischen Zeitung *Al Akhbar* als auch in dem saudi-arabischen Blatt *Al Riyadh* erschienen Artikel, die jene Blutanklage vorgeblich bestätigten. In seinem Buch *The Matzoh of Zion* bezichtigt der syrische Verteidigungsminister Mustafa Tlas die Juden des Ritualmordes. Einschlägige Nazipropaganda aus den 30er Jahren erscheint nun auf islamistischen Webseiten. Vgl. Kertzer, «Modern Use».

43) Zitiert in: Pätzold, Kurt und Weissbecker, Manfred: *Rudolf Hess* (Militzke, Leipzig, 2003).

44) J. Glover, *Humanity: A Moral History of the Twentieth Century* (Yale University Press, New Haven, 1999), S. 360–61.

45) D. J. Goldhagen, *Hitler's Willing Executioners: Ordinary Germans and the Holocaust* (Alfred A. Knopf, New York, 1996), S. 328. (deutsche Ausgabe: *Hitlers willige Vollstrecker. Ganz gewöhnliche Deutsche und der Holocaust*, Goldmann, München, 2000).

46) Kertzer, «Modern Use».

47) Es ist in Mode gekommen, zu behaupten, der wahre Schrecken des Holocaust liege, abgesehen von seinem Ausmaß, darin, dass er Ausdruck von *Ratio* gewesen sei und daher von einer der westlichen Aufklärungstradition innewohnenden Pathologie zeuge. Dass diese Behauptung stimmt, halten viele Gelehrte für selbstverständlich – da niemand bestreiten kann, dass Technologie, Bürokratie und systematisches Führungsdenken die Umsetzung der völkermörderischen Absichten des Dritten Reichs erst möglich machten. Hier verbirgt sich die romantische These, die Vernunft weise selbst eine «Schattenseite» auf und sei daher zur Gewährleistung des menschlichen Glücks die falsche Adresse. Dies jedoch ist eine erschreckende Fehlinterpretation der Gegebenheiten. Der Holocaust kennzeichnete den Gipfelpunkt deutschen Stammesdenkens sowie eines zweitausendjährigen Aufbegehrens der Christen gegen die Juden. Mit Ratio oder Vernunft hatte all das nichts zu tun. Man gebe einem Schimpansen ein Teleskop in die Hand. Wenn er es dem nächstbesten Affen über den Schädel schlägt, lässt sich dies ebenso gut als «Schattenseite» der Ratio interpretieren. (In: K. Wilber, *Sex, Ecology, Spirituality* [Shambhala, Boston, 1995], S. 663–64, wird der gleiche Standpunkt vertreten.)

48) M. Gilbert, *The Holocaust: A History of the Jews of Europe during the Second World War* (Henry Holt, New York, 1985), S. 22.
49) ebenda
50) Zitiert in G. Wills, «Before the Holocaust», *New York Times Book Review*, 23. September 2001.
51) Zitiert in Goldhagen, *Hitler's Willing Executioners* (dt.: *Hitlers willige Vollstrecker*), Seite 106. Natürlich beschränkte der von der Kirche ausgehende Antisemitismus sich nicht auf Deutschland. Man lese die Stellungnahme des polnischen Primas der römisch-katholischen Kirche, August Kardinal Hlond, in einem Hirtenbrief aus dem Jahre 1936: «Solange es Juden gibt, wird es auch ein jüdisches Problem geben. Es ist eine Tatsache, dass die Juden gegen die katholische Kirche kämpfen, am Freidenkertum festhalten und dass sie die Vorhut von Gottlosigkeit, Bolschewismus und Umsturz bilden (...) Es ist eine Tatsache, dass die Juden betrügen, Zinsen erheben und dass sie Zuhälter sind. Es ist eine Tatsache, dass der religiöse und ethische Einfluss junger jüdischer Menschen auf junge polnische Menschen negativer Art ist.»
52) G. Lewy, *The Catholic Church and Nazi Germany* (McGrawHill, New York, 1964), S. 282, zitiert in: Goldhagen, *Hitler's Willing Executioners* (dt: *Hitlers willige Vollstrecker*), S. 110.
53) Zitiert in: L. George, *Crimes of Perception: An Encyclopedia of Heresies and Heretics* (Paragon House, New York, 1995), S. 211.
54) Papst Johannes Paul II., *Crossing the Threshold of Hope* (Alfred A. Knopf, New York, 1994; dt.: *Die Schwelle der Hoffnung überschreiten*), S. 10. Dieses Buch ist fürwahr ein atemberaubendes Machwerk aus Sophisterei, Ausweichmanövern und Engstirnigkeit. Es belegt meine These in nahezu jeder Zeile, allen gelehrten Verweisen auf Wittgenstein, Feuerbach und Ricoeur zum Trotz.
55) M. Aarons und J. Loftus, *Unholy Trinity: The Vatican, the Nazis, and the Swiss Banks*, überarbeitete Neuauflage (St. Martin's Griffin, New York, 1998); G. Sereny, *Into That Darkness: An Examination of Conscience* (Vintage, New York, 1974).
56) Vgl. Sereny, *Into That Darkness*, S. 318.
57) Vgl. z. B. Glover, *Humanity*, Kapitel 40.

Das Problem mit dem Islam

1) Wie wir im 2. Kapitel gesehen haben, ist dies eine unmittelbare Folge dessen, was es (in logischer, psychologischer und verhaltensmäßiger Hinsicht) bedeutet, zu glauben, unsere Glaubensinhalte würden die Welt so widerspiegeln wie sie wirklich ist. Sobald man glaubt, in religiösen (oder spirituellen, oder ethischen) Behauptungen sei irgendeine wesentliche Aussage enthalten, ist man verpflichtet, einzuräumen, dass sie mehr, aber auch weniger exakt, umfassend oder sinnvoll sein können. Von derartigen Hierarchien ist die gesamte Weltstruktur durchdrungen. Im 6. Kapitel werden wir uns den Bereich der Ethik genauer ansehen.

2) In seinem Essay «The Strategic Logic of Suicide Terrorism» (American Political Science Review 97, Nr. 3 [2003], S. 20–32) erklärt R. A. Pape, Selbstmordterrorismus sei am besten als strategisches Mittel zur Erreichung gewisser wohldefinierter nationalistischer Ziele aufzufassen und sollte keineswegs als die Folge einer religiösen Ideologie betrachtet werden. Zur Untermauerung dieser These berichtet er davon, wie die Hamas und der Islamische Dschihad auf systematische Weise Selbstmordattentate verübten, um die israelische Regierung zu Zugeständnissen zu bewegen. Wären diese Organisationen lediglich «vernunftwidrig» oder «fanatisch», so Pape, müssten wir nicht mit einem solch kalkulierten Einsatz von Gewalt rechnen. Ihre Motive müssten daher vorwiegend nationalistischer Prägung sein. Wie die meisten Kommentatoren dieses infernalischen Verschleißes an Menschenleben ist Pape anscheinend nicht in der Lage, sich vorzustellen, wie es wäre, tatsächlich zu *glauben*, was Millionen von Moslems zu glauben vorgeben.

3) B. Lewis, *The Crisis of Islam: Holy War and Unholy Terror* (Modern Library, New York, 2003), S. 32.

4) M. Ruthven, *Islam in the World*, 2. Auflage (Oxford University Press, Oxford, 2000).

5) Einige dieser Hadithe finden sich bei Lewis, *Crisis of Islam*, S. 32. Andere entstammen einer Internet-Datenbank: www.usc.edu/dept/MSA/reference/searchhadith.html

6) Lewis, *Crisis of Islam*, S. 55.

7) «Götzenverehrung ist schlimmer als jedes Blutbad.» (Koran 2: 190) Das Gebot des Großmoguls Akbar (1556–1605) bildet hier eine Ausnahme, doch Akbars Toleranz gegenüber dem Hinduismus war

auch eine unverhohlene Verletzung des islamischen Gesetzes.

8) F. Zakaria, *The Future of Freedom: Illiberal Democracy at Home and Abroad* (W. W. Norton, New York, 2003), S. 126.

9) Vgl. A. Dershowitz, *The Case for Israel* (John Wiley, Hoboken, N J, 2003), S. 61.

10) Diese Fakten und Daten stammen aus R. S. Wistrich, *Anti-Semitism: The Longest Hatred* (Schocken Books, New York, 1991), sowie Dershowitz, *Case for Israel.*

11) L. Binder, *Islamic Liberalism: A Critique of Development Ideologies* (University of Chicago Press, Chicago, 1988), S. 129.

12) A. Cowell, «Zeal for Suicide Bombing Reaches British Midland», *New York Times*, 2. Mai 2003. Man betrachte den Fall von England: Britische Moslems kämpften mit den Taliban, planten Terroranschläge im Jemen, versuchten Flugzeuge in die Luft zu sprengen, und entführten und töteten westliche Journalisten in Pakistan. Vor Kurzem unterstützten zwei britische Bürger als Freiwillige Selbstmordmissionen in Israel (einer war erfolgreich, der andere nicht). In dem Buch *Terrorist Hunter* (HarperCollins, New York, 2003), dessen anonymer Verfasser als verdeckter Ermittler agierte, um den Verlauf muslimischer Zusammenkünfte in den USA auf Band mitzuschneiden, ist von einem schockierenden Ausmaß an Intoleranz bei im Westen lebenden Moslems die Rede.

13) Lewis, *Crisis of Islam*, XXVIII.

14) Ruthven, *Islam in the World*, S. 137.

15) In seiner Weisheit äußerte Yusuf Islam sich in einer schriftlichen Antwort an alle, die geschockt waren von seiner offenkundigen Billigung der Fatwa Khomeinis, wie folgt: «Im islamischen Gesetz ist ganz klar geregelt, was mit Menschen zu geschehen hat, die sich der Gotteslästerung schuldig gemacht haben: Sie müssen mit dem Tod bestraft werden.» (Vgl. catstevens.com/articles/00013)

16) K. H. Pollack, «The Crisis of Islam: Faith and Terrorism in the Muslim World», *New York Times Book Review*, 6. April 2003.

17) Wie Thomas Carlyle (1795–1881) schrieb: «Ich muss sagen, es ist die mühseligste Lektüre, mit der ich mich je beschäftigt habe. Ein ermüdender Wirrwarr, plump und ungehobelt; endlose Wiederholungen, Langatmigkeit und Chaos ... kurz gesagt, unerträgliche Dummheit! Nichts außer Pflichtgefühl könnte einen Europäer dazu bewegen, den Koran durchzulesen!» Zitiert in: Ruthven, *Islam in the World*, S. 81–82.

18) Zitiert bei P. Berman, *Terror and Liberalism* (W. W. Norton, New York, 2003), S. 68.

19) www.people-press.org

20) Christoph Luxenberg (es handelt sich um ein Pseudonym), ein deutscher Experte für alte semitische Sprachen, erklärte kürzlich, die «Jungfrauen» (arabisch *hur*, als *houris* transkribiert – wörtlich «die Weißen»), mit denen das muslimische Paradies ausgestattet ist, seien das Resultat einer Fehlübersetzung. Offensichtlich schöpften die Koranstellen, in denen das Paradies beschrieben wird, aus früheren christlichen Quellen, in denen häufig das aramäische Wort *hur* verwendet wird, das so viel bedeutet wie «weiße Rosinen». Jene weißen Rosinen galten in der antiken Welt offenbar als große Delikatesse. Man stelle sich den Gesichtsausdruck eines jungen Märtyrers vor, der sich bei seinen zahlreichen Komplizen in einem Paradies wiederfindet, wo man ihm die siebzig erwarteten Houris in Form einer Hand voll Rosinen überreicht. Vgl. A. Stille, «Scholars Are Quietly Offering New Theories of the Koran», *New York Times*, 2. März 2002.

21) S. P. Huntington, *The Clash of Civilizations and the Remaking of World Order* (Simon and Schuster, New York, 1996).

22) E. W. Said, «The Clash of Ignorance», *Nation*, 4. Oktober 2001.

23) E. W. Said, «Suicidal Ignorance», *CounterPunch*, 18. November 2001.

24) Für einen besorgniserregenden Blick auf den wachsenden politischen Einfluss des Christentums in den Entwicklungsländern, vgl. P. Jenkins, «The Next Christianity», *Atlantic Monthly*, Oktober 2002, S. 53–68.

25) Aus dem *Arab Human Development Report 2002* der Vereinten Nationen, zitiert bei: Lewis, *Crisis of Islam*, S. 115–17.

26) Vgl. R. D. Kaplan, «The Lawless Frontier», *Atlantic Monthly*, März 2000, S. 66–80.

27) S. Atran, «Opinion: Who Wants to Be a Martyr?», *New York Times*, 5. Mai 2003. Atran berichtet auch, ein pakistanischer Katastrophenhelfer, der nahezu 250 ambitionierte palästinensische Selbstmordattentäter und ihre Auftraggeber interviewt hatte, sei zu dem Resümee gelangt: «Keiner von ihnen war ungebildet, bettelarm, einfältig oder deprimiert (...) Sie machten alle den Eindruck, ganz normale Mitglieder ihrer Familien zu sein.» Er bezieht sich auch auf eine im Jahr 2001 vom Palästinensischen Zentrum für Politik und

Umfrageforschung durchgeführte Erhebung, derzufolge «erwachsene Palästinenser mit einer mindestens zwölfjährigen Schulbildung Bombenangriffe mit weitaus größerer Wahrscheinlichkeit unterstützen als solche, die nicht lesen können».

28) B. Hoffman, «The Logic of Suicide Terrorism», *Atlantic Monthly*, Juni 2003, S. 40–47.

29) Dies könnte im Iran in der Tat passieren. Nachdem es nun tatsächlich in einer moslemischen Theokratie lebt, hat das iranische Volk wenig Illusionen, seine Probleme könnten die Folge seiner unzureichenden Anpassung an den Islam sein.

30) Zakaria bezieht sich in *Future of Freedom* auf eine CNN-Umfrage, die im Februar 2002 in neun moslemischen Staaten durchgeführt wurde. Etwa 61 Prozent der Befragten glaubten, die Angriffe vom 11. September seien nicht von Arabern ausgegangen. Die restlichen 39 Prozent stehen zweifellos für Millionen von Menschen, die der Meinung sind, die arabische Welt habe sich um eine Großtat verdient gemacht.

31) Es wäre unmöglich, der blühenden muslimischen Fantasie im Rahmen dieses Buches gerecht zu werden. Um nur ein absurdes Beispiel anzuführen: Viele Iraker glauben anscheinend, die umfassenden Plünderungen, zu denen es nach dem Sturz des Saddam-Regimes kam, seien von Amerikanern und Israelis als Teil einer zionistischen Verschwörung organisiert worden. Die Angriffe auf amerikanische Soldaten seien von CIA-Agenten «als Teil einer Geheimoperation zur Rechtfertigung einer Verlängerung der US-Militärokkupation» ausgeführt worden. Wow! Vgl. J. L. Anderson, «Iraq's Bloody Summer», *New Yorker*, 11. August 2003, S. 43–55.

32) Berman, *Terror and Liberalism*, S. 153.

33) Vgl. auch M. B. Zuckerman, «Graffiti on History's Walls», *U. S. News and World Report*, 3. November 2003, S. 43–55.

34) Dershowitz, *Case for Israel*.

35) Diese wundersame Himmelfahrt (*mi'raj*) wird in voller Länge nur im Hadith beschrieben, obgleich der Koran (17: 1) darauf Bezug nimmt. Der Vergleich zwischen Israelis und Nazis wirkt besonders ungeheuerlich, wenn man bedenkt, dass die Palästinenser sich während der Kriegsjahre als Handlanger der Nazis hervortaten. Ihre wohlgeplanten Angriffe auf Juden in den 30er- und 40er-Jahren führten dazu, dass von den Tausenden europäischer Juden Hunderte ums Leben kamen, denen von den Briten sonst Asyl gewährt worden

wäre. Dieses Schicksal scheint keineswegs unausweichlich gewesen zu sein. Hajj Amin al-Husseini, Großmufti von Jerusalem und Palästinenserführer während der Kriegsjahre, war für die Nazis als Berater in der Judenfrage tätig. Er bekam von Heinrich Himmler eine Privatführung durch Auschwitz gewährt und spielte mit dem Gedanken, in Palästina eigene Todeslager für die Juden zu errichten, wenn die Deutschen erst den Krieg gewonnen hätten. Diese Umtriebe wurden weitherum publik gemacht, sie vermochten al-Husseinis Beliebtheit in der arabischen Welt nur noch zu steigern. Ägypten gewährte dem von den Alliierten gesuchten Kriegsverbrecher Asyl. Noch im Jahre 2002 bezeichnete Jassir Arafat als Chef der Palästinensischen Autonomiebehörde Husseini als «Helden». Vgl. Dershowitz, *Case for Israel*, S. 56.

36) Berman, *Terror and Liberalism*, S. 183.

37) ebenda, S. 206–7.

38) Vgl. ebenda, S. 108: «Khomeini entfachte eine derartige religiöse Inbrunst für diese Art von Massensterben, dass viele glaubten, auf Befehl Khomeinis in einer menschlichen Angriffswelle zu sterben, sei das erhabenste und schönste Schicksal überhaupt. Überall im Iran strebten junge Männer, ermutigt von ihren Müttern und Familien, danach, Teil jener menschlichen Angriffswellen zu werden – strebten tatkräftig nach dem Märtyrertod. Es war eine Massen-Selbstmordbewegung. Der Krieg war eines der makabersten Ereignisse, die je stattgefunden haben.»

39) ebenda.

40) J. Baudrillard, *The Spirit of Terrorism*, übersetzt v. C. Turner (Verso, New York, 2002).

41) Es mag seltsam anmuten, in diesem Buch auf Titulierungen wie «unsere Feinde» zu stoßen, die ohne erkennbare Hemmungen geäußert werden, und für mich ist es seltsam, sie zu Papier zu bringen. Doch es besteht kein Zweifel, dass es Feinde sind, die wir da haben (und ich überlasse es dem Leser, wie eng oder großzügig er den Begriff «wir» interpretieren möchte). Der liberale Trugschluss, mit dem ich in vorliegendem Abschnitt aufzuräumen versuche, besteht in der Ansicht, wir hätten uns diese Feinde *gemacht* und seien mit ihnen daher «moralisch auf gleicher Stufe». Das sind wir nicht. Eine nähere Betrachtung ihrer religiösen Ideologie zeigt, dass wir es mit Menschen zu tun haben, die uns dem Schwert ausgeliefert hätten, wäre es ihnen nur möglich gewesen, und zwar lange bevor die Weltbank,

der Internationale Währungsfonds und die Welthandelsorganisation auch nur ein Glitzern im Auge des ersten gefräßigen Globalisierers gewesen wären.

42) N. Chomsky, *9-11* (Seven Stories Press, New York, 2001), S. 119.

43) P. Unger, *Living High and Letting Die: Our Illusion of Innocence* (Oxford University Press, Oxford, 1996).

44) A. Roy, *War Talk* (South End Press, Cambridge, Massachusetts, 2003), S. 84–85.

45) J. Glover, *Humanity: A Moral History of the Twentieth Century* (Yale University Press, New Haven, 1999), S. 58.

46) ebenda, S. 61.

47) Sind Absichten wirklich das Entscheidende? Was sagen wir zum Beispiel zu jenen christlichen Missionaren in der Neuen Welt, die indianische Säuglinge erst tauften und dann sofort töteten, um ihnen den Weg in den Himmel zu bereiten? Ihre Absichten waren (scheinbar) gut. War ihr Handeln ethisch? Ja, innerhalb der Grenzen einer jämmerlich beschränkten Weltsicht. Der mittelalterliche Apotheker, der seinen Patienten Quecksilber verabreichte, versuchte wirklich zu helfen. Er wusste nur nicht Bescheid über die Wirkung, die Quecksilber im menschlichen Körper hervorruft. Absichten spielen eine Rolle, aber nicht die einzige.

48) Zakaria, *Future of Freedom*, S. 138.

49) ebenda, S. 143.

50) ebenda, S. 123.

51) ebenda, S. 150.

52) Robert Kaplan setzt sich in seinem Essay «Supremacy by Stealth» (*Atlantic Monthly*, Januar 2003, S. 65–83) entschieden dafür ein, solche Eingriffe fast immer verdeckt durchzuführen, und sieht darin in absehbarer Zukunft eine notwendige Verpflichtung für die USA.

53) Glover, *Humanity*, S. 140.

54) M. Rees, *Our Final Hour* (Basic Books, New York, 2003), S. 42.

Diesseits von Eden

1) Bei einem gemeinsamen Essen im Jahre 1971 sagte Reagan zu dem kalifornischen Senatspräsidenten James Mills, alles deute da-

rauf hin, dass «die Schlacht von Armageddon und die Wiederkunft Christi» nahe bevorstünden. Als US-Präsident gestattete er dem Fernsehprediger Jerry Falwell die Teilnahme an Besprechungen des Nationalen Sicherheitsrates, und dem Schriftsteller und Armageddon-Verfechter Hal Lindsey erlaubte er, vor Spitzenstrategen des Pentagon eine Rede über einen Atomkrieg mit Russland zu halten. Zitiert in: E. Johnson, «Grace Halsell's Prophecy and Politics: Militant Evangelists on the Road to Nuclear War», *Journal of Historical Review* 7, Nr. 4 (Winter 1986).

2) Für eine eingehende Analyse vgl. G. Gorenberg, *The End of Days: Fundamentalism and the Struggle for the Temple Mount* (Oxford University Press, Oxford, 2000).

3) ebenda, S. 80.

4) «Justice Roy Moore's Lawless Battle», Editorial der *New York Times*, 17. Dezember 2002.

5) Frank Rich, «Religion for Dummies», *New York Times*, 23. April 2002.

6) www.gallup.com

7) Rich, «Religion». Vgl. auch F. Clarkson, *Eternal Hostility: The Struggle between Theocracy and Democracy* (Common Courage Press, Monroe, Maine, 1997).

8) E. Bumiller, «Evangelical Sway White House on Human Rights Issues Abroad», *New York Times*, 26. Oktober 2003.

9) C. Mooney, «W.'s Christian Nation», *American Prospect*, 1. Juni 2003. Vgl. auch die Website der «Americans United for Separation of Church and State» (www.au.org).

10) Ein Hinderungsgrund bei der Vergabe staatlicher Gelder an religiöse Organisationen besteht darin, dass diese Organisationen nicht denselben Gleichstellungsverordnungen der Arbeitsgesetzgebung unterworfen sind wie der übrige Bereich des gemeinnützigen Wesens.

11) M. Dowd, «Tribulation Worketh Patienca», *New York Times*, 9. April 2003.

12) W. M. Arkin, «The Pentagon Unleashes a Holy Warrior», *Los Angeles Times*, 16. Oktober 2003.

13) J. Hendren, «Religious Groups Want Outspoken General Punished», *Los Angeles Times*, 17. Oktober 2003.

14) G. H. Gallup Jr., *Religion in America* 1996 (Princeton Religion Research Center, Princeton, 1996).

15) Paul Krugman, «Gotta Have Faith», *New York Times*, 27. April 2002.

16) A. Scalia, «God's Justice and Ours», *First Things*, Mai 2002, S. 17–21.

17) www.gallup.com/poll/releases/pr030519.asp

18) Mooney, «W.'s Christian Nation».

19) Vgl. Scalias Einwand gegen *Daryl Renard Atkins, Petitioner, v. Virginia*, wegen Aktenanforderung beim Obersten Gerichtshof von Virginia, 20. Juni 2002.

20) Vgl. Scalias Einwand gegen *John Geddes Lawrence* und *Tyron Garner, Petitioners v. Texas*, wegen Aktenanforderung beim Berufungsgericht Texas, 14. Distrikt, 26. Juni 2003.

21) Am Abend vor seiner Hinrichtung behauptete Ted Bundy, als Folge von Gewaltpornografie hätten sich in seinem Kopf ein paar schreckliche Gedanken unauslöschlich eingegraben. Für eine Beschäftigung mit diesem Thema vgl. R. Shattuck, *Forbidden Knowledge: From Prometheus to Pornography* (St. Martin`s Press, New York, 1996).

22) Es gibt einen Unterschied zwischen öffentlichen und privaten Freiheiten, den ich hier unter den Tisch fallen lassen habe. Natürlich gibt es zahllose Handlungen, die man auf privater Ebene ungestraft ausführen kann, die wir aber an fast allen öffentlichen Orten verboten haben, weil sie für andere ein Ärgernis darstellen.

23) Zum Glück erlangten diese Gesetze durch die Entscheidung des Obersten Gerichtshofes im Fall Lawrence and Garner gegen Texas uneingeschränkte Gültigkeit. (vgl. www.cnn.com/2003/LAW/06/26/scotus.sodomy).

24) Es ist lehrreich, das Drogenproblem aus Sicht des Gesundheitswesens zu betrachten: Durch das Verbot, Abhängige mit sauberen Nadeln zu versorgen, kam es zu einem Anstieg von AIDS, Hepatitis C und weiteren durch Blut übertragbaren Krankheiten.

25) L. Carroll, «Fetal Brains Suffer Badly from the Effects of Alcohol», *New York Times*, 4. November 2003.

26) www.drugwarfacts.com

27) www.rand.org/publications/RB/RB6010/

28) Diese Ereignisse werden geschildert in: E. Schlosser, *Reefer Madness: Sex, Drugs, and Cheap Labor in the American Black Market* (Houghton Mifflin, New York, 2003).

29) Rund 51 Prozent aller Gewalttäter werden nach höchstens zwei

Jahren, 76 Prozent nach höchstens vier Jahren aus der Haft entlassen (www.lp.org), während die Freiheitsstrafe für ein Drogendelikt auf US-Bundesebene durchschnittlich 6 ¼ Jahre beträgt. (Quelle: Büro des Weißen Hauses für Drogenpolitik [ONDCP], *Drug Data Summary*, www.whitehousedrugpolicy.gov).

30) Und dennoch ist dieser Berg aus Unwägbarkeiten noch größer. In vielen US-Staaten kann jemand, der eines Drogendelikts lediglich *beschuldigt* wurde, enteignet werden, wobei 25 Prozent des Grundstückswertes jenen Personen zustehen, die gegen ihn ausgesagt haben. Der Rest des Gewinns fließt an Polizeibehörden, die zur Deckung ihres Budgets auf solche Enteignungen inzwischen angewiesen sind. Auf genau dieselbe Weise wurden während der Inquisition Anreize geschaffen, die zu einer ganz ähnlichen Art von Korruption führten.

31) Aus dem ONDCP *Drug Data Summary* (März 2003). Der Krieg gegen Drogen hat sich auch zu einer großen Maschinerie rassischer Ungerechtigkeit entwickelt: Während die Schwarzen nur 12 Prozent der US-Bevölkerung sowie 13 Prozent aller Drogenkonsumenten ausmachen, sind dennoch 38 Prozent derer, die aufgrund von Drogendelikten verhaftet werden, sowie 59 Prozent der einschlägig Verurteilten Schwarze. Unsere Drogengesetze sind mitverantwortlich für die epidemieartige Vaterlosigkeit beim schwarzen Bevölkerungsanteil, was zusammen mit den Profiten und dem daraus resultierenden illegalen Drogenhandel unsere innerstädtischen Bezirke ins Chaos gestürzt hat. (vgl. www.drugwarfacts.com)

32) ebenda.

33) Bei M. S. Gazzaniga («Legalizing Drugs: Just Say Yes», *National Review*, 10. Juli 1995, S. 26–37) findet sich eine ganz ähnliche Einschätzung. Überflüssig zu sagen, dass die Kosten im Laufe der Zeit natürlich gestiegen sind.

34) W. E. F. Buckley Jr., «The War on Drugs Is Lost», *National Review*, 12. Februar 1996.

35) www.lindesmith.org

36) Wann geschah es zum letzten Mal, dass jemand getötet wurde, weil bei einem Alkohol- oder Tabakdeal etwas schiefgelaufen war? Wir können darauf vertrauen, dass die gleiche Normalität auch beim Handel mit Drogen einkehren würde, falls jener einer staatlichen Kontrolle unterstünde.

37) Laut US-Regierung finanzieren zwölf der achtundzwanzig of-

fiziell als terroristische Organisationen eingestuften Gruppierungen ihre Aktivitäten aus dem Handel mit Drogen. (vgl. www.theantidrug.com/drugs_terror/terrorgroups.html

38) S. Weinberg, «What Price Glory», *New York Review of Books*, 6. November 2003, S. 55–60.

39) Der ganze Wahnsinn bleibt uns auch weiterhin erhalten, obwohl der legalisierte und kontrollierte Verkauf von Drogen die wohl effizienteste Methode wäre, Drogen von Minderjährigen fernzuhalten (wann geschah es zum letzten Mal, dass auf einem Schulhof mit Wodka gedealt wurde?), das organisierte Verbrechen auszurotten, die Kosten für die Strafverfolgung einzudämmen, die sich auf zig Milliarden Dollar im Jahr belaufen, die Einnahme weiterer Milliarden aufgrund neuer Verkaufsteuern zu gewährleisten und Hunderttausende von Polizeibeamten verfügbar zu machen für die Bekämpfung von Gewaltverbrechen und Terrorismus. Jenem beachtlichen Nutzen steht die Angst entgegen, die Legalisierung von Drogen könnte zu einem unkontrollierbaren Anstieg von Drogenmissbrauch und -abhängigkeit führen. Eine Prise gesunder Menschenverstand jedoch, sowie ein Vergleich der USA mit Staaten wie Holland, zeigt, wie unbegründet solche Ängste sind.

40) Vgl. z. B. D. Kahnemann und A. Tversky, «On the Reality of Cognitive Illusions», *Psychological Review* 103 (1996), S. 582–91.

41) «Misguided Faith on AIDS», Editorial der *New York Times* vom 15. Oktober 2003.

42) N. Kristof, «When Prudery Kills», *New York Times*, 8. Oktober 2003.

43) ebenda.

44) Kristof missversteht auch Einsteins berühmte Worte «Naturwissenschaft ohne Religion ist lahm, Religion ohne Naturwissenschaft ist blind», indem er glaubt, Einstein habe damit der religiösen Gutgläubigkeit seine Anerkennung zollen wollen. Naturwissenschaft ohne Religion sei einfach deshalb lahm, weil «Naturwissenschaft nur von Menschen betrieben werden kann, die vollends erfüllt sind von einer Sehnsucht nach Wahrheit und Verständnis. Eine solche Befindlichkeit jedoch entspringt den Sphären der Religion». Während Naturwissenschaft ohne Religion blind ist, weil die Religion *keinen Zugang zur Wahrheit* besitzt – war es, nach Einsteins Ansicht, gerade die Quelle dieser «Befindlichkeit», dieses Strebens nach etwas Größerem, das sich auf wissenschaftlichem Wege nicht rechtfertigen lässt. Der Glaube

ist daher nur eine Art Hunger; der Verstand ist die Nahrung, die ihn stillt. Einstein sah im Glauben wohl nichts als einen Eunuchen, dazu bestimmt, den Harem zu bewachen, während der Intellekt unterwegs ist, um die Probleme dieser Welt zu lösen. Indem er so tat, als könne Glaube ohne jegliches Streben nach Erkenntnis fortbestehen, sprach er ihn auch frei von der Fähigkeit, sich zu irren. Dies ist nicht die Art von Glauben, wie Evangelikale oder Anhänger anderer Religionen ihn seit alters her praktizieren. Vgl. Einstein, *Ideas and Opinions* (Wings Books, New York, 1954), S. 41–49.

Eine Wissenschaft von Gut und Böse

1) N. Davies, *Europe: A History* (Oxford University Press, Oxford, 1996), S. 543.
2) Diese Verbindung von Glück und Ethik ist nicht nur eine Bestätigung des Nützlichkeitsprinzips (Utilitarismus). Es mag ethische Fragen geben, die sich einer utilitaristischen Analyse entziehen, doch handelt es sich dabei, wie ich finde, um ethische Fragen nur insoweit, als jemand ihretwegen zum Leiden verurteilt ist. Ich habe beschlossen, all jene Kategorien der Moraltheorie auszuklammern, die üblicherweise jede Diskussion über Ethik bestimmen und für die der *Utilitarismus* (oder *Konsequentialismus*) sowie die *Deontologie* die gängigsten Beispiele sind. Ich glaube nicht, dass jene Kategorien begrifflich so exakt umschrieben sind, wie ihre Allgegenwart in der Literatur es glauben macht.
3) Man könnte einwenden, dass jene Verhaltensweisen andere auf eher subtile Weise «zum Opfer machen». Sollte eine zwingende Argumentation dieser Art bestehen, so ist sie mir nicht bekannnt. Es lässt sich zweifelsohne etwas aussagen über die Beziehung zwischen derartigem Verhalten und dem eigenen Glück, zu einer ethischen Angelegenheit jedoch wird sie erst, wenn auch das Glück anderer betroffen ist.
4) Vgl. M. D. Hauser, «Swappable Minds», in: *The Next Fifty Years*, hg. v. J. Brockman (Vintage, New York, 2002).
5) B. Russell, *Why I Am Not a Christian*, hg. v. P. Edwards (Simon and Schuster, New York, 1957), VI.
6) Diese Betrachtung bildete den roten Faden von Carl Gustav Jungs berühmter Analyse der Hiobsgeschichte: *Antwort auf Hiob* (dtv, München, 2001).

7) Die Ansicht, der Mensch verfüge über Willensfreiheit, entspricht sowohl unserer religiösen Vorstellung von «Sünde» als auch unserem Rechtsideal von «ausgleichender Gerechtigkeit». Dadurch ist die Frage nach der Willensfreiheit von mehr als nur philosophischem Interesse. Ohne Willensfreiheit wären Sünder einfach nur schlecht justierte Aufziehpuppen, und den Begriff Gerechtigkeit als Grundlage ihrer Bestrafung (an Stelle von Rehabilitation oder bloßem In-Schach-Halten) zu bemühen, würde zutiefst widersprüchlich anmuten. Zum Glück wird sich herausstellen, dass wir uns hinsichtlich des Stellenwerts, den eine Person in der kausalen Ordnung einnimmt, keinerlei Illusionen hinzugeben brauchen, um sie für ihre Taten haftbar zu machen oder um selbst in Aktion zu treten. Es ist uns möglich, ein stabiles Fundament für Ethik und Rechtsgrundsätze zu finden, ohne uns irgendwelchen kognitiven Illusionen hingeben zu müssen.
Der freie Wille ist tatsächlich mehr (oder auch weniger) als eine Illusion, da nie jemand definiert hat, auf welche Weise mentale oder körperliche Vorkommnisse ablaufen müssten, um seine Existenz zu belegen. Vgl. M. Planck, *Where Is Science Going?*, übersetzt und herausgegeben von J. Murphy (1933; Nachdruck: Ox Bow Press, Woodbridge, Connecticut, 1981); B. Libet, «Do We Have Free will?», *Journal of Consciousness Studies* 6, Nr. 8–9 (1999), S. 47–57; S. A. Spencer und C. D. Frith, «Towards a Functional Anatomy of Volition», ebenda, S. 11–29; A. L. Roskies, «Yes, But Am I free?», *Nature Neuroscience* 4 (2001): 1161; und D. M. Wegner, *The Illusion of Conscious Will* (MIT Press, Cambridge, 2002). Es ist jedoch seit Langem offenkundig, dass jeder Versuch, den Willen im Sinne von Ursache und Wirkung zu beschreiben, uns in eine moralische und logische Falle lockt, denn entweder wird unser Wille von vorangehenden Ursachen bestimmt – dann sind wir nicht für ihn verantwortlich. Oder er ist ein Produkt des Zufalls – dann sind wir ebenfalls nicht für ihn verantwortlich. Die Vorstellung von Willensfreiheit mutet besonders suspekt an, wenn wir uns unser Gehirn ansehen. Wenn die «Wahl», den Präsidenten zu erschießen, auf einem bestimmten Muster neuronaler Aktivität beruht, und diese neuronale Aktivität wiederum das Produkt vorangehender Ursachen ist – vielleicht des nachteiligen Zusammenspiels einer unglücklichen Kindheit, schlechter Genen sowie eines Bombardements von kosmischen Strahlen – was bedeutet es dann eigentlich noch, zu sagen, der Wille sei «frei»? Trotz der klugen Bemühungen zahlreicher Philosophen,

welche versuchten, die Willensfreiheit sowohl mit deterministischen als auch indeterministischen Auffassungen von Geist und Gehirn «unter einen Hut zu bringen», erscheint das Vorhaben hoffnungslos. Dass die Willensfreiheit auf so stetige Weise ein zu analysierendes Problem blieb, liegt an der Tatsache, dass die meisten von uns das *Gefühl* haben, ihre Aktionen und Aufmerksamkeitsleistungen (wie schwer es auch immer sein mag, diesem Begriff in logischer oder wissenschaftlicher Hinsicht einen Sinn abzuringen) frei bestimmen zu können. Man kann mit Sicherheit sagen, dass sich nie jemand dazu veranlasst sah, die Existenz der Willensfreiheit in Frage zu stellen, da sie als abstrakte Idee äußerst vielversprechend ist.
Was die meisten übersehen: Die Willensfreiheit verträgt sich nicht einmal mit irgendeiner *subjektiven* Tatsache über uns. Ingolgedessen führt eine rückhaltlose Selbstbeobachtung schon bald zu einer ebenso feindseligen Haltung gegenüber der Vorstellung von einem freien Willen wie die Gleichungen der Physik, da erkennbar spontane Willensakte nur selten stattfinden und sich diese Akte nicht zu einem Entstehungspunkt im Bewusstseinsstrom zurückverfolgen lassen. Einige Momente der ernsthaften Selbstprüfung, und der Leser wird feststellen, dass er ebenso wenig Urheber des nächsten von ihm gedachten Gedankens ist, wie ich Urheber des nächsten zu Papier gebrachten Gedankens bin.

8) Vielleicht haben wir die ethische Verpflichtung, bestimmte Steine für künftige Generationen zu erhalten; dies jedoch ist eine Verpflichtung gegenüber anderen Menschen, nicht gegenüber den Steinen selbst. Die Gleichsetzung des Bewusstseins eines Lebewesens mit etwas, «das sich anfühlt, so zu sein» wie besagtes Lebewesen, stammt von T. Nagel, «What Is It like to Be a Bat», in *Mortal Questions* (Cambridge University Press, Cambridge, 1979).

9) Das heißt, sie *verspürten* keinen Schmerz im Sinne eines Phänomens; selbst Descartes erkannte, dass Tiere gewisse Reize mieden – er glaubte nur nicht, dass sie es taten, weil da etwas war, das sich für sie «danach anfühlte». Sein diesbezüglicher Irrtum stützt sich auf ein Körnchen Wahrheit: Es ist vorstellbar, dass sich etwas bewusst *anfühlt,* ohne wirklich bewusst zu *sein* (z. B. sagt ein erfolgreiches Ablegen des Turing-Tests nichts darüber aus, ob ein physikalisches System über Bewusstsein verfügt oder nicht; es verleiht uns nur, von außen, das Gefühl, dass dies vermutlich der Fall ist). Der Behaviorismus gelangt zu der Lehrmeinung, dass bewusst zu *erscheinen* alles

ist, wessen es bedarf, um bewusst zu *sein*. Sollte hierin ein Körnchen Wahrheit stecken, habe ich es leider noch nicht entdeckt.

10) Zitiert in: J. M. Masson und S. McCarthym, *When Elephants Weep: The Emotional Lives of Animals* (Delacorte Press, New York, 1995), S. 18.

11) Was hier auf dem Spiel steht, sollte jedem klar sein. Wie fühlt es sich an, ein Schimpanse zu sein? Wüssten wir genauer Bescheid über das Erleben von Schimpansen, würde selbst der behutsamste Einsatz dieser Affenart in der Forschung plötzlich skrupellos und grausam anmuten. Wäre es möglich, mit einem jener Lebewesen zu tauschen, würden wir es als gar nicht mehr so ethisch empfinden, ein Schimpansen-Geschwisterpaar einfach zu trennen, geschweige denn, ihre Körper invasiven Prozeduren zu unterziehen, nur um unsere Neugier zu stillen. Es sollte stets bedacht werden, dass es hier mit Sicherheit neue Fakten zu entdecken gibt, ob unsere Methoden zu ihrer Entdeckung nun jemals ausreichen werden oder nicht. Verspüren Schweine, die man zum Schlachthaus führt, so etwas wie Grauen? Verspüren sie eine Art von Grauen, wie kein ehrbarer Mensch ihn einem anderen gefühlsbegabten Lebewesen jemals zumuten würde? Davon haben wir im Moment keine Ahnung. Was wir wirklich wissen (oder wissen sollten), ist, dass eine Antwort auf diese Frage auf unser Verhalten tief greifende Auswirkungen haben könnte. Damit soll lediglich gesagt werden, dass unser Gespür für Mitleid und ethische Verantwortung sich daran orientiert, ob ein Lebewesen uns in seiner Phänomenologie ähnelt oder nicht. Mitleid ist jedoch eine Reaktion auf Leid – und somit hat das Potenzial einer Kreatur, zu leiden, Vorrang.

12) Eine neuere Übersicht über die kognitive Neurowissenschaft der moralischen Kognition findet sich bei W. D. Casebeer, «Moral Cognition and Its Neural Constituents», *Nature Reviews Neuroscience* 4 (2003), S. 840-46. Es ist eindeutig zu früh, aus diesem Forschungsgebiet irgendwelche wesentlichen Schlussfolgerungen zu ziehen.

13) Es gibt eine Menge Literatur zum Thema Moral und Ethik (für mich sind diese Worte austauschbar), doch wie die meisten Autoren, die Ansprüche auf eine «Erste Philosophie» erheben, fand ich für sie hier nicht allzu viel Verwendung. Bei der Betrachtung ethischer Fragen sollten wir, wie ich finde, erst unser Reservoir an gesundem Menschenverstand ausschöpfen, bevor wir das Reservoir

an vergangenen Philosophien zu durchforsten beginnen. In diesem Punkt sind meine Eingebungen auf unbestimmte Weise kantisch und sorgen deshalb dafür, dass ich um Kant ebenso einen Bogen mache wie um andere Philosophen. Diese Vorgehensweise – zu behaupten, den «gesunden Menschenverstand» zu bemühen, wo andere sich in Detailfragen verbissen haben – birgt das Risiko, dass man viele der Fragen, die für manchen Leser interessant wären, geradezu heraufbeschwört. In der Tat, was dem einen als gesunder Menschenverstand gilt, ist für den anderen bereits der Beginn der Ursünde. Auch ist meine Art und Weise, den Bereich der Ethik einzugrenzen, recht eigenwillig. Infolgedessen werde ich gewisse Belange, die andere gemeinhin als wesentlich für unser Thema erachten, in meine Darstellung nicht aufnehmen können. Dies ist, soweit ich es überblicken kann, weniger eine Schwäche meiner Vorgehensweise als vielmehr eine ihrer Stärken, da ich glaube, dass die Landkarten, auf denen unser moralischer Dschungel verzeichnet ist, dringend einer Überarbeitung bedürfen. Die komplexen Zusammenhänge, die zwischen Moral, Gesetz und Politik existieren, sollen im Moment ebenfalls nicht unser Thema sein. Auch wenn diese Bereiche mit Sicherheit ineinandergreifen, würde eine Analyse ihrer gegenseitigen (und oft angefochtenen) Beeinflussung den Rahmen dieses Buches sprengen.

14) Hier verbirgt sich natürlich ein Zirkelschluss, da nur diejenigen, die den erforderlichen Annäherungsgrad vorweisen können, als «der Aufgabe gewachsen» beurteilt werden. Dieser Zirkelschluss ist jedoch weder eine Eigenheit der Ethik, noch stellt sie ein Problem dar. Dass wir von anderen verlangen, sie mögen ihr Verständnis von gängigen Theorien erst unter Beweis stellen, bevor wir ihre Ansichten ernst nehmen, heißt nicht, dass in unserem Weltverständnis keine Revolutionen möglich sind.

15) C. Hitchens, «Mommie Dearest», *Slate*, 20. Oktober 2003, slate.msn.com.

16) R. Rorty, *Hope in Place of Knowledge: The Pragmatics Tradition in Philosophy* (Institute of European and American Studies, Academia Sinica, Taipei, 1999), S. 90–91.

17) William James wird normalerweise als Vater des Pragmatismus betrachtet. Ob man über ihn sagen will, er habe die Philosophie von Charles Sanders Peirce ausgebaut oder einfach nur verdorben, scheint sich weitgehend als offene Frage zu erweisen – eine Frage,

die sich – je nachdem, welche von James' jeweiligen Anwandlungen man ihr zugrunde legt – in beiderlei Richtungen auf überzeugende Weise beantworten lässt. Es steht außer Frage, dass dieser bedeutende Mann sich auf frappierende Weise selbst widersprach. Wie George Santayana sagte: «Die in Amerika übliche Haltung, [James] als eine hervorragende Persönlichkeit zu preisen, und es allen zu verkünden, gründet auf einem Wohlgefallen an der Art, wie er begann, und einer Außerachtlassung dessen, wohin er ging.» (vgl. seine *Persons and Places* [MIT Press, Cambridge, 1963], S. 401) Was die Lehre des Pragmatismus betrifft, berufe ich mich grundsätzlich auf das Werk von Richard Rorty, der diesen philosophischen Standpunkt so klar und in sich folgerichtig darstellt, wie seine Anhänger oder Kritiker es sich nur wünschen können.

18) Die Betonung von Nützlichkeit anstelle von Wahrheit ist leicht zu karikieren und misszuverstehen – was auch oft geschah, seit William James die Grundlagen des Pragmatismus im Jahre 1898 in einer Vorlesung vor der Philosophical Union an der Universität von Kalifornien erstmals darlegte.

19) P. Berman, *Terror and Liberalism* (W. W. Norton, New York, 2003), S. 171.

20) Wir sollten beachten, dass der Realismus eine erkenntnistheoretische Position vertritt, nicht etwa eine ontologische. Dies bildet auf philosophischem Gebiet eine regelmäßige Quelle der Verwirrung. Zum Beispiel wird oft davon ausgegangen, der Realismus bilde einen Gegenpol zu verschiedenen Formen des Idealismus und Subjektivismus, ja auch zu bestimmten Entwicklungen auf dem Gebiet der physikalischen Wissenschaften (wie Bohrs Interpretation der Quantenmechanik), die dem Geist bei der Steuerung der Schöpfung eine außergewöhnliche Rolle einräumen. Doch selbst wenn der Mond nicht existiert, solange nicht jemand zu ihm hinaufsieht, wäre dies noch immer eine realistische Wahrheit (insofern, als sie unabhängig davon, ob jemand wüsste, ob die Welt auf diese Weise funktioniert, wahr wäre). Zu sagen, die Realität sei ihrem Wesen nach endgültig, heißt nicht, dass diese Endgültigkeit für uns begreifbar sein muss oder dass sie nicht auf hinterhältige Weise trügerisch sein kann, ja nicht einmal, dass Bewusstsein und Denken bei ihrer Festlegung nicht eine wesentliche Rolle spielen können. Würde die Realität jedes Mal ihre Farben ändern, wenn ein Physiker mit den Augen blinzelt, wäre auch dies noch eine *realistische* Wahrheit.

21) Es gibt eine naive Spielart von Realismus, die auch einige Verfechter kennt. Es ist jene Weltsicht, die wir fast alle zusammen mit unseren zehn Fingern und Zehen erben und uns in philosophischer Unschuld bewahren. Diesem Realismus zufolge ist die Welt mehr oder weniger so, wie unser gesunder Menschenverstand es uns sagt: Tische und Stühle existieren in einem dreidimensionalen physikalischen Raum; das Gras ist grün; der Himmel ist blau; alles setzt sich aus Atomen zusammen; und jedes Atom ist vollgepackt mit noch kleineren Teilchen. Die Grundauffassung besteht darin, dass unsere Sinne samt ihren Erweiterungen – Teleskopen, Mikroskopen und so weiter – uns einfach die Fakten dieses Universums liefern, wie sie wirklich sind. Auch wenn diese Annahmen eine notwendige Heuristik darstellen, um auf dieser Welt bestehen zu können, bilden sie dennoch nicht den Stoff, aus dem moderne wissenschaftliche und philosophische Theorien sind. Auch entsprechen sie nicht der Art von Realismus, wie jeder philosophische Realist sie heute vertritt.

22) J. Habermas, *Wahrheit und Rechtfertigung* (Suhrkamp, Frankfurt/M, 1999), S. 246.

23) Für eine Kenntnis sämtlicher relevanter Merkmale der pragmatischen Interpretation der Wahrheit empfiehlt sich die Lektüre der Werke von Donald Davidson. (vgl. Literaturverzeichnis)

24) Dies wird oft fälschlich als «naturalistischer Fehlschluss» bezeichnet. Der naturalistische Fehlschluss nach der Definition von G. E. Moore ist jedoch ein Fehlschluss anderer Art. Moore behauptete, unser Urteil darüber, ob etwas gut sei, lasse sich nicht auf andere Größen wie Glück reduzieren. Zweifellos würde er mir vorwerfen, den naturalistischen Fehlschluss begangen zu haben, indem ich versucht habe, Ethik in Bezug auf menschliches Glück zu definieren. Moore glaubte, sein «Argument der offenen Frage» sei hierbei entscheidend: Zum Beispiel können wir angesichts eines jeden beliebigen Glückszustands fragen: «Ist diese Art von Glück in sich gut?» Dass diese Frage noch immer einen Sinn ergibt, sei ein Hinweis darauf, dass Glück und Gutheit nicht dasselbe sind. Ich würde jedoch sagen, was wir in einem solchen Fall wirklich fragen, lautet: «Ist diese Art von Glück irgendeinem übergeordneten Glück zuträglich (oder abträglich)?» Diese Frage macht ebenfalls Sinn und knüpft unser Urteil darüber, was gut ist, an das Erleben gefühlsbegabter Geschöpfe.

25) S. Pinker, *The Blank Slate* (Viking, New York, 2002), S. 53–54.

26) J. Glover, *Humanity: A Moral History of the Twentieth Century* (Yale University Press, New Haven, 1999), S. 24.

27) Zitiert bei: O. Friedrich, *The End of the World: A History* (Coward McCann & Geoghegan, New York, 1982), S. 61.

28) Die Rolle, die christliche Dogmen beim Wandel einer Sexualneurose zur Grundlage kultureller Unterdrückung spielten, bedarf kaum einer näheren Ausführung. Die vielleicht schockierendsten Enthüllungen der letzten Jahre (neben Tausenden von Berichten über pädophile Priester in den USA) waren wohl die Ereignisse um eine Gruppe von Nonnen, die während der 50er- und 60er-Jahre in ganz Irland Waisenhäuser leiteten. Die Ordensfrauen mit dem irreführenden Namen «Sisters of Mercy» («Die barmherzigen Schwestern») quälten Kinder im Alter ab elf Monaten, indem sie sie auspeitschten, mit heißem Wasser verbrühten und an ihnen erschütternde Akte der psychischen Grausamkeit vollzogen – und zwar aufgrund der «Sünde ihrer Eltern» (das heißt, der Sünde, unehelich geboren worden zu sein). Im Dienste uralten Gedankenguts über weibliche Sexualität, Ursünde, Jungfrauengeburten und so weiter wurden Tausende Kleinkinder gewaltsam der Fürsorge ihrer ledigen Mütter entrissen und zwecks Adoption nach Übersee verschickt.

29) Berichte über Ehrenmorde sickern seit Jahren immer wieder aus moslemischen Ländern zu uns durch. Für ein aktuelles Beispiel vgl. N. Banerjee, «Rape (and Silence about It) Haunts Baghdad», *New York Times*, 16. Juli 2003. Auf der Website der UNICEF findet sich folgende Statistik: 1997 wurden in einer einzigen pakistanischen Provinz schätzungsweise 300 Frauen im Namen der «Ehre» getötet. Schätzungen zufolge waren 1999 mehr als zwei Drittel aller Morde im Gazastreifen und im Westjordanland «Ehrenmorde».

30) Die buddhistische Tradition, in der die Kultivierung solcher Zustände am systematischsten erfolgt, kennt neben *Liebe* und *Mitgefühl* auch *Gleichmut* und *mitfühlende Freude* (das heißt Mit-Freude am Glück anderer). Dem buddhistischen Glauben zufolge gleichen all jene Zustände einander aus.

31) Es müsste halbwegs einleuchten, dass nicht alle Menschen über das gleiche Maß an ethischer Intelligenz verfügen. Vor allem sind nicht alle Menschen gleichermaßen dazu befähigt, die Verbindung zwischen ihren Absichten bezüglich anderer und ihrem eigenen Glück wahrzunehmen. Auch wenn es undemokratisch anmutet, moralisches Wissen in eine Hierarchie zu packen, sind wir uns doch im Klaren

darüber, dass Wissen auf dieser Welt nicht gleichmäßig verteilt sein kann. Das heißt nicht, dass man sich einen großen Bestand an Fakten aneignen muss, um moralisch zu sein. Moral lässt sich eher mit Schach als mit Arznei vergleichen: Es sind nicht allzu viele Dinge, die man verstehen muss, und trotzdem kann es erstaunlich schwer sein, das Gelernte fehlerfrei anzuwenden. Die Forderung, es sollte in Sachen Moral keine «Experten» geben – eine Forderung, die sowohl von Kantianern als auch Anti-Kantianern oft gestellt wird –, ist meiner Meinung nach vergleichbar mit der Forderung, es solle keine Schach-Experten mehr geben, wobei als Beleg angeführt werden könnte, dass alle Beteiligten ja selbst sehen können, wie man die Spielsteine bewegt. Wir brauchen keine Experten, die uns sagen, wie es um die Dinge steht; ebenso wenig brauchen wir Experten, die uns erzählen, dass Grausamkeit falsch ist. Wir brauchen jedoch Experten, die uns erklären, welcher Zug von einer bestimmten Position aus der beste ist; und es bestehen kaum Zweifel, dass wir auch Experten brauchen, die uns sagen, dass alle Menschen ausnahmslos zu lieben uns glücklicher macht, als unsere Liebe auf die zu beschränken, die uns nahestehen (falls dies tatsächlich der Fall ist).

32) *60 Minutes*, 26. September 2002.

33) Dass diese Menschen jedoch auf unbestimmte Zeit, ohne Anspruch auf einen Rechtsbeistand, festgehalten werden, sollte uns wirklich zu denken geben. Vgl. R. Dworkin, «Terror and the Attack on Civil Liberties», *New York Review of Books*, 6. November 2003, S. 37–41, wo sich eine Feinanalyse der rechtlichen und ethischen Aspekte dieses Sachverhalts findet.

34) Ich glaube, wir können diesem Entgleisen ins Inquisitorische Einhalt gebieten, indem wir uns der im 4. Kapitel angesprochenen Argumentation der «perfekten Waffe» bedienen. Schließlich ist es ein Unterschied, ob man die Absicht hat, einer unschuldigen Person Leid zuzufügen oder ob man ihr versehentlich Leid zufügt. Die Familie eines mutmaßlichen Terroristen in das Repertoire an Folterinstrumenten einzureihen, wäre eine schamlose Verletzung dieses Prinzips.

35) Zitiert in: Glover, *Humanity*, S. 55.

36) Ich vermute, wenn die aufwühlendsten Kriegsbilder in den Medien keiner Zensur unterlägen, würden unsere moralischen Empfindungen nach zwei Seiten hin eine Korrektur erfahren. Erstens würden die Gräuel, die unsere Feinde an uns selbst verüben, uns stärker

motivieren: Der Anblick eines enthaupteten Daniel Pearl zum Beispiel hätte mit Sicherheit ein Ausmaß an nationaler Empörung hervorgerufen, wie sie, wenn solche Bilder der Öffentlichkeit vorenthalten werden, nicht stattfinden kann. Zweitens: Würden wir die grausame Wirklichkeit von Kollateralschäden nicht vor uns selbst verbergen, wären wir sehr viel weniger geneigt, den Abwurf von «ungelenkten» oder gar «gelenkten» Bomben zu befürworten. Auch wenn sich uns in den Zeitungen oder Nachrichten dann schreckliche Bilder böten, würden wir uns meiner Meinung nach im Krieg gegen den Terror zu mehr Eile als auch zu mehr Zurückhaltung veranlasst sehen.

37) Vgl. J. D. Greene u. a., «An fMRI Investigation of Emotional Engagement in Moral Judgement», *Science* 293 (14. September 2001), S. 2105–8; sowie J. D. Greene, «From Neural ‹Is› to Moral ‹Ought›: What Are the Moral Implications of Neuroscientific Moral Psychology?», *Nature Reviews Neuroscience* 4 (2003), S. 846–49.

38) Eine aufschlussreiche Darstellung der «Zwangsausübung» seitens amerikanischer und israelischer Vernehmungsbeamter findet sich bei M. Bowden, «The Dark Art of Interrogation», *Atlantic Monthly*, März 2003, S. 51–77.

39) In der philosophischen Literatur begegnet man zahlreichen Geschmacksrichtungen des Pazifismus. Ich spreche hier von dem häufig so bezeichneten «absoluten» Pazifismus – von der Überzeugung also, Gewalt sei *in keinem Fall* moralisch vertretbar, ob in Notwehr oder zur Verteidigung anderer. Dies ist die Art von Pazifismus, wie Gandhi sie praktizierte, und es scheint die einzige Spielart zu sein, die den Anspruch auf moralische Unbezwingbarkeit erhebt.

40) Will ich damit sagen, offener Widerstand gegenüber Fehlverhalten sei ethischer Standard? Ja, wenn eine Menge auf dem Spiel steht, glaube ich, ist es so. Man kann stets den Einwand erheben, versteckter Widerstand sei in bestimmten Gefahrensituationen – bei denen offener Widerstand zum Verlust des eigenen Lebens führen könnte – die beste aller Strategien. Jene bemerkenswerten Männer und Frauen, die Juden in ihren Kellern versteckten oder dafür sorgten, dass sie den Zweiten Weltkrieg unversehrt überstanden, bieten dafür ein Bilderbuch-Beispiel. Sicher konnten diese Leute mehr Gutes bewirken, wenn sie am Leben blieben und anderen heimlich halfen, als wenn sie offen gegen die Nazis protestiert hätten und wegen ihrer Prinzipientreue ums Leben gekommen wären. Doch in dieser Situation befanden sie sich nur, weil so wenige Menschen überhaupt

bereit waren, offenen Widerstand gegen die Nazis zu leisten. Wären damals mehr Leute aufgestanden, wären es die Nazis gewesen, die sich in Kellern hätten verstecken müssen. Dann hätten die Nazis Tagebücher an ihren Gott schreiben müssen, der sie im Stich gelassen hätte, und nicht kleine Mädchen, deren Weg nach Auschwitz führte. Somit ist – als kategorischer Imperativ – die Auseinandersetzung mit dem Bösen der beste Imperativ, über den wir verfügen. Welche Form diese Auseinandersetzung annimmt, darüber lässt sich natürlich diskutieren. Dem Bösen im Menschen jedoch einfach Raum zu gewähren oder ihm aus dem Weg zu gehen, scheint mir keine ethisch vielversprechende Option zu sein.
41) G. Orwell, «Reflections on Gandhi», in *The Oxford Book of Essays*, hg. v. J. Gross (Oxford University Press, Oxford, 1949), S. 506.

Bewusstseins-Experimente

1) Ich will damit nicht andeuten, dass Gedanken als solche nicht irgendwelchen Gehirnzuständen entsprechen. Aus konventioneller Sicht jedoch besteht ein ziemlich großer Unterschied zwischen der Einnahme eines Medikaments und der Übernahme einer neuen Vorstellung. Dass beide die Kraft haben, unsere Wahrnehmung zu verändern, ist eine der faszinierendsten Tatsachen über den menschlichen Geist.
2) Diese Literatur ist zu umfangreich, um sie hier aufzuführen; zahlreiche Titel davon finden sich jedoch in meiner Bibliografie.
3) Was nach dem Tod geschieht, ist sicher ebenso ein Mysterium wie die Beziehung zwischen Bewusstsein und der physikalischen Welt; es besteht jedoch kein Zweifel mehr, dass unsere geistige Wesensart sich auf die Funktionsweise unseres Gehirns stützt – und zwar auf eine zutiefst kontra-intuitive Art. Man nehme eins der üblichen Merkmale von Nahtoderfahrungen: Regelmäßig scheinen Menschen an der Schwelle zum Tod ihren Lieben zu begegnen, die vor ihnen ins Jenseits gegangen sind. Vgl. A. Kellehear, *Experiences Near Death: Beyond Medicine and Religion* (Oxford University Press, Oxford, 1996). Wir wissen jedoch, dass das Erkennen von Gesichtern ein intaktes fusiformes Gesichtsareal im Gehirn voraussetzt, vor allem in der rechten Gehirnhälfte.

4) Ob der Zugang nun durch das Studium von Priming-Effekten und visueller Maskierung erfolgt, ob durch Veränderungsblindheit (D. J. Simons u. a., «Evidence for Preserved Representations in Change Blindness», *Consciousness and Cognition* 11, Nr. 1 [2002], S. 78–97), visuelle Extinktion des räumlichen Sehvermögens (G. Rees u. a., «Neural Correlates of Consciousness in Humans», *Nature Reviews Neuroscience* 3 [April 2002], S. 261–70), binokulare Rivalität und weitere bistabile Empfindungen (R. Blake und N. K. Logothetis, «Visual Competition», *Nature Reviews Neuroscience* 3, Nr. 1 [2002], S. 18–25) oder Blindsehen (L. Weiskrantz, «Prime-sight and Blindsight», *Consciousness and Cognition* 11, Nr. 4 [2002], S. 568–81) bewusste Wahrnehmung trägt stets die gleiche Signatur: Das Subjekt (sei es Mensch oder Affe) teilt uns einfach, durch Worte oder Taten, mit, ob die Art seiner Erfahrung sich verändert hat oder nicht.

5) Warum nicht auf eine Totalnarkose zurückgreifen, um sie auszuschließen? Man bade das Gehirn in den entsprechenden Chemikalien, und die Leute verlieren das Bewusstsein – fertig. Das Problem dabei ist jedoch, dass wir nicht wissen, ob das Bewusstsein bei einer Anästhesie tatsächlich aussetzt. Das Problem bei der Verknüpfung von Bewusstsein und Mitteilbarkeit besteht darin, dass wir nicht unterscheiden können zwischen einem echten Schwund des Bewusstseins und einem Nur-Versagen des Gedächtnisses.

6) Dessen ungeachtet werden genau diese Vergleiche von Forschern und Philosophen bemüht, die sich mit dem Begriff des «Selbst» beschäftigen. Vor kurzem wurde von der New Yorker Akademie der Wissenschaften eine Konferenz abgehalten unter dem Titel «Das Selbst: von der Seele zum Gehirn». Während bei dieser Konferenz viel Bedenkenswertes geäußert wurde über das Gehirn, gab es nicht ein einziges Referat, bei dem das Selbst auf eine Weise definiert worden wäre, die es erlauben würde, diese Größe von weit umfassenderen Begriffen wie «der menschliche Geist» oder «Person sein» abzugrenzen. Und jenes Empfinden, das wir mit dem Wort «Ich» bezeichnen, blieb gänzlich unerwähnt.

7) J. P. Sartre, *Die Transzendenz des Ego*, Rowohlt, München, 1964) Maurice Merleau-Ponty argumentiert ähnlich, auch wenn er sich auf den Subjekt/Objekt-Sprachgebrauch beschränkt: «Die Welt ist vom Subjekt nicht zu trennen, außer von einem Subjekt, das nur eine Projektion der Welt ist, und das Subjekt ist von der Welt nicht

zu trennen, außer von einer Welt, die vom Subjekt selbst projiziert wird.» Zitiert bei: F. Varela u. a., *The Embodied Mind: Cognitive Science and Human Experience* (MIT Press, Cambridge, 1991), 4.

8) Das bedeutet nicht, dass Säuglinge mystisch veranlagt sind. Dennoch schreitet der Individuationsprozess von der Geburt an in zunehmendem Maße fort. Vgl. K. Wilber, *Sex, Ecology, Spirituality* (Shambhala, Boston, 1995), für eine Kritik der irrtümlichen Gleichsetzung von dem, was er als *prä-rational* bezeichnet, und dem *Transrationalen*. Wie Wilber betont, besteht kein Grund, die Kindheit in spiritueller Hinsicht zu romantisieren. Ja, sollten unsere Kinder den Eindruck erwecken, im Himmel auf Erden zu leben, wieso dann nur sie? Ebenso gut könnte unser Neid sich auch auf unsere nächsten Verwandten, die Primaten, richten, denn sofern sie nicht allzu sehr in Anspruch genommen sind von den Freuden des Kannibalismus, von Gruppenvergewaltigungen und Kindestötungen, sind sie bestimmt die fröhlichsten Kinder von allen.

9) Somit kann jemand wie Heidegger, der ein kriecherischer Hitler-Bewunderer war, als einer der Giganten unter den Denkern Europas unserer Beachtung dennoch ohne allzu große Scham empfohlen werden. Schopenhauer, der zweifellos ein kluger Bursche war, warf eine Näherin die Treppe hinab, wobei er pausenlos Beleidigungen gegen sie ausstieß (der Klang ihrer Stimme, heißt es, habe ihn so aufgebracht). Auch andere hervorragende Denker kann man aussortieren – Wittgenstein war ganz offensichtlich eine gepeinigte Seele und griff als Lehrer in der Gesellschaft ungezogener kleiner Mädchen nur allzu gern auf das Erziehungsmittel der körperlichen Züchtigung zurück –, jedoch, und das ist das Erstaunliche, gibt es nicht einen westlichen Denker, der es mit den großen Mystikern/Philosophen des Ostens aufnehmen könnte. Viele zögern nicht, bis zu Plotin zurückzugehen und ihn als Beispiel für einen Mystiker zu bemühen, der in einem östlichen Winkel der westlichen Welt aufgezogen wurde. Doch Plotin war nach eigener Aussage nur ab und zu ein flüchtiger Eindruck des Plenums vergönnt, das er so wortgewandt schilderte. Nach den Maßstäben einer der östlichen Schulen für kontemplative Praktiken hätte man ihm allenfalls Anerkennung dafür gezollt, sich ernsthaft auf die Suche nach dem großen Ziel gemacht zu haben. Die Situation in der antiken Welt scheint ein wenig anders gewesen zu sein. Griechische Philosophen sprachen häufig über den Zustand von «eudaimonia» – den objektiven Glückszustand, der, wie man glaubte, mit einem guten Leben einherging. Doch ihre

Bemühungen, diesen Zustand zu erreichen, waren nicht besonders ausgeklügelt. Was bei den alten Griechen einer orientalischen Mystik noch am nächsten kam, war der Skeptizismus in der Tradition eines Pyrrhon von Elis (circa 365–270 v. u. Z.) – doch Pyrrhons Lehren kamen einer Verleugnung der gesamten Philosophie gleich. Das Glück wurde von da an in eine ontologische Seitengasse der Moralphilosophie verbannt, und das Ideal vom Philosophen als weisem Mann liegt gar nicht so lange zurück. Was sich in Pyrrhons Lehren findet, die in den Schriften des Arztes Sextus Empiricus (2. Jahrhundert) überlebten, kann zweifellos als spirituelle Disziplin betrachtet werden, die der Dialektik des Madhyamika im Mahayana-Buddhismus gar nicht so unähnlich ist. Der Skeptiker (im philosophischen Sinne) ist mehr als ein Philosoph, dem sein Auftrag misslungen ist. Er ist mehr als einer, der versucht hat, wahre Aussagen über die Welt zu sammeln, und seinen Korb zu guter Letzt leer vorfindet. Er ist derjenige, der den Frieden (griechisch *ataraxia*) erlangt hat, zu dem ein solches Misslingen führen kann. Skeptizismus in Pyrrhons Sinne ist nicht die dogmatische Behauptung, man könne gar nichts wissen. Es ist die Erkenntnis, dass alles, was wir derzeit wissen, die Dinge nur so beschreibt, wie sie *erscheinen*, und der Skeptiker weigert sich, noch einen Schritt tiefer in das Dämmerlicht metaphysischer Betrachtungen vorzudringen. Er weiß, dass alles, was er weiß, nur auf Erscheinungen gründet – und die Tatsache, dass dies anscheinend eine Wahrheit über das Wesen der Erfahrung ist, ist ebenfalls nichts anderes als der Modus, in dem die Dinge ihm gegenwärtig erscheinen. Wie Sextus sagt: «Der Skeptiker sucht weiter», und enthält sich gezielt jeglichen Urteils (griechisch *epoché*). Er urteilt nicht einmal, dass dies eine Haltung sei, an der es festzuhalten gilt. Vielmehr scheint jede verfügbare Überzeugung ihren eigenen Widerspruch herauszufordern, und der Skeptiker hat einfach bemerkt, wie unbefriedigend die Situation bis dato ist. Der Mann ist berauscht, und er ist froh, dass dies so bleibt.

Dieser Haltung wurde im Westen nur selten der Respekt entgegengebracht, den sie eigentlich verdient hätte, denn man bezweifelte weitgehend, auf ernsthafte Weise an ihr festhalten zu können, ohne sich andauernd Schläge auf den Kopf einzuhandeln. Sie wird auch immer wieder (wie zum Beispiel bei B. Russell, *A History of Western Philosophy*, Simon and Schuster, New York, 1945) mit dem eher dogmatischen Misstrauen gegenüber dem Wissen in Verbindung gebracht, wie Arkesilaos, Karneades und die anderen Oberhäupter der

Akademie Platons während ihres zweihundertjährigen Liebäugelns mit der Ablehnung sämtlicher Dogmen, als man, um offenkundigen Widersprüchen ihrer Tradition entgegenzuwirken, beschlossen hatte, sich von Sokrates nur bezüglich seiner Anwandlungen von Skepsis inspirieren zu lassen. Der akademische Skeptizismus scheint eine eher lautstarke Kritik am Wissen anderer gewesen zu sein – und somit die Verkündigung der «Wahrheit», dass niemand überhaupt irgendetwas weiß –, obwohl es stimmt, dass Pyrrhons Aufschieben der Wahrheit auf etwa das Gleiche hinausgelaufen wäre. Folglich erkannten die meisten Philosophen Pyrrhons Neuerung nicht als die empirische Wende zur Tiefgründigkeit an, die sie eigentlich war. Es heißt, Pyrrhon habe seine Lehre von einem nackten Asketen (griechisch *gymnosophist*) übernommen, dem er begegnet sei, als er an Alexanders Feldzug zu den Grenzen Indiens teilnahm. Man sagt auch, er habe etwas von einem Heiligen an sich gehabt, vermutlich als Folge des Friedens, den er in Ermangelung von Ansichten gefunden habe. Man sollte jedoch beachten, dass die «ataraxia», die Sextus in seinem *Grundriss des Pyrrhonismus* beschreibt, nicht «Erleuchtung» im östlichen Sinne war – vielmehr handelte es sich im Grunde nur um den Zustand, nicht so sehr zu leiden wie gewöhnliche Menschen. Nichtsdestotrotz stellte die «ataraxia» ein erreichbares spirituelles Ziel dar, dem ein vernünftiger Denkansatz zugrunde lag und das somit einen empirischen Fortschritt verkörpert, der über die Bestrebungen bloßer Philosophie hinausreicht.

10) Diamonds These beinhaltet noch mehr; es läuft jedoch im Wesentlichen darauf hinaus, dass ein Ungleichgewicht in der Verteilung von Tieren und Nahrungsmitteln besteht, die leicht zu domestizieren sind.

11) Zumindest auf dem Papier. Dennoch, was an der philosophischen Tradition des Westens so überaus unfruchtbar anmutet, ist die Tatsache, dass dort zwar ab und zu ein Glücklicher in einem lichten Moment seiner Erforschung eine kurze, empirische Erkenntnis der non-dualen Natur des Bewusstseins gewonnen haben mag (jemand wie Schelling zum Beispiel, oder Rousseau, während er sich in einem Boot auf dem Genfer See räkelte). Die Philosophen des Ostens jedoch waren jahrtausendelang damit beschäftigt, solche Erkenntnisse zu benennen und in exakt umschriebene Methoden kontemplativer Praxis umzusetzen, wodurch jene Methoden sowohl wiederholt wie auch auf einvernehmliche Weise überprüft werden konnten.

12) Dass ich mich einer Vielzahl kontemplativer Methoden verpflichtet fühle, die ihren Ursprung in Indien haben, ist vielen Lesern sicher längst aufgefallen. Die esoterischen Lehren des Buddhismus (zum Beispiel die Dzogchen-Lehre des Vajrayana) und Hinduismus (zum Beispiel die Lehre des Advaita-Vedanta) sowie die jahrelange praktische Arbeit mit verschiedenen Meditationstechniken haben viel zu meiner Betrachtungsweise unserer spirituellen Möglichkeiten beigetragen. Auch wenn diese Traditionen keinen einheitlichen Blickwinkel auf die Natur des Geistes oder die Grundlagen eines spirituellen Lebens bieten, so stellen sie dennoch die engagiertesten Bemühungen dar, die je von Menschen unternommen wurden, um all jene Dinge mittels Introspektion zu begreifen. Vor allem der Buddhismus hat sich auf bemerkenswerte Weise entwickelt. In keiner anderen Tradition bildeten sich so viele Methoden heraus, mit deren Hilfe der menschliche Geist sich zu einem Werkzeug formen lässt, das fähig ist, sich selbst zu transformieren. Aufmerksamen Lesern mag nicht entgangen sein, dass ich mit Religionen, die auf Glauben gründen (Judentum, Christentum, Islam und selbst Hinduismus), sehr hart ins Gericht gegangen bin, während ich über den Buddhismus nur wenig Nachteiliges gesagt habe. Dies ist kein Zufall. Auch wenn der Buddhismus ebenfalls oft zu einer Quelle der Unwissenheit und gelegentlich zu einer Quelle der Gewalt wurde, ist er dennoch keine Religion des Glaubens, ja gar keine Religion im westlichen Sinne. Es gibt Millionen von Buddhisten, die das nicht zu wissen scheinen, und man begegnet ihnen in Tempeln überall in Südostasien und selbst im Westen, wo sie zu Buddha beten, als handle es sich bei ihm um eine numinose Inkarnation des Weihnachtsmannes. Ungeachtet dieser Traditionsverzerrung stimmt es dennoch, dass die esoterischen Lehren des Buddhismus für uns die umfassendste Methodik bieten, um die wesenhafte, von keinerlei Dogmen behinderte Freiheit des Bewusstseins zu entdecken. Es ist keine Übertreibung zu sagen, dass Begegnungen zwischen dem Dalai Lama und christlichen Geistlichen zwecks gegenseitiger Würdigung ihrer religiösen Traditionen durchaus vergleichbar sind mit Begegnungen zwischen Physikern der Cambridge-Universität und Buschmännern der Kalahari zwecks gegenseitiger Würdigung ihres Verständnisses des physikalischen Universums. Das soll nicht heißen, dass tibetische Buddhisten (beziehungsweise Physiker) nicht auch mit irgendwelchen Dogmen beladen sind oder dass die Buschmänner nicht vielleicht ihre eigene

Auffassung vom Atom entwickelt hätten. Jeder, der mit dem Schrifttum beider Seiten vertraut ist, weiß, dass die Bibel nicht mal einen erkennbaren Bruchteil an jenen präzisen spirituellen Anweisungen enthält, wie man sie im buddhistischen Kanon findet. Obgleich es im Buddhismus eine Menge gibt, von dem ich nicht vortäuschen will, es zu verstehen – ebenso wie vieles darin zutiefst unplausibel anmutet –, würde es dennoch von intellektueller Unaufrichtigkeit zeugen, seine Vorrangstellung als ein System spiritueller Unterweisung nicht anzuerkennen.

Was nun die vielen hervorragenden Kontemplativen anbelangt, die die schmutzige Geschichte des Christentums zieren – Meister Eckhart, der heilige Johannes vom Kreuz, die heilige Teresa von Avila, der heilige Seraphim von Sarov, die ehrwürdigen Wüstenväter und andere –, so handelte es sich bei ihnen gewiss um außergewöhnliche Männer und Frauen. Ihre mystischen Erkenntnisse jedoch blieben meistenteils dem Dualismus der christlichen Kirche verhaftet und hoben nicht von der Erde ab. Wo es ihnen mit ein wenig Starthilfe seitens des Neoplatonismus und sonstiger unorthodoxer Sichtweisen dennoch gelang, geschah dies nicht wegen, sondern trotz jener Tradition, die sie vielleicht verkörperten. Aus diesem Grund sind sie als geheiligte Ausnahmen zu betrachten, die die Regel bestätigen. Das mystische Christentum starb an dem Tag, als Saulus sich auf den Weg nach Damaskus machte.

Kontemplative innerhalb anderer semitischer Traditionen wurden in ihren mystischen Impulsen auf ähnliche Weise eingeschränkt. Der Sufismus (beeinflusst vom Buddhismus, dem Hinduismus, dem Zoroastrismus sowie dem christlichen Mönchstum) wurde in der muslimischen Welt gemeinhin als eine Form von Häresie betrachtet – wie der schreckliche Tod von Al-Hallaj (854–922) und anderer hervorragender Sufis bestätigt. Wo seine Lehren dem Koran verpflichtet blieben, dort ist der Sufismus einem unauflösbaren Dualismus verhaftet; ebenso wenig haben die jüdischen Kabbalisten (deren Lehren beeinflusst sind vom christlichen Gnostizismus, dem Sufismus und dem Neoplatonismus) eine wirklich non-duale Mystik je auch nur in Betracht gezogen. (vgl. G. Scholem, *Kabbalah* (Dorsette Press, New York, 1974). Die mystische Begabung vieler jüdischer, christlicher und muslimischer Kontemplativer ist nicht zu leugnen. Jede religiöse Tradition, egal wie sperrig ihre Glaubensinhalte sind, brachte vermutlich eine Handvoll Männer und Frauen hervor, welche die wesenhafte Freiheit des Gewissens tief verinnerlichten. Da das Bewusstsein a priori frei ist von der Dualität Subjekt-Objekt, überrascht es überhaupt nicht, dass Leute wie Eckhart oder Rumi auf der Bildfläche erschienen. Die Existenz solcher spiritueller Koryphäen sagt jedoch nichts aus über die Eignung von Bibel und Koran als Leitfäden für ein kontemplatives Leben. Ich vermute, manch Glücklicher wurde erleuchtet, während er von einem Zug erfasst oder vom Bug eines Piratenschiffs geworfen wurde. Darf man daraus schließen, dass solche Missgeschicke eine geeignete spirituelle Unterweisung darstellen? Ich leugne zwar nicht, dass vermutlich jede Tradition, ob östlich oder westlich, ein paar Mystiker hervorgebracht hat, deren Erkenntnis den goldenen Käfig ihres Glaubens durchbrach. Die Schwächen der auf Glauben gründenden Religionen sind jedoch so augenfällig, ihre historische Schmach so groß, ihre Intoleranz so sehr von dieser Welt, dass ich glaube, wir sollten aufhören, sie weiterhin in Schutz zu nehmen.

Die New-Age-Bewegung brachte in dieser Sache kaum Fortschritte, da das spirituelle Leben dieser Prägung häufig gleichbedeutend zu sein scheint mit dem Absterben von Gehirnzellen. Die meisten Ideen und Praktiken, die im Zeitalter des New Age (oder jeder anderen «Neuen Ära») als «spirituell» bezeichnet wurden, entstanden und entwickelten sich weiter in einem völligen Vakuum an kritischer Intelligenz. Manche New-Age-Vorstellungen sind in der Tat so lächerlich, dass sie bei ansonsten gelassenen Menschen Angst und Schrecken hervorrufen. Als Folge der Absurditäten, wie sie jedes Jahr bei Messen wie der «Whole Life Expo» aufgefahren werden, boten sich Wissenschaftlern und anderen Verstandesmenschen neue Gründe, sämtliche spirituellen Ansprüche samt ihren Belegen als Unsinn abzutun. Und so kommt es, dass jeder, der sich um die Ordnung der Sterne kümmert, ohne zuvor Ordnung in seine Gedanken gebracht zu haben, jede Menge Öl in die dunklen Flammen des Zynismus gießt.

Doch es gibt noch weiteren Grund zum Zynismus. Unweigerlich müssen spirituelle Praktiken auch ihre Lehrer haben, also Fachleute auf diesem Gebiet oder zumindest solche, die sich dafür halten. Diese Gurus sind nicht immer so selbstlos, wie sie behaupten. Als Folge ihrer Possen glauben inzwischen viele gebildete Menschen, ein Guru sei einfach jemand, der zwar seine Liebe für alle Lebewesen beteuert, insgeheim jedoch gern einen Ashram leiten würde, in dem vor allem eine Menge hübscher junger Frauen lebt. Diesem Stereotyp mangelt es nicht an Vorzeigeexemplaren, und auch wenn ab und zu ein renommierter Yogi mit sichtbarer Begeisterung an den Wunden eines Leprakranken leckt, so stellen andere Yogis ein weitaus gewöhnlicheres Verlangen zur Schau. Ich kenne eine Gruppe altgedienter spiritueller Sucher, die, nachdem sie monatelang in den Höhlen und Tälern des Himalaya nach einem Meister gesucht hatten, schließlich auf einen Hindu-Yogi stießen, den sie für qualifiziert hielten, sie in die ätherische Welt zu geleiten. Er war mager wie Jesus, gelenkig wie ein Orang-Utan, und das verfilzte Haar reichte ihm bis zu den Knien. Ohne zu zögern brachten sie dieses Wunderkind nach Amerika, wo er sie mit den Raffinessen der spirituellen Hingabe vertraut machen sollte. Nach einer angemessenen Zeit der kulturellen Eingewöhnung kam unser Asket, der übrigens auch für seine körperliche Schönheit und seine Trommelkünste gerühmt wurde, auf die Idee, Sex mit den hübschesten Frauen seiner Gönner würde seinem pädagogischen Anliegen auf ideale Weise entgegenkommen. Die entsprechenden Beziehungen wurden unverzüglich geknüpft und längere Zeit von einem Mann geduldet, dessen Ergebenheit seiner Frau und seinem Guru gegenüber nun auf eine harte Probe gestellt wurde. Seine Frau, wenn ich mich nicht irre, nahm begeistert an jener «tantrischen» Übung teil, denn ihr Guru war nicht nur «voll erleuchtet», sondern auch ein ebenso verwegener Bursche wie Lord Krishna. Im Laufe der Zeit verfeinerte dieser Auserwählte seine spirituellen Bedürfnisse immer mehr, ebenso seine Begierden. Bald kam der Tag, an dem er zum Frühstück nichts wollte als einen großen Becher Häagen-Dazs-Vanilleeis, garniert mit Cashew-Kernen. Man kann sich vorstellen, dass es den Meditationen des gehörnten Ehemannes, der an den Kühlregalen des Supermarkts entlangstrich, um dem Erleuchteten sein erleuchtetes Mahl zu besorgen, an Hingabe mehr als mangelte. Schon bald schickte man den Guru mit seiner Trommel zurück nach Indien.

13) Padmasambhava, *Self-liberation through Seeing with Naked Awareness*, übersetzt von J. M. Reynolds (Station Hill Press, New York, 1989).

14) Padmasambhava war ein Mystiker des 8. Jahrhunderts, von dem es üblicherweise heißt, er habe die Lehren des Buddhismus (vor allem die des Tantra und Dzogchen) von Indien nach Tibet gebracht.

15) Zweifellos werden zahlreiche Schüler der christlichen, mus-

limischen und jüdischen Esoterik behaupten, meine wortgetreue Auslegung ihrer Schriften zeuge von meiner Unkenntnis von deren spirituellen Gehalt. Ohne Zweifel: Okkulte, alchemistische und konventionell mystische Interpretationen verschiedener Textstellen in der Bibel und im Koran sind so alt wie die Texte selbst. Das Problem bei solchen hermeneutischen Bemühungen – sei es die höchst zweifelhafte Theorie der Gematria (der Übertragung der hebräischen Buchstaben der Thora in ihre numerologischen Entsprechungen, sodass Numerologen den Text ihrer interpretativen Magie unterziehen können oder die oberflächliche Symbolsuche von populären Gelehrten wie Joseph Campbell – besteht jedoch darin, dass sie völlig unabhängig vom Inhalt des Textes betrieben werden. Man kann auf diese Weise jeden Text interpretieren und zu nahezu jeder mystischen oder okkulten Anweisung gelangen.

16) Für eine neuere wissenschaftliche Auseinandersetzung mit der Phänomenologie buddhistischer Meditation, die meiner Definition entspricht, vgl. B. A. Wallace, «Intersubjectivity in Indo-Tibetan Buddhism», *Journal of Consciousness Studies* 8, Nr. 5–7 (2001), S. 209–30. Für eine eingehende Beschäftigung mit Meditation seitens Vertretern der Neurowissenschaft vgl. J. H. Austin, *Zen and the Brain* (MIT Press, Cambridge, 1998), sowie C. DeCharms, *Two Views of Mind: Abidharma and Brain Science* (Snow Lion Publications, Ithaca, N Y, 1998).

17) Ich glaube, diese Metapher stammt von Shri Nisargadatta Maharaj, doch habe ich vergessen, in welcher seiner zahlreichen Abhandlungen ich sie gelesen habe.

18) Es heißt oft, eine Person könne solche Dinge nicht durch die Lektüre eines Buches lernen. Im Normalfall ist das zweifellos richtig. Ich würde hinzufügen, dass niemandem garantiert werden kann, er werde die wesenhafte Non-Dualität des Bewusstseins erkennen, nur weil ein hervorragender Meditationslehrer ihm diese aufzeigt. Es müssen eben die Umstände stimmen: Der Lehrer muss wirklich die notwendigen Hilfsmittel bereitstellen und das, was erkannt werden soll, begrifflich klar umreißen; der Schüler hingegen muss geistig über die notwendige Konzentration verfügen, um diesen Anweisungen zu folgen, und er muss beachten können, was es zu beachten gilt. In diesem Sinne ist Meditation zweifellos eine erworbene Fähigkeit.

19) Die Erkenntnis der Non-Dualität des Bewusstseins lässt sich einer linguistisch orientierten Analyse nicht unterziehen. Auch wenn

es völlig natürlich ist, dass Menschen, die nichts als ihre Gedanken kennen, in der Regel versuchen, alles auf Sprache zu reduzieren, so waren die Bemühungen von Wittgenstein und seinen Nachahmern in der Philosophie dennoch nicht tief gehend genug, um dieses Gebiet auch nur ansatzweise zu erhellen. Vielleicht lässt sich ein intuitiver Eindruck von jenen Dingen aus Wittgensteins hochgelobtem Ausspruch ablesen: «Worüber wir nicht sprechen können, darüber müssen wir schweigen.» Das wahre Geheimnis jedoch – das, worüber wir nicht sprechen können – kann dennoch erkannt werden.

20) Meditation ist tatsächlich seit vielen Jahren ein Objekt wissenschaftlicher Studien. Für eine erschöpfende Behandlung des Themas vgl. J. Andresen, «Meditation Meets Behavorial Medicine: The Story of Experimental Research on Meditation», *Journal of Consciousness Studies* 7, Nr. 11–12 (2000), S. 17–73. Häufig griff man bei diesen Forschungen auf EEG und physiologische Messungen zurück und versuchte demzufolge nicht, Veränderungen der Gehirntätigkeit zu lokalisieren. Ein Großteil der Studien, die sich der modernen Techniken des Neuro-Imaging bedienten, hat sich nicht mit Meditation hinsichtlich des Selbstgefühls per se befasst. Vgl. A. B. Newberg u. a., «The Measurement of Regional Cerebral Blood Flow during the Complex Cognitive Task of Meditation: A Preliminary SPECT Study», *Psychiatry Research: Neuroimaging Section* 106 (2000 und 2001), S. 113–22. Meines Wissens hat nur eine Gruppe damit begonnen, mit Meditierenden zu arbeiten, bei denen die spezifische, subjektive Wirkung des Verlusts an Selbstgefühl eintrat; ein vorläufiger Bericht über diese Studien findet sich bei D. Goleman, *Destructive Emotions: A Scientific Dialogue with the Dalai Lama* (Bantam, New York, 2003).

21) F. Varela bringt diesen Punkt in «Neurophenomenology» (*Journal of Consciousness Studies* 3, Nr. 4 [1996], S. 330–49) zur Sprache, wobei er Bezug nimmt auf die wissenschaftliche Gültigkeit «subjektiver» Daten: «Die Trennlinie – zwischen wissenschaftlicher Strenge und einem Mangel an solcher – sollte nicht zwischen Darstellungen in der ersten und dritten Person gezogen werden, sondern sich vielmehr darauf stützen, ob eine klare methodologische Grundlage besteht, die zu einer gemeinschaftlichen Bewertung und zu gemeinsamem Wissen führt.»

22) Ich wollte noch kurz die Tatsache ansprechen, dass die Erfahrung von Non-Dualität, wie sie durch Meditation zustande kommt,

völlig privater Natur und somit einer unabhängigen Überprüfung unzugänglich ist. Sind wir somit verpflichtet, Meditierende beim Wort zu nehmen? Und falls ja, ist das ein Problem? Alle, die eine unabhängige Messung mentaler Geschehnisse fordern, sollten zuvor zwei Dinge bedenken: (1) Viele Bestandteile menschlicher Erfahrung sind unabänderlich privat, und folglich bleiben Selbstzeugnisse für uns der einzige Hinweis auf deren Existenz: Depression, Ärger, Freude, visuelle und auditive Halluzinationen, Träume und sogar Schmerz gehören zu den zahllosen «Erste Person singular»-Tatsachen, die sich letztlich nur mit Hilfe von Selbstzeugnissen verifizieren lassen. (2) Wenn in manchen Fällen unabhängige Messungen innerer Zustände tatsächlich *vorliegen*, so nur aufgrund ihrer verlässlichen Korrelation mit Selbstzeugnissen. Selbst die Angst, zu der inzwischen eine Vielzahl zuverlässiger physiologischer und verhaltensmäßiger Messergebnisse vorliegt – erhöhte Schreckreaktion, steigender Cortisonspiegel, erhöhte Leitfähigkeit der Haut –, ist von der Goldwährung des Selbstzeugnisses nicht zu lösen. Man stelle sich vor, was geschehen würde, wenn subjektive Bewertungen von Angst jemals von solchen «unabhängigen» Messungen losgelöst würden: Wenn, sagen wir, 50 Prozent der Probanden behaupten würden, keine Angst zu verspüren, während ihr Cortisolspiegel steigt, und Panik zu verspüren, wenn er fällt. Solche Messungen würden eine Erforschung der Angst sofort wertlos machen. Es ist wichtig, dass wir den Barwert, den physiologische und verhaltensmäßige Variablen beim Studium des mentalen Geschehens aufweisen, nicht aus den Augen verlieren: Sie sind stets nur so gut, wie die Probanden es behaupten. (Ich will damit nicht andeuten, dass Menschen subjektiv unverbesserlich sind oder dass jedes mentale Geschehen sich am besten mit Hilfe von Selbstzeugnissen studieren lässt. Wenn es jedoch darum geht, zu untersuchen, wie die Dinge dem Probanden *erscheinen*, sind Selbstzeugnisse unsere einzigen Orientierungshilfen.)

23) In der Tat, die Zukunft ähnelt in dieser Hinsicht sehr der Vergangenheit. Wir werden die technologische Perfektion sämtlicher visionärer Stränge der traditionellen Mystik erleben: des Schamanismus (sibirischer oder südamerikanischer Version), des Gnostizismus, der Kabbalah, der Hermetik und ihres in der Renaissance gezeugten magischen Sprösslings (des Hermetizismus) sowie sämtlicher anderer byzantinischer Pfade, bei denen der Mensch das Andere in allen Gestalten seiner eigenen Fantasie suchte. Doch all diese Annähe-

rungen an die Spiritualität gingen hervor aus der Sehnsucht nach esoterischem Wissen und dem Wunsch, auf der Suche nach dem Heiligen die visionäre Schicht des Geistes (in Träumen, mittels Trance oder psychedelischer Verzückung) freizulegen. Auch wenn ich nicht daran zweifle, dass auf jeder dieser Nebenstraßen außergewöhnliche Erfahrungen auf den Eingeweihten warten, so ist doch die Tatsache, dass Bewusstsein die primäre Vorbedingung jeder visionären Erfahrung ist, eine große erhellende Wahrheit – eine Wahrheit, die all jene Abstecher als eigentlich unnötig bloßstellt. Dass das Bewusstsein sich nicht durch die Feuerwerkskörper der Esoterik verbessern (also mit weniger Selbst erfüllen oder mysteriöser, transzendentaler usw. machen) lässt, ist eine Tatsache, von deren Richtigkeit sich Kontemplative jedweden Glaubens aufgrund ihrer eigenen Erfahrung überzeugen können.

Die moderne Version des visionären Impulses, für die das vorzügliche Gefasel eines Terence McKenna wohl das beste Beispiel ist, setzt spirituelle Transzendenz mit *Informationen* transzendentaler Natur gleich. Somit wird jede Erfahrung (die sich am erfolgreichsten mit Hilfe psychedelischer Drogen heraufbeschwören lässt), bei der der Geist mit paradoxen Enthüllungen überflutet wird (Visionen von anderen Welten, der Grammatologie außerirdischer Intelligenzen und so weiter), als eine Verbesserung des Normalbewusstseins betrachtet. Was bei solch erhabenen Fantastereien jedoch übersehen wird, ist die Vortrefflichkeit des Bewusstseins selbst, noch ehe es zu einer Subjekt/Objekt-Sichtweise kommt. Diese ausgesuchten Enthüllungen (ob sie nun «wahr» sind oder nicht) üben eine Faszination auf den Intellekt aus, daran besteht kein Zweifel. Doch ihre Unbeständigkeit – jede Vision, die entsteht, ist dazu bestimmt, wieder zu entschwinden – beweist, dass solche Phänomene sich als Grundlage für eine dauerhafte Transformation nicht eignen.

Das soll jedoch nicht heißen, dass diese «inneren» Landschaften unerschlossen bleiben sollten. Erscheinungen von zunehmender Subtilität sind naturgemäß interessant für jeden, der zu mehr Wissen über den Körper, den Geist oder das gesamte Universum gelangen will. Ich will einfach nur sagen, dass die Suche nach Freiheit, wo sie inmitten fortwährender möglicher Enthüllungen stattfindet, ein Irrweg zu sein scheint – einer, der ausschließlich von den non-dualen Richtungen der Mystik angemessen kritisiert wurde. Mehr noch, die Faszination, die solcherlei Esoterik ausübt, ist größtenteils verantwortlich für die Infantilität und schiere Leichtgläubigkeit, mit denen jede Ausprägung von westlicher Spiritualität einhergeht. Entweder wir finden nur Glauben, samt seiner fürchterlichen Anmaßung, ausreichend zu sein, oder wir verspüren den fieberhaften Drang nach etwas Neuem – nach psychischem Erleben, nach Prophezeiungen von Glanz und Untergang sowie tausend irreführenden Annahmen, was die Persönlichkeit Gottes anbelangt. Tatsache bleibt: Egal, welche Veränderungen im Strom unserer Erfahrungen stattfinden – ob wir eine Vision von Jesus haben oder ob die Gesamtheit menschlichen Wissens sich eines Tages direkt auf unsere Synapsen herunterladen lässt –, spirituell gesehen, werden wir in erster Linie Bewusstsein sein, und nichts als Bewusstsein, das vom «Ich» bereits frei ist. Ich glaube, es ist für uns nicht zu früh, dies zu erkennen.

24) Ob Mystik die Transzendenz sämtlicher Vorstellungen beinhaltet, ist sicher eine offene Frage. Hier soll nur betont werden, dass die Vorstellungen, die unsere dualistische Wahrnehmung der Welt bestätigen, von Mystikern abgelehnt wurden.

LITERATURVERZEICHNIS

Aarons, M., and J. Loftus. *Unholy Trinity: The Vatican, the Nazis, and the Swiss Banks*. Rev. ed. New York: St. Martin's Griffin, 1998.

Abraham, R., T. McKenna, and R. Sheldrake. *Trialogues at the Edge of the West: Chaos, Creativity, and the Resacralization of the World.* Santa Fe: Bear Publishing, 1992.

Adolphs, R., D. Tranel, and A. R. Damasio. «The Human Amygdala in Social Judgment.» *Nature* 393 (June 4, 1998): 470–74.

Ahmad, Z., L. M. Balsamo, B. C. Sachs, B. Xu, and W. D. Gaillard. «Auditory Comprehension of Language in Young Children: Neural Networks Identified with fMRI.» *Neurology* 60 (2003): 1598–605.

Albert, D. Z. *Quantum Mechanics and Experience.* Cambridge: Harvard Univ. Press, 1992.

Allman, J. M. *Evolving Brains.* New York: Scientific American Library, 1999.

Anderson, J. R. «The New Theoretical Framework.» In *The Adaptive Character of Thought.* Hillsdale, N.J.: Erlbaum, 1990.

Andresen, J. «Meditation Meets Behavioral Medicine: The Story of Experimental Research on Meditation.» *Journal of Consciousness Studies* 7, nos. 11–12 (2000): 17–73.

Anonymous. *Terrorist Hunter.* New York: HarperCollins, 2003.

Anscombe, G. E. M. «The First Person.» In *Self-knowledge*, ed. Q. Cassam. Oxford: Oxford Univ. Press, 1975.

Appleyard, B. *Understanding the Present: Science and the Soul of Modern Man.* New York: Doubleday, 1992.

Armstrong, K. *A History of God.* New York: Alfred A. Knopf, 1994. Dt: *Nah und schwer zu fassen*, München, Droemer, 1993.

Astavakra. *The Ashtavakra Gita.* Translated by Thomas Byrom. Boston: Shambhala, 1990.

Augustine, Saint. *The City of God.* Translated by M. Dods. Chicago: Univ. of Chicago Press, 1952.

———. *Confessions.* Translated by J. G. Pilkington. Great Britain: Folio Society, 1993.

Austin, J. H. *Zen and the Brain: Toward an Understanding of Meditation*

and Consciousness. Cambridge: MIT Press, 1998.
Austin, J. L. *Sense and Sensibilia*. London: Oxford Univ. Press, 1962.
Ayer, A. J. *Wittgenstein*. New York: Random House, 1985.
Bacovcin, H., trans. *The Way of a Pilgrim and A Pilgrim Continues His Way*. New York: Doubleday, 1978.
Baddeley, A. «The Fractionation of Working Memory.» *Proceedings of the National Academy of Sciences U.S.A.* 93 (1996): 13468–72.
Baier, A. C. *Moral Prejudices: Essays on Ethics*. Cambridge: Harvard Univ. Press, 1994.
Baker, L. R. *Saving Belief: A Critique of Physicalism*. Princeton: Princeton Univ. Press, 1987.
Bankei. *The Unborn: The Life and Teaching of Zen Master Bankei (1622–1693)*. Translated by N.Waddell. San Francisco: North Point Press, 1984.
Barnstone, W., ed. *The Other Bible: Jewish Pseudepigrapha, Christian Apocrypha,*
Gnostic Scriptures, Kabbalah, Dead Sea Scrolls. San Francisco: Harper San Francisco, 1984.
Barrett,W., and H. D. Aiken., eds. *Philosophy in the 20th Century*. 4 vols. New York: Random House, 1962.
Baudrillard, J. *The Spirit of Terrorism*. Translated by C. Turner. New York: Verso, 2002. *Dt: Der Geist des Terrorismus*. Wien: Passagen, 2002.
Baumgartner, P., and S. Payr, eds. *Speaking Minds: Interviews with Twenty Eminent Cognitive Scientists*. Princeton: Princeton Univ. Press, 1995.
Bechara, A., H. Damasio, D. Tranel, and A. R. Damasio. «Deciding Advantageously before Knowing the Advantageous Strategy.» *Science* 275 (1997): 1293–95.
Becker, E. *The Denial of Death*. New York: Free Press, 1973.
Beedle, A. S. «A Philosopher Looks at Neuroscience.» *Journal of Neuroscience Research* 55 (1999): 141–46.
Beloff, J. «Minds and Machines: A Radical Dualist Perspective.» *Journal of Consciousness Studies* 1, no. 1 (1994): 32–37.
Bennet, J. «In Israeli Hospital, Bomber Tells of Trying to Kill Israelis.» *New York Times*, June 8, 2002.
Bennett, J. «How Is Cognitive Ethology Possible?» In *Cognitive Ethology: The Minds of Other Animals*, ed. C. A. Ristau. Hillsdale, N.J.: Erlbaum, 1991.

Benson, H., with M. Stark. *Timeless Healing: The Power and Biology of Belief.* New York: Charles Scribner, 1996. Dt: *Heilung durch Glauben.* München, Heyne, 1997.

Bergson, H. *Time and Free Will: An Essay on the Immediate Data of Consciousness.* Translated by F. L. Pogson. 1910; reprint, London: George Allen & Unwin, 1971.

Berkow, R., ed. *The Merck Manual of Diagnosis and Therapy.* 16th ed. Rahway, N.J.: Merck Research Laboratories, 1992.

Berman, P. «The Philosopher of Islamic Terror.» *New York Times Magazine*, March 23, 2003.

———. *Terror and Liberalism.* New York:W.W. Norton, 2003.

Beyerstein, B. L. «Neuropathology and the Legacy of Spiritual Possession.» *Skeptical Inquirer* 12, no. 3 (1998): 248–61.

Binder, L. *Islamic Liberalism: A Critique of Development Ideologies.* Chicago: Univ. of Chicago Press, 1988.

Blake, R., and N. K. Logothetis. «Visual Competition.» *Nature Reviews Neuroscience* 3, no. 1 (2002): 13–21.

Blakemore, C., and S. Jennett, eds. *The Oxford Companion to the Body.* Oxford: Oxford Univ. Press, 2001.

Block, N. «Troubles with Functionalism.» In *The Nature of Mind*, ed. D. Rosenthal. Oxford: Oxford Univ. Press, 1991.

———«The Mind as the Software of the Brain.» In *An Invitation to Cognitive Science: Thinking*, ed. E. E. Smith and D. N. Osherson. Cambridge: MIT Press, 1995.

Block, N., O. Flanagan, and G. Güzeldere, eds. *The Nature of Consciousness: Philosophical Debates.* Cambridge: MIT Press, 1997.

Bloom, H. *Omens of the Millennium: The Gnosis of Angels, Dreams, and Resurrection.* New York: Riverhead Books, 1996.

———, ed. *The Book of J.* Translated by D. Rosenberg. New York: Vintage, 1990.

Bobrow, R. S. «Paranormal Phenomena in the Medical Literature: Sufficient Smoke to Warrant a Search for Fire.» *Medical Hypotheses* 60 (2003): 864–68.

Bogen J. E. «Mental Duality in the Intact Brain.» *Bulletin of Clinical Neuroscience* 51 (1986): 3–29.

———. «On the Neuropsychology of Consiousness: Parts I and II.» *Consciousness and Cognition* 4 (1995): 52–62, 137–58.

Bohm, D., and B. J. Hiley. *The Undivided Universe.* London: Routledge, 1993.

Bok, S. *Lying: Moral Choice in Public and Private Life*. New York: Vintage, 1978.

Bouveresse, J. *Wittgenstein Reads Freud: The Myth of the Unconscious*. Translated by C. Cosman. Princeton: Princeton Univ. Press, 1995.

Bowden, M. «The Dark Art of Interrogation.» *Atlantic Monthly*, March 2003, pp. 51–77.

Bowker, J., ed. *The Oxford Dictionary of World Religions*. Oxford: Oxford Univ. Press, 1997.

———. *What Muslims Believe*. Oxford: Oneworld, 1998.

Boyer, P. *When Time Shall Be No More: Prophecy Belief in Modern American Culture*. Cambridge: Harvard Univ. Press, 1992.

Braun, S. *The Science of Happiness: Unlocking the Mysteries of Mood*. New York: John Wiley, 2000.

Briggs, R. *Witches and Neighbors: The Social and Cultural Context of European Witchcraft*. New York: Viking, 1996.

Brisick, W., ed. *Crystal Cave: A Compendium of Teachings by Masters of the Practice*

Lineage. Translated by E. P. Kunsang. Katmandu: Rangjung Yeshe Publications, 1990.

Brockman, J., ed. *The Next Fifty Years: Science in the First Half of the Twenty-first Century*. New York: Vintage, 2002.

———, ed. *The Third Culture*. New York: Simon and Schuster, 1995.

Buber, M., ed. *Mystische Weltliteratur*. Kreuzlingen: Hugendubel, 2007.

———. *Ich und Du*. Gütersloh: Gütersloher, 1997.

Buckley, W. F., Jr. «The War on Drugs Is Lost.» *National Review*, Feb. 12, 1996.

———. «Abolish Drug Laws?: 400 Readers Give Their Views.» *National Review*, July 1, 1996.

Buddhaghosa. *The Path of Purification*. Translated by Bhikkhu Nanamoli. Kandy, Sri Lanka: Buddhist Publication Society, 1975.

Burt, A. M. *Textbook of Neuroanatomy*. Philadelphia: W. B. Saunders, 1993.

Campbell, A. «Cartesian Dualism and the Concept of Medical Placebos.» *Journal of Consciousness Studies* 1, no 2 (1994): 230–33.

Campbell, J. *The Hero with a Thousand Faces*. Princeton: Princeton Univ. Press, 1949. Dt: *Die Kraft der Mythen*. Düsseldorf: Albatros, 2007.

Canetti, E. *Masse und Macht*. Frankfurt am Main: Fischer Taschenbuch Verlag, 2006.

Carroll, J. «The Silence.» *New Yorker*, April 7, 1997.

———. *Constantine's Sword: The Church and the Jews*. Boston: Houghton Mifflin, 2001.

Casebeer, W. D. «Moral Cognition and Its Neural Constituents.» *Nature Reviews Neuroscience* 4 (2003): 840–46.

Chalmers, D. J. *The Conscious Mind: In Search of a Fundamental Theory*. Oxford: Oxford Univ. Press, 1996.

Cheney, D. L., and R. M. Seyfarth. *How Monkeys See the World: Inside the Mind of Another Species*. Chicago: Univ. of Chicago Press, 1990.

Chisholm, R. M. «On the Observability of the Self.» *Philosophy and Phenomenological Research* 30 (1969): 7–21.

Chomsky, N. *9-11*. New York: Seven Stories Press, 2001. Dt: *September 11 und die Folgen*. Biel: Forum OSL, 2003.

Chuang Tzu. *Basic Writings*. Translated by B. Watson. New York: Columbia Univ. Press, 1964.

Churchland, P. M. *Scientific Realism and the Plasticity of Mind*. Cambridge: Cambridge Univ. Press, 1979.

———. *Matter and Consciousness*. Cambridge: MIT Press, 1988.

———. «Knowing Qualia: A Reply to Jackson.» In *The Nature of Consciousness:*

Philosophical Debates, ed. N. Block, O. Flanagan, and G. Güzeldere. Cambridge: MIT Press, 1997.

Churchland, P. S., and P. M. Churchland. «Neural Worlds and Real Worlds.» *Nature Reviews Neuroscience* 3 (2002): 903–7.

Cialdini, R. B. *Influence: The Psychology of Persuasion*. New York: Quill, 1993.

Cohen, J.D., and K. I. Blum. «Reward and Decision.» *Neuron* 36, no. 2 (2002): 193–98.

Collins, L., and D. Lapierre. *Freedom at Midnight*. New York: Simon and Schuster, 1975.

Conway, M. A. «Repression Revisited.» *Nature* 410 (March 15, 2001): 319–20.

Conze, E. *A Short History of Buddhism*. Oxford: Oneworld, 1980. Dt: *Eine kurze Geschichte des Buddhismus*. Frankfurt/M: Insel. 2005

———, trans. and ed. *Buddhist Texts through the Ages*. Boston: Shambhala, 1990.

Copleston, F. *A History of Philosophy*. 9 vols. New York: Image, 1960–77.

Corballis, M. C. «Sperry and the Age of Aquarius: Science, Values, and the Split Brain.» *Neuropsychologia* 36 (1998): 1083–87.

Crick, F. *The Astonishing Hypothesis: The Scientific Search for the Soul.* New York: Charles Scribner, 1994.

Crick, F., and C. Koch. «Consciousness and Neuroscience.» *Cerebral Cortex* 8 (1998): 97–107.

———. «The Unconscious Humunculus.» In *The Neural Correlates of Consciousness,* ed. T. Metzinger. Cambridge: MIT Press, 1999.

———.«The Problem of Consciousness.» *Scientific American Special Edition* 12, no. 1 (2002): 10–17.

Dahlbom, B., ed. *Dennett and His Critics.* Oxford: Blackwell, 1993.

Damasio, A. *Descartes' Error: Emotion, Reason, and the Human Brain.* New York: Avon Books, 1994.

———. «How the Brain Creates the Mind.» *Scientific American Special Edition* 12, no. 1 (2002): 4–9.

———. *Looking for Spinoza: Joy, Sorrow, and the Feeling Brain.* New York: Harcourt, 2003.

Daprati, E., N. Franck, N. Georgieff, J. Proust, E. Pacherie, J. Dalery, M. Jeannerod. «Looking for the Agent: An Investigation into Consciousness and Selfconsciousness in Schizophrenic Patients.» *Cognition* 65 (1997): 71–86.

Davidson, D. «A Coherence Theory of Truth and Knowledge.» Undated MS.

———.«A Nice Derangement of Epitaphs.» Undated MS.

———.«The Myth of the Subjective.» Undated MS.

———. «Actions, Reasons, and Causes.» In *Essays on Actions and Events.* Oxford: Oxford Univ. Press, 1980.

———. «Paradoxes of Irrationality.» In *Philosophical Essays on Freud,* ed. R.Wollheim and J. Hopkins. Cambridge: Cambridge Univ. Press, 1982.

———. *Inquiries into Truth and Interpretation.* Oxford: Clarendon Press, 1984. Dt: *Wahrheit und Interpretation.* Frankfurt /M: Suhrkamp, 1994.

———. «Deception and Division.» In *The Multiple Self,* ed. J. Elster. Cambridge: Cambridge Univ. Press, 1985.

———. «Knowing One's Own Mind.» *Proceedings and Addresses of the American Philosophical Association* 60 (1987): 441–58.

———. «Who Is Fooled?» In *Self-Deception and Paradoxes of Rationality,* ed. J. P. Dupuy. Stanford: CSLI Publications, 1998.

Davies, N. *Europe: A History.* Oxford: Oxford Univ. Press, 1996.

Davies, P. *Are We Alone?: Philosophical Implications of the Discovery of Extraterrestrial Life*. New York: Basic Books, 1995.

Davies, P., and J. Gribbin. *The Matter Myth*. New York: Simon and Schuster, 1992.

Davies, P., and J. R. Brown, eds. *The Ghost in the Atom*. Cambridge: Cambridge Univ. Press, 1986.

Davies, R. R., J. H. Xuereb, and J. R. Hodges. «The Human Perirhinal Cortex in Semantic Memory: An in Vivo and Postmortem Volumetric Magnetic Resonance Imaging Study in Semantic Dementia, Alzheimer's Disease and Matched Controls.» *Neuropathology and Applied Neurobiology* 28, no. 2 (April 2002): 167–68 [abstract].

Davis, M. H., and I. S. Johnsrude. «Hierarchical Processing in Spoken Language Comprehension.» *Journal of Neuroscience* 23 (2003): 3423–31.

Davis, P. J., and R. Hersh. *The Mathematical Experience*. Boston: Houghton Mifflin, 1981.

Dawkins, R. *Climbing Mount Improbable*. New York: W.W. Norton, 1996. Dt: *Gipfel des Unwahrscheinlichen*. Reinbek: Rowohlt, 2001.

Dawood, N. J., trans. *The Koran*. New York: Viking, 1956.

de Quincey, C. «Consciousness All the Way Down?» *Journal of Consciousness Studies* 1, no. 2 (1994): 217–29.

———. «Conceiving the Inconceivable?» *Journal of Consciousness Studies* 7, no. 4 (2000): 67–81.

deCharms, C. *Two Views of Mind: Abhidharma and Brain Science*. Ithaca, N.Y.: Snow Lion Publications, 1998.

Delacour, J. «An Introduction to the Biology of Consciousness.» *Neuropsychologia* 33 (1995): 1061–74.

Denes, G., and M. Signorini. «Door But Not Four and 4 a Category Specific Transcoding Deficit in a Pure Acalculic Patient.» *Cortex* 37, no. 2 (2001): 267–77.

Dennett, D. C. «Intentional System in Cognitive Ethology: The ‹Panglossian Paradigm› Defended.» *Behavioral and Brain Sciences* 6 (1983): 343–90.

———. *Elbow Room: The Varieties of Free Will Worth Wanting*. Cambridge: MIT Press, 1984.

———. *Consciousness Explained*. Boston: Little, Brown, 1991.

———. *Darwin's Dangerous Idea: Evolution and the Meanings of Life*. New York: Simon and Schuster, 1995. Dt: *Darwins gefährliches Erbe*. Hamburg: Hoffmann und Campe, 1997.

———. «Facing Backwards on the Problem of Consciousness.» *Journal of Consciousness Studies* 3, no. 1 (1996): 4–6.

———. «It's Not a Bug, It's a Feature.» *Journal of Consciousness Studies* 7, no. 4 (2000): 25–27.

Dershowitz, A. *The Case for Israel.* Hoboken, N.J.: John Wiley, 2003. Dt: *Plädoyer für Israel.* Hamburg: Europa, 2005.

Descartes, R. *Discourse and Method and Meditations.* Translated by L. J. Lafleur. Indianapolis: Library of Liberal Arts, 1960.

Deutsch, D. *The Fabric of Reality.* New York: Penguin, 1997.

Dewey, J. *Reconstruction in Philosophy.* 1920; reprint, Boston: Beacon Press, 1957.

Diamond, J. *Guns, Germs, and Steel: The Fates of Human Societies.* New York:W.W. Norton, 1997. Dt: *Arm und reich.* Frankfurt /M: Fischer Taschenbuch, 2006.

———.«The Last Americans: Environmental Collapse and the End of Civilization.» *Harper's*, June 2003, pp. 43–51.

Didion, J. «Mr. Bush and the Divine.» *New York Review of Books*, Nov. 6, 2003, pp. 81–86.

Dobbie-Bateman, A. F. *The Spiritual Instructions of St. Seraphim of Sarov.* Clearlake: Dawn Horse Press, 1973.

Doherty, C., ed. *What the World Thinks in 2002.* Washington, D.C.: Pew Research Center for the People & the Press, 2002.

Doty, R.W. «The Five Mysteries of the Mind, and Their Consequences.» *Neuropsychologia* 36 (1998): 1069–76.

Du Pasquier, R. *Unveiling Islam.* Translated by T. J.Winter. Cambridge: Islamic Texts Society, 1992.

Dudjom Rinpoche. *The Nyingma School of Tibetan Buddhism, Its Fundamentals and History.* Translated by G. Dorje and M. Kapstein. 2 vols. Boston:Wisdom Publications, 1991.

Dupuy, J. P. 1989. «Common Knowledge, Common Sense.» *Theory and Decision*, 27 (1989): 37–62.

———, ed. *Self-Deception and Paradoxes of Rationality.* Stanford: CSLI Publications, 1998.

Durant,W. *The Age of Faith.* 1950; reprint, Norwalk, Conn.: Easton Press, 1992.

Dworkin, R. «Terror & the Attack on Civil Liberties.» *New York Review of Books*, Nov. 6, 2003, pp. 37–41.

Dyson, F. *Imagined Worlds.* Cambridge: Harvard Univ. Press, 1997.

Eccles, J. C. *How the Self Controls Its Brain.* Berlin: Springer, 1994.

Edelman, G. M., and G. Tononi. *A Universe of Consciousness*. New York: Basic Books, 2000.

Edwards, P. *Reincarnation: A Critical Examination*. Amherst: Prometheus Books, 1996.

———, ed. *The Encyclopedia of Philosophy*. 8 vols. New York: Collier Macmillan, 1967.

Einstein, A. *Ideas and Opinions*. New York:Wings Books, 1954.

———. *Out of My Later Years*. New York:Wings Books, 1956.

———. *Einstein On Peace*. Edited by O. Nathan and H. Norden. New York: Avenel Books, 1960.

———. *Relativity: The Special and the General Theory*. New York: Crown, 1961.

Fain, G. L. *Molecular and Cellular Physiology of Neurons*. Cambridge: Harvard Univ. Press, 1999.

Farah, C. E. *Islam*. Hauppauge, N.Y.: Barron's Educational Services, 2000.

Feigl, H. *The «Mental» and the «Physical.»* Minneapolis: Univ. of Minnesota Press, 1958.

Feinberg, T. E. *Altered Egos: How the Brain Creates the Self*. Oxford: Oxford Univ. Press, 2001.

Feldman, D. H., and L. T. Goldsmith. *Nature's Gambit: Child Prodigies and the Development of Human Potential*. New York: Basic Books, 1986.

Feldman, F. *Confrontations with the Reaper: A Philosophical Study of the Nature and Value of Death*. Oxford: Oxford Univ. Press, 1992.

Feser, E. «Can Phenomenal Qualities Exist Unperceived?» *Journal of Consciousness Studies* 5, no. 4 (1998): 405–14.

Feynman, R. *The Character of Physical Law*. New York: Modern Library, 1965.

———. *Six Easy Pieces*. New York: Addison-Wesley, 1995. Dt: *Sechs physikalische Fingerübungen*. München: Piper, 2007.

———. *The Meaning of It All: Thoughts of a Citizen Scientist*. Reading, Mass.: Addison-Wesley, 1998.

Fingarette, H. *Self-Deception*. Berkeley: Univ. of California Press, 2000.

Flanagan, O. *Consciousness Reconsidered*. Cambridge: MIT Press, 1992.

———.«Consciousness as a Pragmatist Views It.» In *The Cambridge Companion to William James*, ed. R. A. Putnam. Cambridge: Cambridge Univ. Press. 1997.

Fletcher, P. C., F. Happé, U. Frith, S. C. Baker, R. J. Dolan, R. S. J.

Fackowiak, and C. D. Frith. «Other Mind in the Brain: A Functional Imaging Study of ‹Theory of Mind› in Story Comprehension.» *Cognition* 57 (1995): 109–28.

Flew, A., ed. *Readings in the Philosophical Problems of Parapsychology.* Buffalo: Prometheus Books, 1987.

Fodor, J. *The Mind Doesn't Work That Way.* Cambridge: MIT Press, 2000.

Fodor, J. A., and Z. W. Pylyshyn. «Systematicity of Cognitive Representation.» Excerpt from «Connectionism and Cognitive Architecture.» In *Connections and Symbols*, ed. S. Pinker and J. Mehler. Cambridge: MIT Press, 1988.

Føllesdal, D. «What Computers Cannot Do: Two Strategies.» In *Transcendental Philosophy and Everyday Experience*, ed. T. Rockmore and V. Zeman. Atlantic Highlands, N.J.: Humanities Press, 1997.

Forman, R. K. C. «Mysticism, Language, and the *Via Negativa.*» *Journal of Consciousness Studies* 1, no. 1 (1994): 38–49.

Freeman,W. J. «Self, Awareness of Self, and the Illusion of Control.» *Behavioral and Brain Sciences* 20 (1997): 112–13.

———. «Three Centuries of Category Errors in Studies of the Neural Basis of Consciousness and Intentionality.» *Neural Networks* 10 (1997): 1175–83.

Freud, S. *Werkausgabe in zwei Bänden.* Frankfurt /M: S. Fischer, 2006.

Friedman, M. «Prohibition and Drugs.» *Newsweek*, May 1, 1972.

Friedrich, O. *The End of the World: A History*. New York: Coward, McCann & Geoghegan, 1982.

———. *The Kingdom of Auschwitz.* New York: Harper Perennial, 1994.

Frith, C. D. «Attention to Action and Awareness of Other Minds.» *Consciousness and Cognition* 11 (2002): 481–87.

Frith, C. D., and U. Frith. 1999. «Interacting Minds—A Biological Basis.» *Science's Compass* 286 (1999): 1692–95.

Fuller, G. E. *The Future of Political Islam.* New York: Palgrave Macmillan, 2003.

Fuster, J. M. *Cortex and Mind: Unifying Cognition.* Oxford: Oxford Univ. Press, 2002.

Gallup, G. H., Jr. *Religion in America 1996.* Princeton: Princeton Religion Research Center, 1996.

Gallup, G. H., Jr., and R. Bezilla. *The Role of the Bible in American Society.* Princeton: Princeton Religion Research Center, 1990.

Garab Dorje. *The Golden Letters: The Three Statements of Garab Dorje the First Teacher of Dzogchen together with a Commentary by Dza Patrul Rinpoche.*

Translated and edited by J. Reynolds. Ithaca, N.Y.: Snow Lion Publications, 1996.

Gardner, M. *The New Ambidextrous Universe: Symmetry and Asymmetry from Mirror Reflections to Superstrings.* New York:W. H. Freeman, 1990.

———. *The New Age: Notes of a Fringe-Watcher.* New York: Prometheus Books, 1991.

———. *Relativity Simply Explained.* New York: Dover, 1996.

Gazzaniga, M.S. «Legalizing Drugs: Just Say Yes.» *National Review*, July 10, 1995.

———. «The Split Brain Revisited.» *Scientific American Special Edition* 12, no. 1 (2002): 26–37.

———, ed. *The New Cognitive Neurosciences.* 2d ed. Cambridge: MIT Press, 2000.

Gazzaniga, M. S., J. E. Bogen, and R.W. Sperry. «Some Functional Effects of Sectioning the Cerebral Commissures in Man.» *Proceedings of the National Academy of Sciences* 48 (1962): 1765–69.

Gazzaniga, M. S., R. B. Ivry, and G. R. Mangun. *Cognitive Neuroscience: The Biology of the Mind.* New York:W.W. Norton, 1998.

Gentner, D., and A. B. Markman. «Structure Mapping in Analogy and Similarity.» *American Psychologist* 52 (1997): 45–56.

George, L. *Crimes of Perception: An Encyclopedia of Heresies and Heretics.* New York: Paragon House, 1995.

Gigerenzer, G. «On Narrow Norms and Vague Heuristics:A Reply to Kahneman and Tversky.» *Psychological Review* 103 (1996): 592–96.

Gilbert, D. T. «How Mental Systems Believe.» *American Psychologist* 46 2 (1991): 107–19.

Gilbert, D. T., et al. «Unbelieving the Unbelievable: Some Problems in the Rejection of False Information.» *Journal of Personality and Social Psychology* 59 (1990): 601–13.

Gilbert, M. *The Holocaust:A History of the Jews of Europe during the Second World War.* New York: Henry Holt, 1985.

Gilovich, T. *How We Know What Isn't So.* New York: Free Press, 1991.

Giovagnoli, A. R., A. Erbetta, and O. Bugiani. «Preserved Semantic Access in Global Amnesia and Hippocampal Damage.» *Clinical Neuropsychology* 15 (2001): 508–15 [abstract].

Gleick, J. *Isaac Newton*. New York: Pantheon Books, 2003.

Glenny, M. «Why the Balkans Are So Violent.» *New York Review of Books*, Sept. 19, 1996, pp. 34–39.

Glimcher, P. W. «Decisions, Decisions, Decisions: Choosing a Biological Science of Choice.» *Neuron* 36, no. 2 (2002): 323–32.

Glover, J. *Humanity: A Moral History of the Twentieth Century*. New Haven: Yale Univ. Press, 1999.

Glynn, I. *An Anatomy of Thought: The Origin and Machinery of the Mind*. Oxford: Oxford Univ. Press, 1999.

Goel, V., B. Gold, S. Kapur, and S. Houle. «The Seats of Reason? An Imaging Study of Deductive and Inductive Reasoning.» *Neuroreport* 8 (March 24, 1997): 1305–10.

Goel,V., and R. J. Dolan. «Explaining Modulation of Reasoning by Belief.» *Cognition* 87, no. 1 (2003): B11–22.

Goenka, S. N. *The Art of Living: Vipassana Meditation as Taught by S. N. Goenka*. Edited by W. Hart. New York: Harper and Row, 1987.

Goffman, E. *Interaction Ritual: Essays on Face to Face Behavior*. New York: Pantheon Books, 1967.

Gold, J. I., and M. N. Shadlen. «Representation of a Perceptual Decision in Developing Oculomotor Commands.» *Nature* 404 (March 23, 2000): 390–94.

———. «Banburismus and the Brain: Decoding the Relationship between Sensory Stimuli, Decisions, and Reward.» *Neuron* 36, no. 2 (2002): 299–308.

Goldberg, E. *The Executive Brain: Frontal Lobes and the Civilized Mind*. Oxford: Oxford Univ. Press, 2001.

Goldberg, J. «Letter from Cairo: Behind Mubarak.» *New Yorker*, Oct. 8, 2001, pp. 48–55.

Goldhagen, D. J. *Hitler's Willing Executioners: Ordinary Germans and the Holocaust*. New York: Alfred A. Knopf, 1996.

Goleman, D. *Destructive Emotions:A Scientific Dialogue with the Dalai Lama*. New York: Bantam Books, 2003. Dt: *Dialog mit dem Dalai Lama*. München: Hanser, 2003.

Goodenough, E. R. «Depth Psychology:Wish Projection.» In *Toward a Mature Faith*. Lanham, Md.: Univ. Press of America, 1955.

———.«A Historian of Religion Tries to Define Religion.» *Zygon* 2 (1967): 7–22.

Gorenberg, G. *The End of Days: Fundamentalism and the Struggle for the Temple Mount*. Oxford: Oxford Univ. Press, 2000.

Gould, S. J. «Nonoverlapping Magisteria.» *Natural History*, March 1997.

Gourevitch, P. «Letter from Korea: Alone in the Dark.» *New Yorker*, Sept. 8, 2003, pp. 55–75.

Govinda, A. Lama. *Leben im Geist des Buddhismus*. Frankfurt /M: Angkor, 2006.

Graham, G., and G. L. Stephens, eds. *Philosophical Psychopathology*. Cambridge: MIT Press, 1994.

Green, D. *Gold in the Crucible: Teresa of Avila and the Western Mystical Tradition*. Longmead, Eng.: Element Books, 1989.

Greene, J. D. «From Neural ‹Is› to Moral ‹Ought›: What Are the Moral Implications of Neuroscientific Moral Psychology?» *Nature Reviews Neuroscience* 4 (2003): 846–49.

Greene, J. D., et al. «An fMRI Investigation of Emotional Engagement in Moral Judgment.» *Science* 293 (Sept. 14, 2001): 2105–8.

Gregory, R. L., ed. *The Oxford Companion to the Mind*. Oxford: Oxford Univ. Press, 1987.

Griffin, D. R. *Animal Minds*. Chicago: Univ. of Chicago Press, 1992.

———. «Panexperientialist Physicalism and the Mind-Body Problem.» *Journal of Consciousness Studies* 4, no. 3 (1997): 248–68.

Griffiths, P. J. *On Being Mindless: Buddhist Meditation and the Mind-Body Problem*. La Salle, Ill.: Open Court, 1986.

Guttenplan, S., ed. *A Companion to the Philosophy of Mind*. Oxford: Blackwell, 1994.

Haack, S. «Science, Scientism, and Anti-Science in the Age of Preposterism.» *Skeptical Inquirer* 21, no. 6 (1997): 37–42.

Habermas, J. *Der philosophische Diskurs der Moderne*. Frankfurt /M: Suhrkamp, 1985.

———. *The Past as Future*. Translated and edited by M. Pensky. Lincoln: Univ. of Nebraska Press, 1994.

———. *Wahrheit und Rechtfertigung*. Frankfurt /M: Suhrkamp, 1998.

Hadamard, J. *The Mathematician's Mind: The Psychology of Invention in the Mathematical Field*. Princeton: Princeton Univ. Press, 1945.

Hagen, S. *How the World Can Be the Way It Is*. Wheaton, Ill.: Quest Books, 1995.

Haggard, P. «The Psychology of Action.» *British Journal of Psychology* 92 (2001): 113–28.

Haggard, P., and E. Magno. «Localizing Awareness of Action with Transcortical Magnetic Stimulation.» *Experimental Brain Research*

127 (1999): 102–7.

Haggard, P., and M. Eimer. «On the Relation between Brain Potentials and the Awareness of Voluntary Movements.» *Experimental Brain Research* 126 (1999): 128–33.

Hall, M. P. *The Secret Teachings of All Ages*. Los Angeles: Philosophical Research Society, 1977.

Hameroff, S. R. «Quantum Coherence in Microtubules: A Neural Basis for Emergent Consciousness?» *Journal of Consciousness Studies* 1, no. 1 (1994): 91–118.

Hameroff, S., A. W. Kaszniak, and A. C. Scott, eds. *Toward a Science of Consciousness: The First Tucson Discussions and Debates*. Cambridge: MIT Press, 1996.

Hardcastle, V. G. «The Naturalists versus the Skeptics: The Debate over a Scientific Understanding of Consciousness.» *Journal of Mind and Behavior* 14, no. 1 (1993): 27–50.

———. «Psychology's Binding Problem and Possible Neurobiological Solutions.» *Journal of Consciousness Studies* 1, no. 1 (1994): 66–90.

Hardcastle, V. G., and O. Flanagan. «Multiplex vs. Multiple Selves: Distinguishing Dissociative Disorders.» *Monist* 82 (1999): 645–57.

Harding, D. E. *On Having No Head: Zen and the Re-discovery of the Obvious*. London: Arkana, 1961. Dt: *Zen und die Wiederentdeckung des Offensichtlichen*. Basel: Sphinx, 1986.

Harman, G. «Rationality.» In *An Invitation to Cognitive Science: Thinking*, ed. E. E. Smith and D. N. Osherson. Cambridge: MIT Press, 1995.

Harman, W. «The Scientific Exploration of Consciousness: Towards an Adequate Epistemology.» *Journal of Consciousness Studies* 1, no. 1 (1994): 140–48.

Hart, J., R. Sloan Berndt, and A. Caramazza. «Category-Specific Naming Deficit following Cerebral Infarction.» *Nature* 316 (Aug. 1, 1985): 439–40.

Haught, J. A. *Holy Hatred: Religious Conflicts of the '90s*. Amherst: Prometheus Books, 1995.

Hauser, M.D. *Wild Minds: What Animals Really Think*. New York: Henry Holt, 2001. Dt: *Wilde Intelligenz*. München: Deutscher Taschenbuch Verlag, 2003.

———. «Swappable Minds.» In *The Next Fifty Years*, ed. J. Brockman. New York: Vintage, 2002.

Hauser, M. D., N. Chomsky, and W. Tecumseh Fitch. «The Faculty of

Language: What Is It, Who Has It, and How Did It Evolve?» *Science* 298 (2002): 1569–79.

Hawking, S., and R. Penrose. *The Nature of Space and Time*. Princeton: Princeton Univ. Press. 1996.

Hegel, G.W. F. *Phänomenologie des Geistes*. Hamburg: F. Meiner, 2006.

Heisenberg, W. *Physik und Philosophie*. Stuttgart: S. Hirzel, 2006.

Hill, F. *A Delusion of Satan: The Full Story of the Salem Witch Trials*. New York: Doubleday, 1995.

Hille, B. *Ionic Channels of Excitable Membranes*. 2d ed. Sunderland, Mass.: Sinauer Associates, 1992.

Hitchens, C. «Mommie Dearest.» *Slate*, Oct. 20, 2003. http://slate.msn.com.

Hobbes, T. *Leviathan*.1651; reprint, Chicago: Univ. of Chicago Press, 1952.

Hobson, J. A. *The Chemistry of Conscious States*. Boston: Little, Brown, 1994.

Hoffman, B. «The Logic of Suicide Terrorism.» *Atlantic Monthly*, June 2003, pp. 40–47.

Hoffmann, R. J., trans. *Porphyry's Against the Christians*. Amherst: Prometheus Books, 1994.

Hofstadter, D. R. *The Tumult of Inner Voices or What Is the Meaning of the Word «I»?*. Cedar City, Utah: Grace A. Tanner Lecture in Human Values, 1982.

Hofstadter, D. R., and D. C. Dennett. *The Mind's I: Fantasies and Reflections on Self and Soul*. New York: Bantam Books, 1981. Dt: *Einsicht ins Ich*. Stuttgart: Klett-Cotta, 2002.

Holton, G. *Einstein, History, and Other Passions: The Rebellion against Science at the End of the Twentieth Century*. Reading, Mass.: Addison-Wesley, 1996.

Holyoak, K. J. «Problem Solving.» In *An Invitation to Cognitive Science: Thinking*, eds. E. E. Smith and D. N. Osherson. Cambridge: MIT Press, 1995.

Holyoak, K. J., and J. E. Hummel. «Toward an Understanding of Analogy within a Biological Symbol System.» In *The Analogical Mind: Perspectives from Cognitive Science*, ed. D. Gentner, K. J. Holyoak, and B. N. Kokinov. Cambridge: MIT Press, 2001.

Holyoak, K. J., and P. C. Cheng. «Pragmatic Reasoning with a Point of View.» *Thinking and Reasoning* 1 (1995): 289–313.

Honderich, T., ed. *The Oxford Companion to Philosophy*. Oxford:

Oxford Univ. Press, 1995.

Hopkins, J. *Emptiness Yoga: The Tibetan Middle Way*. Ithaca, N.Y.: Snow Lion Publications, 1987.

Horgan, J. *The End of Science: Facing the Limits of Knowledge in the Twilight of the Scientific Age*. Reading, Mass.: Helix Books, 1996. Dt: *An den Grenzen des Wissens*. München: Luchterhand, 1997.

———. *The Undiscovered Mind: How the Human Brain Defies Replication, Medication, and Explanation*. New York: Free Press, 1999. Dt: *Der menschliche Geist*. Frankfurt /M: Fischer Taschenbuch, 2001.

———. *Rational Mysticism: Dispatches from the Border between Science and Spirituality*. Boston: Houghton Mifflin, 2003.

Horner, I. B., trans. *Milinda's Questions*. 2 vols. Oxford: Pali Text Society, 1990.

Howard, M. «What's in a Name? How to Fight Terrorism.» *Foreign Affairs* 81, no. 1 (2002): 8–13.

Hume, D. *The Philosophical Works of David Hume*. 4 vols. 1854; reprint, Bristol, Eng: Thoemmes Press, 1996.

Humphrey, N. «How to Solve the Mind-Body Problem.» *Journal of Consciousness Studies* 7, no. 4 (2000): 5–20.

Huntington, S. P. *The Clash of Civilizations and the Remaking of World Order*. New York: Simon and Schuster, 1996. Dt: *Kampf der Kulturen*. Hamburg: Spiegel, 2006.

Huxley, A. *The Perennial Philosophy*. New York: Harper and Row, 1944.

Ignatieff, M. «Why Are We in Iraq? (And Liberia? And Afghanistan?).» *New York Times Magazine*, Sept. 7, 2003.

Inge,W. R. *The Philosophy of Plotinus*. 2 vols. 1929; reprint,Westport, Conn.: Wood Press, 1968.

Jackson, F. «What Mary Didn't Know.» In *The Nature of Consciousness: Philosophical Debates*, ed. N. Block, O. Flanagan, and G. Güzeldere. Cambridge: MIT Press, 1997.

Jackson, R. R., ed. and trans. *Is Enlightenment Possible?: Dharmakirti and Gyaltshab on Knowledge, Rebirth, No-Self and Liberation*. Ithaca, N.Y.: Snow Lion Publications, 1993.

James,W. *The Principles of Psychology*. 2 vols. 1890; reprint, New York: Dover, 1950.

———. *The Will to Believe*. 1897; reprint, New York: Longmans, 1919.

———. *Essays in Radical Empiricism*. 1912; reprint, Lincoln: Univ.

of Nebraska Press. Dt: *Pragmatismus und radikaler Empirismus.* Frankfurt /M: Suhrkamp, 2006.

———. *The Writings of William James: A Comprehensive Edition.* Edited by J. J. McDermott. Chicago: Univ. of Chicago Press, 1997.

Jeannerod, M. «To Act or Not to Act: Perspectives on the Representation of Actions.» *Quarterly Journal of Experimental Psychology* 52A, no. 1 (1999): 1–29.

———. 2001. «Neural Simulation of Action: A Unifying Mechanism for Motor Cognition.» *NeuroImage* 14 (2001): S103–S109.

Jenkins, P. «The Next Christianity.» *Atlantic Monthly*, Oct. 2002, pp. 53–68. John Paul II (pope). *Crossing the Threshold of Hope.* New York: Alfred A. Knopf, 1994.

Johnson, E. «Grace Halsell‹s Prophecy and Politics: Militant Evangelists on the Road to Nuclear War.» *Journal of Historical Review* 7, no. 4 (Winter 1986).

Johnson, P. *A History of Christianity.* New York: Simon and Schuster, 1976.

Johnson-Laird, P. N., and R. M. J. Byrne. *Deduction.* Hillsdale, N.J.: Erlbaum, 1991.

Jung, C. G. *Antwort auf Hiob.* München: Deutscher Taschenbuch Verlag, 2001.

Kafatos, M., and R. Nadeau. *The Conscious Universe.* New York: Springer-Verlag, 1990.

Kahneman, D., and A. Tversky. «On the Reality of Cognitive Illusions.» *Psychological Review* 103 (1996): 582–91.

Kaku, M. *Hyperspace.* Oxford: Oxford Univ. Press, 1994.

Kalat, J.W. *Biological Psychology.* 6th ed. Pacific Grove, Calif.: Brooks/ Cole Publishing, 1998.

Kandel, E. R., et al. *Principles of Neural Science.* 4th ed. New York: McGraw-Hill, 2000.

Kant, I. *Die Kritiken.* Frankfurt /M: Suhrkamp, 2005.

Kaplan, R. D. *The Ends of the Earth: A Journey at the Dawn of the 21st Century.* New York: Random House, 1996.

———.«Was Democracy Just a Moment?» *Atlantic Monthly*, Dec. 1997, pp. 55–80.

———.«The Lawless Frontier.» *Atlantic Monthly*, March 2000, pp. 66–80.

———.«Looking the World in the Eye.» *Atlantic Monthly*, May 2001, pp. 68–82.

———. «The World in 2005.» *Atlantic Monthly*, March 2002, pp. 54–56.

———. «Supremacy by Stealth.» *Atlantic Monthly*, Jan. 2003, pp. 65–83.

Kaufmann, W. *Existentialism from Dostoevsky to Sartre*. New York: New American Library, 1956.

———. *Critique of Religion and Philosophy*. Princeton: Princeton Univ. Press, 1958.

———. *Nietzsche: Philosopher, Psychologist, Anti-Christ*. Princeton: Princeton Univ. Press, 1974.

Kellehear, A. *Experiences near Death: Beyond Medicine and Religion*. Oxford: Oxford Univ. Press, 1996.

Keller, B. «The Thinkable.» *New York Times Magazine*, May 4, 2003.

Kennedy, P. *Preparing for the Twenty-first Century*. New York: Vintage, 1993.

Kershaw, I. *Hitler, 1889–1936: Hubris*. New York: W.W. Norton, 1998. Dt: *Hitler*. München: Deutscher Taschenbuch Verlag, 2002.

Kertzer, J. I. «The Modern Use of Ancient Lies.» *New York Times*, May 9, 2002.

Kim, J. «Epiphenomenal and Supervenient Causation.» In *The Nature of Mind*, ed. D. Rosenthal. Oxford: Oxford Univ. Press, 1991.

———. «The Myth of Nonreductive Materialism.» In *Supervenience and Mind*. Cambridge: Cambridge Univ. Press, 1993.

———. *Mind in a Physical World: An Essay on the Mind-Body Problem and Mental Causation*. Cambridge: MIT Press, 1998.

Kircher, T. T. J., C. Senior, M. L. Phillips, P. J. Benson, E. T. Bullmore, M. Brammer, A. Simmons, S. C. R. Williams, M. Bartels, and A. S. David. «Towards a Functional Neuroanatomy of Self Processing: Effects of Faces and Words.» *Cognitive Brain Research* 10 (2000): 133–44.

Kircher, T. T. J., C. Senior, M. L. Phillips, S. Rabe-Hesketh, P. J. Benson, E. T. Bullmore, M. Brammer, A. Simmons, M. Bartels, and A. S. David. «Recognizing One's Own Face.» *Cognition* 78 (2001): B1–B15.

Klagge, J. C. «Wittgenstein and Neuroscience.» *Synthese* 78 (1989): 319–43.

Klein, E. *Conversations with the Sphinx: Paradoxes in Physics*. Translated by D. Le Vay. London: Souvenir Press, 1996.

Korsgaard, C. M. *The Sources of Normativity*. Cambridge: Cambridge Univ. Press, 1996.

Krakauer, J. *Under the Banner of Heaven: A Story of Violent Faith*. New York: Doubleday, 2003. Dt: *Mord im Auftrag Gottes*. München: Piper, 2003.

Kripke, S. «From *Naming and Necessity.*» In *The Nature of Mind*, ed. D. Rosenthal. Oxford: Oxford Univ. Press, 1991.

Krishnamurti, J., and D. Bohm. *The Ending of Time*. San Francisco: Harper, 1985. Dt: *Vom Werden zum Sein*. München, Goldmann, 1992.

Kristof, N. «When Prudery Kills.» *New York Times*, Oct. 8, 2003.

Krugman, P. «‹Some Crazy Guy.›» *New York Times*, June 13, 2003.

Kuhn, T. S. *The Structure of Scientific Revolutions*. 1962; reprint, Chicago: Univ. of Chicago Press, 1970. Dt: *Die Struktur wissenschaftlicher Revolutionen*. Franfurt/M, Suhrkamp, 2003.

Kurzweil, R. *The Age of Spiritual Machines*. New York: Penguin, 1999. Dt: *Homo s@piens*. Köln: Kiepenheuer und Witsch. 1999.

Lahav, R. «The Conscious and the Non-conscious: Philosophical Implications of Neuropsychology.» In *Mindscapes: Philosophy, Science, and the Mind*, ed. M. Carrier and P. K. Machamer. Pittsburgh: Univ. of Pittsburgh Press, 1997.

Lanier, J. «Death: The Skeleton Key of Consciousness Studies?» *Journal of Consciousness Studies* 4, no. 2 (1997): 181–85.

Lazare, D. «False Testament: Archeology Refutes the Bible's Claim to History.» *Harper's*, March 2002, pp. 39–47.

Lehrer, K. *Self Trust*. Oxford: Oxford Univ. Press, 1997.

Lelyveld, J. «All Suicide Bombers Are Not Alike.» *New York Times Magazine*, Oct. 28, 2001.

Leslie, J. *The End of the World: The Science and Ethics of Human Extinction*. London: Routledge, 1996.

Levi, P. *The Drowned and the Saved*. New York: Vintage, 1989.

Levine, J. «On Leaving Out What It's Like.» In *The Nature of Consciousness: Philosophical Debates*, ed. N. Block, O. Flanagan, and G. Güzeldere. Cambridge: MIT Press, 1997.

Levy, L.W. *Blasphemy*. Chapel Hill: Univ. of North Carolina Press, 1993.

Lewis, B. «The Roots of Muslim Rage.» *Atlantic Monthly*, March 1990, pp. 47–60.

———.«The Revolt of Islam.» *New Yorker*, Nov. 19, 2001, pp. 50–63.

———. *The Crisis of Islam: Holy War and Unholy Terror.* New York: Modern Library, 2003.

Lewis, D. «Mad Pain and Martian Pain.» In *The Nature of Mind*, ed. D. Rosenthal. Oxford: Oxford Univ. Press, 1991.

———. «What Experience Teaches.» In *The Nature of Consciousness: Philosophical Debates*, ed. N. Block, O. Flanagan, and G. Güzeldere. Cambridge: MIT Press, 1997.

Lewontin, R. C. «The Evolution of Cognition: Questions We Will Never Answer.» In *Invitation to Cognitive Science*. Vol. 4, *Methods, Models, and Conceptual Issues*, ed. D. Scarborough and S. Sternberg. Cambridge: MIT Press, 1998.

———. *It Ain't Necessarily So: The Dream of the Human Genome and Other Illusions*. New York: New York Review Books, 2000.

Libet, B. «A Testable Field Theory of Mind-Brain Interaction.» *Journal of Consciousness Studies* 1, no. 1 (1994): 119–26.

———. «Do We Have Free Will?» *Journal of Consciousness Studies* 6, nos. 8–9 (1999): 47–57.

———. «‹Consciousness, Free Action and the Brain›: Commentary on John Searle's Article.» *Journal of Consciousness Studies* 8, no. 8 (2001): 59–65.

———. «The Timing of Mental Events: Libet's Experimental Findings and Their Implications.» *Consciousness and Cognition* 11 (2002): 291–99.

Lockwood, M. *Mind, Brain & the Quantum:The Compound «I.»* Oxford: Blackwell, 1989.

———. «Unsensed Phenomenal Qualities: A Defense.» *Journal of Consciousness Studies* 5, no. 4 (1998): 415–18.

Logothetis, N. K. «Vision: A Window on Consciousness.» *Scientific American Special Edition* 12, no. 1 (2002): 18–25.

Logothetis, N. K., et al. «Neurophysiological Investigation of the Basis of the fMRI Signal.» *Nature* 412 (July 12, 2001): 150–57.

Longchenpa. *Kindly Bent to Ease Us*. 3 vols. Translated by H. V. Guenther. Berkeley, Calif.: Dharma Publishing, 1975.

———. *The Four-Themed Precious Garland*. Translated by A. Berzin. Dharmsala: Library of Tibetan Works and Archives, 1978.

———. *Buddha Mind: An Anthology of Longchen Rabjam's Writings on Dzogpa Chenpo*. Translated by Tulku Thondup Rinpoche, edited by H. Talbott. Ithaca, N.Y.: Snow Lion Publications, 1989.

Luria, A. R. *The Mind of a Mnemonist*. Translated by L. Solotaroff. 1968; reprint, Cambridge: Harvard Univ. Press, 1987. Dt: *Der Mann, dessen Welt in Scherben ging*. Reinbek: Rowohlt, 1995.

Lyon, J., and P. Corner. *Altered Fates: Gene Therapy and the Retooling of Human Life*. New York: W.W. Norton, 1995.

Lyons, F., J. R. Hanley, and J. Kay. «Anomia for Common Names and Geographical Names with Preserved Retrieval of Names of People: A Semantic Memory Disorder.» *Cortex* 38, no. 1 (2002): 23–35 [abstract].

MacIntyre, A. *The Unconscious: A Conceptual Analysis*. Bristol, Eng.: Thoemmes Press, 1958.

Mackay, C. *Extraordinary Popular Delusions and the Madness of Crowds*. 1841; reprint, New York: Barnes & Noble, 1993.

Maguire, E. A., R. S. J. Frackowiak, and C. D. Frith. «Recalling Routes around London: Activation of the Right Hippocampus in Taxi Drivers.» *Journal of Neuroscience* 17 (1997): 7103–10.

Maguire, E. A., C. D. Frith, and R. G. Morris. «The Functional Neuroanatomy of Comprehension and Memory: The Importance of Prior Knowledge.» *Brain* 122 (1999): 1839–50.

Maha Boowa Nanasampanno. *Straight from the Heart: Thirteen Talks on the Practice of Meditation*. Translated by Thanissaro Bhikkhu. Bangkok: P. Sumphan Panich, 1987.

———. 1988. *Things as They Are*. Translated by Thanissaro Bhikkhu. Bangkok: P. Samphan Panich, 1988.

Mahasi Sayadaw. *Buddhist Meditation and Its Forty Subjects*. Translated by U Pe Thin. N.p.: Buddha Sasana Council Press, 1957.

———. *Thoughts on the Dhamma*. Kandy, Sri Lanka: Buddhist Publication Society, 1983.

———. *The Progress of Insight*. Translated by Nyanaponika Thera. Kandy, Sri Lanka: Buddhist Publication Society, 1985.

Malachowski, A., ed. *Reading Rorty*. Oxford: Blackwell, 1990.

Manchester,W. *A World Lit Only by Fire: The Medieval Mind and the Renaissance*. Boston: Little, Brown, 1992.

Margulis, L., and D. Sagan. *Slanted Truths: Essays on Gaia, Symbiosis, and Evolution*. New York: Springer-Verlag, 1997.

Marks, C. E. *Commissurotomy, Consciousness, and the Unity of Mind*. Montgomery, Vt.: Bradford Books, 1980.

Marr, D. «Understanding Complex Information-Processing Systems.» In *Vision*. New York: W. H. Freeman, 1982.

Martin, J. H. *Neuroanatomy: Text and Atlas*. Stamford, Conn.: Appleton and Lange, 1996.

Masson, J. M. *My Father's Guru*. Reading, Mass.: Addison-Wesley, 1993. Dt: *Der Guru meines Vaters*. Berlin: Theseus, 1999.

Masson, J. M., and S. McCarthy.*When Elephants Weep: The Emotional Lives of Animals*. New York: Delacorte Press, 1995.

Mates, B., ed. and trans. *The Skeptic Way: Sextus Empiricus's Outlines of Pyrrhonism*. Oxford: Oxford Univ. Press, 1996.

McCormick, P. J., ed. *Star Making: Realism, Anti-realism, and Irrealism*.

Cambridge: MIT Press, 1996.

McGinn, C. «Consciousness and Space.» *Journal of Consciousness Studies* 2, no. 3 (1995): 220–30.

———.«Can We Solve the Mind-Body Problem?» In *The Nature of Consciousness: Philosophical Debates,* ed. N. Block, O. Flanagan, and G. Güzeldere. Cambridge: MIT Press, 1997.

———. *The Mysterious Flame: Conscious Minds in a Material World.* New York: Basic Books, 1999.

McKenna, T. *The Archaic Revival.* San Francisco: Harper San Francisco, 1991.

———.*Food of the Gods: The Search for the Original Tree of Knowledge.* New York: Bantam Books, 1992.

———. *True Hallucinations.* San Francisco: Harper San Francisco, 1993.

Medin, D. L. «Concepts and Conceptual Structure.» *American Psychologist* 44 (1989): 1469–81.

Mele, A. R. «Real Self-Deception.» *Behavioral and Brain Sciences* 20 (1997): 91–102.

———.«Understanding and Explaining Real Self-Deception.» *Behavioral and Brain Sciences* 20 (1997): 127–36.

———. *Self-Deception Unmasked.* Princeton: Princeton Univ. Press, 2001.

Melton, J. G., ed. *American Religious Creeds.* 3 vols. New York:Triumph Books, 1991.

Menand, L. *The Metaphysical Club: The Story of Ideas in America.* New York: Farrar, Straus and Giroux, 2001.

Merikle, P. M., and M. Daneman. «Conscious vs. Unconscious Perception.» In *The New Cognitive Neurosciences.* 2d ed. Edited by M. S. Gazzaniga. Cambridge: MIT Press, 2000.

Metzger, B. M., and M. D. Coogan., eds. *The Oxford Companion to the Bible.* Oxford: Oxford Univ. Press, 1993.

Miller, W. I. *Humiliation: And Other Essays on Honor, Social Discomfort, and Violence.* Ithaca: Cornell Univ. Press, 1993.

———. *The Anatomy of Disgust.* Cambridge: Harvard Univ. Press, 1997.

Minsky, M. *The Society of Mind.* New York: Simon and Schuster, 1985.

———. «Consciousness Is a Big Suitcase.» 1998 Interview. www.edge.org/3rd_culture/minsky/index.html

Mischel, W. *Introduction to Personality.* 6th ed. Orlando: Harcourt Brace College Publishers, 1999.

Mishra, P. «The Other Face of Fanaticism.» *New York Times Magazine*, Feb. 2, 2003.
Mitchell, S. *The Gospel according to Jesus*. New York: HarperCollins, 1991.
Monk, R. *Ludwig Wittgenstein: The Duty of Genius*. New York: Viking Penguin, 1990.
———. *Bertrand Russell: The Spirit of Solitude, 1872–1921*. New York: Free Press, 1996.
Montaigne. *Essais*. Übersetzt von Hans Stilett. München: Goldmann, 2002.
Murphy, J. P. *Pragmatism: From Peirce to Davidson*. Boulder, Colo.: Westview Press, 1990.
Murphy, M. P., and L. A. J. O'Neill, eds.*What Is Life? The Next Fifty Years: Speculations on the Future of Biology*. Cambridge: Cambridge Univ. Press, 1995.
Murti, T. *The Central Philosophy of Buddhism*. London: Allen and Unwin, 1974.
Naess, A. *A Skeptical Dialogue on Induction*. Assen, Netherlands: Vangorcum, 1984.
Nagarjuna. *Nagarjuna's Seventy Stanzas: A Buddhist Psychology of Emptiness*. Translated by D. R. Comito. Ithaca, N.Y.: Snow Lion Publications, 1987.
———. *The Fundamental Wisdom of the Middle Way: Nagarjuna's Mulamadhyamakakarika*. Edited and Translated by J. L. Garfield. Oxford: Oxford Univ. Press, 1995.
Nagel, T. *Mortal Questions*. Cambridge: Cambridge Univ. Press, 1979. Dt: *Letzte Fragen*. Darmstadt: Wissenschaftliche Buchgesellschaft, 1996.
———. *The View from Nowhere*. Oxford: Oxford Univ. Press, 1986. Dt: *Der Blick von nirgendwo*. Frankfurt /M: Suhrkamp, 1992.
———.*What Does It All Mean?: A Very Short Introduction to Philosophy*. Oxford: Oxford Univ. Press, 1987. Dt: *Was bedeutet das alles?* Stuttgart: Reclam, 1995.
———. *Other Minds*. Oxford: Oxford Univ. Press, 1995.
———. *The Last Word*. Oxford: Oxford Univ. Press, 1997. Dt: *Das letzte Wort*. Stuttgart: Reclam, 1999.
Nahmias, E. A. «Verbal Reports on the Contents of Consciousness: Reconsidering Introspectionist Methodology.» *Psyche*, Oct. 2002.
Naipaul, V. S. *Among the Believers: An Islamic Journey*. New York:

Vintage, 1981. Dt: *Eine islamische Reise*. Berlin: Ullstein Taschenbuch Verlag, 2002.

———. *India: A Million Mutinies Now.* New York: Viking, 1990. Dt: Indien. Berlin: Ullstrein Taschenbuch Verlag, 2007.

Namgyal, T. T. *Mahamudra: The Quintessence of Mind and Meditation.* Translated by L. P. Lhalungpa. Boston: Shambhala, 1986.

Nanamoli Thera, ed. *Selected Buddhist Texts*. Vol. 1. Kandy, Sri Lanka: Buddhist Publication Society, 1958.

———, trans. *Mindfulness of Breathing*. Kandy, Sri Lanka: Buddhist Publication Society, 1982.

Nanamoli, Bhikkhu, trans. *The Middle Length Discourses of the Buddha: A New Translation of the Majjhima Nikaya*. Edited by Bhikkhu Bodhi. Boston: Wisdom Publications, 1995.

Narada Maha Thera. *The Buddha and His Teachings*. Kandy, Sri Lanka: Buddhist Publication Society, 1973.

Newberg, A. B. «The Neuropsychology of Religious and Spiritual Experience.» *Journal of Consciousness Studies* 7, nos. 11–12 (2000): 251–66.

Newberg, A. B., A. Alavi, M. Baime, M. Pourdehnad, J. Santanna, and E. d'Aquili. «The Measurement of Regional Cerebral Blood Flow during the Complex Cognitive Task of Meditation: A Preliminary SPECT Study.» *Psychiatry Research: Neuroimaging Section* 106 (2001): 113–22.

Nichols, M. J., and W. T. Newsome. «The Neurobiology of Cognition.» *Nature* 402 (1999): SUPP, C35–C38.

Niemeier, M., J. Douglas Crawford, and D. B. Tweed. «A Bayesian Approach to Change Blindness.» *Annals of the New York Academy of Sciences* 956 (2002): 474–75. [abstract]

Nietzsche, F. *The Portable Nietzsche*. Translated by W. Kaufmann. New York: Viking, 1954.

———. *Also sprach Zarathustra*. Stuttgart: Kröner, 1988.

———. *Die Geburt der Tragödie*. Stuttgart: Kröner, 1976.

———. *Jenseits von Gut und Böse* und *Zur Genealogie der Moral.* Stuttgart: Kröner, 1991.

———. *Götzendämmerung, Der Antichrist, Ecce Homo*. Stuttgart: Kröner, 1978.

Nikhilananda, Swami, trans. *The Bhagavad Gita*. New York: Ramakrishna-Vivekananda Center, 1979.

Nisargadatta Maharaj. *I Am That*. Translated by M. Frydman, edited by

S. S. Dikshit. Durham, N.C.: Acorn Press, 1973. Dt: *Ich bin*. Bielefeld: Context, 1992.

———.*Prior to Consciousness*. Edited by J. Dunn. Durham, N.C.: Acorn Press, 1985.

———. *The Nectar of the Lord's Feet*. Edited by R. Powell. Great Britain: Element Books, 1987.

———. *The Ultimate Medicine*. Edited by R. Powell. San Diego: Blue Dove Press, 1994.

Niznik, J., and J. T. Sanders, eds. *Debating the State of Philosophy: Habermas, Rorty, and Kolakowski.*Westport, Conn.: Praeger, 1996.

Norbu, N. *The Small Golden Key*. Translated by L. Anderson. New York: Jewel Publishing House, 1977.

———. *The Crystal and the Way of Light*. Edited by J. Shane. New York: Routledge and Kegan Paul, 1986.

———. *The Cycle of Day and Night*. Translated by J. M. Reynolds. New York: Station Hill Press, 1987. Dt: *Der Zyklus von Tag und Nacht*. München: Diederichs, 1999.

———. *Dzogchen: The Self-Perfected State*. Translated by J. Shane. London: Arkana, 1989.

———. *Dream Yoga and the Practice of Natural Light*. Edited by M. Katz. Ithaca, N.Y.: Snow Lion Publications, 1992. Dt: *Traum-Yoga*. München, O. W. Barth, 1994.

Norbu, T. *Magic Dance*. New York: Jewel Publishing House, 1981.

———.*White Sail*. Boston: Shambhala, 1992.

Nørretranders, T. *The User Illusion: Cutting Consciousness Down to Size*. New York: Viking, 1998.

Nozick, R. *Philosophical Explanations*. Cambridge: Harvard Univ. Press, 1981.

Nuland, S. B. *How We Die: Reflections on Life's Final Chapter*. New York: Alfred A. Knopf, 1994.

Nyanaponika Thera. *The Heart of Buddhist Meditation*. York Beach, Maine: Samuel Weiser, 1962.

———. *The Vision of Dhamma*. Edited by Bhikkhu Bodhi. York Beach, Maine: Samuel Weiser, 1986.

———, ed. *The Three Basic Facts of Existence*. Kandy, Sri Lanka: Buddhist Publication Society, 1974.

———,ed., *The Road to Inner Freedom: A Survey of the Buddha's Teachings*. Kandy, Sri Lanka: Buddhist Publication Society, 1982.

Nyanatiloka. *Fundamentals of Buddhism*. Bauddha Sahitya Sabha, 1949.

———. *The Buddha's Path to Deliverance*. Kandy, Sri Lanka: Buddhist Publication Society, 1952.

———,trans. and ed., *The Word of the Buddha*. Santa Barbara: J. F. Rowny Press, 1959. Dt: *Das Wort des Buddha*. Berlin: Beyerlein und Steinschulte, 1989.

Nyoshul Khenpo Rinpoche. *Natural Great Perfection*. Translated by Surya Das. Ithaca, N.Y.: Snow Lion Publications, 1995. Deutsch: *Der Buddha im Inneren*. Übersetzt von Stephan Schuhmacher: Freiamt: Arbor Verlag, 2005.

O'Brien, C. C. *On the Eve of Millennium: The Future of Democracy through an Age of Unreason*. New York: Free Press, 1994.

Ojemann, G., J. Ojemann, E. Lettich, and M. Berger. «Cortical Language Localization in Left, Dominant Hemisphere: An Electrical Stimulation Mapping Investigation in 117 Patients.» *Journal of Neurosurgery* 71, no. 3 (1989): 316–26.

Oltmanns, T. F., J. M Neale, and G. C. Davison. *Case Studies in Abnormal Psychology*. New York: John Wiley, 1999.

Ornstein, R. *The Right Mind*. New York: Harcourt Brace, 1997.

Orwell, G. «Reflections on Gandhi.» In *The Oxford Book of Essays*, ed. J. Gross. Oxford: Oxford Univ. Press, 1991.

Osherson, D. N. «Probability Judgment.» In *An Invitation to Cognitive Science: Thinking*, ed. E. E. Smith and D. N. Osherson. Cambridge: MIT Press, 1995.

Osherson. D.N., D. Perani, S. Cappa, T. Schnur, F. Grassi, and F. Fazio. «Distinct Brain Loci in Deductive versus Probabilistic Reasoning.» *Neuropsychologia* 36 (1998): 369–76.

Osserman, R. *Poetry of the Universe: A Mathematical Explanation of the Cosmos*. New York: Doubleday, 1995.

Ott, H. *Martin Heidegger: A Political Life*. New York: HarperCollins, 1993.

Ott, J. *Pharmacotheon: Entheogenic Drugs, Their Plant Sources and History*. Kennewick, Wash.: Natural Products Company, 1993.

Padmasambhava. *Self-liberation through Seeing with Naked Awareness*. Translated by J. M. Reynolds. New York: Station Hill Press, 1989.

———. *Dakini Teachings: Padmasambhava's Oral Instructions to Lady Tsogyal*. Translated by E. P. Kunsang. Boston: Shambhala, 1990.

———. *Advice from the Lotus-Born*. Translated by E. P. Kunsang. Boudhanath: Rangjung Yeshe Publications, 1994.

———. *The Light of Wisdom with Commentary by Jamgon Kongtrul the Great*. Translated by E. P. Kunsang. Boston: Shambhala, 1995.

Pape, R. A. «The Strategic Logic of Suicide Terrorism.» *American Political Science Review* 97, no. 3 (2003): 20–32.

Pascal, B. *Gedanken*. Stuttgart: Reclam, 1997.

Patrul Rinpoche. *The Heart Treasure of the Enlightened Ones with Commentary by Dilgo Khyentse*. Boston: Shambhala, 1992. Dt: *Das Herzjuwel der Erleuchteten*. Berlin: Theseus, 1996.

———. *Kunzang Lama'i Shelung: The Words of My Perfect Teacher*. San Francisco: HarperCollins, 1994. Dt: *Die Worte meines vollendeten Lehrers*. Freiamt: Arbor, 2001.

Pätzold, Kurt und Weißbecker, Manfred *Rudolf Hess*. Leipzig: Militzke, 2003.

Pelikan, J. *Jesus through the Centuries*. New York: Harper and Row, 1987.

Peng, K., and R. E. Nisbett. «Culture, Dialectics, and Reasoning about Contradiction.» *American Psychologist* 54 (1999): 741–54.

Pennisi, E. «Are Our Primate Cousins ‹Conscious›?» *Science* 284 (1999): 2073–76.

Penrose, R. *The Emperor's New Mind*. Oxford: Oxford Univ. Press, 1989.

———.«Mechanisms, Microtubules, and the Mind.» *Journal of Consciousness Studies* 1, no. 2 (1994): 241–49.

———. *The Large, the Small and the Human Mind*. Cambridge: Cambridge Univ. Press, 1997.

Perry, J. *A Dialogue on Personal Identity and Immortality*. Indianapolis: Hackett, 1978.

———. *Knowledge, Possibility, and Consciousness*. Cambridge: MIT Press, 2001.

———, ed. *Personal Identity*. Berkeley: Univ. of California Press, 1975.

Peters, E. *Inquisition*. New York: Free Press, 1988.

Pinchbeck, D. *Breaking Open the Head*. New York: Broadway Books, 2002. Deutsch: *Den Kopf aufbrechen*. München: Goldmann Taschenbuch, 2003.

Pipes, D. *Militant Islam Reaches America*. New York: Norton, 2002.

Planck, M. *Where Is Science Going?* Translated and edited by J. Murphy. 1933; reprint,Woodbridge, Conn.: Ox Bow Press, 1981.

Plato. *The Complete Works*. Edited by J. M. Cooper. Indianapolis: Hackett, 1997.

Pollack, K. H. «‹The Crisis of Islam›: Faith and Terrorism in the Muslim World.» *New York Times Book Review*, April 6, 2003.

Popper, K. R. *The Logic of Scientific Discovery*. 1959; reprint, London: Routledge, 1995. Dt: *Logik der Forschung*. Tübingen: Mohr Siebeck, 2005.

———. *Objective Knowledge*. 1972; reprint, Oxford: Clarendon Press, 1995. Dt: *Objektive Erkenntnis*. Hamburg: Hoffmann und Campe, 1993

Popper, K. R., and J. C. Eccles. *The Self and Its Brain*. 1977; reprint, London: Routledge, 1993. Dt: *Das Ich und sein Gehirn*. München: Piper, 2005.

Posner, R. A. *The Problematics of Moral and Legal Theory*. Cambridge: Harvard Univ. Press, 1999.

Poundstone,W. *Labyrinths of Reason: Paradox, Puzzles, and the Frailty of Knowledge*. New York: Anchor Press, 1988. Dt: *Im Labyrinth des Denkens*. Reinbek: Rowohlt, 2002.

———. *Prisoner's Dilemma*. New York: Doubleday, 1992.

Price, A. F., and W. Mou-Lam., trans. *The Diamond Sutra and the Sutra of Hui-Neng*. Boston: Shambhala, 1990.

Prinz, J. «Functionalism, Dualism and Consciousness.» In *Philosophy and the Neurosciences*, ed.W. Bechtel, P. Mandik, J. Mundale, and R. S. Stufflebeam. Oxford: Blackwell, 2001.

Pryse-Phillips, W. *The Oxford Companion to Clinical Neurology*. Oxford: Oxford Univ. Press, 2003.

Putnam, R. A., ed. *The Cambridge Companion to William James*. New York: Cambridge Univ. Press, 1997.

Quattrone, G. A., and A. Tversky. «Self-Deception and the Voter's Illusion.» In *The Multiple Self*, ed. J. Elster. Cambridge: Cambridge Univ. Press, 1985.

Quine,W. V. *From a Logical Point of View*. 1953; reprint, Cambridge: Harvard Univ. Press, 1994.

Quine,W. V. *Pursuit of Truth*. Cambridge: Harvard Univ. Press, 1990.

Radin, D. *The Conscious Universe: The Scientific Truth of Psychic Phenomena*. New York: HarperCollins, 1997.

Ramachandran, V. S., and S. Blakeslee. *Phantoms in the Brain*. New York: William Morrow, 1998. Dt: *Die blinde Frau, die sehen kann*. Reinbek: Rowohlt, 2002.

Ramachandran,V. S., and W. Hirstein. «Three Laws of Qualia: What Neurology Tells Us about the Biological Functions of Consciousness.»*Journal of Consciousness Studies* 4, nos. 5–6 (1997): 429–57.

Ramana Maharshi. *Talks with Sri Ramana*. Tiruvannamalai: Sri Ramanasramam, 1955. Dt: *Gespräche des Weisen vom Berg Arunachala*. München: Lotos, 2006.

———. *The Collected Works of Ramana Maharshi*. Edited by A. Osborne. York Beach, Maine: Samuel Weiser, 1972.

———. *Self-enquiry*. Translated by T. M. P. Mahadevan. Tiruvannamalai: Sri Ramanasramam, 1981.

Reber, A. S. «The Cognitive Unconscious: An Evolutionary Perspective.» *Consciousness and Cognition* 1 (1992): 93–133.

Rees, G., G. Kreiman, and C. Koch. «Neural Correlates of Consciousness in Humans.» *Nature Reviews Neuroscience* 3 (2002): 261–70.

Rees, M. *Our Final Hour*. New York: Basic Books, 2003.

Rhodes, R. *Deadly Feasts: Tracking the Secrets of a Terrifying New Plague*. New York: Simon and Schuster, 1997.

Rips, L. «Deduction and Cognition.» In *An Invitation to Cognitive Science: Thinking*, ed. E. E. Smith and D. N. Osherson. Cambridge: MIT Press, 1995.

Rorty, R. *The Consequences of Pragmatism*. Minneapolis: Univ. of Minnesota Press, 1982.

———. *Objectivity, Relativism, and Truth: Philosophical Papers*. Vol. 1. Cambridge: Cambridge Univ. Press, 1991

———.«Universality and Truth.» 1994 MS.

———.*Hope in Place of Knowledge: The Pragmatics Tradition in Philosophy.* Taipei: Institute of European and American Studies, Academia Sinica, 1999. Dt: *Hoffnung statt Erkenntnis*. Wien: Passagen, 1994.

Rosenbaum, R. *Explaining Hitler.* New York: Basic Books, 1998. Dt: *Die Hitler-Debatte*. München: Europa, 1999.

Rosenthal, D. *The Nature of Mind*. Oxford: Oxford Univ. Press, 1991.

Roskies, A. L. «Yes, But Am I Free?» *Nature Neuroscience* 4 (2001): 1161.

Roy, A.*War Talk*. Cambridge, Mass.: South End Press, 2003.

Rumelhart, D. E. «Schemata: The Building Blocks of Cognition.» In *Theoretical Issues in Reading Comprehension*, ed. R. J. Spiro, B. C. Bruce, and W. F. Brewer. Hillsdale, N.J.: Erlbaum, 1980.

———. «The Architecture of Mind: A Connectionist Approach.» In *Foundations of Cognitive Science*, ed. M. I. Posner. Cambridge: MIT Press, 1989.

Russell, B. *The Problems of Philosophy*. 1912; reprint, Indianapolis:

Hackett, 1990. Dt: *Probleme der Philosophie*. Frankfurt /M: Suhrkamp, 2007.

———. *Religion and Science*. 1935; reprint, Oxford: Oxford Univ. Press, 1997.

———. *A History of Western Philosophy*. New York: Simon and Schuster, 1945. Dt: *Philosophie des Abendlandes*. München: Piper, 2005.

———. *Why I Am Not a Christian*. Edited by P. Edwards. New York: Simon and Schuster, 1957. Dt: *Warum ich kein Christ bin*. Hamburg: Rowohlt, 1992.

Russell, J. «At Two with Nature: Agency and the Development of Self-World Dualism.» In *The Body and The Self*, ed. J. L. Bermudez, A. Marcel, and N. Eilan. Cambridge: MIT Press, 1995.

Ruthven, M. *Islam in the World*. 2d ed. Oxford: Oxford Univ. Press, 2000.

Ryle, G. *The Concept of Mind*. 1949; reprint, Chicago: Univ. of Chicago Press, 1984.

Sacks, O. *The Man Who Mistook His Wife for a Hat*. New York: Harper Perennial, 1970. Dt: *Der Mann, der seine Frau mit seinem Hut verwechselte*. Hamburg: Rowohlt, 2006.

———. *An Anthropologist on Mars: Seven Paradoxical Tales*. New York: Vintage, 1995. Dt: *Eine Anthropologin auf dem Mars*. Hamburg: Rowohlt, 2004.

Saddhatissa, H., trans. *The Sutta-Nipata*. London: Curzon Press, 1985.

Sagan, C. *The Demon Haunted World: Science as a Candle in the Dark*. New York: Random House, 1995.

Sagan, C., and A. Druyan. *Shadows of Forgotten Ancestors*. New York: Random House, 1992.

Said, E.W. «The Clash of Ignorance.» *Nation*, Oct. 4, 2001.

———. «Suicidal Ignorance.» *CounterPunch*, Nov. 18, 2001.

———. «An Unacceptable Helplessness.» *Al-Ahram*, Jan. 16–22, 2003.

———. «A Monumental Hypocricy.» *CounterPunch*, Feb. 15, 2003.

Santayana, G. *Skepticism and Animal Faith: Introduction to a System of Philosophy*. New York: Dover, 1923.

———. *Persons and Places*. Cambridge: MIT Press, 1963.

Sartre, J. P. *The Transcendence of the Ego: An Existentialist Theory of Consciousness*. Translated by F. Williams and R. Kirkpatrick. New York: Hill and Wang, 1937. Dt: *Die Transzendenz des Ego*. Reinbek: Rowohlt, 1982.

———. *Being and Nothingness*. Translated by H. E. Barnes. 1956; reprint, New York: Gramercy Books, 1994. Dt: *Das Sein und das Nichts*. Berlin: Akademischer Verlag, 2003.

Saxe, R., and N. Kanwisher. «People Thinking about Thinking People: The Role of the Temporo-parietal Junction in ‹Theory of Mind.›» *NeuoImage* 19 (2003): 1835–42.

Scalia, A. «God's Justice and Ours.» *First Things*, May 2002, pp. 17–21..

Schell, J. *The Fate of the Earth*. New York: Alfred A. Knopf, 1982. Dt: *Das Schicksal der Erde*. München: Piper, 1984.

———. *The Unfinished Twentieth Century*. London: Verso, 2001.

Schilpp, P. A., ed. *The Philosophy of Bertrand Russell*. La Salle, Ill.: Open Court, 1944.

———, ed. *Albert Einstein: Philosopher-Scientist*. London: Cambridge Univ. Press, 1949.

Schlosser, E. *Reefer Madness: Sex, Drugs, and Cheap Labor in the American Black Market*. Boston: Houghton Mifflin, 2003.

Schneewind, J. B. «What Has Moral Philosophy Done for Us . . . Lately?» Undated MS.

Scholem, G. *Kabbalah*. New York: Dorsette Press, 1974. Dt: *Zur Kabbala und ihrer Symbolik*. Frankfurt /M: Suhrkamp, 2004.

Schooler, J.W., and J. Melcher. «The Ineffability of Insight.» In *The Creative Cognition Approach*, ed. S. M. Smith,T. B.Ward, and R. A. Finke. Cambridge: MIT Press, 1995.

Schopenhauer, A. *Parerga und Paralipomena I und II*. Zürich: Diogenes, 2007.

Schrödinger, E. *Mein Leben, meine Weltansicht*. München: Deutscher Taschenbuch Verlag, 2005.

———. *Was ist Leben?* München: Piper, 2006.

Searle, J. R. *The Rediscovery of the Mind*. Cambridge: MIT Press, 1992. Dt: *Die Wiederentdeckung des Geistes*. Frankfurt /M: Suhrkamp, 1996.

———. *The Construction of Social Reality*. New York: Free Press, 1995. Dt: *Die Konstruktion gesellschaftlicher Wirklichkeit*. Reinbek: Rowohlt, 1997.

———. «Consciousness and the Philosophers.» *New York Review of Books*, March 6, 1997, pp. 43–50.

———. *The Mystery of Consciousness*. New York: New York Review Books, 1997.

———. «Consciousness.» *Annual Review of Neuroscience* 23 (2000): 557–78.

———. «Further Reply to Libet.» *Journal of Consciousness Studies* 8, no. 8 (2001): 63–65.

———. «Free Will as a Problem in Neurobiology.» 2001 MS.

Sereny, G. *Into That Darkness: An Examination of Conscience*. New York: Vintage, 1974.

Shabkar, Lama. *Flight of the Garuda*. Translated E. P. Kunsang. Katmandu: Rangjung Yeshe Publications, 1986.

———. *The Life of Shabkar*. Translated by Matthieu Ricard. Albany: State Univ. of New York Press, 1994.

Shafir, E., and A. Tversky. «Decision Making.» In *An Invitation to Cognitive Science: Thinking*, ed. E. E. Smith and D. N. Osherson. Cambridge: MIT Press, 1995.

Shankaracharya. *The Crest-Jewel of Discrimination*. Translated by Swami Prabhavananda and C. Isherwood. Hollywood, Calif.: Vedanta Press, 1947. Dt: *Das Kleinod der Unterscheidung*. Argenbühl-Eglofstal: Schwab, 2002.

———. *Self-knowledge*. Translated and edited by Swami Nikhilananda. Mylapore, Madras: Sri Ramakrishna Math, 1987.

Shattuck, R. *Forbidden Knowledge: From Prometheus to Pornography*. New York: St. Martin's Press, 1996. Dt: *Tabu – eine Kulturgeschichte des verbotenen Wissens*. München: Piper, 2003.

Sheldrake, R. *Seven Experiments That Could Change the World*. New York: Riverhead Books, 1995. Dt: *Sieben Experimente, die die Welt verändern könnten*. Frankfurt /M: Fischer Taschenbuch Verlag, 2005.

———. *The Sense of Being Stared At, and Other Aspects of the Extended Mind*. New York: Crown, 2003. Dt: *Der siebte Sinn des Menschen*. Frankfurt /M: Fischer Taschenbuch Verlag, 2006.

Sheldrake, R., T. McKenna, and R. Abraham. *The Evolutionary Mind: Trialogues at the Edge of the Unthinkable*. Santa Cruz, Calif.: Trialogue Press, 1998. Dt: *Denken am Rande des Undenkbaren*. München: Piper, 2004.

Shoemaker, S. «Self-reference and Self-awareness.» *Journal of Philosophy* 65 (1968): 555–67.

———. «Functionalism and Qualia.» In *The Nature of Mind*, ed. D. Rosenthal. Oxford: Oxford Univ. Press, 1991.

Simon, H. A. «What Is ‹Explanation› of Behavior?» *Psychological Science* 3 (1992): 150–61.

Simons, D. J., C. F. Chabris, T. Schnur, D. T. Levin. «Evidence for

Preserved Representations in Change Blindness.» *Consciousness and Cognition* 11 (2002): 78–97.

Singer, P. *Writings on an Ethical Life*. New York: Ecco Press, 2000.

Singer,W. «Striving for Coherence.» *Nature* 397 (Feb. 4, 1999): 391–93.

Sluga, H. «‹Whose House Is That?›: Wittgenstein on the Self.» In *The Cambridge Companion to Wittgenstein*, ed. H. Sluga and D. G. Stern. Cambridge: Cambridge Univ. Press, 1996.

Smith, D.W. «The Structure of (Self-) Consciousness.» *Topoi* 5 (1986): 149–56.

Smith, E. E. «Concepts and Categorization.» In *An Invitation to Cognitive Science: Thinking*, ed. E. E. Smith and D. N. Osherson. Cambridge: MIT Press, 1995.

Smith, G. H. *Atheism: The Case against God*. Buffalo: Prometheus Books, 1979.

Spence, S. A., and C. D. Frith. «Towards a Functional Anatomy of Volition.» *Journal of Consciousness Studies* 6, no. 8–9 (1999): 11–29.

Sperry, R.W. «Cerebral Organization and Behavior.» *Science* 133 (1961): 1749–57.

———. «A Powerful Paradigm Made Stronger.» *Neuropsychologia* 36 (1998): 1063–68.

Sperry, R.W., D. Zaidel, and D. Zaidel. «Self Recognition and Social Awareness in the Deconnected Minor Hemisphere.» *Neuropsychologia* 17 (1979): 153–66.

Squire, L. R., and E. R. Kandel. *Memory: From Mind to Molecules*. New York: Scientific American Library, 2000.

Squires, E. J. «Quantum Theory and the Need for Consciousness.» *Journal of Consciousness Studies* 1, no. 2 (1994): 201–4.

Stanovich, K. E., and R. F.West. «Individual Differences in Rational Thought.» *Journal of Experimental Psychology: General* 127 (1998): 161–88.

Stcherbatsky,T. *The Buddhist Conception of Nirvana*. Delhi: Motilal Banarsidas, 1968.

Stevenson, I. *Twenty Cases Suggestive of Reincarnation*. Charlottesville: Univ. Press of Virginia, 1974. Dt: *Reinkarnation: Der Mensch im Wandel von Tod und Wiedergeburt*. Braunschweig: Aurum, 1994.

———. *Unlearned Language: New Studies in Xenoglossy*. Charlottesville: Univ. Press of Virginia, 1984.

———. *Where Reincarnation and Biology Intersect*. Westport, Conn.: Praeger, 1997.

Storr, A. *Feet of Clay: Saints, Sinners, and Madmen: A Study of Gurus.* New York: Free Press, 1996.

Stroud, B. *The Significance of Philosophical Scepticism.* Oxford: Clarendon Press, 1984.

Swain, J. *The Pleasures of the Torture Chamber.* New York: Dorset Press, 1931.

Swinburne, R. *The Existence of God.* Oxford: Clarendon Press, 1979. Dt: *Die Existenz Gottes,* Stuttgart: Reclam, 1987.

Tarnas, R. *The Passion of the Western Mind.* New York: Harmony Books, 1991. Dt: *Das Wissen des Abendlandes: die Weltbilder Europas im Wandel der Zeit.* Düsseldorf: Albatros, 2007.

Taylor, E. *William James on Consciousness beyond the Margin.* Princeton: Princeton Univ. Press, 1996.

Teilhard de Chardin, P. *Toward the Future.* Translated by R. Hague. New York: Harcourt Brace Jovanovich, 1973.

Tenzin Gyatzo (Dalai Lama). *The Buddha Nature: Death and Eternal Soul in Buddhism.* Woodside, Calif.: Bluestar Communications, 1996.

———. *Sleeping, Dreaming, and Dying: An Exploration of Consciousness with the Dalai Lama.* Edited by F. J. Varela. Boston:Wisdom Publications, 1997. Dt: *Traum, Schlaf und Tod: Grenzbereiche des Bewusstseins.* München: Piper, 2001.

Thompson-Schill, S. L., G. K. Aguirre, M. D'Esposito, and M. J. Farah. «A Neural Basis for Category and Modality Specificity of Semantic Knowledge.» *Neuropsychologia* 37 (1999): 671–76.

Thorne, K. S. *Black Holes and Time Warps: Einstein's Outrageous Legacy.* New York: W.W. Norton, 1994.

Tillich, P. *Dynamics of Faith.* New York: Harper and Row, 1957. Dt: *Wesen und Wandel des Glaubens.* Berlin: Ullstein, 1961.

———. *A History of Christian Thought.* New York: Simon and Schuster, 1967.

Tipler, F. *The Physics of Immortality.* New York: Doubleday, 1994. Dt: *Die Physik der Unsterblichkeit: moderne Kosmologie, Gott und die Auferstehung der Toten.* München: Piper, 2001.

Tononi, G., and G. M. Edelman. «Consciousness and Complexity.» *Science's Compass* 282 (Dec. 4, 1998): 1846–51.

Trachtenberg, J. *The Devil and the Jews: The Medieval Conception of the Jew and Its Relation to Modern Anti-Semitism.* Philadelphia: Jewish Publication Society, 1943.

Trevena, J. A., and J. Miller. «Cortical Movement Preparation before and after a Conscious Decision to Move.» *Consciousness and Cognition* 11 (2002): 162–90.

Tsele Natsok Rangdrol. *The Lamp of Mahamudra*. Translated by E. P. Kunsang. Boston: Shambhala, 1989.

———. *The Mirror of Mindfulness: The Cycle of the Four Bardos*. Translated by E. P. Kunsang. Boston: Shambhala, 1989.

———. *The Circle of the Sun*. Translated by E. P. Kunsang. Hong Kong: Rangjung Yeshe Publications, 1990.

———. *Empowerment and the Path of Liberation*. Translated by E. P. Kunsang. Hong Kong: Rangjung Yeshe Publications, 1993.

———.*The Heart of the Matter*.Translated by E. P. Kunsang. Hong Kong: Rangjung Yeshe Publications, 1996.

Tuan,Y. *Segmented Worlds and Self: Group Life and Individual Consciousness*. Minneapolis: Univ. of Minnesota Press, 1982.

Tversky, A. «Features of Similarity.» *Psychological Review* 84 (1977): 327–52.

Tye, M. *Ten Problems of Consciousness: A Representational Theory of the Phenomenal Mind*. Cambridge: MIT Press, 1995.

U Ba Khin. *The Essentials of Buddha Dhamma in Meditative Practice*. Kandy, Sri Lanka. Buddhist Publication Society, 1981. Dt: *Das ist Buddhismus*. Bern: Fischer Media, 1999.

U Pandita, Sayadaw. *In This Very Life: The Liberation Teachings of the Buddha*. Translated by U Aggacitta, edited by K. Wheeler. Boston: Wisdom Publications, 1992.

Unger, P. *Living High & Letting Die: Our Illusion of Innocence*. Oxford: Oxford Univ. Press, 1996.

Urgyen Rinpoche, Tulku. *Vajra Heart*. Translated by E. P. Kunsang. Katmandu: Rangjung Yeshe Publications, 1988.

———.*Repeating the Words of the Buddha*.Translated by E. P. Kunsang. Katmandu: Rangjung Yeshe Publications, 1992. Dt: *Die Worte des Buddha*. Freiamt: Arbor, 2004.

———. *Rainbow Painting*. Translated by E. P. Kunsang. Boudhanath, Nepal: Rangjung Yeshe Publications, 1995.

———. *As It Is*. Translated by E. P. Kunsang. Boudhanath, Nepal: Rangjung Yeshe Publications, 1999.

Van Gulick, R. «Understanding the Phenomenal Mind: Are We All Just Armadillos? Part I: Phenomenal Knowledge and Explanatory Gaps.» In *The Nature of Consciousness: Philosophical Debates*, ed. N. Block, O. Flanagan, and G. Güzeldere. Cambridge: MIT Press, 1997.

Varela, F. «Neurophenomenology.» *Journal of Consciousness Studies* 3, no. 4 (1996): 330–49.

Varela, F., E. Thompson, and E. Rosch. *The Embodied Mind: Cognitive Science and Human Experience.* Cambridge: MIT Press, 1991.

Vermes, G. *The Religion of Jesus the Jew.* Minneapolis: Fortress Press, 1993.

Vogeley, K., M. Kurthen, P. Falkai, and W. Maier. «Essential Functions of the Human Self Model Are Implemented in the Prefrontal Cortex.» *Consciousness and Cognition* 8 (1999): 343–63.

Vogeley, K., P. Bussfeld, A. Newen, S. Herrmann, F. Happe, P. Falkai,W. Maier, N. J. Shah, G. R. Fink, and K. Zilles. «Mind Reading: Neural Mechanisms of Theory of Mind and Self-perspective.» *NeuroImage* 14 (2001): 170–81.

Voltaire. *Philosophisches Wörterbuch.* Herausgegeben und eingeleitet von Karlheinz Stierle. Frankfurt /M: Insel, 1985.

Wallace, B. A. *Choosing Reality: A Contemplative View of Physics and the Mind.* Boston: New Science Library, 1989.

———. «Intersubjectivity in Indo-Tibetan Buddhism.» *Journal of Consciousness Studies* 8, nos. 5–7 (2001): 209–30.

Walshe, M., trans. *The Long Discourses of the Buddha: A Translation of the Digha Nikaya.* Boston:Wisdom Publications, 1987.

Wansbrough, H. *The New Jerusalem Bible.* New York: Doubleday, 1990.

Washington, P. *Madame Blavatsky's Baboon:A History of the Mystics, Mediums, and Misfits Who Brought Spiritualism to America.* New York: Schocken Books, 1993.

Watson, G., ed. *Free Will.* Oxford: Oxford Univ. Press, 1982.

Watts, A. «Psychedelics and Religious Experience.» *California Law Review* 56, no. 1 (1968): 74–85.

Weber, M. *Religion und Gesellschaft.* Frankfurt /M: Zweitausendeins, 2006.

Weil, S. *Waiting for God.* New York: Harper and Row, 1973.

Weinberg, S. «What Price Glory.» *New York Review of Books*, Nov. 6, 2003, pp. 55–60.

Weiskrantz, L. «Prime-sight and Blindsight.» *Consciousness and Cognition* 11 (2002): 568–81.

Whitebread, C. H. «The History of the Non-medical Use of Drugs in the United States.» *Journal of Cognitive Liberties* 1, no. 3 (2000): 29–64.

Whitehead, A. N. *Religion in the Making.* 1926; reprint, New York:

Fordham Univ. Press, 1996. Dt: *Wie entsteht Religion?* Frankfurt/ M, 1996

Wiesel, E. *Night.* Translated by S. Rodway. New York: Bantam Books, 1960. Dt: *Die Nacht.* Freiburg im Breisgau: Herder, 1996.

Wigner, E. «The Unreasonable Effectiveness of Mathematics in the Natural Sciences.» *Communications in Pure and Applied Mathematics* 13, no. 1 (1960).

Wilber, K. *Sex, Ecology, Spirituality.* Boston: Shambhala, 1995. Dt: *Eros, Kosmos, Logos.* Frankfurt /M: Fischer Taschenbuch, 2001

Wills, G. «Before the Holocaust.» *New York Times Book Review*, Sept. 23, 2001.

———. «With God on His Side.» *New York Times Magazine*, March 30, 2003.

Wilson, A. N. *Jesus: A Life.* New York:W.W. Norton, 1992.

———. *Paul: The Mind of the Apostle.* New York: W.W. Norton, 1997.

Wilson, E. O. *In Search of Nature.* Washington, D.C.: Island Press, 1996. Dt: *Darwins Würfel.* München: Claassen, 2000.

Wistrich, R. S. *Anti-Semitism: The Longest Hatred.* New York: Schocken Books, 1991.

Wittgenstein, L. *Logisch-philosophische Abhandlung – Tractatus Logico-Philosophicus.* Frankfurt: Suhrkamp, 2000.

———. *Philosophische Untersuchungen.* Frankfurt /M: Suhrkamp, 2006.

———. *On Certainty.* Edited by G. E. M. Anscombe and G. H. von Wright, translated by D. Paul and G. E. M. Anscombe. New York: Harper and Row, 1969.

Wrangham, R., and D. Peterson. *Demonic Males: Apes and the Origins of Human Violence.* New York: Houghton Mifflin, 1996.

Wright, R. *The Moral Animal: The New Science of Evolutionary Psychology.* New York: Pantheon Books, 1994. Dt: *Diesseits von Gut und Böse.* München: Limes, 1996.

Wu, M., and P.W. Cheng. «Why Causation Need Not Follow from Statistical Association: Boundary Conditions for the Evaluation of Generative and Preventative Causal Powers.» *Psychological Science* 10 (1999): 92–97.

Wyman, D. S. *The Abandonment of the Jews: America and the Holocaust, 1941–1945.* New York: Pantheon Books, 1984. Dt: *Das unerwünschte Volk.* Frankfurt /M: S. Fischer, 1989.

Yakovlev, A.N. *A Century of Violence in Soviet Russia.* New Haven:Yale Univ. Press, 2002. Dt: *Ein Jahrhundert der Gewalt in Sowjetrussland.*

Berlin: Berliner Taschenbuchverlag, 2006.

Zakaria, F. *The Future of Freedom: Illiberal Democracy at Home and Abroad*. New York:W.W. Norton, 2003. Dt: *Das Ende der Freiheit*. München: Deutscher Taschenbuch Verlag, 2007.

Zuckerman, M. B. «Graffiti on History's Walls.» *U.S. News and World Report*, Nov. 3, 2003.